南开大学中外文明交叉科学中心
南开大学梅田善美日本文化研究基金 资助项目

善美原典日本研究文库
井上哲次郎儒学论著选集

刘岳兵 主编

儒教
中国与日本

[日]井上哲次郎——著
刘岳兵——编
付慧琴 唐小立——等译

中国社会科学出版社

图书在版编目(CIP)数据

儒教中国与日本 /（日）井上哲次郎著；刘岳兵编；付慧琴等译. —北京：中国社会科学出版社，2021.9
（善美原典日本研究文库. 井上哲次郎儒学论著选集）
ISBN 978-7-5203-8962-4

Ⅰ.①儒… Ⅱ.①井…②刘…③付… Ⅲ.①儒家－对比研究－中国、日本 Ⅳ.①B222.05

中国版本图书馆 CIP 数据核字（2021）第 188268 号

出 版 人	赵剑英
责任编辑	韩国茹
责任校对	张爱华
责任印制	张雪娇

出　　版	中国社会科学出版社
社　　址	北京鼓楼西大街甲 158 号
邮　　编	100720
网　　址	http://www.csspw.cn
发 行 部	010-84083685
门 市 部	010-84029450
经　　销	新华书店及其他书店
印刷装订	北京市十月印刷有限公司
版　　次	2021 年 9 月第 1 版
印　　次	2021 年 9 月第 1 次印刷
开　　本	650×960　1/16
印　　张	33.25
插　　页	2
字　　数	400 千字
定　　价	138.00 元

凡购买中国社会科学出版社图书，如有质量问题请与本社营销中心联系调换
电话：010-84083683
版权所有　侵权必究

"善美原典日本研究文库"编辑委员会

（按拼音排序）

顾　　问：王金林　王守华
主　　编：刘岳兵
编委会成员：江　静　李　卓　刘　轩　刘雨珍
　　　　　　刘岳兵　吕顺长　莽景石　乔林生
　　　　　　宋志勇　王宝平　王　勇　杨栋梁
　　　　　　尹晓亮　张玉来　赵德宇

回归原典，与史料肉搏

——编纂"善美原典日本研究文库"缘起

回归原典！与史料肉搏！

这口号已经喊了有十多年吧，但一直是雷声大雨点小。之所以一直没有太大的动静，一是因为要系统地整理、译注某一方面的史料，并不是件容易的事，这是可想而知的；二是没有碰到可以促使我下决心尽快动作起来的机遇。前者是急不得的，史料的译注，是基础性工作，必须仔细认真，力求尽善尽美；而后者是可遇不可求的。

是的，我们将这个"文库"命名为"善美原典日本研究文库"，其中的"善美"当然可以理解为尽善尽美。对善、美的标准的理解，我们还在不断的修为中提升；实事求是、精益求精、追求卓越，是我们立身为学的基本态度。

其实，"善美"也是一个日本友人的名字，他叫梅田善美。我们设立此文库，并以他的名字命名，是为了纪念和感谢梅田夫妇为中日文化交流事业所作的无私奉献。梅田夫妇曾经致力于支持和推动浙江大学日本文化研究所、浙江工商大学东方语言文化学院和东亚研究院的中日学术和文化交流工作，并于2013年6月，梅田善美先生的夫人梅田节子女士在南开大学设立"南开大学梅田善美日本文化研究基金"（简称"善美基金"）。该基金设立之时，善美先生已经逝世两年多了。在2020年，即善美先生逝世10周年之际，我们开始筹划编纂本文库。

原典（the original text）一词，《辞海》里虽然还没有收录，但是学界已经比较常用了。给我印象最深的，是日本的中国思想史研究者积十数年之功而推出的六卷本《原典中国近代思想史》（西顺藏编，岩波书店1976年、1977年），而经历了三十多年之后，又出版了七卷本的《新编原典中国近代思想史》（岩波书店2010年、2011年）。六卷本的《总序》中对之所以选择按照原典来编纂思想史这种形式有这样的解释："为了打破日本学界、论坛上被视为权威、作为常识的认识框架，深化中国认识，进而去改变日本认识，与其对鸦片战争以来中国人的思想活动进行评价、解说，首先将史料原原本本地提供出来，让每个读者都能够直接接触到，与之搏斗，这样不是更为紧要吗？"只有回归原典、与史料肉搏，才能打破陈规，更新范式，推陈出新。日本人认识中国是这样做的，中国人认识日本，何尝不需要这样做。

我们相信"每一件史料都在呢喃细语，都有自己的思想"。而历史之学就是"一种倾听，一种体察，一种理解"。种种史料，散在于史海中，有些在现在看来可能极为"荒谬"，在当时却"司空见惯"；有些在现在的中国可能被视作极为"反动"，而在当时的日本却"理所当然"。历史之学不仅要对"荒谬"和"反动"的史料作出解释，而且也要对与之相应的"司空见惯"和"理所当然"的史料作出说明。广义地说，任何历史遗存都可以被当作史料，为历史学研究所用。这里所说的"原典"，既强调史料的"原始性"，即是指第一手史料，同时也强调史料的"典型性"，即是指有代表性的史料。成为某一学科、某一领域的范式的研究著作，也可以纳入原典中。而收入本文库的原典，都是系统的，而不是零散的。通过阅读本文库，读者可以对某一历史现象、或某一学科领域、或某一具体问题的发展历程或研究状况有系统的了解。这是编委会的共同心愿，也是我们编纂本文库的理想。

本文库的编委，一部分是"善美基金"管理委员会的教授，一部分是梅田善美先生生前与浙江大学交流时结识的好友，也都是中国学界日本史、日本哲学和中日文化交流史领域的代表性学者。本文库作为中日文化交流的结晶，同时作为善美基金的重要成果，经过编译者和出版者的共同努力，一定可以为中国学界、论坛，也期待为民众、为每一位有心的读者提供一个认识和了解日本，同时也反思中国及中日关系的值得信赖的读本。

现在机遇来了，我们奋力前行！

刘岳兵

辛丑清明节

（原文发表于《中华读书报》

2021 年 6 月 16 日第 10 版）

编者的话：《井上哲次郎儒学论著选集》导言

这是为"南开大学梅田善美日本文化研究基金"（以下简称"善美基金"）出版项目所写的第三篇"编者的话"。前两篇分别是为天津人民出版社2015年出版的《日本的宗教与历史思想——以神道为中心》和2016年该社出版的《日本儒学与思想史研究——王家骅先生纪念专辑》写的，这两本书作为"日本思想文化史研究"系列著作的"初集"和"续集"，原来是想将这个系列一本一本地编下去的。后来杂务渐多，但一直惦记此事。各种机缘巧合，这套《井上哲次郎儒学论著选集》作为"善美原典日本研究文库"的"初集"终于要出版了，实际上这套书也可以算作上述"日本思想文化史研究"系列的"第三集"。只是这一集不再是单本，而是"自成系列"的一个四卷本的小丛书。这一集虽然迟来了一些，但是相信这种等待不是没有意义的。

一

井上哲次郎（1855—1944年，号巽轩）的儒学研究，对我而言在多种意义上都是旧话重提。

我的博士学位论文《日本近代儒学研究》①虽然没有专门研究井上的儒学思想，但是他的儒学研究著作和《敕语衍义》等都是我写作的重要参考文献。大概是意识到自己研究的不足，后来我编了一本《明治儒学与近代日本》②，组织相关领域的研究者力图对明治儒学的方方面面进行比较系统的梳理，其中第二章就是"明治儒学的意识形态特征：以井上哲次郎为例"。该章的内容由三位作者的三篇文章构成，分别是陈玮芬先生的《井上哲次郎对"忠孝"的义理新诠：关于〈敕语衍义〉的考察》、严绍璗先生的《井上哲次郎的"儒学观"："皇权神化"的爱国主义阐述》和卞崇道先生的《权威话语的借用：从〈敕语衍义〉看明治儒学再兴的途径》。这些文字，我相信已经成为中国学界关于井上哲次郎儒学研究的经典论述，也是一次最集中表述。

后来我有感于学界对朱谦之日本哲学思想研究了解得不充分，特别是有些人对朱谦之与井上哲次郎日本儒学研究之间关系的轻率表述，先后发表了《朱谦之的日本哲学思想研究》③、《中国的日本哲学思想史研究如何从朱谦之"接着讲"——纪念朱谦之先生诞

---

① 刘岳兵：《日本近代儒学研究》，商务印书馆2003年版。
② 刘岳兵编：《明治儒学与近代日本》，上海古籍出版社2005年版。
③ 刘岳兵：《朱谦之的日本哲学思想研究》，《日本学刊》2012年第1期。

辰120周年》①等。其实，我在博士学位论文写作时就对照着阅读过井上和朱谦之两人的相关著作，还指出过对朱谦之著作中"以讹传讹"的一处瑕疵。这一点后来被书评作者发现，作为评价我"考辨之细微""实证求实的治学态度"的证据。②

来南开和我一起学习过的同学中有对井上哲次郎的思想感兴趣，并发表过专门的学术论文的，在学的同学还有准备将井上哲次郎的思想作为博士学位论文选题的。这次系统地将井上哲次郎的儒学研究成果介绍到中国学界来，所有的译者也都是我的学生。这样"兴师动众"，我相信也不是没有意义的。

二

东京富山房出版的《日本阳明学派哲学之研究》（1900年）、《日本古学派哲学之研究》（1902年）和《日本朱子学派哲学之研究》（1905年）被称为井上哲次郎的日本儒学研究"三部曲"，是运用西方哲学观念整理、分析和研究江户时代日本儒学思想的开拓性的、具有奠定这一领域研究范式的划时代意义的著作。在学术史和思想史上，这三部研究著作和育成会1901年到1903年出版的十卷本资料集《日本伦理汇编》（井上哲次郎、蟹江义丸编）一起，

---

① 刘岳兵：《中国的日本哲学思想史研究如何从朱谦之"接着讲"——纪念朱谦之先生诞辰120周年》，载杨伯江主编《日本文论》第1辑，社会科学文献出版社2019年版。

② 张国义：《评刘岳兵的〈日本近代儒学研究〉》，《历史教学问题》2004年第2期。

对于我们了解江户时代日本儒学和伦理思想的历史状况具有里程碑的意义。

研究著作中设专章论述的，日本阳明学派的代表人物有：**中江藤树**、**熊泽蕃山**、北岛雪山及细井广泽、**三重松庵**、三宅石庵、**三轮执斋**及繁伯、川田雄琴及氏家伯寿、**中根东里**、林子平、**佐藤一斋**、梁川星岩、**大盐中斋**、宇津木静区、林良斋、吉村秋阳及吉村斐三、山田方谷及河井继之助、横井小楠、奥宫慥斋及冈本宁斋·市川彬斋、佐久间象山、春日潜庵、池田草庵、柳泽芝陵、西乡南洲、吉田松阴及高杉东行、东泽泻、真木保臣·锅岛闲叟。

古学派的代表人物有：**山鹿素行**、**伊藤仁斋**、中江岷山、**伊藤东涯**、并河天民、原双桂、原东岳、**荻生徂徕**、**太宰春台**（三版时附录中增加：**山县周南**、市川鹤鸣）。

朱子学派的代表人物有：**藤原惺窝**、林罗山、木下顺庵、**雨森芳洲**、安东省庵、**室鸠巢**、**中村惕斋**、贝原益轩、**山崎暗斋**、**浅见絅斋**、**佐藤直方**、三宅尚斋、谷秦山、柴田栗山、**尾藤二洲**、佐藤一斋、安积艮斋、元田永孚、中村敬宇。

上述以黑体字标出的儒者的著作都可以在《日本伦理汇编》中找到（朱子学派中还收录有山县大贰、赖杏坪的著作）。此外，《日本伦理汇编》的第九卷是折衷学派的资料（代表人物有细井平洲、片山兼山、井上金峨、大田锦城），第十卷是独立学派（代表人物有三浦梅园、帆足万里、二宫尊德）和老庄学派（代表人物有卢草拙、有木云山、阿部漏斋、广濑淡窗）的资料。

井上哲次郎的日本儒学研究"三部曲"，自出版之后，就不断重印、修订或改版。由于初版距今已经有上百年的历史，许多原书中的图片原本就不十分清晰，这次都全部割爱了。本次翻译的最大特点之一是尽量做到每一个译本都将其初版和后来最有代表性的"巽轩丛书"①版进行互校，不同之处以注释的形式标出，有心的读者从这些或细微或显著的变化中一定可以读出某种意义来。我相信译者的这种用心也不会是没有意义的。

三

对井上哲次郎日本儒学研究三部曲的意义、影响和评价，有一些专门的学术论著做了分析。总体的论述，比如九州大学教授町田三郎的《井上哲次郎与汉学三部曲》②、井之口哲也的《关于井上

---

① 据井上哲次郎自定年谱，1924年11月5日其门人知友约二百名于华族会馆为其开古稀祝贺寿宴。寡闻所及，1926年5月30日发行的《日本阳明学派之哲学》第十四版的封面衬页有印有红色的"巽轩丛书"字样。扉页的虚线方框内有落款为"大正十三年十月吉旦　巽轩会同人"的说明文字。全文为："维新以来，裨益我国运之发展者，教育、政治、军事、产业各界人才辈出，丰功伟绩，新人耳目。学界亦不乏其人。其中如吾巽轩井上先生乃其泰斗。先生夙从事于东洋哲学研究，对儒教、佛教、神道等多有阐发。先生学问渊博，博闻强记乃其天性。对于哲学、伦理、宗教乃至社会问题，多有犀利卓拔之见。余技亦及文学，尚有诗歌创作。且先生夙尊国体，以推进国民之道德为己任。大而言之，可谓纲常因先生而得以维持。先生于我国文化之发展，其功绩岂可谓鲜少？今先生年至古稀，精力毫不衰减，读书钻研，其气概不让少壮。客岁以来，吾辈受先生之教诲恩泽者，胥谋组织巽轩会，一为先生祝寿，一欲以先生之学为念。因兹发行巽轩丛书，以为事实上之表征。"此版版权页上所标记的"订正十三版发行"的时间为"大正十三年十月二十日"，正好与以上落款的时间一致，但是井上哲次郎的《重订日本阳明学派之哲学序》落款的时间是"大正十三年十一月十七日"。因未见"订正十三版"，巽轩丛书版最初的出版时间待考。

② 町田三郎：《井上哲次郎与汉学三部曲》，收入氏著《明治の漢学者たち》，东京：研文出版1998年版。

哲次郎江户儒学三部曲》①，都值得参考。把井上的日本儒学研究放到日本儒学史研究的长时段学术史大背景中去看，陈玮芬的论文《对"日本儒学史"著述的一种考察——从德川时代到1945年》②可以参考。

我们先从丸山真男的"日本政治思想史"课堂上，看看他是如何介绍和评价井上哲次郎的这个三部曲的。

丸山真男1948年"日本政治思想史"讲义的参考文献第二类"儒教思想"中，只列了井上哲次郎的《日本朱子学派之哲学》《日本阳明学派之哲学》和《日本古学派之哲学》三册，并附有简短的评介："在德川儒教史研究中占有古典的位置。大体上是将近代学问的方法论运用到德川儒教史中的最初尝试。"③1964年丸山真男的"日本政治思想史"讲义的参考文献中，基础史料第一项就是井上哲次郎和蟹江义丸编的《日本伦理汇编》（10册），"主要是由江户时代特别是儒学系统的思想家的主要著作汇集而成，按照不同学派编成"④。1965年讲义录的参考文献中除了《日本伦理汇编》之外，还列出了井上的日本儒学研究三部作，并介绍说："井上哲次郎的三部作。具有近代【西洋】哲学史素养的博士，以受此训练的眼光来探索近世儒学史的著作。对个别思想家而言，放入阳明学派是否合适之类的问题还值得探讨。近代儒学史研究的开端，

---

① 井之口哲也：《关于井上哲次郎江户儒学三部曲》，《东京学艺大学纪要 人文社会科学系Ⅱ》第60集，2009年。
② 陈玮芬：《对"日本儒学史"著述的一种考察——从德川时代到1945年》，载九州大学中国哲学研究会编《中国哲学论集》通号23，1997年10月。
③ 《丸山真男讲义录》第一册，东京大学出版会1998年版，第53页。
④ 《丸山真男讲义录》第四册，东京大学出版会1998年版，第39页。

在今天也是有意义的研究。"①1966年的讲义录对这三本书的介绍是："以明治30年之后'国民道德'论兴起为背景的著作。运用西欧的学问方法来研究儒教思想史的最初的著作。"②1967年讲义录参考资料中这样评价井上哲次郎的三部作："明治时代用西欧的方法研究江户儒学的最初著作。与《日本伦理汇编》同时代刊行，具有划时代的地位。但是明确地区分朱子学、阳明学、古学，这不是没有问题的。不仅仅因为采取折衷立场的儒者也不少，将幕末志士等归入'学派'，而且大多划入了'阳明学派'，这等于是将其视为普洛克鲁斯特床上的俘虏。"③虽然不同年份的评介各有侧重，但对其学术史意义，是一直肯定的。尽管对"学派"的划分可以讨论，但是其研究范式，也不得不承认已经成了一种沿袭的"传统"。如丸山所言："江户时代儒教思想的历史展开，可以从种种角度来追溯。朱子学派、阳明学派、古学派、折衷学派，这种按照'学派'，特别是以宋明学与古学的对立为中心而进行的探索，是井上哲次郎以来为许多学者所沿袭的做法。"④

1983年，丸山真男在他的《日本政治思想史研究》英文版作者序中毫不隐讳地宣称，自己的著作"无论对哪方面的德川思想史研究者而言都异口同声地承认是'出发点'"⑤。但是这个出发点不是凭空产生的。这里他分析了近代以来日本思想史研究的几种类型，第一种就是以"国民道德论"为基础的日本思想研究，而这种

---

① 《丸山真男讲义录》第五册，东京大学出版会1999年版，第9页。
② 《丸山真男讲义录》第六册，东京大学出版会2000年版，第9页。
③ 《丸山真男讲义录》第七册，东京大学出版会1998年版，第11页。
④ 《丸山真男讲义录》第七册，第252页。
⑤ 《丸山真男集》第十二卷，岩波书店1996年版，第76页。

类型的代表人物,就是井上哲次郎。下面的引文稍微有点长,但是这种解释是值得倾听的。

> 所谓"国民道德",既然道德本来是良心的问题,那么道德的承当者就不可能在个人之外——这种想法如今对于居住在基督教世界以外的文化圈中的人们而言也已经是常识——立足于这样的思考时,这一词语直译起来便难以理解。尽管如此,这一词语在日本帝国,自明治中期(二十世纪初)前后,在政治家和教育家之间就开始强调,一直到第一次世界大战后的所谓"大正民主主义"时代,都是根深蒂固地残存在保守阶层之间的一种意识形态用语。最为善意地来解释的话,这是明治维新后日本遭遇西欧化的洪流,为了寻求自己的国家以及国民的同一性(national identity)的一种绝望的努力在道德方面的表现。他们反复宣称,对日本帝国而言,并非是在儒教、佛教、神道这些非西欧的说教与在西欧的伦理中寻求"偏向性",毋宁说,要将之与上述"传统"说教中所缺乏而必须补充的道德——比如所谓的公共道德——进行适当的捏合,从而树立帝国臣民应该遵守的新道德,并将之作为现代日本最切实的课题。既然是道德上的问题,"传统的"意识形态中,特别着力于儒教是很自然的。学者或教育家中这种想法的热烈主张者,被称为"国民道德论者"。①

丸山真男认为井上哲次郎就是典型的"国民道德论者"之

---

① 《丸山真男集》第十二卷,第80—81页。

一。他接着评价说：井上"关于'国民道德'的许多著作和论文，鼓吹的调子越高，其学术价值越低。但是其中他运用在欧洲留学所学到的西欧哲学范畴研究德川儒学的三部曲，是近代日本德川儒学史研究具有划时代意义的里程碑。因为它不为拥有长久传统的'经学'（中国古典的注释学）所束缚，不管怎样是将日本儒学史作为'思想'的历史来对待的最初的力作。即便考虑到将德川时代的儒者或儒教的思想家强行塞进朱子学派、阳明学派、古学派的某个框框里，或者在儒学史中机械地套用欧洲哲学的范畴或学派来进行解释这些缺点，这些著作，即便在今天，依然不失其生命"①。

这里可能有读者会问，丸山真男把井上的三部曲作为用西方哲学范畴研究日本德川儒学的开创之作，强调其划时代的里程碑意义，也就是说井上的三部曲可以说是近代日本学术史上日本思想史研究的一个"出发点"，这和约半个世纪之后他自己的《日本政治思想史研究》也成为该领域公认的"出发点"，这两个出发点之间有什么关系？丸山真男本人的态度，或许如他所言："基于'国民道德论'及在此谱系上成为时代流行的'日本精神论'的思想史的力作（在量上占了绝大多数），即便不那么盲信，以此为前提的伦理上和政治上的教条，对于青年的我而言，几乎有近乎生理上的厌恶感。"②尽管如此，第一个"出发点"和战后日本思想界的关系如何，恐怕也是一个值得思考的问题。而且高调的"国民道德论"著作，即便其学术价值很低，但是其历史价值不低。我们相信本次

---

① 《丸山真男集》第十二卷，第81页。
② 《丸山真男集》第十二卷，第89页。

推出井上的儒学论著，除了其"经典"的三部曲之外，还特意编译了一本《儒教中国与日本》，也不会是没有意义的。

四

其实，井上哲次郎对自己所从事的工作的意义，是有充分的自觉和自信的。根据井上的传记和年谱，他是东京大学哲学科（兼修政治学）的首届毕业生，自从1880年毕业之后，研究、编撰和讲授"东洋哲学史"是贯穿其整个学术生涯的一项重要工作。而以著作的形式展示这项工作的最初成果，就是他的日本儒学研究三部曲的第一部《日本阳明学派之哲学》。

井上哲次郎日本儒学研究的学术史意义和贡献，一言以蔽之，就是为"东洋哲学"研究奠定了基础、建立了范式。具体而言，一方面是运用西方哲学范畴研究、梳理日本哲学思想史的传统资源，一方面是对日本儒学的总体把握和学派分析。其思想史意义，主要是为东洋哲学思想的传统与发展赢得了话语空间。一方面挖掘了日本国民道德建设的传统精神资源，另一方面也为实现他的东西哲学思想融合的理想提供了一个蓝图，同时，这项工作本身也是一次思想融合的尝试。①

---

① 关于日本明治时代政治、宗教、教育领域中日本与西方以及中国与日本之间的文化交涉，请参阅陶德民的著作《西教东渐与中日事情——围绕礼拜·尊严·信念的文化交涉》（大阪：关西大学出版部2019年版）。与本文相关的特别是该书第五章"'教育与宗教冲突'的背景与本质"和第七章"明治末年出现的神佛耶三教会同与归一协会的意义"。

《日本阳明学派之哲学》的序文中开篇即表明自己从大学毕业后就开始着手编著东洋哲学史，积累了大量的中国哲学、印度哲学的材料，后来到1897年赴巴黎参加万国东洋学会，发表了《日本哲学思想之发达》，"归国以来益觉对日本哲学进行历史的研究之必要。于是稍致力于阐明德教之渊源、寻绎学派之关系，其稿渐多，堆满箱底。其中有关阳明学者自成一部，名之曰《日本阳明学派之哲学》，以稿本之原貌公之于世，欲为医治现今社会病根之资"。这里所说的"社会病根"，就是该序文中后面提到的明治维新以来，功利主义、利己主义思想流行，破坏了日本国民的道德心，如他在《日本伦理汇编叙》中所说的，造成了"可怕的道德上的危机"。那么如何培养或重振国民道德心呢？他说："欲知我国民道德心如何，需要领悟用以熔铸陶冶国民心性的德教的精神。如此书所述日本阳明学派之哲学，岂非其所资者乎？"他自信不仅日本阳明学派之哲学，也包括日本古学派、朱子学派之哲学，"在东洋哲学史中虽然不过为大鼎之一脔，庶几可成为将心德发扬于世界万国之一具"。

井上对日本儒学学派的划分，我们从其三部曲的不断重印再版中可以看出他的观点基本上是一以贯之的。比较大的变化，比如阳明学派，在重订本（1926年巽轩丛书版）中增加了"渊冈山"一章，在新订本（1938年富山房百科文库版）中删去了佐久间象山，新订本序中指出："佐久间象山应该作为朱子学的倡导者，因此将他删了，换成了高井鸿山。"对佐藤一斋这种被评为"阳朱阴王"的儒者，在《日本朱子学派之哲学》中都只留其章名（第四篇宽政以后的朱子学派 第三章佐藤一斋），而该章的具体内容只有"揭于

《日本阳明学派之哲学》第二篇第八章，故兹略之"。可见井上也已经注意到学派的复杂性。按学派来研究哲学思想史，有利于揭示其整体特征和发展状况，只要研究者不局限于学派，并不影响揭示个别哲学思想家的复杂性。

其他的修订，这里只举一个例子说明。《日本阳明学派之哲学》初版第37页中介绍中江藤树的著作，最后一项是"《藤树全书》十卷"，如其所言，该书明治二十六年刊行，当然是最新成果了。到1926年的重订本即巽轩丛书版中的这一项①，最后增加了一句："现在另有《藤树先生全集》的编纂与发行的计划，此书一旦出版，较之从前的将更加正确、完备，故裨益学者亦甚大。"到1938年8月"富山房百科文库"版的《新订日本阳明学派的哲学》中，则在此后专立一目"《藤树先生全集》（五十卷五册）"，并做了详细的介绍："此书由加藤盛一、高桥俊乘、小川喜代藏、柴田甚五郎四人编纂，是最为完备的藤树全集。尚增加有别卷一册，卷末不仅附有索引，而且刊登了英文的《藤树论》。学者宜用此书研究藤树之事迹及学说。"②《藤树先生全集》虽然到1940年才由岩波书店出版，因为井上哲次郎为该书的顾问，便提前在自己的著作中做了说明。其修订的状况，由此可见一斑。

还有一点是三部曲的"现实意义"，也不容忽视。《日本阳明学派之哲学序》落款日期为"明治三十三年九月廿四日"，就是1900年9月24日。同年7月14日，包括日本在内的"八国联军"占领了天津，8月15日入侵北京，光绪帝与西太后等西逃。

---

① 井上哲次郎：《日本阳明学派之哲学》，东京：富山房1926年第十四版，第35页。
② 井上哲次郎：《新订 日本阳明学派的哲学》，东京：富山房1938年版，第28页。

八国联军中日军在中国的"出色表现"成了井上哲次郎宣传"高洁"的日本国民道德心的重要"证据"。他在这篇序文中写道："若再就眼前的事实来证明我国民道德心的表现的话，那看看我国军队在中国的表现吧。其独放异彩的是什么呢？不恣意掠夺，不逞暴恶，严守军纪，不为私欲所动，这不是我国民道德心的表现是什么呢？正是因为有如此的国民道德心，我们的军队才能独放异彩。"还说道："该事变是如何暴露了联合国军中各国官兵应被责难的地方的呢？在此期间，我国军队通过剑光炮声彰显了我国民的道德心无比净洁的姿态，闪耀于世界各国眼前。是该培养我国民的道德心呢？还是该消灭呢？我觉得问这个问题就十分愚蠢。"

这两段话，如果所说的事是真实的话，的确是很有力的证据。我手头恰好有两本关于八国联军的书，一本是《京津蒙难记——八国联军侵华纪实》①（以下注释简称《纪实》），一本是《中国和八国联军》②（以下注释简称《联军》）。两本书记录的都是当时的亲历亲闻之事和书报资料。日军当时从中国抢劫掠夺了多少财宝，书里有不少的数字记载，如"户部银库存的 300 余万两白银和内廷所存金银，全被日本人抢去"③，日本的媒体也报道过从开战到 10 月初，日本从中国"所得"多少米多少银多少武器军火。④准确的

---

① 北京市政协文史资料研究委员会·天津市政协文史资料研究委员会编：《京津蒙难记——八国联军侵华纪实》，中国文史出版社 1990 年版。
② 兰道尔：《中国和八国联军》上下卷，李国庆、邱葵、周珞译，国家图书馆出版社 2014 年版。
③ 《纪实》，第 37 页。
④ 《纪实》，第 90—91 页。

数字，待今后有空再去细查，否则有可能否认"掠夺"过的事实。兰道尔的书中是这样描述日军士兵的，说："和其他人一样，他们也抢劫，但用的是一种平静、温和，甚至是优雅的方式。""他们拿走喜欢的东西，但做得是如此得体，以至于你看上去不觉得这是抢劫"。①同时也记载了日本兵不温和不优雅的举动，和其他帝国主义侵略者一样幸灾乐祸地虐待中国的俘虏②、向中国的平民逞其暴恶③。兰道尔在评价当时的美国兵时说：

> 我看到美国的报纸报道说，美国兵是在中国唯一绝对没有进行抢劫的士兵。这句话引申出来的意思就是，美国兵的道德观要高于其他国家的士兵。毫无疑问的是，其他参战国家的报纸也是以同样方式写他们的同胞的。如果报纸的内容总是真实的，那倒是一件非常愉快的事。但是就这件事而言，那种报道特别的虚假。在抢劫这件事上，美国士兵没有比其他人更坏，但更确实的是，他们也并不比其他在场的士兵更好。④

井上的上述文字，大概也是看到当时日本的特别虚假的报道，而引申出来的意思。因为事实是虚假的，从虚假的事实所引申出来的意思也自然是不可信的。从虚假的事实中引申出闪耀于世界各国眼前的日本国民道德心的洁净姿态，这就是日本当时真实的意识形态操作，作为史料，是非常珍贵的。但是，我发现在后来的重订本

---

① 《联军》上，第 182 页。
② 《联军》上，第 343 页。
③ 《联军》上，第 357 页。
④ 《联军》上，第 183 页。

和新订本中,初版序言中的这两段都删去了。①这当然又是另一种历史的真实。把史实原原本本地摆出来,这对于我们深入了解日本近代的学术思想不会是没有意义的。

五

井上哲次郎,不只是一个普通的思想家,也是近代日本官方意识形态的重要代言人。这就决定了他的儒学和相关思想研究,不可能停留于纯粹学术的层面,他的研究和学术要为当时的国家意识形态服务。因此,要全面了解井上的儒学研究成果,只知道上述三部曲是不充分的。为此,我们编译了第四卷《儒教中国与日本》。

第四卷《儒教中国与日本》是一本"新书"。井上一生,著作等身。但有意识地编辑单册选集的,就我所知,最重要的应该是其自编的《井上哲次郎选集》,1942 年 11 月由东京的潮文阁出版发行。该选集的内容依次分为哲学篇、伦理篇、宗教篇、教育篇、武士道篇、经济篇、圣德篇、圣哲篇、贤哲篇、军神篇,共收录 21 篇文章。这些文章一定是他在所涉及的相关领域自认为得意且能适应时代需要的作品。2003 年,岛薗进和矶前顺一编纂的九卷本《井上哲

---

① 另外,《日本朱子学派之哲学序》落款日期为"明治三十八年十一月廿三日",即 1905 年 11 月 23 日。时值日俄战争结束,第二次日韩协约签订,日本掌握了韩国的外交权,在首尔设置统监。由此,该序的结尾这样写道:"目前日俄战争已宣告终结,我邦之荣光发扬光大于四海宇内,欧美学者试图究明我邦强大之原因。此时展开朱子学派的历史研究,认识我邦德川氏三百年间的教育主义在国民道德发展史上带来的巨大影响,已是时不我待之事。有志于德教之学者,宜深思之。"这一段后来的巽轩丛书版没有修改也没有删节。

次郎集》，列入"日本的宗教学丛书"中，由东京的クレス出版（KRESS 株式会社）影印发行，为我们进一步了解井上哲次郎的相关思想提供了资料上的便利。以上选集或著作集，都是我们编辑《儒教中国与日本》的重要参考。

《教育敕语》（1890 年）是继《大日本帝国宪法》（1889 年）颁布、近代日本国家组织结构成型之后，以天皇的名义发布的宣示国民道德根源、国民教育基本理念的重要文献，可以说它是近代日本官方意识形态的灵魂所在。对《教育敕语》的解说书籍汗牛充栋，而井上哲次郎的《敕语衍义》（1891 年）作为师范学校和中学教科用书，影响最大、流传最广。[①]1899 年井上对《敕语衍义》稍加修订，出版过《增订敕语衍义》（文盛堂·文魁堂），而《儒教中国与日本》中收录的《释明教育敕语衍义》是井上哲次郎《敕语衍义》的最终版，1942 年 10 月由东京广文堂书店出版发行。

井上哲次郎的《敕语衍义》的特色与意义，特别是与儒学的关系，如前所述，拙编《明治儒学与近代日本》中已经阐述得非常清楚了，我们不妨来重新温习一下。比如，对《敕语衍义》在中日学界的回响，陈玮芬做了这样简明的概括[②]：

> 严绍璗认为它深深烙着德国国家主义的印记，指出井上的信念是留德期间受到俾斯麦、斯坦因等集权主义思想影响的结果。他批评井上的思想体系"既是学术的，又是政治的"，这

---

① 参见拙著《日本近现代思想史》第三章第二节"《教育敕语》的颁布及'敕语体制'"的形成，世界知识出版社 2010 年版，第 105—116 页。

② 陈玮芬：《井上哲次郎对"忠孝"的义理新诠：关于〈敕语衍义〉的考察》，载刘岳兵编《明治儒学与近代日本》，第 60 页。

个庞大体系的全部价值,"在于使国民加强天皇制国家体制的意识"①。王家骅主张《敕语衍义》刻意将天皇的神格和国家有机体说加以结合,构成一种天皇与国家一体而至上,"忠君"即"爱国"的专制思想,毒害了数代的日本人②。而日本学者则指出井上在《敕语衍义》中完整回顾了古来的日本人如何理解、说明、实践"孝悌忠信"的历史,这种"忠君爱国"、"死轻鸿毛"的精神,规定了井上此后的思考举措,成为他终身不渝的信仰③。

陈玮芬对于从《教育敕语》到《敕语衍义》的精神逻辑如何展开,在其论文的"结论"部分做了详细的阐述:

> 井上哲次郎的《敕语衍义》为《教育敕语》奠定了解释的基调,成为此后五十年间人们理解《教育敕语》的准则之一。当然,衍义虽然是敕语的注释,但是两者的思想理路、企图与策略并不是完全一致的。其最大不同,在于敕语的制定动机是针对维新以来西学影响的反省,关注的焦点在于国民道德的问题,而衍义的论述则着重于日本万世一系的特殊国体,甚乎国民道德。
>
> 《教育敕语》把国民道德的根据限定为天皇祖先的教训,除此之外,不允许人们由内在层面、或是精神权威(如良心)

---

① 严绍璗:《日本中国学史》,江西人民出版社1991年版,第305页。
② 王家骅:《儒学的政治化、社会化与日本的现代化》,载李玉等主编《传统文化与中日两国社会经济发展》,北京大学出版社2000年版,第151—152页。
③ 町田三郎:《井上哲次郎と漢学三部作》,载氏著《明治の漢学者たち》,东京:研文出版1998年版,第235页。

中寻求道德依据。国民如果选择了此外的道德权威，便违反了国体，必须加以遏止。文中罗列了孝父母、友兄弟、夫妇和、朋友信、恭俭、博爱、义勇奉公等各项德目，并不尽然是由儒教道德中取材。即便是五伦之一的夫妇之道，也避开儒教习用的"有别"，而以近代的解释"相和"代之。至于个人的修德修学、社会道德范畴的博爱公益，或者是立宪国民国家的要件如遵守国宪国法等，无一不在谆谆规范的项目中。至于国家有事时必须义勇奉公的要求，也许不能直接判为与近代国民道德互相矛盾的行为。

如果剔除《教育敕语》中天皇与国民的关系，可以发现其人际关系论中的道德，也就是所谓"父母孝，兄弟友，夫妇相和，朋友相信"，对于儒教已相当普遍的东北亚来说也完全没有任何不妥，它是一种理所当然的道德，也通用于现今的社会。不过，就算各个单项的德目无可挑剔，《教育敕语》本身却存在了根源性的问题，那就是要求国民奉行这些德目的最终目的，并不在于培养出具备"善良"人格的子民，而在于塑造出"朕忠良之臣民"与"显彰祖先遗风"的忠臣与孝子。可以说，《教育敕语》所描绘的理想人类图像，是一个绝不被允许跨出天皇制意识形态框架的人类。

此外，《教育敕语》虽然以"天皇祖训"的方式，为上述训诫日本臣民的教条赋予特殊的个别价值，但同时也反复使用"不谬"、"不悖"、"通古今"（＝时间性），以及"施中外"（＝空间性）等字眼，强调它所具备的普遍性、妥当性。这种将个别价值扩大为普遍价值的逻辑，正好等同于昭和时期甚嚣尘上的天皇制国家乃"八纮一宇"的逻辑。

井上哲次郎认同这样的逻辑，为了统合民心、巩固天皇权威，大篇幅铺陈《敕语衍义》，此书也和《教育敕语》、《大日本帝国宪法》等互为表里，成为天皇制国家的伦理、法理根据，担负了维持天皇政体精神秩序的使命。他试图转化宗教性的虔敬之心入道德领域中，建立"世俗的、实际的"国民道德，又藉由儒教的"差等之爱"来建构以天皇为顶点的世俗秩序①。他明确主张忠重于孝、使用"广泛"、"深大"等语词为忠君爱国的行为赋予正当性。他刻意忽略儒家对"仁政"的要求，批评中国的人民与皇帝之间、家族与家族之间都无法真正能够达到"血缘"的连结，国家由个别家族组成，无法真正贯彻"忠孝一本"的观念；加以历史上再三改朝换代，也造成人民在忠孝之间难以抉择。藉以标举世间唯有皇统一系的日本，把个别的家族制度都包含在天皇的大日本家族之中，提供了忠孝合致的理想社会。他采用日本拥有他国所欠缺的独特而完备的历史传统这样的论调，来激发全体国民的使命感，虽然所使用的诠释语言显然易见是简单、暧昧、也模糊的，却也的确成功地培育出许多忠臣良民。②

严绍璗先生的《井上哲次郎的"儒学观"："皇权神化"的爱国主义阐述》对《敕语衍义》的主题思想和精神实质做了清晰的

---

① 井上哲次郎：《儒教的长处短处》，《东洋哲学》第 15 号，第 67 页。同《非难教育上的世界主义》，《日本主义》第 1 号，东京：开发社 1897 年版，第 12 页。
② 刘岳兵编：《明治儒学与近代日本》，第 82—83 页。

概括：

　　日本社会正在日益接受欧美的文化思想，而这种世态的加深发展，势必会动摇日本天皇制政体的国家利益，于是，井上哲次郎便致力于把日本传统儒学中的伦理观念，与欧洲的（主要是德国的）国家主义学说结合为一体，着力于阐述"孝悌忠信"与"共同爱国"为日本国民的两大德目，是所有的"臣民"对天皇应尽的义务，从而试图创立起一种新的日本精神。

　　井上哲次郎的《衍义》，从儒学研究的视觉来考察，最可注意点有二：

　　第一、井上哲次郎抛却历来关于"孝悌忠信"的陈腐旧说，直接把它与"共同爱国"连接为一体，申言这是拯救日本的唯一之道，不仅使人耳目一新，而且使它具有了现代价值观的诠释。与十年前天皇的近臣永田元孚等江户老儒，用陈腐不堪的言辞来指责"文明开化"不同，在井上哲次郎的一系列的阐述中，非常注重近代性的国家意识的表述，其重点在于使"臣民"对于"君主"的忠诚，具有了"爱国"的最普遍与最神圣的意义，这就把传统儒学的政治伦理与欧洲国家集权主义学说融为一体。这是近代日本儒学主流学派的最基本的特征之一。

　　第二、当井上哲次郎在着力于重建日本国民的精神时，虽然阐述的主旨是传统儒学的伦理道德，诠释的方式是西洋的国家主义，但是，这内外两个理论于日本而言，却都是"异邦文化"，这对井上哲次郎来说，确是一个颇为棘手的问题。于是，他又以十分的努力，致力于强调日本天皇臣民爱国的真正内容，在于建立起日本形态的皇统观念。

井上氏在为《敕语》的第一句话"朕唯吾皇祖皇宗，肇国宏远，树德深远"作"衍义"时是这样诠释的：

当太古之时，琼琼杵命奉天祖天照大御神之诏而降临，列圣相承。至于神武天皇，遂讨奸除孽，统一四海，始行政治民，确立我大日本帝国。故而我邦以神武天皇即位而定国家之纪元。神武天皇即位至于今日，皇统连绵，实经二千五百余年之久，皇威愈益高涨，海外绝无可以与相比者。此乃我邦之所以超然万国而独秀也。

这里阐述的是最典型的"日本大肇国观念"——所谓日本天皇，为"天孙降临"，乃"万世一系"；所谓日本国民，为"天孙民族"，乃"八纮一宇"；故而，日本乃"神国"矣，为"超然万国而独秀也"。这是井上哲次郎把握的《教育敕语》的真精髓，是他在《衍义》中贡献于日本国民面前的"爱国"的真内容，这也就是近代日本儒学研究的真灵魂。

《教育敕语衍义》构筑起了一个把传统儒学、西洋国家主义，与日本神国尊皇观念融为一体的缜密的思想体系。这个思想体系以粘着于天皇制国体为基础，以儒学的政治伦理为内核，以神国皇道观念为灵魂，以国家主义为表述形式。①

严绍璗在该文中还将井上哲次郎的《敕语衍义》和日本儒学研究三部曲及1912年出版的《国民道德概论》联系起来，指出："井上哲次郎以深厚的儒学教养，足实的西洋文化的熏陶和对天皇制国

---

① 刘岳兵编：《明治儒学与近代日本》，第90—92页。

家的忠诚,开启了近代日本儒学研究的一个新的学派。"①对井上的儒学研究三部曲,严绍璗评价说:"在这三部著作中,井上氏遵循他的基本思想,把儒学的伦理与国粹派的尊皇观念的统一,把日本的传统(指包含了儒学与国粹诸方面)与西洋的价值观念的统一,作了合理主义的诠释。或许可以说,从《教育敕语衍义》到这三部'学派之哲学',井上哲次郎在近代日本的儒坛上,完成了作为日本儒学研究中主流学术奠基者的神圣任务。"②而井上的日本儒学三部曲也为他后来的国民道德论的铺陈与展开提供了重要的精神资源。

本书中收录的《释明教育敕语衍义》主要由四部分构成,第一部分绪言,说明《教育敕语》颁发的经过与原委;第二部分影印《敕语衍义》全篇;第三部分释明,这一部分是核心部分,是在《教育敕语》颁布半个世纪之后的新的历史时期,重新为其护教与辩诬,并赋予其新的历史意义;第四部分《附录　道体论之概观》也很重要,是要为日本的国体观念从哲学上寻求"道体论"的思想根据。

我们来举例看看他的说法,比如在"释明"部分的第十章"《教育敕语》与儒教主义"的结尾他写道:

> 我们日本国民如今在战时,在道德方面取得了优异的成绩,无论从任何国家的立场来看都无法非难。不仅在轴心国被赞赏,在同盟国也惊叹不止。正因为如此,《教育敕语》的精

---

① 刘岳兵编:《明治儒学与近代日本》,第92页。
② 刘岳兵编:《明治儒学与近代日本》,第92—93页。

神,不仅从儒教来看,不能非难,无论从佛教来看,还是从基督教来看,都不应该非难,我觉得倒是应该大加赞同。①

在第十三章"《教育敕语》与目的主义",也就是"释明"部分的最后一章,在结尾的部分,他这样写道:

我们日本正如《神敕》中所宣扬的"宝祚兴隆,天壤无穷"一样,历经二千六百年,时至今日,这一宣言越发成为事实,如今感觉其效验最为显著。同时,我立即想到的是,神武天皇在《奠都之大诏》中显示了八纮为宇的国民理想。这是一种非常亲切、蕴含了博爱精神的国民理想。首先使之在日本全国实现,进一步扩大到大亚细亚诸国,最终使世界各国纳入其范围内,这是一个世界性的大理想。佛教、基督教、拜火教都论说最终的理想,康德、费希特、黑格尔这样的哲学家也论述终极理想,而且儒教以治国平天下为目的,但由于出现各种各样的情况,世界并未按照他们的那些理想进展。时至今日,我们日本已经在横亘大东亚诸国的广阔范围,正在不断实现八纮为宇的大理想。此次神圣事业的参加者,都正在实现他们作为人的生命的目的。

而且,为了使这种大理想惠及其他国家,兴亡盛衰不定,社会不安定的国家是不可能实现的。而我国像《神敕》中所说的"天壤无穷"那样,是一个永远无限发展的国家,只有我国才可能实现大理想。与实现这个目的相对,其他功利主义的国

---

① 井上哲次郎:《释明教育敕语衍义》,东京:广文堂书店1942年版,第339页。

家、共产主义的国家、还有一群追随其后的小国家没有丝毫神圣的意义,这是显而易见的事实。我国现在举国正在不断成就着非常伟大的神圣事业,这是由于其在其根基上能够实行"惟神之道"这种大道的缘故。我认为这些事值得今天及今后的学者大力研究,为了广大的世界人类,应该阐明其真相。①

以战争中日本在道德方面的优异成绩来证明《教育敕语》精神的普遍价值,这种论证的方法,井上已经在前面提到的《日本阳明学派之哲学序》中用过一次了,后来相关文字虽然删去了,但是由此可见其思维方式并未改变。不仅没有改变,而且变本加厉,把近代日本自身所进行的"以帝国主义、侵略主义为目的,蚕食或吞并他国,或使其殖民地化,以他民族作为榨取对象"的行径美化为"伟大的神圣事业",而且从不着边际的所谓"神敕"中寻找精神慰藉和动力。

在《附录 道体论之概观》一文本论的结尾部分,井上还煞有介事地论证着日本的"惟神之道"与其他各国的道的功能和特点不同,津津有味地讲述着其优越性和永恒性,相信在此引领下可以将世界化为一个"伟大的神国",并且认为:"只有具有万古不变的基础的皇国,才可能实现这种社会的理想。"②这里已经将"皇国"日本及其"惟神之道"作为一种信仰,神圣化了。所谓论证,不知不觉中进入(或者被带入)一个"解释循环"之中。打破这个"循环"的,只有等到日本的战败。可惜他没有等到这一天。也许

---

① 井上哲次郎:《释明教育敕语衍义》,第 355—357 页。
② 井上哲次郎:《释明教育敕语衍义》,第 404、405 页。

他是幸运的，可以抱着他的梦想死去。

《儒教中国与日本》中收录的其余二十八篇文字分为"中国哲学与文化""儒教与日本""古今人物论""序跋与行履"四个部分，其中"中国哲学与文化"部分值得听取的内容不少，特别是《性善恶论》这篇文章，其论述之条理、系统、深入，眼界之开阔，很难想象这是130年前发表的论文。"序跋与行履"部分收录了相关著作的序言和他对自己学术、人生的回顾以及自订年谱，这些对于了解井上哲次郎其人其学都是必要的材料。放弃个人的"厌恶感"，这些文字作为知识考古学的重要标本，是研究那个时代的精神结构、分析日本近代官方意识形态话语的形成的珍贵资料。由于井上哲次郎的"学界泰斗"身份，这些文字对于我们辨明近代日本的学术与政治生态，尤为重要。中村元、武田清子监修的《近代日本哲学思想家辞典》①，不愧如监修者所言，可以说至今仍然是近代日本哲学思想家个别人物研究"集大成"的辞典。按照经历、思想、著作、文献四个部分，囊括近代日本约一千名思想家，是所见辞书中对井上哲次郎记述最详细的一种。词条作者伊藤友信分析了战后学界对井上"负面评价"多的原因，在于他是官僚式的学者，而且具有国家主义者的思想性格。尽管如此，但是，作者提出对井上的思想不应该以其官僚的、国家主义的侧面为前提去看，而应该在明治时代的哲学潮流中对其进行客观的把握。②要简单地否

---

① 中村元、武田清子监修：《近代日本哲学思想家辞典》，东京：书籍株式会社1982年版，第59—62页。

② 伊藤有信：《井上哲次郎》，中村元、武田清子监修：《近代日本哲学思想家辞典》，第60页。

定它很容易，但是要究明其思想肌理、剖析其逻辑结构，才是思想史研究的关键所在，只有这样才能做到真正有效的批评，才能粉碎它以免重蹈覆辙。而这依然是日本近代思想史研究中的一个重要的、艰巨的课题。

六

中国学术界，其实对井上哲次郎早就不陌生了。关心中国近代学术史的有心人，对这种"厌恶感"也许早就已经有免疫力了。

稍微调查一下就可以发现，《日本阳明学派之哲学》在著名的《教育世界》杂志上几乎全书都译载了。从1907年3月第148期的《教育世界》开始，到同年10月第162期，以《日本阳明派之哲学史》为题连载翻译了除序言和附录的几乎整本《日本阳明学派之哲学》。此外，1915年到1916年的山西宗圣会刊物《宗圣汇志》（《宗圣学报》）也节译过此书。

井上哲次郎最初在中国有影响的刊物上亮相，大概要数在1899年5月发行的《清议报》第17期上发表的"来稿杂文"《读韩氏原道》了。该文结尾写道："韩氏《原道》，通篇支离而无理，矛盾而不通。既不通，又无理，可谓之旷世之大文字耶？近世学汉文者，何故藉藉称之也？吾久叹学汉文者无识见，而局于陈迹，不能驾古人而上之也。乃摘发韩氏原道之谬误，使其知前人之不及后人，后人之不复及后人。"文章劈头即狠批韩文"与真理相背驰也甚矣"。主要从论证逻辑和具体观点来批评韩文的论述。印象比较深的，首先是他从逻辑上指出："定名与虚位，毕竟无分别也。"其次是他认为个人的经验不能作为衡量"公言私言"的标准,"古今如此久矣,东西如此广矣,其所未闻见,不知其几千万也"。而且主张:"公言私言不足以证是非正邪。"因为"真理之始出也,必私言也。若排斥私言,则真理亦不出也"。进而问责韩愈:"韩氏排斥私言,则后世真理之不出于汉土,岂非韩氏之过耶。"从观点而言,与韩愈之排佛老,强调其道不同,井上则从三者可以统一融合的侧面,先强调"孔老二氏之学,其旨意亦往往相符合"。继而批评韩氏排佛之妄:"佛氏说法,令一切众生始成世善,终成出世。终成出世,虽似外天下国家;而始成世善,与孔子之道何以异也。且夫佛氏以一切众生为平等无二,是与泰西所谓同等之权,其义稍相近矣。然则佛氏岂外天下国家哉。"最后,井上从经济学的观点来批评韩愈"鳏寡孤独废疾者有养"的结论"虽似仁者之道,而不必然也"。他将"人民"分为两类,一类是生产者,一类是耗产者。耗产又分为两种,一种是耗产而资以为益者,一种是耗产而后全不为益者。而"废疾者"则是属于"耗产而后全不为益者"之列。他担心以"夺生产者之所得,授之耗产而后全不为益者,则其由此而生之悲,不及由此而生之喜也。呜呼,是知二五而未知十之言也。生喜则生喜矣,然而后来妨生产之害,虽不彰著,而其实不尠尠也"。

在同月发行的《清议报》第18期上又刊载了井上哲次郎的《心理新说序》。该书为井上抄译倍因(Alexander Bain,1818—1903年)的《心理学》编成,于1882年出版。该序中强调"科学原出于哲学,而心理学实为哲学之根基"。通过对比东西洋哲学发展之兴衰,指出:"我东洋虽不乏哲学,而论法未穷其精,实验未得其法，而继起无其人，此其所以少创起欤。"并以中国哲学的发展为例做了详细说明。之所以翻译此书，是因为作者倍因属于实验学派，"其说精该，最可凭信"，可以作为振兴哲学的阶梯。

他的基本哲学观念，也可以从发表在1903年10月《新民丛报》第38—39期合刊上的评论中江兆民的文章《无神无灵魂说之是非如何》中窥见端倪。井上在文章中对中江兆民在临死前所著《一年有半》和《续一年有半》中表现的哲学品格、破除迷信的自由精神表示钦佩的同时，也认为其无神论思想仅及事物表面现象而未及深入肌理，对此感到遗憾。他说："吾人手足耳目之所得接触者，现象也。现象者刹那刹那变动不居者也。拘泥现象，不求其他世界之理，人生之事遂不可得而解释，又何哲学之足云？盖世界人生之事理于手足耳目所得接触之现象而外，又有不变之实在弥纶磅礴于其间。笃学之士，极深研几，发现此不变之实在以为立论之基础，始得解释世界人生之事理，始得谓之哲学。"那么这种实在究竟是什么呢，他说："实在云者，依心传心之物也。《起信论》所谓'离言说相离文字相'者也。惟其不可以言语文字显，故能超然而为世界及人生之根本主义，亦惟其为世界及人生之根本主义，故必由多方以显之。此各种之写象法所由兴也。"井上力图以"现象即实在论"的主张，会通东西哲学各派的宏愿，复流于另一种表面，这也不仅仅是个人的心力所限，那个时代的脚步太快，而对西方的了解尚浅。

作为教育家的井上哲次郎，尤其受到近代以来中国学界的关注。他的道德理想主义的教育理念，他对德育的重视、对东洋传统中道德精神要素的阐发，在日俄战争之后，特别是他的日本儒学研究三部曲完成之后，就陆续在不同的杂志上翻译介绍到中国来。1906年在东京创办的《政法杂志》第1卷第5期（1906年7月14日发行）翻译发表井上的讲演《行为与目的之关系》（亦见于同年8月重庆广益书局出版的第114期《广益丛报》）、同年11月出版的《直隶教育杂志》第20期发表其《普通教育之德育》、1909年6月《教育杂志》第1卷第7期发表其所拟《学生座右铭》、1917年10月出版的《学生》第4卷第10期发表其《意志之修养》等，都是专门探讨教育的。不仅如此，我们也注意到，井上以自己的教育理念和道德观念对当时社会思潮和社会现象进行批评的文章，即作为思想家的形象也受到中国学界的关注。如发表在1921年3月刊出的《改造》（上海）第3卷第7期上的《私产之种类与其道德价值》，就是针对当时流行的社会主义思想而发表的。私有财产的道德价值，这是一个很有意义的话题，其中的一些论述也不乏精彩之处。但是他认为社会主义否定依靠自己劳动获得的私有财产，认为社会主义只重视体力劳动而不重视精神劳动，从而批评社会主义思想，这些都是时代的偏见或阶级的偏见。

1938年10月大阪每日新闻社编的《华文大阪每日》半月刊的创刊号上刊登了井上的《论新民主义并勖中国当局》，后来在该刊第3卷第11期（1939年12月）、第5卷第1期（1940年7月）还先后发表了他的《中国今后的思想界》《今后中国思想界的根本问题》，日本占领武汉之后成立的"奴化宣传机构"中日文化协会武汉分会出版的《两仪》月刊第2卷第2期（1942年2月）发表的《新东亚文化与日本之使命》，也是从井上的上述著作《东洋文化与中国之将来》中翻译的。这些文章和著作，充分发挥了井上作为官方意识形态代言人的作用，在日方操纵的中文杂志上传播，是不足为怪的。

话题扯得有点远，了解一些学术史，对于中国的研究者而言，大概也不是完全没有意义的。

七

这套《井上哲次郎儒学论著选集》从选题到编辑、出版，我的师妹韩国茹博士所付出的心力与辛苦，值得铭记。也要感谢中国社会科学出版社的社长赵剑英博士和总编辑魏长宝博士的大力支持。作为中国社会科学院培养的博士，我对"原典日本系列"的呼唤，从"打雷"到"下雨"，从《"中国式"日本研究的实像与虚像》的出版到"善美原典日本研究文库"的开张，都有幸得到了"自家"出版社的关照，我感到非常温馨和庆幸！

也期待这套"选集"的出版，不仅能够为推进和反思日本儒学研究提供一份"原典"参考，更期待我们能够在充分消化、理解、批评"原典"的基础上，即经过一番与史料的"肉搏"之后，化"井上之学"为方法，为我们在建设人类命运共同体的征程中思考与处理传统与现代、东方与西方、理想与现实、学术与政治这些具有普遍性的问题时提供一些经验与教训。

刘岳兵
辛丑初伏第九日初稿于九樗仙馆
日本无条件投降七十六周年纪念日定稿

目录 CONTENTS

1 / 第一辑　释明教育敕语衍义

　　释明教育敕语衍义序 / 3

　　绪言 / 5

　　敕语衍义

　　　　敕语衍义叙（芳川显正）/ 29

　　　　训　示（芳川显正）/ 30

　　　　敕语衍义叙（井上哲次郎）/ 31

　　　　敕语衍义卷上 / 35

　　　　敕语衍义卷下 / 49

　　释　明 / 67

　　附录　道体论之概观 / 101

135 / 第二辑　中国哲学与文化

　　作为世界圣人的孔子 / 137

论王阳明之学 / 170

　　　阳明学的大意 / 190

　　　性善恶论 / 215

　　　中国哲学的性质 / 233

　　　中国开发意见 / 238

　　　中国文明的缺陷 / 250

261 / 第三辑　儒教与日本

　　　儒教的宗教观 / 263

　　　基督教与儒教 / 267

　　　儒教经济的昂扬 / 281

　　　儒教的同化与国民道德的发展 / 296

　　　东洋哲学的异同及融合 / 302

311 / 第四辑　古今人物论

　　　林罗山的学问与功绩 / 313

　　　山鹿素行的事迹、学问及影响 / 325

　　　朱舜水的学说 / 338

　　　关于贝原益轩 / 350

　　　吉田松阴殁后八十年所感 / 360

　　　作为教育家的中村正直博士 / 372

　　　涩泽荣一子爵与归一协会及儒教 / 387

395 / **第五辑　序跋与行履**

　　《宋学概论》序 / 397

　　《陆象山》序 / 399

　　《日本伦理汇编》叙 / 401

　　《武士道丛书》序 / 403

　　《国民道德丛书》序 / 405

　　《井上哲次郎选集》序 / 407

　　明治哲学界的回顾 / 412

　　八十八年的回顾 / 431

　　巽轩年谱 / 470

487 / 编译后记

第一辑

释明教育敕语衍义

释明教育敕语衍义序

因今次本人米寿之故，为我而组织的巽轩会举办了祝贺会。本人鉴于时势关系原打算推辞，在值班干事的恳切要求下再次考虑，提出如果只是简单的祝贺会的话则可接受，就这样祝贺会终得以举办。

不过，又因素有往来的书肆广文堂主人提出"这次请务必将久未再版的大作《敕语衍义》再版发行"，我将此事大体考虑之后，认为值此之际再版确实有很大的必要。之所以这样讲，是因为我写作《敕语衍义》是明治二十四年的事情，距今已有五十二年。试回顾从明治初年到《教育敕语》颁布期间，我们国家究竟都经历了何种状况，我们会发现这一时期在教育上，乃至精神层面上都是非常重要的时机。仅仅称之为重大的时机或不甚明了，那么换言之，这是遭遇了精神层面上未曾有过的危机。因此之故，明治二十三年十月三十日《教育敕语》得以颁布。

说到未曾有过的一大危机究竟是什么，这部分内容作为《绪言》刊载于《敕语衍义》之前，对于《教育敕语》的颁布以及当时的情况进行了叙述。其后刊载了《敕语衍义》初版的全文，以及《释明》——是对《敕语衍义》相关各种误解等的辨明，也是对于"国民道德研究不过是扩大的《教育敕语》的传统背景的思考"这种说法的论证。其后通观全局，讨论了《教育敕语》对于今后具有愈发重大的意义，致力于引起教育界广泛的新的注意。作为这一思想的基础，于最后加上《附录　道体论的概观》，以期给教育家的思想赋以哲学基础。

如此一来，本书不仅仅是对《敕语衍义》第一版的再版，加上开头的《绪言》、篇末的《释明》以及《附录》，因此可题为《释明教育敕语衍义》。《教育敕语》颁布之时，《敕语衍义》这一题目尚无歧义，其后历经五十余年之久，明治天皇、大正天皇、今上陛下也颁布许多诏敕，如今单说起"敕语衍义"四个字，很多人会不解究竟是对什么敕语的解释，故而题作《释明教育敕语衍义》。又，《敕语衍义》为明治二十四年所发行，其后至明治三十二年多少有些修正，乃题名为《增订敕语衍义》。本书虽为私撰，却并非单纯的私撰，曾殊蒙天皇御览，是颇具历史意义的著书，因此再版仍附上初版原文。全书他处文字一字未变，仅仅将"半身不遂"的字眼改为"半身不随"，因为前者虽为正确写法，但现今一般见到的写法多为后者，所以进行了改动。其余部分全照原版复刻。

昭和十七年十月十七日
文学博士　井上哲次郎记
（薛雅婷译）

绪　言

引　语

在这里，借我所著对教育相关敕语进行解释的《敕语衍义》一书初版复刻之机会，将《教育敕语》颁布等原由分为数项进行论述。

第一　明治初年的状况

自镰仓时代以来持续了六七百年的将军政治被撤废后，社会情势为之一变，至明治元年皇政维新，新时代出现，各方面都有了非常大的革新。其时，明治天皇颁布了向天地神明起誓的《五条誓文》，其中第四条如下：

　　破旧来之陋习，基天地之公道。

以及第五条为：

求智识于世界，大振皇基。

总之，这是要打破以往之旧习，向世界寻求知识的有重大革新的时代，可见，此五条誓文中提出了最适合于这一时期的对实践的要求。现今大多数人对于那个时代都没有体会，无法感同身受当时的世情，那时同现今的社会情势有很大不同。在一个必须学习欧美，输入西洋文化的时势之下，举国之民向着这个方向滔滔行进，实在是只能用"急转直下之势"来形容了。

然而，这么做并非没有重大的弊害。确实，残存的陋习必须尽早脱离或是扑灭，但古来的风俗习惯，绝非悉数不可沿袭的。就连明治天皇的御制歌也有这样的语句：

弃恶而择善，不逊外国矣。

此御制歌的趣旨，只要细心思考就会明白，《御誓文》中第四条说的是"旧来之陋习"。"陋习"即是不好的习惯，而这样的习惯必须早日消灭。然而，可以推测到的是，明治天皇的圣虑中，绝没有要将良风美俗也一并摒弃的想法。其证据便是明治三年颁布的"宣教之诏"，其中就有这一条：

祭政一致，亿兆同心。治教明于上，风俗美于下。

这即是天皇御示保存昔时良风美俗的明证。不仅如此，明治十五年一月四日颁布了《军人敕谕》。在《军人敕谕》的末尾御示了军人应该恪守的忠节、礼仪、武勇、信义、朴素五条原则，这些都是自古以来所实行的，但并非陋习，而是自古以来武人所实行之品德，也是今后武人应当实践的。这便是明治天皇的圣虑。依此来看，早日学习西洋之长处势在必行，同时也不能破坏我们自己自古以来的良风美俗。毋宁说应当将它们存续发展下去，不应该质疑御示所言之物。

然而当时的社会，为了向世界寻求智识而努力，因而对于打破旧有的陋习这一方面没有犹豫。怎奈超越了限度，接连出现了连良风美俗一并破坏的憾事。别的方面姑且不论，道德方面令人愤慨的事情绝不少见。而在小学校，虽然有修身这一科目，但就其授业看来，并无一定的方针，或以儒教主义说修身，或使用耶稣教主义的教科书，或讲授西洋道德，甚至有用法兰西共和国民法作为修身科文本，种类繁多，未有统一。对于这一问题，明治天皇也深感忧虑。

第二 《教育敕语》颁发前的准备过程

我认为有必要在此追忆一下至明治二十三年十月三十日颁布《教育敕语》为止的准备过程。《教育敕语》并非毫无准备就从天而降的。可以看出明治天皇对修身、道德等事轸念已久，虽然很难确切地说是从哪一年开始的，但明治十二年明治天皇的《教学大旨》得以颁布，时任内务大臣的伊藤博文受明治天皇的御垂示，向天皇奏上了《教育议》[①]。 此事在国民精神文化研究所发行的《教

---

① 原文为《教育义》，据译者核查资料，以及后文出现《教育议》之用法，改为《教育议》。——译者注

育敕语关系资料集》第一卷中有记载。明治天皇的旨意是：

> 教学之要，在明仁义忠孝，究知识才艺，以尽人道者，我祖训国典之大旨，上下一般之所教也，云云。故自今以往，应基于祖宗之训典，专明仁义忠孝，道德之学以孔子为主，人人尚诚实品行，然各科之学，随其才器益益长进，道德才艺，本末全备，使大中至正之教学布满于天下者，于我邦独立之精神，可无耻于宇内也。

由此观之，明治天皇的旨意十分明了，对于当时的文教来说，绝不可以之为非，这一点自不待言。然而，无奈当时举国上下只崇尚知识才艺，跃于文明开化之声，有不少破品行损风俗者。正因是这样的时代，才有必要先施道德之教，讲授如仁义忠孝这样重要的道德，而以这样的道德之教为基础，在其上磨砺知识才能，这一顺序绝不能搞错了。

然而，时势如此，多有这样不知尊奉圣旨的人，实在是甚为遗憾。想来正因如此，明治天皇才深感教学革新之必要吧。伊藤博文氏所上奏的《教育议》中，有这样的内容：

> 若夫如折衷古今，斟酌经典，建立一国教以行者，必待有贤哲其人，而非政府宜管制之所也。

当时的侍讲元田永孚对此作了《教育议附议》①，明示了明治天皇的旨意，回应了《教育议》，其文如下：

---

① 原书名为《教育议附义》，有误。——译者注

圣上陛下，有为君为师之御天职，而内阁亦有其人也。置此时而将待何时，且国教者，亦非新建，但在于敬承祖训而阐明之耳。其人民之信从与否，唯在于陛下与阁臣厚信而恒久不挠也。

元田永孚还论述了应当编纂关于伦理风俗的良善读本，并用之于教导忠孝节义，其所言如下：

西洋修身之学之所云，如薄君臣之义，置夫妇之伦于父子之上，固悖于我邦之道。且修身之书，多出于耶稣教法，故当主以四书五经，加用国书之有关伦理者，更择洋书之品行性理完全者而取之。

对于编纂良善读本之事，元田氏如何煞费苦心，从此论旨中亦可窥得。其后元田氏为推广此大道德而粉身碎骨，这实在令人不得不推崇佩服。元田氏深得明治天皇之信任，其后编纂了《幼学纲要》，将其进献于明治天皇，从其序文末"明治十四年辛子六月"的字样可见其成稿时间为明治十四年。"辛子"为"辛巳"之误。此文不仅内容十分精炼，更能体现天皇旨意。下面列举一些重要的部分：

明治十二年夏秋之间，臣永孚侍经筵，皇上亲谕曰："教学之要，在明本末。本末明则民志定，民志定而天下安。为之莫先于幼学。"

因此，明治天皇有关德育的思虑十分明了。其后文中有如下言语：

盖我祖宗继天建极，教人化民，莫一不出于至诚，是以民皆纯一正直。父子之亲笃，而君臣之义明矣。

夫本于道德而达于知识，始于彝伦而及于事业，教学之要也。故道之以仁义，教之以忠孝，使天下之民志一定于兹。则其智之所进，其才之所成，发于言辞，显于形实，施为事业者，莫不出于仁义忠孝也。云云。民唯务知识才艺，弃本逐末，遂将至于不知仁义忠孝为何物，则其弊害果何所底止焉。

今幼稚之儿，智慧未定，惯染犹浅。于是时，先教之以仁义忠孝之道，浸渍含蓄，习与性成，道德由是以淳，彝伦由是以正。而风俗之美，声教之懿，将有度越上世，而冠绝宇内者矣。

从此序文的旨趣就可以察知到《幼学纲要》是怎样的书物了——是当时向各小学校御赐之物。

我们虽能察知明治天皇有关德育的宸念绝非寻常，但因当时社会民众的西洋化甚深之时势，当时的教育家有多大程度的反省，我们不得而知，恐怕并未尊奉圣旨之意吧。实行这样珍贵难得的圣旨，本应完全遵照旨意。实在是太过遗憾。

到了明治十九年，发生了教育者应当十分注意并反省的事情。这就是元田永孚作了题为《圣喻记》的传世文章。《圣喻记》收载在《东京帝国大学五十年史》第三卷第七章，现录于下。

圣喻记

明治十九年丙戌十一月五日　元田永孚　谨记

十一月五日午后十时依例参内，既皇上出御，直召臣，臣进而侍御前，皇上亲喻曰：

朕过日临大学（十月二十九日），巡视所设之学科，虽理科、化（学）科、植物科、医科、法科等，益益可见其进步，于主本之修身学科无曾所见。和汉之学科，以修身为专，虽闻有古典讲习科，设于何所耶？过日未观。抑大学者，日本教育高等学校，而成就高等人才之所也。然以今之学科，欲求讲习政治治要之道而应得之人材亦决不能得。假令，理化医科等之卒业，成其人物，然非可入相者也。当世虽复古之功臣入内阁执政，不能保永久也。不可不育成继之之相材。然今大学之教科，和汉修身之科，不知有耶无耶。国学汉儒虽有固陋者，其固陋者过也。于其道之本体，固不可不皇张之也。故朕今欲命德大寺侍从长问渡边总长。渡边亦如何考虑耶？自师范学校之改正而待三年，改良地方教育，必大改其面目，此虽森文部大臣所云而自信者，今中学虽稍改，大学如所见，自此中育成真诚之人物决难得也。汝所见如何？

臣谨对曰：

陛下之言至此，皇国生民之幸也。臣曩奉命与德大寺共巡视大学（十月十八日），窃有所感。德大寺先既以反命，臣未感陈也。虽谓臣敢言，思陛下一度临御，睿心必有所觉，今奉宸敕，果如臣之所见。臣尝闻大学学科之设，无修身之学科也。和汉之学，虽文学科有和汉文，仅作和汉之文章耳。哲学科虽有东洋哲学，是亦仅述经书圣贤之话耳，加之，以仅少之时限匆匆经过，和汉修身之学亦仅有其名而其势将废弃也。在其教科之教官，仅物集高见、岛田重礼等十二员，而其余皆洋学专修之徒，而此人人，大抵成立于明治五年以来之教育者，摹仿西洋之外面，未曾闻知国体君臣之大义、仁义道德之要者也。彼虽一见某等之著书，依其所放言可概见其思想之所赴。以此等之脑髓教导生徒，当实恐后来之害也。今若不停止此，后无挽回之术也。今由陛下之真衷发，遣德大寺诘问渡边总长，则皇道之兴张果由此生也。陛下此言，臣诚恐，深感仰钦敬也。臣敢不顾一身，陛下有所命，则将向森大臣、渡边总长问难也。然臣窃自量，臣之汉学者流而在陛下之左右，众目之所视也。故臣之言出，虽陛下真衷之敕语，亦不免有臣上言而作为之容疑也。是臣谨不敢自任之所也。抑教育之重大，凤陛下所深虑，自《幼学纲要》之钦定，渐渐救正美国教育之流弊，虽至世上再有赴忠君爱国之主义，唱仁义道德者，自前年又复倾于洋风，至于近顷变为专洋学而和汉之学将至废绝之势，有志之士，皆大所忧虑也。但国学汉学之固陋，因不得从来教育之宜也。于其忠孝道德之主本，和汉之固有也。今由西洋教育之方法，设其课程，置穷至东洋哲学中道德精微之学科，务自忠孝廉耻之近而进，知得经国安民之远大，可称真日本帝国之大学也。如今之设如圣喻，名医虽成就多人数而不能执政治，法学不能充分辅佐君德，理科、植物、工科等虽达其艺，心中无君臣之道、国体之重者充满日本国中，不可以此云日本帝国大学之教育也。自今以往，因圣喻更张和汉修身之学科，如有志于其道之物集、岛田氏等，聊不僻国学、泥汉学，因西洋之方法设教科，适应时世而教导生徒以忠孝道德之进步，何难之有。其风气之所及，必于国学汉学者中奋发，而可出供于国用者也。当世之风潮，乃于面面各振其辩，伸其腕，值此唯要进取之时，自己不可退一步也。素来不及抵抗彼等，唯当占地步而进时不退一步，以使我道德仁义进入作当世之着眼也。是臣平生之所见，深敬承赞美陛下之敕谕，希速命德大寺下问渡边总长也。更宜向伊藤大臣、吉井次官等示喻圣意之所在也。

右谨上言之处，圣颜喜色丽，更又反复恩喻，一时间余而退。

谨拜读此文，生出种种感慨，在此略述己见。如上《圣喻记》，是明治天皇侍讲元田永孚于明治十九年十一月五日谨记之文。其内容，是因明治天皇于明治十九年十月二十九日临幸大学（当时的帝国大学）时，大学方将理科、医科及法科的相关研究供承天览，而文科方面则引天皇巡览了心理学教室与英语教室，然而最为重要的修身道德之学却毫无供呈。天皇深感遗憾，就此向元田永孚垂询，元田对此则建议道，应当遵从陛下的旨意速命德大寺侍从向渡边总长询问此事。其结果，天皇陛下是否派遣德大寺侍从询问此事，我们不得而知，但关于此事，《东京帝国大学五十年史》中有如下的记载：

> 上文所见，德大寺侍从长受差遣前来本学，就和汉修身之学进行询问一事，因其日程不便而延期。翌年五月十二日，德大寺侍从长参问本学，就日本哲学之事询问我总长，总长对答，日本无固有之哲学云云。复奏之。此事见侍从长之日记。

如此，渡边总长的回答甚为不当，但无论如何，圣旨确有其事，实为难能可贵之事，我等今日谨读《圣喻记》，实在是感慨无量。

我自己于明治十七年二月出发，留学德国，于明治二十三年十月归朝，《圣喻记》记载之事，是在我不在国内的期间所发生的。以西洋方法研究哲学，是明治以来之事，但儒教是自应神天皇十六年传入，佛教是钦明天皇十三年渡来，均有千年以上的历史，文献亦十分丰富，均同化于我日本，而成哲学之历史。建国以来，不仅行皇道，更兼德川时代以来复古神道一派作为一种精神运动流传。神道哲学乃自古以来所研究之事，绝不可忽视。话虽如此，时任大学总长渡边氏却随意答出日本无固有哲学之言，甚为遗憾。渡边氏之流，并无如此作答之资格，本就不足为重。

第三　帝国宪法与《教育敕语》

明治初年政治家之中有许多请愿开设国会者，明治天皇很快制定了宪法，开设了国会，此为圣上思虑，不可不拜察。这体现在《五条誓文》第一条之中：

　　广兴会议，万机决于公论。

然而必须明白的是，制定帝国宪法、开设帝国议会之事甚为重大，并非轻易能够成就，为此有必要进行准备。于是明治天皇命伊藤博文（后为公爵）作成帝国宪法草案。伊藤博文与几名随行人员前往欧洲，主要停留在德意志与奥地利，完成关于宪法制定的调查研究后终于归朝，乃作成帝国宪法之草案。其后帝国宪法作为钦定宪法于明治二十二年纪元节颁布，翌年十月二十九日帝国议会召开。

此处须注意的事情是，即便立法得以顺利制定颁布，为了使其能够实行于全国，必不可不以国民教育为之保障。即便有出色的法条，但如不加以实行，也难免沦为空文。一旦宪法颁布，其效果也必须即刻体现。因此，从此点来看，帝国宪法与《教育敕语》相继颁布，是当时社会形势下十分重要之事。由是，《教育敕语》于明治二十三年十月三十日颁行，并成为全国的德育方针。《教育敕语》中有这样一句话：

> 常重国宪，遵国法。

由此当知《教育敕语》的颁行与帝国宪法的颁布有无法切断之密切关系，这样的相互关系也取得了超出预期的良好效果。关于此事，江木千之在《教育敕语之颁发》中有如下的论述：

> 《教育敕语》中有"常重国宪，遵国法"一句，就此一句，芳川文部大臣（显正）与元田侍讲（永孚）意见相左，内阁大臣之中也有种种意见，不易统一。元田侍讲认为，《教育敕语》中不加这样的句子，只贯彻忠孝之教旨，当然可达到目的；芳川文部大臣则认为，考虑到如今之时势，须特地将此句加上，明确昭示这一意旨。如此未能统一意见。明治天皇将此议案久置身侧，对于这一点深加思虑，烦恼许久，最终裁定，此句乃现今时势之必要。芳川文相确实有先进于其时代一步之考量。"重国宪，遵国法"是与宪法实施息息相关的德目。

第四　《天壤无穷之神敕》与帝国宪法及《教育敕语》

《天壤无穷之神敕》为肇国之宪法，乃我日本国体确立之依凭，与我日本发展千万世不相离。《神敕》第一章中有：

> 千五百秋之瑞穗国，是吾子孙可王之地也。

日本的统治者由此永远无穷地确定下来。因此，帝国宪法第一条为：

> 大日本帝国由万世一系之天皇统治之。

在此明确表示了我国国家大权专属天皇，断无差错。帝国宪法的根本观念是由《天壤无穷之神敕》演绎而来的。《教育敕语》中，列举出了臣民应当遵守的道德，这些道德分为常时道德和非常时道德两种：

> 孝于父母，友于兄弟，夫妇相和，朋友相信。恭俭持己，博爱及众，修学习业，以启发智能，成就德器。进广公益，开世务，常重国宪，遵国法。

到此为止为常时道德，是国民平素须拳拳服膺之重要德目。然而其后还有非常时道德：

> 一旦缓急，义勇奉公，以扶翼天壤无穷之皇运矣。

这自不必待言，既是非常时道德，那么"缓急"并非任何时候都有的。然而，"缓急"也时有发生。加以回顾可知，明治以来已有几度发生。甲午战争也是非常时期之事，但当时是《教育敕语》颁发仅四年之后，奉行《教育敕语》精神之人也不多，御圣旨在军中是否普及，尚不得而知。但其经过十年后，即日露战争①这一非常时期，赌上国运的战争发生了。彼时自不必说军队已经完全服膺

---

① 日本当时把俄国译作露西亚，故日露战争即日俄战争。——译者注

于《军人敕谕》，而普通教育方面已经依《教育敕语》来实行，尤其是能够确信，人们都已奉行了非常时期道德之趣旨。《教育敕语》在国民教育方面的效果彪炳如日月，无有丝毫质疑之余地。其后义和团事件、世界大战、九一八事变、一·二八事变等，都是"缓急"之事。昭和十二年七月七七事变、昭和十六年十二月八日太平洋战争这样的促进非常时期道德实行的事件屡屡发生，促进《教育敕语》所示的非常时期道德的实行愈发成为必要，今后也绝不可忽略。故而此非常时期道德与《神敕》的第三章的旨趣相符。

  宝祚之隆，当与天壤无穷者矣。

  "天壤无穷之皇运"即"与天壤一样无穷兴隆"的皇运。而扶翼此皇运，不仅要对今上陛下尽忠尽诚，也要与《神敕》精神相符。两者一而为二，二而合一。想来无论是帝国宪法还是《教育敕语》都与《神敕》有着密不可分的关系，即可明白我国国体具有通贯古今的有机关系这一事实了。

第五　国民思想统一之必要

  当时的思想界，英美的功利主义、个人主义、唯物主义等思想强势输入，法兰西的自由主义、平等主义等思想也有传入，更有德意志的精神主义、理想主义的思想传入，思想界呈现出一种混乱的状态。当此之时，儒教徒多以斯文学会（今斯文会之前身）为中心团结在一起以图团结大同；佛教徒自排佛毁释的创伤之后，逐渐复苏，尝试参加了许多活动。特别是东京大学以教授印度哲学讲习佛教，为佛教提供了颇为有力的复苏的气运。基督教新旧两派均日益侵入,并各自试图扩张,加之得到许多外国人的支持,终至形成了精神上治外法权的情势。总之,整体上说来,西洋化风潮之滔滔,震撼一世,倾听儒教徒所云者殆无,国学者、神道家的言论更是陷入被悉数轻视的状况。明治初年,国学者、神道家势力抬头而掌握霸权,但不久便遭遇挫折。西洋各国的主义主张,即便如蚊蝇般渺小亦一概欢迎,甚至不许有判别其是非正邪之态度。然而,西洋思想正如今日所言,不仅存在着种种矛盾,也存在与我日本国体不相适应的危险思想,又有毒害我日本国民道德的思想,实在是明月与砾同囊而入。因此,国民思想的统一就呈现了无法预料的状态,使有识之士皆顰蹙痛叹。要求国民思想统一,犹如要求个人思想之独立。一个人欲作为个人保全独立之态度,需先有独自的思想。与此相同,如欲保有国民独立之态度,绝不能像当下这样仅是将复杂而矛盾的思想输入进来。只输入杂乱的思想,仅会造成食伤而无法将之消化,若无法消化,则将之统一更是不可能的。我日本国建国以来,不,是自肇国以来,是自以皇室为中心维持相对的统一体这样一路走来的。原本说来,镰仓时代、吉野时代、战国时代、幕末时代这些可称作颇为变态的时代并非不存在,但从以皇室为中心的国体维持了两千六百余年这一点来看,像我日本国这样能维持统一体的国家是绝无仅有的。但是,维新以来,欧美的学术以一泻千里之势输入,对西洋文化的采用单方面繁盛起来,然而在思想上却已冲到了最为危险的断崖。因此,明治初年以来,以《五条誓文》为起始,颁布了许多诏敕,都表明了统一国民思想的必要,这是最应该加以关注的。就此事,《释明》第八条之"《教育敕语》与统一主义"处有详细阐述,故此处略去不谈。简要说来，它们都昭示了应当根据明治天皇在《教育敕语》中所言"一旦缓急，义勇奉公，以扶翼天壤无穷之皇运矣"之非常时期道德来教育子弟，这是应该深切注意的。一旦到了国家发生重大事件时，臣民尽皆抱持以皇室为中心之举国一致之态度，发挥义勇奉公之精神，扶翼天壤无穷之皇运，方可实现优秀之国民思想之统一。无论国家有多强大，如国民思想四分五裂，就不能克服国难。昔犹太国虽一时繁荣，所罗门以降王统二分，一方为巴比伦王国所灭，一方为亚述所灭，犹太国亡国，犹太人遂分散至世界各国。印度昔日也为统一之事所困扰。释迦出生之时，印度分裂为十六个小国。之后阿育王、迦腻色迦王及阿克巴汗时期虽有统一，但其他时代以分裂居多。正因如此，英国才乘虚而入，印度失去了独立之资格。罗马帝国虽有种种灭亡的原因，东西罗马帝国的分裂也是其中一大原因。譬如美国，虽物质生活极为丰富，但相对难以巩固，是因其个人主义、利己主义、自由主义的缘故，思想难以统一。非但如此，这也与美国四十八州联合共生的状态有关，这样的状态无法达成一个优秀的有机统一体。与此相反的是，德意志和意大利之所以强大，均是由于它们通过全体主义实现了国民的统一。

我日本国，自古以来以皇室为中心而得以成为优秀的统一组织。然而，极为复杂的欧美思想大举入侵之后，出现了青年子弟在选择取舍上不得不迷茫的时代。这便是明治维新后的二十余年间之情势。故而应当明白，当此之时，《教育敕语》的颁发对于促进国民思想统一具有非常之效力。

如前所述：

一旦缓急，义勇奉公，以扶翼天壤无穷之皇运矣。

此句所述之非常时期道德的实践具有在横向、纵向促进统一的效果。并且，《敕语》的最后还有一句：

　　朕庶几与尔臣民，俱拳拳服膺，咸一其德。

此句包含的深意仍在于促进国民之统一，这是十分不寻常的。因为这是天皇自身实践了所列举的道德，庶几咸一其德，故而毫无疑问会实现君民一体之效果。

因此，我日本国，通贯建国以来的历史，一直保持着纵向的统一，不仅如此，也保持着以皇室为中心的横向统一这一理想状态，日本国在这一点上，相较于任何国家，都有着团结一致的长处。对于国家而言，像我日本这样能将皇室置于中心点，而保持着一君万民这样的全国民之统一，毫无疑问是非常优秀的长处。特别是在一旦缓急的场合，统一是最为必要的。能够维持统一的国家，比起那些不能维持统一的国家，是更为有力的。但是，中国和印度都是自古以来为统一所烦难的国家。而如美国①，亦是四十八州的联合体，无法顺利统一。又因其是个人主义、自由主义、功利主义之国，促进结合一致更加困难。且作为中心势力的总统任期仅有四年，即使连任也不过八年。现任总统罗斯福虽然连任三届，可以在任十二年，但是无法继续保持其地位，即使连任四届也不过仅有十六年。而且在战时，总统颇有专制的倾向，一面非难德意两国的全体主义，一面在不知不觉间不得不离全体主义越来越近，由此可见，一旦缓急的场合，为了应对此情势，无论如何都会产生将国民结合统一的必要。

---

①　原文为"米国"，在该书中井上哲次郎"美国"与"米国"混用，现一律译作"美国"。——译者注

话虽如此，我日本如今也不必惶惶然去做些什么。我国自建国以来，就形成了以皇室为中心的统一。想来，日本国民是非常幸福的。德意两国在欧美诸国之间特别强大，是其全体主义所使然。然而，那样的国家是因为偶然出现了希特勒总统或墨索里尼首相这样稀代的英杰，才成为全体主义。但是，这样的英杰却难以保证代代都有。我们日本国，自神武天皇以来，一百二十四代天皇相继而出，俱为国民之中心，今后天皇也将永远居于中心。明治以后约二十年间，我国社会变动宛如激流漩涡，虽然思想上有须严重忧虑之事，《教育敕语》一旦颁布，即恢复统一如初，且较之前更为巩固扩大，成为大东亚新秩序的建设纲领。试查其原因，虽有万端，但应当说《教育敕语》普及于国民教育之结果繁硕故而有力吧。

第六　《教育敕语》的颁布及其效果

如前所述，明治之初约二十年时间，国民思想之混乱最甚，所幸明治二十三年十月三十日颁布了《教育敕语》，一时间扫清阴云，天日复明，精神上又迎来晴天。这并非一时之功，全国各种学校每当仪式时便捧读《教育敕语》，并于平素实行其趣旨，其效果之伟大不可测知。即便至大正、昭和年间，此种情况亦无所变，《教育敕语》之趣旨仍作为我国德育之方针尊奉如常。

此外，自神武天皇以来，诏敕甚多，其中有虽至今日亦须尊奉者。例如神武天皇之《奠都大诏》，清晰地昭示了国民理想，对此加以实现的必要日益迫切。又如圣德太子所制定的"宪法十七条"，虽并非诏敕，却也是所谓宪法，其趣旨同诏敕大体相同，即使今天也是应当实行之法。其他重要的诏敕也不在少数，但是如《教育敕语》一般旨在明确德育方针的诏敕却绝无仅有。当然，有关教化的诏敕并非仅此一部，但像这样特别列举关于常时道德、非常时道德的德目，昭示国民须永久尊奉之条款的诏敕，没有比《教育敕语》更为合适且更加重大的了。这里须特别注意的是：

斯道也，实我皇祖皇宗之遗训。

这里的"斯道"显然是意指前面所列举的常时道德和非常时道德。而所谓的常时道德与非常时道德，是将应当实践的"惟神之道"的德目分开排列，便形成这常时道德与非常时道德。我国并非自古以来实践了各种道，道只有"惟神之道"，是唯一绝对的道。而明治天皇有这样的御制歌：

道自神代传，循之心欢喜。

又有：

循践心专一，神道必将近。

在我国，道是一元的，而且不得不是一元的。因此这一元的道究竟是什么，是不言自明的。下面列举桃园天皇的御制歌而拜诵，云：

道自神代来，世世无改变。君臣心正直，国运永代传。

由此观之，就可知晓，我国之道即是君臣大义之道。吉田松阴在《士规七则》中说："君臣一体，忠孝一致，唯吾国为然"，正是此意。乃木大将讴歌实践躬行的精神，他这样说道：

皇道本唯一，平坦易行践。欲令众人循，吾人须当先。

德川时代的和歌作者糟屋（谷）矶丸的和歌如是说：

神绚束心意，神垣发心愿。歌艺长精进，循道终无偏。

东山天皇为寄天祝所题的御制歌有云：

天道以为始，治世永无穷。

虽然天皇御言中未提"唯一之道"，但完全可以看出其趣旨亦在于此。又以立春为题的御制歌有云：

君臣一心时，春访神代风。

因此，应当明白所谓的"唯一之道"所指为何。"唯一之道"，即"惟神之道"。原本说来，"惟神之道"，又叫作"神代之道""敷岛之道""古道""帝道""大道"，有时又称为"天地之公道"，名称虽不一定，都不过是"惟神之道"的别名。而且，孝德天皇的诏书中有"帝道唯一"之语，将之贯彻到底，这是日本的长处。然而中国不仅有孔子之道，又有老子之道，而孔子之道被称作"王道"，"王道"之外又有"霸道"，特别是行霸道的时代居多。而又有王霸折中之道。道分多歧多端而极为复杂。而我日本简单明了，避免了多歧多端，坚持一贯古今的唯一之道。此道即是"惟神之道"，《教育敕语》中所说的"斯道"也所言无他，正是此道。《敕语》中所说：

通诸古今而不谬，施诸中外而不悖。

果然应当将之理解为，这是一种具有普遍妥当性的道德。在这里，用康德的"绝对命令"来举例说明也并非无益。而康德是这样说的：

    你意志的准则始终能够同时用作普遍立法的原则。

虽然与康德的"绝对命令"在措辞上相异，但东洋古典中也屡屡出现相同的内容。特别是《中庸》中就普遍妥当性的道德有这样的说法：

    君子动而世为天下道，行而世为天下法，言而世为天下则。

此句之意，指在横向和纵向上都拥有普遍妥当性的价值。从抽象角度来讲道德律就是这样，然而从实践上来说，就必须根据其境遇时势等各种关系来实行。

对于日本这样的特殊国家来讲，如果实行《教育敕语》中所说的那样的道德，就是在实行具有普遍妥当性的道德，实行这样的道德，就可以期得人格的完成。不得不说，能按照《教育敕语》的宗旨开展国民教育，实是国民之幸。而且这也是其他国家的元首所绝不能做到的。英国的国王也颁布过类似的诏敕，却没有带来如《教育敕语》一般的效果。首先，他们就不可能拥有如我国这般程度的道德的权威。像美国总统，虽然有着视世界为我物一般的支配的态度，但是绝无可能作出像《教育敕语》这样的德育方针。美国自1776年《独立宣言》颁布以来已经过了一百六十多年，从最初的华盛顿总统到现在的罗斯福总统已历三十二代。且《独立宣言》时，美国不过十三个州，是后来才增加到四十八个州。虽然成为国力相当强大的国家，但不过是一个联合共生体，绝不能像日本这样形成统一。首先，美国就没有像日本皇室这样的中心势力。大总统任期四年，连任八年，如今的大总统两次连任，满期是十二年，却依然是无法长久的。无论如何美国是没有像我日本这样的一贯古今的统一性的。我国虽然内阁屡屡更迭，但内阁之上不仅有万世一系的皇统一贯古今，万古不变的宝祚也是实际存在的。就这一点而言，美国与我国不可同日而语。天皇的权威性是绝对的，具有像鲁道夫·奥托所主张的"努秘"（Nominous）那样的神圣的灵力。正因如此，《教育敕语》有着总统咨文无法企及的重量。

第七 《教育敕语》与地方长官会议

《教育敕语》颁布以前，因有着"教育方面不能没有一定之方针"这样的迫切必要，在明治二十三年二三月间，举行了由内务省召集的地方长官会议，这成为一个重要的议题。当时的地方长官会议，关于修身教育的方针，由各府县知事向文部大臣放出质询之箭，并表明态度，无论如何都不能容忍当下这样毫无方针地前进。时任文部大臣的榎本武扬大体向地方长官会议说了这样的事：

> 虽然文部省在教科书的发行上十分关心德性的涵养，但至于德育，并非尚无一定的方针。原本在学校，不可以宗教施行德育之事，想来各官已经熟知。但各官慨叹当下社会的现状，认为道德已经失坠在地，我也甚为忧虑，虽然如此，挽回局面的手段却是一个古今难题。以我所见，我国建国以来之教化，

能容易地进入民众的内心，所谓人伦无上之道，即孔孟之教化，适合我们的德育。虽然无论哪个国家的宗教，内容都是有关是非善恶的，但我们没有必要对自国传来之教避而不用，反而去求诸他教。

这个回答载于《教育敕语颁发关系记录》当中。榎本文相最后所言及的有关宗教的事情，大概是指耶稣教等外来宗教。当时有依照耶稣教来进行德育的说法。这是中村敬宇先生或是新岛襄氏会感到开心的说法，但出人意料，这是当时加藤弘之博士的主张。加藤博士的《德育方法案》是一篇相当长的论文，这也是加藤博士于明治二十年十一月十二日在大日本教育会上演说的内容。加藤博士晚年对于基督教猛烈抨击，完全不认为能依其施行我国的德育，但在《德育方法案》中，却有如下考量：

小生果然还是认为应当定下完全的宗教主义的德育方针。宗教主义的德育之外决无有效力者。云云。考察迄今为止的功绩，小生认为，耶稣教最为有力。

看到如此认为日本的德育在耶稣教主义的德育之外再无有力者这样的说法，真是让人无法不惊讶。

福泽谕吉其人，虽不是耶稣教信徒，但因耶稣教果然与佛教同为社会教化的材料，而又能使日本一变与西洋诸国成为同样的文化状态，故认为耶稣教也是必要的。但此说法后来冷却下来，且福泽谕吉身后也葬于善福寺，此寺庙为真宗一派。中村先生也一时热心于基督教，接受了来自加拿大的卫理公会派传教士科克伦的洗礼，晚年又倾倒于佛教，最后又复归儒教，没后受神葬，葬于谷中墓地，可见当时的思想家也颇为动摇。虽然如此，总之当时基督教作为新来的宗教刺激了我国的有识之士，故而推测这就是榎本文相"宗教云云"之所指吧。但榎本文相此人，并非对这些事情有多么明了，也不是抱有兴趣的人。芳川显正在《教育敕语下赐经过》中写道：

> 当时内务大臣为山县公爵，我为次官。甲论乙驳，各种议论甚嚣尘上，终于，因一体民心之方针当由文部省订立，故都去询问文部大臣的意见。此时地方长官向文部省大举进逼，令当时的文部大臣榎本氏非常为难。地方长官们表示，方今之情形，孝悌忠信之道实际上已不存片鳞，国民修己立世，无所根据，因此而迷茫。思及文部大臣就国内之人心统一，本当有深刻的见解，希望能够拜听。于是在其席上讨论《论语》善否，《孟子》如何，耶稣教如何，神道如何，西洋哲学如何，进行了种种激烈争论，最终并无确定的决议，但唯一对于必须要树立一种道德上之大本以统一民心一事乃当下之急用这一点，虽不是什么特别的决议，但各地方长官都一致认同。

山县公爵的谈话笔记里也有"榎本对于理化学科有兴趣，但德教方面不热心"。总之，榎本辞去了文相一职，由芳川显正代任。芳川显正与当时的陆奥外相都是当时内阁中最了解西洋状况的人。

芳川成为文相后，奉行明治天皇的德育振兴旨意，以致《教育敕语》颁发。但至《教育敕语》得以颁布为止，如前所述，呈现不得不制定一种德育方针的紧迫情势，则能够从地方长官会议时的状态明显地表现出来。

但是应该注意的是，当明治二十五年五月地方长官会议召开之时，同月二十四日与会者被赐御前陪食之荣。在这御前陪食之际，陛下问道：

> 朕前年十月颁发《教育敕语》以来，各地方之德育状况如何？

对此问题，并无人能立刻回答。而富田东京府知事，答到"将在之后回答上奏"，尔后，达成了各种协议，才奏上回答。此奉答状况载于《东京日日新闻》上：

> 富田府知事外三名知事，作为总代表，与德大寺侍从长面会，并回答说，臣等特别尽心于德育，去年《教育敕语》颁布之际，体圣旨之意，戮力而为，其成绩颇为卓著云云。

恐怕是由于无话可答，故而不过是极为漠然地陈述形式上的趣旨吧。在此不得不回想起，对于当时地方长官会议上的失态，《朝日新闻》等进行的痛切的讽刺和批评。

无论如何，这表示了明治二十三年地方长官会议之时，有着无论如何都要确定德育的方针这一紧迫的状况，时年十月三十日《教育敕语》颁布解决了以上所说的一切纷扰，这一结果是不能忘记的。明治天皇恰好于当年十月还幸于茨城县下的大演习，虽然有轻微的感冒，但依然召见了当时的首相山县有朋、文相芳川显正二人，并赐予《教育敕语》，其详细状况可以参考收载在《教育敕语颁发资料集》第一卷的江木千之氏《教育敕语之颁发》一文。

（薛雅婷译）

敕语衍义叙

维新以还，学艺竞起，无处而无学校，无人而不挟册。人文之阐，盖前古所未曾闻也。是以青衿子弟，各斐然成章。虽有大可观者乎，然其于德行则有甚逊焉者。忧国之士，慨叹不措。此我天皇陛下之所以轸念下《敕语》欤。盖道德之于国家，犹盐之于肉也。夫有盐则肉保其质，而微道德则民不得全其生矣。乃知道德也者，持国之盐矣。呜呼，世之为子弟者，岂可一日而不修德行乎哉！顷者，井上君哲次郎著《敕语衍义》，将公诸世，来请余序。乃题数言于卷首以还之。

明治廿四年八月
阿波芳川显正撰

（唐小立译）

训 示

  谨惟我天皇陛下深为轸念臣民之教育，兹下《敕语》。显正奉职于文部。躬荷重任，日夕省思，恐愆所向。今奉承《敕语》，感奋无措，谨作《敕语》之誊本，普颁之于全国之学校。凡在教育之职者，须常奉体圣意，不怠研磨熏陶之务，殊须定学校之式日及其他便宜日时，会集生徒，奉读《敕语》，且谆谆诲告其意，使生徒夙夜有所佩服。

明治二十三年十月三十一日
文部大臣　芳川显正

（唐小立译）

敕语衍义叙

　　庚寅之岁，余自欧洲归来，以久观灿然文物之眼，忽观故国之现状，觉彼我轩轾殊甚，有不少凄然伤心之事，于是百般之感慨集于胸中，欲就我邦社会上之改良论辩之处极多。殊关教育，我至仁至慈天皇陛下之所轸念，而下《敕语》，文部大臣承而颁之于全国之学校，以知学生生徒矜式之所。余谨捧读之，其恳恳谕示不可不修孝悌忠信之德行、培养共同爱国之义心之所以焉，于众庶有裨益之处极为广大，于民心之结合最为适切也。我之邦人，自今日以往，不可不永以之为国民教育之基础也。

　　大观今世界列国之情状，欧美诸国勿论，其他欧洲之人往而成国之所，皆无不致旺盛，而足以与之竞进步者，唯东洋诸国耳。然印度、埃及、缅甸、安南等，已失其独立，暹罗、朝鲜等诸国极微弱，成独立者甚难矣。故今日于东洋屹然独立，于列国之间争权利者，唯日本与中国耳。然中国拘泥于古典，乏进步之气象，独日本之进步之念，日月弥兴，依方法之次第，可期将来惊人之文华也。然日本乃蕞尔一小国，方值各国恣吞噬之秋，不可不思四方皆敌也。虽居恒务不可不与列国成亲和之交际，一旦当外虏之有窥我隙者，可赖者非在于外，唯我四千万之同胞耳。故苟我之邦人者，不可失"为国家轻一命如尘芥，奋进勇往以弃之"之公义心。然如此精神，不可不先于未有不虞之事未发而鼓舞之，见盗始绚绳，谁人不笑其愚哉？

盖《敕语》之主义，在于修孝悌忠信之德行，固国家之基础，培养共同爱国之义心，备不虞之变。我之邦人者，若至于尽由此立身，岂难期民心之结合哉？

凡国之强弱，主在民心之结合。苟民心无结合，城砦艨艟不足恃，苟民心结合，百万之劲敌亦不能如何于我。然依《敕语》之主义，民心结合之切，未有如今日也。然《敕语》辞简义多，恐世人之苦于其解释，是余所以不顾不肖，敢作此《衍义》，欲广指示学生生徒也。

古来和汉之学者，以不可不行孝悌忠信者，为既定之说话，余今证明孝悌忠信何故为德义之大，即换言之，古人辩论何事为人之德义，余解释此事何故为人之德义，是余之于古人所进一步也。

共同爱国之要，虽东洋固有之，古来说明者殆稀也，故余今说明共同爱国与孝悌忠信同为德义之大者也。

孝悌忠信，及共同爱国之主义，国家一日不可缺者，不论时之古今，不问洋之东西，凡组织国家以上，必实行此主义者也。如我之邦人，亦自太古以来，未曾一日放弃孝悌忠信及共同爱国之精神，然近时社会之变迁极急激，且从西洋诸国之学说教义等之东渐，世人多歧亡羊，遂国家一日不可缺之孝悌忠信、共同爱国之主义，亦尚且扰扰然疑其是非，遂至于生必要，烦今上天皇陛下，下兹《敕语》，以明其国家一日不可缺之所以，乃下臣民者所不可不深为惭愧反省也。

抑德义之精神，古今同一，毫无变更，而其实际施行之情状，不可不随时世变更，此读者尤须加省察之所。假令后来有反此伦理之教，我之邦人亦不应求之。又读破百万伦理书，而不知孝悌忠信及共同爱国之德义者，可谓徒经纵横径路，而未知坦坦正道者也。

残酷待遇父母之事，何如人亦不能以为善行。以尊敬长老为凶行者，世岂有哉？对主君忠诚谨恳者，谁不称扬哉？侮慢或伤害主君，紊乱国之秩序者，谁不怖之哉？如朋友之间不言诈伪者，何如人亦当所首肯。又来国家之祸害者，众皆当非议之。至于增进国家之福祉者，谁人不叹美哉？故孝悌忠信及共同爱国之德义，如日在天中，易见之事实也。然余归朝以来，有不少人向余问，日本之德育自今当作何如样。是等之人虽有肉眼，亦不可不称为心象世界之盲者。何者？如孝悌忠信及共同爱国之明了而不应有疑之德义，亦不能认识也。

盖我之邦人，当采欧洲之文物，不问长短，彼国之事物尽以为善，东洋之事物尽以为陈腐而退之。遂至于东洋古来之德教，亦并弃之。是以世人不知其所适从，各惑于其所见闻，民心四分五裂，呈可悲之情状，如此岂得图国之富强哉？

今幸有《敕语》，我邦人由之，教子弟以孝悌忠信及共同爱国之主义，则日本国民不出数十年，而能大改其面目。自维新至今日，主成形体上之改良，自今以后，可期待与形体上之改良共成精神上之改良。若世之子弟者，尽受国民教育而生长，于我邦后来自成一国之结合，不可容疑。

世人勿以此书之非浩瀚而生轻侮之心，书不必要浩瀚，如巨大铁块不及微小金刚石之贵重，片薄之小册子，依论旨次第亦有胜浩瀚之著述者也。今征之于物理世界，事物之现象虽种种变更，至于其理法，遂无变更也。然伦理世界亦与之同，人类之行为，从时与处而不能同一，至于规定人类相互关系之孝悌忠信及共同爱国之主义，不可不谓古今不变。

果然此书虽非浩瀚，其所论极重大，而所关我邦后来之教育，岂云尠小哉？然余未以此书为完全无缺，冀望自今广请世人之评论，以益改订增补之也。及书成，书数言于卷端，以谂读此书者。

明治廿四年七月廿五日　井上哲次郎　谨识

（唐小立译）

敕语衍义卷上

文科大学教授　井上哲次郎　著
文学博士　中村正直　阅

朕惟我皇祖皇宗，肇国宏远，树德深厚。

当太古之时，琼琼杵命，奉天祖天照大御神之诏，降临以来，列圣相承，至神武天皇，遂讨奸诛逆，以统一四海，始行政治民，以立我大日本帝国，因而我邦以神武天皇之即位定国之纪元，自神武天皇之即位至今日，皇统连绵，实经二千五百五十余年之久，皇威益振，是海外绝无比类者，而我邦所以超然秀于万国之间也。然是若非元皇祖皇宗之树德极深厚，安能得如此之盛哉？

我臣民克忠克孝。

我邦古来多忠义之士，有关于国家之安危休戚之时，不顾自家之荣枯，为之四方奔走，舍身掷命，拥护皇室皇位，内以防匪徒，外以挡外寇者，古来不乏其人，即如藤原镰足诛苏我虾夷父子以扶翼皇室，如和气清麿之一度直言令妖僧胆寒，如菅原道真以诚心抑藤原之威权，无不出于忠君之心。又如坂上田村麿，及新田义贞、名和长年、北畠亲房等，亦皆不可不谓不顾一身之危而显忠节者，殊如楠正成及正行，为皇室抛一命，全臣民之节义，实千岁不能磨灭之美谭也。又如藤原藤房当事之极急，亲身冒危险，扶翼帝室，如儿岛高德屡遭急难，亦绝不变其节义，奋战决斗，遂失一命，亦皆后人所钦慕也。其他如菊池武时、结城宗广，亦可称忠诚之士也。我之邦人以古来如此深之忠义之心，自建国之始至今日，悖逆残暴敢觊觎神器者几稀也，是亦海外万国所不及我邦也。

又能事父母，深而崇敬先祖之风俗，元东洋一般之习惯，而殊在我邦，尊崇祖先之风俗极盛，且古来以孝道显，旌表于闾里者，不遑枚举。即如丈部路祖父麿、安头麿、乙麿兄弟三人，以幼少之身为官奴，请赎父之罪。如丸部明麿备尽孝养，父母老衰之时，不厌其家在十里之外，定省不懈，朝夕往还。皆出于深爱敬亲之心者也。此外他丈部知积、倭果安、奈良许知麿、小谷五百依、矢田部黑麿、伴家主、财部继麿、丹生弘吉、风早富麿等，亦皆以孝道闻，其中多有免田租，旌表于闾里者。如平重盛及北条泰时，亦以孝道闻世。然不可不期后之日本人亦能守孝道，而绝无所耻于古人者也。

亿兆一心，世济其美。

我国之所以巩固，在于亿兆一心，以从天皇陛下之命令，恰如四肢从精神忽之所向而动，毫无所涩滞也。

抑国家乃一个体，以唯一之主义贯之，绝不可使民心有二三，结合一致实为强国力之法，譬犹一木虽弱，若集而束之，不能容易折之。若夫臣民尽结合成一个体，以服从主君，主君亦以一主义统合结束臣民时，国家之基础于是始巩固，有何如之外寇来袭，亦不足为之多惧。何者？民心之固和合一致者，金城铁壁亦不及，巨炮利兵复不能如何之也。

夫如北美诸州于千七百七十六年联合，以奏其独立之功，伊国于千八百七十年合一全国，以固国家之基础，独国之诸州亦于千八百七十一年联合，兴一大帝国，无不结合有同一心性及言语风俗历史者为一，以所以大养成国之力也。

然如我之国民，古来成浑然一体，虽面目各异，唯至忠孝之心全同一，而殆无与之相背驰者也。是其世世所济美，后之日本人者，必勿损伤此美国体也。

此我国体之精华，而教育之渊源，亦实存于此。

我皇祖皇宗之肇国极宏远，又其树德甚深厚，而下臣民者，亦从来一心，尽忠孝之道，即我邦之名誉，其所以卓绝于万国，实存于此，是故我邦之教育，不可不基于此而施也。

抑，如非但远为子孙有所图，又永不忘君主及祖先之恩惠，实东洋一般之美风，而未有如我皇祖皇宗之伟业，前后数千年之久传者，又未有如我国民之忠君孝亲者也。

然一国之君，为臣民尽恳切之情，臣民忠孝于君父，德义之极大者，假令世有反此之教，我邦亦毫无采之之必要也。何故者？国君之爱抚臣民，出于慈善之心，臣民之忠孝君父，出于不忘恩义。臣民若忘恩义，不若禽兽，国君若无慈善之心，未可谓尽其天职也。

由此观之，可知我邦之屹然卓越于东洋诸国之间，主因君臣父子之关系，其得宜者也，又可晓谓教育之基本，亦不外乎此也。

盖教育不可不从于国民之历史、习惯、性质等而施之，之为国民之教育。

然若采欧洲之教育法，而直行之于我邦，以有不少不适国民之处，较由此生之利益，或却多来弊害也。

凡教育法，元以适于其国、其国之臣民之样而发达者也，然采他国之教育法，直应用之于我之邦人，恰如买来西洋人所着之衣服，直着于我之邦人，或过广大，或过狭隘，其不能适于身体者，不俟论也。

故凡教育，尤不可不基于国民并历史之思想而定之，故我邦古来存有忠孝之教，今措之而别觅教育之基本，如厌正道之平坦明白，反索崎岖冥暗之邪路者也。

尔臣民孝于父母，

国君之于臣民，犹如父母之于子孙，即一国为一家之扩充者，一国之君主之指挥命令臣民，一家之父母之以慈心盼咐子孙，无以相异，故今我天皇陛下对于全国，以"尔臣民"呼起，为臣民者，亦不可不皆以子孙之于严父慈母之心，谨听感佩也。

抑子之对于父母，感一种特别之亲爱，元由其有骨肉之关系而起者，全是出于自然之情，即为子者之身，是父母之所生，父母者，己所由而出也。故须孝父母，不得不谓全是其必然之势也。

又人类总有继先祖之业，传之于子孙之精神，即有历史之思想，与如他之动物，亲忘子，子忘亲，各营其生活，每一代全相变者，大有所异。然所谓孝者，所以全一家之继续，而人类之大胜于他之动物者，实存于此。

且夫如久不忘恩义，而遂复有所报之，实人之美德，而若有以身实行之者，人闻之无不叹美。然莫有如人类其生长要永岁月者，至于他之动物，多不出一年可得独立之生活，而人类之一年或二年间，不能步行。假令已至步行，尚不能独立步行而由自力生活。得独立之生活，至少须经二十年。殊在如今日之要高等教育之世，二十年犹未足以成独立之期。然子之赖父母，受养毓，实岂不及二十余年之久哉。不啻是，人之体质，比于其他动物，迥孱弱且不确者，若幼少之时，放之于无人之一孤岛，虽四五岁之子，绝不能保全其生命，必至饥渴而死，然子之能得生长，全父母之养毓，不得不谓由其得宜，然又思当父母之养毓子，痛劳其心志之事。子之幼弱之时，一刻不能离父母，在父母之怀中则喜，他人抱去则啼泣，以父母之胸臆为寝处，嬉戏于左右之膝上，夏父母为之恐酷暑，冬父母为之愁沍寒，啼时百方宥之，笑时共相喜，疾时唤医求药，为看病害自己之健康而无所顾，无暂不思子之安全。及其渐生长，饥向父母求食，寒向父母求衣，万事唯赖之父母。自六七岁入学校，习学艺，父母唯希图其进步之速。及二十岁以上，使之得独立之路，极切希望其将来之繁荣。果然如父母养毓之劳，人之最不可忘之大恩，深铭之于心肝，居常能孝养父母，以报大恩万分之一之念虑，不能无也。

又子女之教训，以家庭之熏陶最重要也，为何？幼稚者，犹如萌蘖之柔软，而甚易矫揉，须以家庭熏陶之次第，定其性质之发达也。然若仅则严父时，易流于刚毅之一偏，仅则慈母时，易倾于柔软之一偏，是故欲熔铸中正之性质，不可不俟两亲之熏陶，然由此点观之，不可不有父母之爱敬，不俟论也。爱者，其他动物亦有之，而敬者人类之所专有也。故若欲尽孝，爱父母之外，又不可不敬之。

又见夫及老年而余生少者，虽他人之亲，自起怜悯之心也。然现自己之父母，已老衰、齿脱落、目眊、肉落、腰曲时，须生一层深切忧伤恻隐之心者，固人情之所当然也。然恰如两亲之于我幼稚之时爱抚我，我亦须以诚实之心慰藉孝养两亲也。

父母者，从子女之生长而老衰，自子女一代前之人也，即子女加一日之生长，父母加一日之老衰，子女已得独立之路，渐至养父母之期，而父母之余生已无几。若此时不孝顺，父母死后，如何富贵而无怡养父母之路，有不堪追悔者矣。

盖如犬猿之兽类，犹且往往有知恩义者，然若人忘恩义，实不及禽兽者，不过最可贱最可忌之腐肉废骨矣。然敬爱父母，为人伦之至重至大者，不问而明。

且夫人必皆竟有一度之老衰，至其已衰残无力时，无怡养亲爱我者，其不幸极甚。若欲我子孙之后来生于我之孝心，我先自为其先例也。我要亲切敬爱我亲，不然到底不能希望子孙之生于我之孝心也。

然是皆父母生前之孝也，及父母已死，又必以礼葬之，期永不绝香花。男子更进而成于社会有益之业务，称一个名士之于世；女子修女德，为贞女节妇，知淑婉之名，至于显扬父母之名，始得谓孝道之全也。

如此子子孙孙相续而行孝道，维持父子之大伦，非徒一家之美谈，又可谓大耀我邦荣名之一种善美之风俗也。

友于兄弟，

有夫妇后有父子，有父子后又有兄弟姊妹，兄弟姊妹如一木所生之枝叶，血属之甚近者，而同于父子夫妇之亲起于一家之内，且俱与为受养育者，有强大之理由应相爱也。故兄姊能爱怜弟妹，弟妹亦深敬爱兄姊，万端互相救助，不应反目阋墙。

盖子孙不知父母幼少之状，见其已老年之倾，即父母属子孙前代之人也。父母见子孙自幼少之状次第发达，不能知其老后如何，即子孙属父母之后代者也。唯兄弟姊妹，虽多少有年龄之差，不如亲子之甚，互相嬉戏，俱与生长者，宁同时代之人也。换言之，兄弟姊妹生自最近之血属中，至死相交岁月之最长者也。是故兄弟姊妹相谋共事，同得见其成效，而不可不谓互有亲密之关系也。

兄弟姊妹之年龄，虽差异不如亲子之甚，亦有多少之差异。兄姊者智识经验常胜于弟妹，是以弟妹见兄姊作两亲之次，要能事之，然兄姊不可使役弟妹如奴仆，唯可共亲和而图相互之发达进步也。

然若兄弟姊妹不和时，损一家之和睦，不啻不孝于父母，从又多有恶事于自己也。

且一家之如细胞之于有机体，实乃一国之本，而家家和睦时，一国亦得安宁，若反之，家家有不和之人时，亿兆绝不能一心，故而国力不得不杀减也。

故世之兄弟姊妹者，对国家有重大义务，要常常深体此意，互相亲爱，况兄弟姊妹之于朋友一层相近者哉？

假令兄弟姊妹共已长成，各成一家族，至异其处，勿论其友爱与前日不应有变，不可不益相助相救，以勉励业务也。

实长有兄弟姊妹，胜于长有财宝。财宝未有感觉，而兄弟姊妹相互有同情。且财宝仅要我保护，而兄弟姊妹又保护我也。

夫妇相和,

夫妇者,一家之所因而起,实一国之大本,故欲一国之治者,期家家得其宜,不生不和。然又欲一家之治者,不可不先欲夫妇之常能相爱,毫不相戾也。一家之安全,元基于夫妇之相和。然夫者,须爱抚妻,以得其欢心,又妻者,务柔顺于夫,不妄戾于其意志也。

盖妻本体质孱弱,多不堪劳动者,夫须悯之,极力扶之,遇危难则保护之。又妻元智识才量多不及夫者,夫不言无理非道之限,尽服从之,而能守贞洁,无所妄逆,始终共苦乐,不可无此念虑也。然夫者,不可徒求己之幸福,又不可不虑与己同沉浮之妻之幸福,又绝不可视自己之妻如婢仆而苛酷使役,必作自己之最近最亲之同伴,不可不终身深爱怜之。爱怜之情如铁索,结合异体,忽成一心者也。一心而异体,即是真诚相和之夫妇也。若夫妇如此时,一家之基础固而多余庆,为国之臣民而毫无所可耻也。

若非于未婚姻之前,夫自能选妻,妻亦自能择其夫,或有一生互相忌嫌,遂不能相和之事。故婚姻之事,绝不可轻忽,必先自熟思深虑,并得父母容许,后始要决断。

父母亦不可当子女之尚幼少,未能定将来之生活义务等时,预定其婚姻,必俟子女之生长,或问子女之意思而定之,或可使子女自择其配偶,但其配偶甚不当而绝无望得幸福时,父母可说谕之而拒绝也。

要言之,婚姻必不可不因高尚之亲爱而成之,绝不可主眼财产名誉等而结合。然又如唯因一时之情爱而婚姻,毫不图将来之幸福者,不得不谓无分别之甚也。

夫应娶女子之婉淑而贞正，温良而不轻浮者，妻应择男子之健强而笃实，勤勉而聪明者。若男女如此，其体貌性质相异，如磁石之积极与消极相引，生不能自制之亲和力，遂相投合而结婚姻，遂至成一家族也。

已成一家族，夫妇必生分业之要，即夫在外营业务，妇居内掌家事，不可不相谋相助，俱期后之昌荣，图相互之发达进步。

又已设子女以上，尽百方力爱抚之，鞠养之，以继续其家，并要成为社会之一部分而无所耻之善士或淑女也。

有数人之子女者，须均而爱抚之，绝不可异爱憎。

子者，又皆后来生长，成善良之臣民，可得裨补国家者，不可视之如己之私有物而残酷使役之，妨其发达进步之路。殊子之所志，在国家有益之学术业务时，不可不最奖励之，而使大成其器。即子者不仅对父母有尽孝道之道义上之义务，父母亦不应忘其有能养育其子而使得独立之道之义务。盖世之养鸟兽者，犹且爱抚之，喜其生长，然今我子孙能发达，得成善良之人，其喜果何如哉？况父母之血肉，付与子孙而传于永久乎？

父母苟希望其子孙之发达，当未老而蓄积财产，以充晚年之资，仅以五六十之年龄退隐，赖子孙之劳力而生活之念虑，不可有也。若如此，不啻妨子孙之发达进步，又父母之生命速归废物也。故父母能耐劳动之限，则要勤勉业务而求独立之道，使子孙充分发达也。

凡婚姻者，不可不俟男女体格之同能发达而成之。若夫不然，妄为早婚时，不啻少充分习学术业务之暇，又为自己之体格未充分发达，设弱小之儿子，随国家增殖荏弱之人民，杀减几分国家之力也。何者？荏弱之人民少，能尽力公事之壮者多，国家之强，主因其度者也。

朋友相信，

总之，人不容易孤独而成事，又有疾病事故之时，最要他人之慰藉或救助，亲戚之外，别又有朋友之情同一心者，各自之常所切望也。殊鳏寡孤独之身，或远游羁旅之人，良友好朋或必要于亲戚也。

又今日之世，交通之便大开，新奇之事业兴，社会之组织渐改变，为共同之事业而增加，立会社相共事者不少，益要朋友交谊之亲密也。

若人无朋友，孤立于社会之中，在本国如在他国，生落寞之感。

然朋友不可不择之最善，若夫不然，与凶恶之人相交时，如入腐败之空气，久而惯之，不知身之带臭气，渐渐化成凶恶者也。故朋友必要选善良之人，恰如触伏于清溪之石之澄波而益洁白，常不可不期感化于善良也。

朋友相交，苟不守信义，互相疑惑，交情乃冷淡，故朋友之间，最不要失信义，夫信义乃巩固朋友之交之无二之具也。苟以信义而结交，虽身已死亡，友谊不为之绝也。苟不守信义，朋友尽离散暌违，不可复缔结也。

盖人乃社会之动物，而自有同类相求之倾向，离群索居非其本性也。禽兽犹或有求同类，况于人乎？然人心之相异，如其面之不同，故唯其心情及意见业务等之相近者，多结成朋友。

朋友与我，同其方向而大添力于我者也。我一人虽劳力微弱，有朋友与我结合时,劳力忽倍蓰也。故朋友乃在我身外之我也。我亦朋友之一部分也。我与朋友,其体虽异,其心得谓一者也。朋友乃成于自然之势者,常相助以成事业也。故勿论劳力,虽财产或名誉之位置,为朋友亦毫无所惜,欣然掷之以救其急,此念虑不可无也。

然如对国安企隐谋者,虽朋友,绝不可从之。假令己作判事,自裁判友人之事,勿论亦毫不可有所挟私意也。何故?裁判乃以判事为之,非以朋友为之也。又朋友非必无变更,若为恶事,谏之而不听,或相互之情状全改变,到底不可复相容之时,要止其交际,然不互憎怨,唯其尽废弃而付于不问,绝不可出恶声。

恭俭持己。

恭俭,是人之美德,而成社会之秩序者,主基于此也。盖恭乃进退应对之间,总郑重事物者;俭乃检束自己之行为,不流于放纵僭滥者,节俭财用亦其一也。

若人人恭俭,譬如室内之诸品尽得其所,又清丽雅致,社会之组织由此成井然之秩序。随又万事为之整顿,总恰好就正当之途,国体亦如此而始可得其宜者也。

且夫何如人,亦无不欲他人之对己恭俭,然若欲他人之对己恭俭,不可不务必先己自对他人恭俭也。动则必有反动,不啻止为物理上之真理,又心理上亦有几分如此之情状也。

然不顾自己之实价如何,徒倨傲尊大,而贱视他人,傲慢不逊,而轻侮长者,腼然无愧时,即知其人之德义之极卑下。实自高者贱,而自卑者贵。若夫恭俭而有礼节,则不问可知其人品之高也。

盖礼节从时势之变迁,不得不多少改变,换语而言之,其精神虽相异，其方法古今必无不出于同一辙也。即如坐礼变而成立礼，低头变而成握手，皆伴时势之变迁而不得不有所改变也。

要言之，礼节者，渐以所发达之习惯，以国民之一般美风认之。敢轻侮之，即轻侮国民之所尚，祸必及其身。是故以礼节接人，以恭俭立身，却受他人之爱敬，成维持自家安全之路也。

若夫名望愈高愈恭俭，愈应以叹美，从官位益胜众，而益有下于人之心时，益应以称扬钦仰。若有名望而徒凌驾人时，如貔虎而有才智，官位高而妄蔑如众时，如豺狼之逞势，人之最所忌嫌也。故人从身之升进，须最念恭俭之二字，外礼貌谦下，内心地和平也。

已知恭俭之美德者，又须知不可妄愤怒。愤怒忽暗精神，来终身之祸害，不可不务极力抑制之。小釜易沸腾，大海能容而不可测，人不可如小釜，须如大海也。

然又误解恭俭，一概失于卑屈，毫无自主独立之心，却为人之所可耻也。不论贵贱，不拘老少，凡人者，每对他人，必不失为一个善士、一个淑女之资格，无故不妨己之权利自由，应言之事，须充分述之，应答之事，须无所惮而分明语之。要言之，至于是非曲直之所存，对何如人亦须见肝胆，而不应有余韵，又自己之名誉乃一个良民资格之所存，务绝不可为他人所损伤也。但如无故以己置于他人之上，骄傲自尊，不知恭俭之美德者，可谓人面兽行也。

又世之大贤硕学，乃通高尚之学理，美妙之道义，广裨益社会者，故殊尊敬之，要别于众人。学问贵于官爵，道义重于位阶也。次者于国家有功劳之名将大官，大尊敬之，并期自己与他人，皆成如此之人。路上逢是等之人，假令未曾接之，又须知取帽行礼之要也。又老人不啻身体衰弱而须有所怜，又往往多经历，或知年少之不知，故不可不最敬爱。然不可不对父母兄长教师等恭敬，勿论之事也。子女者，生而尚蒙昧不识，而与禽兽相去不远，入学校就教师，如始开盲者之目，觉事物，晓道义，遂成真正之人，绝不可忘教师之大恩，智识道义之赐，于如宝玉之有形之赐者，迥贵重也。然教师为子女之模范，故教师自不恭俭，绝不能使子女恭俭，子女为教师之射影也。然教师者，岂可不知其任之重且大乎？

须恭俭而守礼节，不啻止于我之邦人相互之间，对外国人亦当然者，勿论也。是示我之邦人美风之机会，而又属厚遇异邦人之良德也。然对外国人，必有念虑尊崇我邦而本之，绝不可损伤我邦之名誉品位等。

又奢侈者，致无用之费，或破产溃家之始，故守节俭，防滥用浪费之弊，有余财须或贮蓄之，图独立之道，或应用之于国家有益之事。一人之俭约，一国之俭约也。一人富，一国亦富。一国自一人一人所成者也。故蓄财致富，得称人之良德也。

然如妄欲货财，为之秽己之节义者，男子之甚所可耻也，即如政治家而徒自以贮蓄货财作最大之目的，非以国之公务为第一，又如学术家如商贾，以学问单作营利之业，更不以探究真理为主要者，颇所可贱也。

虽然，而寻常之臣民，非由不正不义之路蓄财，以致巨万之富，不啻不须耻辱，而须为国家大所称扬也。

反之，如滥用货财，失独立之道，自他人借金钱，乞衣服者，不过可称社会寄生虫之破廉耻之人也。然一个男子，必先自成独立之生活，绝不可依赖他人，惹起他人之迷惑也。

且夫骄奢僭滥，而不蓄积余财，以仅少之金额喜父兄，虽有应救他人之事，绝不能为之，虽有掷琐细之财产，集众志而兴于国家有鸿益之事业，遂至于不能成，是岂不谓遗憾之至乎？

（唐小立译）

敕语衍义卷下

文科大学教授　井上哲次郎　著
文学博士　中村正直　阅

博爱及众。

　　唯爱自己，于他人皆放弃之，而无悬念之心，至于人亦不爱自己。故守利己主义，却不利自己也。若夫弃自己之利益，为他人尽力，胸中绝无所期应报，世人必指以极高尚优美之品行也，至于大景慕称扬其人者也。故人者，不可汲汲徒求一己之利益，不可不念虑以诚实之心博众人之爱惠，勿论君父长老，虽如奴婢之卑贱者，务要爱怜之，路上接不知之人，犹不可不以慈善之心应之，不啻是，又自如犬猫牛马之有用兽畜，至于如鸭鸠燕雀等之无害禽鸟，不加无益之苛虐，能爱抚之，此情不可失也。

　　然博爱之法，必不可无顺序，如若弃自己之家族，先他人之家族，或先与我无关系之异国之人者，其不得法也。何故者？我之爱护家族，我之义务也。而他人之家族，他人须先爱护之。异国之人，异国之人不可不先爱护之也。故爱要自近亲始，渐次推及众庶也。

若夫无亲疏之别，不论彼我，均爱之，而不立顺序，即是万国同爱，而忠君爱国之情于是已，故何如人，不可不以事我君，爱我邦为第一之义务。

殊有系国之安危之事时，勿论财产，身命亦须掷而救之。又虽己之近亲交朋，欲招来国家之祸害时，不应唯唯诺诺而从之，不可不尽诚心而谏之诤之，务格其非心，以希图国家之安全。何者？人受本国之保护而安全成长，又于本国之学校受教育，由此研磨才能，开发智识，以本国对己所有之大恩极深厚，而胜自余一切之恩惠，勿论不可不有所报之，加之全国之安宁幸福绝不可为一人或数人而损害也。

且夫国之安危，不啻间接关于我身并我之亲戚朋友等之休戚，我国元自祖先所传，而须永传子孙，务重重爱护之而不失寸地也。

然父母固不可不爱，子孙亦不可不爱，兄弟、夫妇、朋友亦不可不相爱，然含有是等一切之爱情者，即爱国之心，而若有为我国舍命之事，苟精忠之人，谁不欣然掷之乎？

我之邦人，又不可不知要厚遇海外之来客。若我之邦人善待厚遇他国之游客，其人还本国之后，必叹赏我之邦人之美德。果然，是亦可于海外扬我邦名誉之一端也，且自远国来游者，必知我不知之异域之事，须与之相交广我见闻，又以我亲切之心厚遇彼，则他日我游其国时，如我之厚遇彼，彼当亦厚遇我者，必然之情状也。是故爱国之心充分养之，虽立彼我之区别，又不可不于我邦养成善待厚遇异邦游客之美风也。

修学习业，以启发智能。

学问者，开发智识之所以也。而智识者，高尚人之品格者也。然纵令富有，又大家之子者，无智识，则卑贱不异于犬豚也。

况今日之世，为如何之事，亦益要智识也。不可不务必受教育，以辨识物之道理也。夫无学识不知道理为何者，一生懵然，虽见日月之光，不能见智慧之光，虽于有形之世界行动，不能窥知无形之世界也。然蚤受教育，开发智识，所以人存于物象以外之高尚心象之域也。而一个善士、一个淑女绝不可有所怠也。

然就学修事物，最需注意者，惜时间也。时间即货财也，浪费之，同浪费货财也。殊于学者，时间贵于货财也。然虽寸阴，亦不可不欲不空过之也。

已自有惜时间之心，则亦须速将要用之事述毕而还，绝不可使他人为我空过时间，他人与我同有惜时间之心也。

盖以一日作小生命，醒觉如生死，过一日则其日决无再来，何如日亦全新经验也，是故其日不可不念虑于其日成几分业务而进步也。若以浪费一日而不足惜，一个月亦无惜心，遂一年一生涯而无所成，如经过一梦也。若如此蠕然而动，澌然而死，与蚯蚓蝼蚁无择也。

抑人生如逾山，登时觉远，及过其半而下，知极骏速，故人于年少之时最要勉学，实生涯之事因前半生之勤惰何如而定，恰如一日之计定于午前也。然不可不早晓得是等之事，定一生之计，以学修事物也。于世未有遗憾甚于浪费一生之事也。

凡人非专门学士以上，不与学问同修实际之业务，则必难免流于迂阔之弊，故修国家需要之业务，固切要也。然仅修实业，不以学问作之基础,则智识有所缺,而不能万端自在。故人要兼习学问与业务,以图一家之利益,又以应一国之需用也。

已有所学习,而不知实际应用之,则如抱宝玉空腐朽也,亦无异于自始身无所得也。故不可不务能察时势如何,从世运之所存,以已所学习裨益社会也。

殊随我邦与外国之交际益加亲密,至于智力之竞争,夐胜于腕力之竞争也。然研智力,启才能,今日不得已之事情,而每人之当尽全力所勉也。是为行于优胜劣败之愈剧之世也。

且夫人非已饰外貌乎,何不亦饰其内心?然饰内心之具者智识也,智识已备于我时,假令不饰外貌,犹如宝玉之混沙石,未减其真价也。然无智识而徒饰其外貌,如以锦绣包污秽之物,谁不厌弃之耶?

加之智识开发之度,为迷信退步之度,而国之文明,须主由此测量,智育最不可怠也。

然设各种学校而教育子女之必要,不问可知也。是故世之父母者,不可不使其子速就学,是不啻父母对子女之义务,又对国家之义务也。

抑西洋文化之根底者,实不外学术也。整顿之法律,完备之教育,如电线汽车汽船等有形物,皆本不过学术之结果也。学术乃西洋之所长,而殊东洋之所短,苟有志者,速要兴之于我邦,以养成文明之元素,既要不止徒于欧土汲水之末流,而亦于我邦开其源泉也。不然虽经几百年,我之邦人徒汲汲模仿彼之皮相,遂不能期取其精神以成我之精神也。

殊如我之邦人宁巧于模仿,而拙于创造,乃东西学者之已所认识也。今日不可不先破此陋弊，速开日新月进之路也。

然又当此时，我东洋古来之文学历史之研究，须益盛，绝不可为开西洋之学术而全废之。本国之学问，可成各自教育之基础者也。谓国民教育之主义实存于此。殊如我邦之美术，与西洋之美术异其趣，别带一种优美之性质，无疑之事实也。不可不知西洋美术之外，又要振兴我邦之美术也。美术不啻应用于商业品者，又增进国民之快乐，并有高尚感情意志等之效也。

成就德器。

修学问，习业务，以成有用之才，成有德之人，是各自之当所务也，良木蒸矫而后为用，好璞琢磨而后生光，人亦研磨淬励而始对公众，处社会，得图有益之大业也。然有天才者，于幼少之时黾勉以益成就其天赋之资质，菲才之人，又因勉学修业，得补几分其天赋之所缺也。如此者，人之才能虽元大不相同，各从其度，成相应之人才者也。

假令天才有学识而无德者，绝不能生善良之结果也。譬如花而犹有毒，谁不恐近之乎？是故何如人，亦不可不修德者也。

苟欲修德，唯须养成其良心。良心者，何如之人亦均所有，而虽为物欲所蔽，非全消灭者也。故良心从其所发而养成之，由此处于世，日常之品行，不能不得其宜也。

若夫不然，任荒废其良心，则诈伪窃盗贿赂奸谋无所不至，遂不得不成积罪业之人，而是等之人，胸中之恶，多露于相貌行为，不能避识者之鉴定，是以伤德之事，不可不尽避之也。然是言易而行难，百般之事物，如无数之恶魔集来而擒一人，动则陷人于不善者，不可不竭全力打胜之也。

兵士之临战场，奋进当敌，要有轻视一命如芥之勇气，而在德义之世界，亦如此，极力向嗜欲而战，不可不有假令此身灭亡，仍全德义之气节也。然世之有力者虽多，无有胜于克己者。何如之勍敌，不如嗜欲之无暂间断而来袭者，又非根底于我身体之中者也。故不得不谓克己难于打胜勍敌也。

然人人之祸福，主因克己力之强弱何如而定者，多也。如恐毒之蔓延者，切断手足，而存其余命，虽微细之不善，深自惭悔而自我身划除之，全然再生，以如此念虑，不可不复移德也。

人失一枚之齿，何不以人造之齿代之乎？然失我身之德，岂能毫不顾之耶？

盖人，谁亦非完全者也，何如之人亦难免过失，故徒摘发他人之过失，所以自招祸也，他人亦必摘发我之过失也。殊使国家有用之人，为不虞之过失而忽归于废物，同为寸朽而弃良材，岂能耐于遗憾哉？实有过失者，人之所难免也，唯希图平生极力少过失，如总欲陷于过失之事物，不可不避之，而犹生过失时，绝不可为之全绝望，如洗衣而去污秽，须幡然悛心而成别人，绝不可为过去之不善，并放任余生于不善，恶人改心，一朝以成善人也，善人不改过，忽变成恶人也。然善人之益进善者勿论，恶人亦尚须改而存余生者，思如虽逢破船，侵暴风怒涛，而幸安着于海岸也。不可不有迁善修德，偿前半生罪业之念虑也。

要言之，何如人，若修德必遂生善良之结果，如兰之在幽谷，可远嗅清香，谁不称其芳声哉？

苟修德，一生为长久之安息日也。苟失德，此身如系此心之牢狱，多不堪苦痛，徒受人之侮辱，是元所自招而追悔莫及。故一日不可怠修德也。身有德，人必敬爱也。

盖德乃我身之花，而有璀璨之光彩。假令园中之花，数日而朽，我身之花，其至于极艳丽，虽经千万岁，亦不朽也。

进广公益，开世务。

不唯图己一身之利益，而图公众一般之利益，假令于己无利益，于公众有利益时，欣然弃自己之利益，唯图公众之利益，如此者，利他主义，德义之所极美也。然以志士仁人自居者，岂可无此心哉？

但如农工商各勤勉其实业，国家富强之大原因也，须大奖励之，固不俟论也。然虽农工商，苟有余力，亦不可不有图公众利益之念虑也。

又夫如为国家，或为社会，汲汲唯求公众之利益，不顾一身之危，牺牲一命而供者，乃爱国者之模范，而最应所叹美，得谓国之强弱，主因此种之人民多少也。故已启发智能，成就德器者，当须进而尽力于国家之事，以图公众之利益也。

假令有生命而无益于国家者，与既死者无异，身体尚存于世，精神已灭亡者也。

但其所志壮大，而体质孱弱，不得兴国家之事者，退而作一个良民，不须耻也。又有学识，要以言论或著作益国家，殊示公众之方向也。

实一代卓识硕学之存于国，恰如荒园之中开一个艳花，添一国之光彩，又使其价值贵者，为国家而不可不希望有如此硕学。然何如之硕学，不主图国家之利益，增进众庶之福祉者，毫不足以崇敬也。

但学者应以讲求真理为主眼，广为学问于社会一般而尽力成功，此虽勿论，而不能又以增进我邦之学问，开发我国民之智识为要务者，不可不谓未尽其对本国之义务也。

要言之，须知增进公利公益，毕竟人生之目标也。

若国内大行孤独主义，人人唯求自己之利益，毫无着眼于公众之上者，其国绝不能久耐也。何故者？人人不知对国家有义务，其结合之力弱，而众庶尽解散崩坏也。

然先修学习业，以成有为有德之人物，以进公众之利益，且要兴社会必要之事物也。

凡当图公益，开世务，我之邦人最需要者，忍耐力是也。虽口言百折不挠，实际须耐时不能耐者，不足称坚忍不拔也。然何如之事业，亦期之于永远，到底成遂之，以裨补国家，此念虑不可无也。

且又组织社会之人，务不可相互伤害感情，即须为恕他人之心之事，绝不可思取自己一身之快。自以言语动作至体貌服装等，极野鄙陋丑时，必害他人之感情，并损伤社会之体裁者，要为公众端正优美之也。

又当与他人遭遇，必须爽快活泼，绝不可以沉郁忧愁之状，冷却他人之心，即要以我喜悦之状，又使他人喜悦也。

其他人之处世须注意之事虽极多，如以虚言欺人者，不善之甚，不啻成失自己信用之端绪，又广有害于社会，各自所不可不深慎而禁也。如约定，中途不逢非常之变动以上，不可不坚守之也。

要言之，一切之行为，以公众之安宁幸福为目的而行之，可免于陷过失之弊也。

然有兹人，毫不思公众之事，唯求一己之私利，恰如蝼蚁之集于膻肉，蚊蝇之群于腥鱼，最可贱而绝不见其有所高尚也。

犹进一步而论之，人退而修身成业，无一点之瑕疵时，实虽无愧为一国之良民，不犹更进而图公利开世务以上，未可以谓尽对国家之义务也。居家慎独，虽固修身之始，一身之修德，未及广关公众德义之大，又进而为公众成有益之事业，迥切要于独退而研智识，实锐利之思虑，未及敏捷之行为价值多也。概言之，毕竟何如之智识，何如之学问，无所应用于社会者，不得谓有些许之价值也。但如高尚之学术上之理论，虽无直接应用之所，以后来或有发现其应用之所而贵重之也。

实于人生最高尚之希望，在于成遂鸿业，以加社会进步之一分子，如此之人，得谓真不朽也。何者？其痕迹假令不得见，成增进国之文化之一分子，可永存于后也。

然不可徒为炫己之名而兴事业，唯要以成芳声得传至后世之勋功为主，两者之间，虽如毫厘之差，就其意志之迹见之，大有所相异，卖名者为己，即唯不过自利也，事业成与不成，非其主所，名已扬则止，而主以勋功者，唯以公利公益为正鹄，已达正鹄乃止，复不问名之显否也。如此，则不问可知其志望之极高尚也。

常重国宪，遵国法。

我之邦人今日所遵奉之国宪者，自今上天皇陛下以明治二十二年二月十一日发布之，遂于我邦实行，君主专制一变成立宪政治，臣民自与国政，事之有疑，决之于公议舆论，臣民之权利顿伸畅，自由之精神勃兴于国内，成古来所未曾有之文化之基础，于是开其端绪，实须我日本人民之所俱庆贺，又于亚细亚洲中全无比类，于我之邦人，可谓莫大之荣誉也。

然国宪创定之主意，元在于明统治者之权限，又定使一般之臣民参与国事之方法，又保全关于臣民之身体生命财产名誉等权利，以维持公共之安宁秩序，增进国家之幸福，故凡我邦之人民者，不可不谨遵奉之。

抑权利者正义之所存，人人不可不保有者也。各自之安全与否，实由于有权利与否。而谓宪法者，使一国之臣民，各所以得其相当权利之根本法也。假令权利实际无全得平等，亦须尽成平等，毕竟是出于欲实行正义者也。

若臣民之中有有权利者，有无权利者，无权利者为有权利者所抑压，无开发智力才能之机，欲遂之志望亦不能遂，随又至于为国家应尽之义务而难尽也。

然若使各自均有权利，相互莫侵凌，则国之臣民者，须各作社会之一分子，应其分应用能力才智也。如此而国力得最强大也。若国力非强大，臣民之福祉绝不能得全也。然不可不谓宪法之利于臣民者，极广大也。

又国法者，所以规定国家与臣民之关系，及臣民相互之关系，而各由此享有法律上之公权私权者也。然如共俱遵国法，私利私欲诈伪暴行等之不行于其间，即众之当自所切望也。何者？不以国法支配公众，则各自之权利，遂无保持之法，人民为之来不可言之不利不便者，不俟识者亦知也。

法律者，与道德相待而所以维持国之秩序也。人之行为，害社会之安宁时，以法律之制裁禁遏之，而不至于害社会之安宁之行为，唯以道德之制裁可制限之也。道德主支配内界之事，法律主规定外界之事，广言之，法律元道德之一部分也，唯行为之不害国安者，专以道德一任之，至于伤国安者，道德之制裁之外，不可不更科严重之制裁，以禁遏其行为也。以此必有用，抽出严重于道德之部分，规定吾人之本分者，付名云法律也。要言之，法律与道德，如鸟之双翼，车之双轮，须两立而不可偏废者也。

又会亲戚故旧遭患难，蒙灾害之际，抛掷其财产，又牺牲其生命而供之，以排除其患难灾害，谋之救护者，于法律上，于德义上，共不得不称叹赞美也。然于事平定之后，为蒙其残害者，私自下手，以之成复仇，往往受世人啧啧称叹者也。虽是于人文未十分发达之时，或出于不得不自下手之必要，于人文大开，法律制度整齐之世，非但不应赞美之，却不得不以之为国家之罪人也。国家存法律，以处分罪人之法备，如不顾法律而自谋复仇，忘臣民之本分者也。

若怨杀伤亲戚故旧者，己又杀伤之，恶彼之恶，我又自行恶者，即一恶生之上，又更加一恶也。须知其非者不俟辩也。

抑德义上之事，无不从社会之进步而变更。故如复仇，古以之为美德，往往有之，而自今日论之，则其志虽不须全恶，其行不得不深咎也。

与复仇同抵触法律者，暗杀殴打决斗之类是也。假令有何如之怨恨，不应为如出手殴打之粗暴之行，又如不能耐一时之愤恚，直由决斗决事，全不过野蛮之遗风也。是等之事，不可不皆由法律，或由他之正当方法而决也。

一旦缓急，则义勇奉公。

人之德义，不止徒能修一身，不加害于他人，又要进而为众人成有益之事业，即消极之德义，有所未尽，不可不加以积极之德义,殊关于国之安危休戚者,不可不欣然掷一命,为公众有所图,是真正之义勇也。

人有何如之勇气,何如之腕力,毫不足贵,然若用之而成有益之业,初足以贵,若又用之而救国家之危难,足以大贵也。

如此弃一己之自利心,为国家而务,即爱国之心,人人当所养成也。国之强,主因爱国者之多,爱国之心,实可谓国之元气也。然苟有爱国之心者,不可不特赏赞叹美,若生如笑骂有爱国之心者之风俗,其国已崩坏也。然有爱国之心者,往往生失于过激之弊也,要戒走至反对之极端也。虽然,何如之人,就国家之事不应冷淡,此不可不期也。

夫国家同有机物,有生命而生长、发达、老衰者也。不可不常培养国家之元气,譬之犹为保灯火之光明,而要使油不断,时时刻刻继续者也。代代之人民体此意,不可有一暂杀国之元气也。

盖住于一国之中者,皆互有关系者也。何者?一人之生利害,成国家之利害,其影响及于国民一般也。故组织国民者,不啻相互有法律上之权利义务,又有道德上之权利义务也。然无爱国之心者,假令不犯国法,于德义上缺义务,亦不得免他人之指摘也。抑吾人之安全衣食,生长,学问,遂至于成一个人而为之业务,因国之制度得其宜,吾人之身体生命财产等之安全,然吾人之须报于国家之恩义,广大深厚不应有疑,且夫维持自国之先祖受得之土地,遗之于子孙,吾人义务之极大者,有妨其安全者时,不可不务极力除去之也。是故临国家之缓急时,为之掷一身而不可顾他事也。必求自己之自由,图国家之独立,而受他国之羁绊,以成他国之隶属之耻辱,不可不百方避之。然不以如此大耻辱为己之耻辱者,无气力精神之无用之懦夫，国家之蟊贼耳。

假令有官位，又有学识，当赴国家之急，逡巡狐疑者，必不能免于世之笑骂，半生之荣名一朝变污名，一切之愿望如泡而消灭，至于始知一死之胜于百生也。

夫人谁无一死，其须死时而不死者，却忧其有生也。

然当赴国家之急时，直前奋进，以不可不有殉难之勇气也。如文室善友当新罗之贼，击而退之，大藏种材以七十以上之高龄，追击女真之贼，北条时宗鏖杀元兵而绝外寇之患，实后人之应所模范也。然若今日有外寇，臣民者，不应以一人之私而妄举事，唯要从征兵之发令，而尽己之义务也。逢征兵之法令，必须欣然应之，绝不可逃窜而避赴公事，我邦男子，无论何人，进而牺牲一身，而以图国家之福祉，此念虑不可无也。盖世上愉快之事虽多，对于真正之男子，无有胜于为国家而死之愉快之事也。

以扶翼天壤无穷之皇运。

人自有构成社会、组织国家之倾向，然当构成社会，组织国家，必不可不有统治者，于是小有酋长，大有君主者，恰如一家之中有家长也。有如此大权集于一人之身之倾向，如蜂如蝼蚁，亦皆有首领者，又如群鹤群象，亦皆无不然也。如兵队，如船舰，不亦皆有指挥者乎？又如会社有会头，学校有校长，人之集而成事处必不可不有统领，见眼而知其力之集于瞳子也。在我太阳系，太阳占中央之地位，一国之主君亦如此，在众庶之上，有统治之大权也。若无主宰国家之主君时，无数之人民，唯聚合于同处耳，而不能成国之体裁也。假令有如共和民政等国，必有之统领或主任，见此愈知平等之实行难也。然君民之别，出于天地之组织不得不然者也。

然君主之图国民一般之利益，宵衣旰食，至于甚费其思虑，臣民之所不容易企及也，臣民之须尊敬君主，固不俟论也。

且夫臣民之自生命财产，至于名誉信教，得安全者，主因君主之统治得其宜也。

然苟使君主以增进臣民之幸福为目的时，臣民者，蒙其鸿恩极深厚者，必不可不事之忠诚也。假令为之牺牲一命，不可有所惜也。

盖君主譬如心意，臣民如四肢百体，四肢百体之中，有随心意之所欲而不动者时，如半身不遂，因之，全身不能活用也。

不使臣民随君主之命，不啻可灭杀国之结合力，又以增进臣民之福祉为目的之施政方针，为之而受不少障碍也。然臣民妄背君命，却成招不幸于己身之本也。是故何如人亦国之臣民，须体君主之意而不背戾之，不俟辩而明也。

实服从者，臣民之美德也。若使臣民无服从之美德，则不能维持社会之秩序，图国家之福祉也。故于鼓舞自由精神之同时，不可不使其知服从之美德也。

不啻是，凡国之政体，继续旧状，加之以改良，最容易且稳当也。若夫全一变故态，成一种新奇之政体时，先例废，经验少，故社会之秩序紊乱，加预想以外之弊害从而生也。然如我邦，有开辟以来一统无穷之皇孙君临，比于他国，实有无限之所长，臣民者，须勤力协心，以辅佐拥护之，维持古来之国体，图子孙之安全幸福也。

且思日本今日之文化，非历代之天皇相继统治之结果乎？果然日本人谁不云蒙我帝室之恩惠哉？又思我先祖皆受历代之天皇统治，又我子孙永受皇统之庇廕，然我等臣民之于帝室之关系，当不谓极重大哉？

然今欲扶翼帝室，人人最要希图成体格之壮丽，并膂力之强大者，是实体育所以殊必要于民间也。

然躯干已长大肥满，若无德性伴之，徒成粗暴犷悍之徒，又不过寻常一样之力士也。

但备智德，并有美丽发达之身体，不啻加威严于其相貌，又能为国家尽力而得不倦也。且夫体貌骨骼之完全，往往伴优等心意之发达者，我邦之人民，不可不务如古代之希腊人尚身体之美相，智德之外，又希图体格之发达，以永辅弼皇室之昌运也。

如是者，不独为朕忠良臣民。

凡国之臣民者，各自尽其应尽之义务，以为忠良之国民，此念虑不可无也。若夫悖逆乖戾之徒，散在于国内时，其弊遂及于臣民一般，其国为之失肇固之基础也。然臣民者，各自完一个臣民之义务，不啻固其国之基础，并使君主安全，又各自之幸福，亦由此增进，此不应有疑也。何者？各自之身体生命财产等，尽与国家共安全者也。

是故奉戴同一之君主，遵同一之法律，组织同一之国民时，臣民者，于德义上须得奖励相互忠良者，责让不忠不良者也。

然臣民者，不可有如出自己之分限之外，以忠义之目逞一己之私心之事，即如不顾国法之何如，下手诛罚以自己一身之意见所认之不忠不良者，非依正当之方法者而不得不自成犯国法之罪人，虽除一恶者应称扬，为之又生他之一恶，毕竟成无效者也。

又足以显彰尔祖先之遗风矣。

在我邦，古来以忠孝全节义，传嘉名于后世者不可胜数，然后之臣民者，亦继祖先之志节，显无所耻于祖先之衷情，以使后之子孙复取模范于己也。

抑国家者，历史之物也。决非前代与后世无关系，非唯一时存在之物也。即其国固有之祖先之遗风，国粹之所存也，须不妄废弃之，永继续而传之于子孙也。

然国非唯我邦，我邦之外又有诸国之并立，而是等诸国，往往与我邦有直接之关系，为其盛衰消长非一定，我邦亦不可不从时之情势，多少生变动，以采彼之长，补我之短也。若无如此改良事物之精神时，国家永墨守旧态，毫不就进步之途也。故一国之内，率先于他国而成长足之进步，此精神不可无也。然为之并废弃自祖先所得来之美风，即忠良之遗俗，如此之过失不可陷也。须改良者，唯我之所短耳。盖如我邦之富于佳山水，亦我对于异邦人可夸之所，佳山水乃由天地自然之作用而成者，实非由我邦人之勋功使然也。但我之邦人之不失忠良纯实之美俗，至于子子孙孙，存祖先之遗风，以于东洋成一种优美之国民，是我之邦人之真对于异邦人可夸之所也。

斯道也，实我皇祖皇宗之遗训，而子孙臣民之所当遵守。

忠孝彝伦之教，臣民之常须由从之道，而皇室祖先之所立也。

抑崇敬先祖之风俗，我邦古来之习惯也。然崇敬先祖者，即出于一片之孝心，何也？爱亲之时，又生爱敬亲之亲又其亲之心，遂至于尽并先祖而崇敬之，必然之势也。问其本，即一片孝心耳。

又臣民者，崇敬皇室之御祖先，本出于应尽忠义于国君之心，国君有大恩，故不可不思报之也。以何报之哉？即尽忠义者是也。有尽忠义于国君之心时，崇敬国君之余，并生崇敬国君先祖之念虑，亦是必然之势也。

然忠孝彝伦之教，于古来我邦所存之先祖崇敬之风俗中可得发现也。

虽假令使他国之人有立同一教者，古来实行之，全其节义者，以我之日本国为第一也。然今日之事，多祖先之余惠，子孙臣民者，须遵守此之遗训，而复使后之子孙臣民者，浴祖先之余惠，永取模范于此也。

通诸古今而不谬，施诸中外而不悖。

如忠孝于君父，友爱于兄弟，夫妇相和，朋友相信者，古人之屡称道而所教于子弟也。故虽如今人或以之已属陈套，别求换之者，日常彝伦之教简易明白而毫无可疑，虽经几千年之久，决非能生些许之差违也。

唯因文化之程度及风俗习惯等之变动，虽行之方法有异，于其主义精神必同一者也。

且夫旧者非尽谬误，又新者非尽真诚，新旧不可作判物之正邪之标准也。

何如之教，其教之出于圣贤以上，无有不以忠孝于君父为德义者，且忠孝之教，实适于我邦古来之习惯，以为立国之基础而必要者也。然以教之旧厌弃之，抑可谓又出于自己之谬误者耳。

又教之关于人伦交际，因社会成立上必然之势而成者，在何如之国，其国之文化既发展，则东西无别，中外无差，总有同样之事情也。即如孝悌忠信，在何如之国，亦同须称扬之德义，不独限于我邦者也。

然维新以后，欧美之学术，大兴于我邦，及百般之事物，顿改其面目，世人多厌旧习，脱古风，争求新奇之极，遂以忠孝彝伦之教为陈腐，以致反轻侮之，譬犹弃敝衣时，金之纽扣亦共弃之，无异也。

是以维新以前，假令智育不足，德育却胜今日也。维新以后，虽智育凌驾于前代而有进势，德育反之不可不谓呈日以衰退之状，忠孝之教，虽兴如何新奇之学术，丝毫不应改变，人不知其所以，各偏其所学而迷于邪路也。

朕庶几与尔臣民，俱拳拳服膺，咸一其德。

人人个个欲完其行为，必不可不构成一种高尚之理想，向此理想进行也。然一个国民，亦不可不设眼中理想，众皆一心，拮据黾勉而图达之也。是即国民进步之方针，入高等文化之域所必要者也。

今以各自之修德，至于义勇奉公，凡臣民者于德义上不可不作之义务，即我之邦人可达于粲然文明之德义上之法则，而又得称之为国之理想也。

今上天皇陛下自本皇祖皇宗之遗训，率先于亿兆臣民，修其德，以希望达于理想者，睿虑之所存，诚述大孝之模范也。然凡我邦之臣民者，安能不孜孜努力，而所副于陛下之睿虑哉？

明治二十三年十月三十日

御名　御玺

（唐小立译）

释　明

引　言

关于《教育敕语》颁布前的状况，在绪言中已经详细介绍，由于有必要阐明一下撰述《敕语衍义》的由来、对此有关的误解以及其他方面，下文将分成若干项目叙述一下其中概要。

第一　《敕语衍义》述作的由来

明治二十三年十月十三日我从德国回国，二十三日被任命为帝国大学文科大学教授，之后不久，当时的文部大臣芳川显正氏与我商谈，希望我来解释说明十月三十日颁布的《教育敕语》，由于事情非常重大，我对此事也慎重考虑了一番。因为我以前就深感《教育敕语》的宗旨实在难能可贵，所以我最终决定承担这份任务。接下来是关于我个人的情况,但我觉得有必要对自己的教育情况简要介绍一下。

我年幼时,主要在故乡太宰府接受中村德山先生的熏陶,多少具有汉学的素养。之后我前往博多,又到长崎,在广运馆学习,广运馆后来成为英语学校,紧接着改名为外国语学校。明治八年我被长崎学校选拔出来,送到东京开成学校。当年二月我进入东京开成学校,两年就完成了修学年限为三年的学业,然后进入东京大学专攻哲学。这七八年我专门通过英语研修各学科,几乎与汉学绝缘,直到大学期间修习了中村敬宇先生的课,才有机会再次研修汉学。另外也向横山由清教授学习国典,开始进行国典研究。我于明治十三年七月大学毕业,大学毕业后在加藤弘之博士的怂恿下,编纂东洋哲学史,留学德国前的大约一学年间我在大学讲课。之后我去德国留学,本来预定留学三年,但逐渐延期,经历了六年十个月才回国。因其间有半年都在巴黎,故在德国大约有六年,即从明治十七年春到明治二十三年夏。在德国时,大约四年半我都待在柏林。

那时的德国是在普法战争之后,正当国运勃兴的时代,学术在世界上也最为优越。我直接接受当时知名的哲学家的教导,上门造访听取其意见,进行交流讨论之事并不少。其他事暂且不论,我深切地体验到当时德国国民的爱国心极为旺盛。反过来思考我们日本的情况,维新以后二十年间是崇拜欧美的时代,比起忠君爱国,崇拜外国的人反而多得多,确实产生了一种值得担忧的倾向。然而,因为我在德国这种爱国心极为旺盛的氛围中接受过教育,所以,我对回国后无论如何都要大力振兴忠君爱国的精神一事深有感触。如前所述,我在明治二十三年十月十三日回国,十月三十日《教育敕语》颁布，仅过了三天，即十一月三日的天长节，当时的校长加藤弘之博士首次在帝国大学举行《教育敕语》的捧读仪式。我有幸得以列席其中。

正是这样的情况，出于偶然的机缘，我与《教育敕语》具有上述的各种缘分。不仅如此，要解释《教育敕语》，单从皇汉学者的立场出发进行解释，在这个时代很难得到社会的信用。换言之，这是一个必须由具有西洋智慧的人来阐释，才会得到认可的时代。又在这个时代尚有许多幕末的国学家、佛教徒，即广义来说的皇汉学者在世。如此说来，具有西洋智慧的人大多不谙皇汉学，总之他们不是倡导自由、民权，便是提倡博爱、人道，而有很大的轻视忠孝、节义道德的倾向。我虽才疏学浅，但留洋前研究东洋哲学，多少具有皇汉学的素养，加之又正值我在海外待了六年十个月，以哲学为中心广泛研修各种精神科学后回国时，因此，我才被特别选为《教育敕语》的解释者吧。关于文部省内部的情况，从当时在文部省工作的江木千之氏（后来的枢密顾问官）撰写的题为《教育敕语之颁发》的文章（《教育敕语颁发相关资料集》第二卷）中可获知其详细。并且文章内容基本上与我的体验相一致。不过，《敕语衍义》著述的事情原本超出了芳川文相的意图，所以我是偶然被选中的，芳川文相在《敕语衍义》的叙中云"盖道德之于国家犹盐之于肉也"云云，是基于穆勒的说法，虽然还算高论，但尚有难以首肯之处。要说理由的话，因为道德并不只是像防止肉腐败那样具有消极的性质，而是要促进社会健全的发展。不过，芳川文相抱有一大信念，那便是"道之本体者唯一，而无古今内外之差别，唯为适应时代之趋势，殊其形式而已"，在这点上，我也有同样的看法，所以我们具有肝胆相照之处。

第二 《敕语衍义》草案的完成

　　既然已经接受了撰述《教育敕语》之解释的任务，必须尽可能早点完成。于是，我将这样的解释题为《敕语衍义》，着手草案创作，但根本不像想的那样进展顺利，过了数月总算完成草案，而不安心之处也不少，所以将稿本送予中村正直、加藤弘之、井上毅、岛田重礼等人阅览，并询问他们的意见。另外，我可能也向西村茂树、重野安绎、小中村清矩等人询问过意见。已经是五十二年前的事情，故而不能准确记忆。但当时的文相芳川显正氏与当时在文部省工作的江木千之等内部的人自然都看过稿本，附上了浮签。还有前述列举的加藤、井上、岛田等人也都在稿本上附上浮签，阐述了意见并送还。这些意见全部由文部省汇总后再交给我，我再进行取舍，最后决定是否采用。

　　由于芳川文相身为文部大臣，对此负有责任，故他对其取舍表达意见也是理所当然。在此我还想附加一件事，井上毅说如果他写的话，他会写成更简单的注解，并附上了十页左右的样稿寄给了我，但那文章徒有形式，从中感受不到丝毫的精神跃动，所以我看了一眼就不管了，芳川文相也说这样不可以，便拒绝了。也有这样的事情。因此，《敕语衍义》的文义终于确定下来，便诚惶诚恐地通过内务大臣，献给天皇御览。《敕语衍义》献上后过了大约一周或十天，便下赐回来。《教育敕语》的解释好像多达六百余种，但天皇御览的只有《敕语衍义》。文相芳川氏吩咐我说，此书可以作为个人著作公开发行。于是，不久《敕语衍义》便作为我的个人著作公开刊行。此书的稿本论述得相当详细，但如前所述，诸家的批评意见相当多，基本上都是像将某段删除比较好这样的消极意见，有许多我特意纵横论述的内容也不得不删除，最终看起来就像未充分发挥文笔，论述的主旨也不充分，都是此种事情所导致的。姑且将此书公开发行时，发行的部数相当多，达到几万部或者几十万部，但不管怎么说，作为对《教育敕语》的解释，我对此书决非满意。

第三　《敕语衍义》的订正

如在第二节所述，尽管《敕语衍义》的创作过程无比慎重，但我依然在叙文中说：

> 然余未以此书为完全无缺，冀望自今广请世人之评论，以益改订增补之也。

以此来表达我数度加以改订增补以期完成的精神。于是，到了明治三十二年二月，将其多少加以修正，题为《增订敕语衍义》进行发行。但仍难免不安之感。因此，我在《增订敕语衍义》的序中叙述出来：

> 虽固未副余所希望者，比于旧本，可谓进一步者也，然余之不敏也，尚未能大发挥《敕语》之旨意，以为遗憾也。

《增订敕语衍义》刊行后，不知过了几年，总之经过许多年之后，我又产生了订正的念头。然而，那时慎重考虑的是，虽然《敕语衍义》本来是作为私撰发行出来的，但由于献给了天皇御览，如果与原本大不一样的话，不免惶恐之感。因此，虽然想加以订正，但几次订正都衷心惶恐，犹豫不决。于是吩咐当时的出版书店暂缓发行。若订正后满意的话，可以发行，但这并非易事，姑且停止发行，最终一直如此。但由于今年我已到米寿之年，大家想在为我创办的巽轩会上表达祝贺之情，我对此也有些踌躇，但最终同意了，书店广文堂主人说："既然如此，在此之际，我们想复刻《敕语衍义》，出版纪念一下，请您务必同意"，表达了恳切的要求。我对此事深思熟虑，认为《敕语衍义》的复刻从各种观点出发进行探讨，极其重要，最终将其题为《释明教育敕语衍义》，再次公之于世。

第四　《敕语衍义》相关的误传

关于《敕语衍义》的编纂，近来有人认真地传播了一个非常严重的误传，我很是吃惊。他是早稻田大学的教授渡边几治郎，此人有各种著书，为世人所知，其中我读了他的《明治天皇的圣德教育》一书，文中说到《敕语衍义》的草案收到了很多人的浮签，井上毅对其进行取舍选择，献给天皇御览，然后印刷出来。上述著书的第十一章有如下一节，曰：

　　井上（毅）奉命专心从事《敕语衍义》的起草，翌年七月终于完稿。于是，将稿本给中村敬宇、西村茂树等其他著名的学者看，寻求其意见。他们分别附上浮签，井上毅将这些意见进行取舍，加以修正，献给天皇御览，得到天皇的命令，将之印刷出来，这便是刊行的《教育敕语衍义》。

如果井上毅是《敕语衍义》的著者，那么他对诸家的浮签进行取舍选择自然是理所当然的，但《敕语衍义》确实无疑是我的著书。征询什么人的意见也是我与当时的文部大臣商量决定的。出于这样的情况，最后对诸家意见进行取舍选择的不是他人，而是我自己。必须是这样。井上毅最后完成井上哲次郎的著书，这样的事是不可能发生的。这不是用常识判断就能懂的事情吗？与之相关的事情应该直接询问身为当事者的我，解决了存疑之处再写。而且，渡边几治郎将自己奇怪的臆测或误传记载下来，并流传于世，这表明他作为历史学家的资格严重不足。不管怎么说，像渡边氏恬不知耻地将《敕语衍义》相关的误传记载下来，是非常遗憾的事。在此我明确一下其错误之处。

第五 《敕语衍义》与中村敬宇先生

我在东京大学学习期间，上过敬宇先生的课，也接触过其他各种各样的老师，但我最尊敬的人格高尚者是敬宇先生。我也把《敕语衍义》的草案送到敬宇先生那里，询问意见，但先生几乎没有阐述意见。总之，不只我一人尊敬先生，在当时的日本思想界，作为道德家为一世所羡慕的便是先生。正因如此，时任文相的芳川氏才对我说，此书加署"中村正直阅"如何？不管怎么说，《敕语衍义》是道德相关的具有重大意义的著书，所以文相也会这样与我商量。我说，若是其他人，我无论如何也不答应"阅览"，若是敬宇先生阅览，我没有异议，请务必这样安排，所以，在文相的安排下，此书得以获署"中村正直阅"。然而，这只是徒有其名，实际上无论是文章上，还是解释上，先生没有丝毫意见。因为先生在当年六月七日去世，似乎是先生在患病时答应阅览的。

另外，关于敬宇先生与《敕语衍义》的关系，还有一件事我想要辩明。那便是有相传敬宇先生所作《敕语衍义序》流传于世一事。当时文相芳川氏写的序刊载在了《敕语衍义》中，但没有刊载敬宇先生的序。如果敬宇先生说了"我给你写序文"这样的话，我自然会欣喜登载。我既没有恳请先生为我写序文，先生也没有说过"我写了这样的序文，刊载出来如何"这样的话。我当时也没见过敬宇先生撰写的序文。然而，世上流传着敬宇先生的《敕语衍义序》。于是我看了这个序，笔迹多少类似于敬宇先生的笔迹，但颇值得怀疑。文章非常平凡，而且即便是文章的形式，也不见敬宇先生巧妙的手法。虽不清楚这是谁写的文章，但总觉得可能是代作。我认为一定是谁觉得除了文相的序文外，刊载一篇敬宇先生的序文如何，在这样的想法中代作了文章。那么，是谁代作的呢？我怎么也想不出来。虽然我不知道是什么样的人以什么样的动机代作的详情，但推测的话，我觉得会不会是上述情况呢？除此以外我想象不出来。故在此简短地阐述了一下我的感想。

第六 《教育敕语》与国民道德研究

关于《教育敕语》与国民道德研究的关系，我想叙述一下自己的见解。

　　这是明治四十三年的事情，我在自己创设的东亚协会上从七月二日到十五日在东京外国语学校举办讲习会，其他讲习的事情暂且不论，我以《国民道德的研究》为题，持续两周就国民道德有关的各种项目进行了讲述。当时我让速记者将讲义全部速记下来，但最终没有机会公之于世。然而，到了明治四十三年十二月，当时的文部大臣小松原英太郎特别邀请我，为师范学校担任修身科的教员讲述国民道德的大意。于是，我从十二月五日到十三日在文部省内修文馆讲述了国民道德的大意。除了我以外，也有法学博士穗积八束与文学博士吉田熊次有关国民道德的讲义。这些讲义好像都在文部省印刷出来，发给师范学校担任修身科的教员们。到了翌年七月，文部大臣又邀请我在中等教员讲习会上讲述国民道德。于是，我从七月二十一日到三十日在东京帝国大学的讲义室中，讲述了"国民道德概论"。而到了最后一天，几乎所有的讲习员都要求将之印刷出来，我也答应了，但需要订正增补的地方相当多，几乎历经一年才得以将之公开。

　　之后，国民道德的研究相当兴盛，若列举相关的著书，几乎接近一百部吧。不仅如此，国民道德在高中、师范学校、其他学校被设为必修科目，另外，在审定考试的试题中，必须逐渐加入国民道德有关的内容。并且，从明治四十五年到大正元年、大正二年期间，在各县的教育会主办的讲习会上，几乎都以国民道德的讲义为主要题目。由于国民道德讲义，我亲自到全国三分之二的县巡回，努力普及国民道德。

　　此处值得注意的是，伦理道德动辄就用西洋伦理学者的伦理学说来教导，这样的事非常广泛，或许这样能够成为教育家的参考，但这是一种完全无视日本传统的道德实践的做法。像日本的国体、惟神大道、武士道、臣民道德等，有学者完全不知道，他们轮流阐述着格林（Thomas Hill Green）、鲍尔生（Friedrich Paulsen）、约翰·亨利·莫海德（John Henry Muirhead）或康德、费希特、黑格尔等人的伦理学说，具有毒害社会的一面。与其相对的是，在教育社会萌发出非常热忱的要求，要了解国民道德，践行国民道德，回归日本民族传统的本来面目。为了满足这一要求，国民道德勃兴，在我国教育史上划出一个新纪元，如此说也不为过。然而，国民道德的研究即是《教育敕语》的解释。比起《敕语衍义》这种直接的《教育敕语》解释，国民道德研究采取的立场进一步扩大，仍然是对《教育敕语》的解释，不过，它是从日本的国体、家族制度、祖先崇拜、武士道这样的立场出发，对可以称得上《教育敕语》背景的方面进行研究、解释。明治四十五年由三省堂发行的《国民道德概论》也随着时代的发展，不断出现对其订正增补的各种要求。因此，大正七年进行订正增补，到了昭和三年又加以订正增补，作为《新修国民道德概论》由三省堂发行。

总而言之，明治末年开始的国民道德这一学科的研究重新在教育界勃兴起来，最初始于我在自己创设的东亚协会的讲习会上进行的国民道德讲义。并且，它正是从大处高处着眼的对《教育敕语》的解释，比《敕语衍义》更加开阔，这就是我想明确的。

第七　惟神大道与《教育敕语》

我们日本的"惟神大道"从神代流传至今。"惟神大道"本来称"惟神之道"，但"惟神"始见于孝德天皇纪三年的诏书中，夹注中有"惟神者，谓随神道亦自有神道也"。但是，"神ながら"其后常见于六国史中，又见于其他古典中。尤其《万叶集》中会见到"神ながら"或"神がら"。而与"惟神大道"容易混淆的词汇"神道"出现在用明天皇纪的开头：

　　天皇信佛法，尊神道。

《易》的观卦彖传中也有"神道"这一词汇，但此处绝不是《易》中神道的意思，而是指自神代以来神实行的道，所以，神道可以说是与"惟神大道"同体异名的名称，但到了后世，"神道"与"惟神大道"意思稍微有所不同。正因为如此，此处还是将日本固有的道视为"惟神大道"进行论述吧！"惟神大道"是"惟神之道"，文献上始见于孝德天皇纪三年的诏书中，但这并不是说在这之前"惟神大道"并未实行。本来"惟神"的意思是神之所以为神的道，意味着神代的神实行的大道。虽不清楚神的数量，但像说的"八百万神""八十万神"那样神非常多，通过《神典》以及其他古典，便可知晓。神的数量虽然很多，但其中最卓越的是天照大神，因此，《古语拾遗》中有：

　　天照大神者，惟祖惟宗，尊无二，因自余诸神者乃子乃臣，孰能敢抗。

出于这种原因，"惟神"虽然关乎所有神，但将天照大神视为所有神的代表，如此想来也无妨，不仅如此，我觉得倒不如说这样考虑最合适。"惟神"虽然见于孝德天皇纪三年的诏书中，但并不是说在这以前没有"惟神之道"。如前所述的"惟神大道",就是从神代开始实行的大道。尤其是天照大神最善于发挥"惟神之道",将之流传于后世,这样说也是可以的吧。然而,到了德川时代,汉学勃兴,尊信儒教超越前古,在儒学家中,有人认为在日本的钦明天皇之前,没有所谓的道,并宣扬自己的想法。例如,荻生徂徕的门人太宰春台著述《辨道书》,如此说道:

> 自神武天皇迄三十代钦明天皇,本朝未有所谓道者,云云,然神道实笼居于圣人之道中。圣人之道外,别无一道谓神道也。

与之相对,本居宣长著《直毗灵》,充分打破了其谬见,因此,春台的主张失去权威,但经常会发生"惟神大道"或被蒙蔽或被歪曲这样的事。然而,幸运的是,那个时代的有识之士奋起,阐明"惟神大道","惟神大道"才没有废弛,反而又大发其光,最终以至今日。

虽然不是说道仅在日本实行,但日本比任何地方都善于实行道。无论是中国、印度、希腊,还是犹太、近世欧美诸国,与我国比较对照,进行考虑的话,没有哪个国家比日本更善于实行道。不是说那些国家没有道兴盛的时代,而是道并不永久,由于各种情况道就被蒙蔽了,因而形成兴亡盛衰不定的状态,以至今日。虽然可以推测出中国在很古老的时代,道非常盛行,但到了春秋战国时代,功利主义、权力主义得势,王室式微,社会变得如同乱麻。因此,老子在春秋时代,道破"大道废,有仁义"。孔子曰:"道不行,乘桴浮于海。"又曰:"吾道穷矣。"但在我们日本,称为"惟神大道"的大道虽稍微衰落过,但并未废弛,连绵流传至今。关于此事，我在《日本精神的本质》《武士道的本质》中已详细论述，在此不再赘述。日本以外的诸国，国家基础不稳定，难以保证其命脉，这是由于道不行。特别是美英两国，被功利主义蒙蔽，是真正的道不实行。我国历经二千六百年以上，越发勃兴、繁荣、膨胀、扩大，能永远保证国家的命脉，是因为以"惟神大道"为国家的基础根基。有些国家虽有道，但各种道并行，真正的道并不明确，这样一来，有道也带来与无道相同的结果。例如，像中国主张作为王道的儒教之道，但意外的是，也有与之不同的老庄之道，管商申韩的功利主义盛行，霸道比王道还要得势，同时，也盛行王霸折衷，道最终被蒙蔽，出现不再盛行的迹象。

在我们日本，唯有一元的"惟神大道"盛行，绝不会混淆。但是，应由每个时代的有志之士阐明一元的大道，使之绝不会出现差错。在孝德天皇纪的前纪中，孝德天皇在大榉树下召集有司百官，颁布大诏。正好是与明治天皇的《五条誓文》对应的宣誓之言。其中有"帝道唯一"。必须明确理解此言辞，不要产生误解。在明治天皇所作的和歌中，这样说道：

　　道自神代传，循之心欢喜。

唯一的大道贯通古今。不过，"惟神大道"或云"古道"，或云"大道"，或云"帝道"，或云"王道"，或云"皇道"，虽然有各种称呼，但绝不是有各种不同的道。"惟神大道"从最古老的时代就开始实行，从这个意义上来说，就是"古道"，从其广大无边的意义上来说，也可以说是"大道"，或者也可以说"天地之皇道"。《五条誓文》《军人敕谕》中有"天地之公道"。但《宣教之诏》、当今陛下在即位仪式上颁布的敕语中有"惟神大道"。如果将此"惟神大道"作为国民应践行的德目进行排列的话，就是《教育敕语》中列举的德目。因此，《教育敕语》中也有"斯道也，实我皇祖皇宗之遗训"这样的内容，所说的"斯道"仍是指"惟神大道"。尤其是"斯道"可以解释为对前面列举的德目进行总括，但《教育敕语》中的"斯道"不仅仅如此。因此，井上毅在给元田永孚的书简中也有这样的内容，"因御亲喻万古不易之道，云云"。总之，我国的道德乃肇国以来以"惟神大道"为基础根基成立的。

第八　《教育敕语》与统一主义

在国家的成立中，统一主义扮演着非常重要的角色。无论是中国、印度，还是欧美诸国，不被统一所困扰的国家极为稀少。如今，由于德国、意大利两国的统率者得其人心，形成了强大的轴心国。德国以希特勒总统为元首，意大利以墨索里尼首相为中心，能出色地统一起来。德国、意大利两国通过所谓的全体主义，使全体国民强有力地团结起来，形成有机体的活动，其他像主张民主主义、自由主义、个人主义、功利主义的国家无论如何也无法与之匹敌。

但是，像我们日本自建国以来，不，自肇国以来，以皇室为中心，使国民全体统一起来。当然，神武天皇即位以来历经二千六百余年，其间并非没有隆替的迹象，因此，也不能说任何时候都理想地实现了统一，但国体丝毫没有变化，日本奉戴万世一系的皇统，比哪个国家都能更好地实现统一。尤其是在国难时刻，更能显著地感受到统一主义，并实行统一主义，传承国家的命脉，这是历史所证明的。然而，从明治维新以来大约二十年间，在我国思想界发生的激变几乎是未曾有过的，对照当时的各种文献，可以看出有识之士对时局非常担忧。值此之际，《教育敕语》颁布下来，其开头有：

亿兆一心，世济其美，此我国体之精华。

这明确了我国从古至今一直贯穿着统一的精神，而且表示今后也有必要以统一的精神实施国民教育。不仅如此，其篇末有：

朕庶几与尔臣民，俱拳拳服膺，咸一其德。

这是一种难得的想法，发誓以皇室为中心，面对未来君臣要上下一致，取得优秀的道德成果，应知道这也是完美的统一主义的显露。

像这样可以体察到，《教育敕语》中的统一主义在国民教育上非常重要，但仍应当认真地对圣旨的中心点进行思考。这实际上可以说是《教育敕语》的重点。有一节云"一旦缓急，则义勇奉公，以扶翼天壤无穷之皇运"，而这一节的实行便是完美的统一主义的显现，这点毋庸置疑。换言之，以义勇奉公的精神扶翼天壤无穷的皇运，没有如此完美的统一主义了吧！而且《教育敕语》颁布以来，经常出现缓急之事。甲午中日战争、日俄战争、义和团事件，紧接着发生的世界大战，又有九一八事变、一·二八事变等，屡次遭遇缓急之事。昭和十二年七月七日，七七事变爆发，已历经五年以上，还未结束战争。昭和十六年十二月八日，发生太平洋战争，成为前古未有的大战争。在此之际，国民全体必须以皇室为中心，更加团结一致，对抗大敌。每次发生缓急之事，我们日本国民不论何时都能取得出色的成绩，自不必说是由于天皇的棱威，但不应忘记国民全体一致协作，抵御外敌这一态度是带来好结果的一大原因。像英美两国倡导并实行自由主义、个人主义、民主主义、功利主义等，因此，一旦遇到情况时，统一相当困难。在不统一的状态下，是多么困扰于统一之难呀？通过这次的太平洋战争得到了很好的证明。今后不管发生任何事，我国都不能失去自古以来就有的长处。因此，在捧读《教育敕语》时，我们应该相当了解《教育敕语》显示统一非常重要的原因。而且，国民统一不仅体现在《教育敕语》中，在《五条誓文》中也有"上下一心"，在《军人敕谕》中有"与朕一心"，也出现"上下一致、勤劳王事"。宪法颁布的敕语中有"相与和衷共济"，在《戊申诏书》中有"宜上下一心"，在《国民精神振兴之诏书》中有"上下协心戮力"，在《今上陛下御即位式之敕语》中云"上下感孚，君民一体"，在《朝见式之敕语》中有"举国一体，亿兆一心"。像这样，值得注意的是，从明治以来许多的诏敕中，可以看出统一主义对国家具有非常重大的意义。下面拜读一下明治天皇创作的两首御制歌：

集千万之民心，成筑国之伟力。
率国民之一心，守先祖之教诲。

凡是作为国家，像我们日本以皇室为中心，皇室位居上位，是非常重要的。这不仅仅是为了统一。在共和国的情况下，人民自由自在、为所欲为，缺乏虔敬之念，动不动就陷入无秩序的杂乱状态。上有我皇室存在，国民才能养成虔敬之念，敬服其棱威，沐浴其德化之中，这样一来，国民皆能形成尊重德化的风俗，而国家奉戴这种磐石般的永远不动的宝祚，在精神上能带来最实际的效果。要说我国为何像今天这般，在世界上发扬光大无边的国威，实际上其渊源深远，而其精神最完整地显现在《教育敕语》中。《教育敕语》与政治相关的普通诏敕不同，在道德上具有最高最大的权威，应该知道这并非没有缘故。

第九　"惟神之道"的哲学根据

我国自肇国以来就实行"惟神之道"，已在前面详细论述过。而"惟神之道"有各种不同的名称，这也是众所周知的事实，尽管如此，决非实行各种不同的道。我国的道是一元的，毕竟可以称之为"惟神大道"。"惟神大道"是我们日本固有的道。虽是固有的道，但若探究其基础根本的话，道本来是世界性的道，不是日本特有的道。在世界上的任何国家，凡是形成人类社会的地方，没有不实行道的。道具有普遍妥当性，绝不限定于一个时代、一个地方。但在此必须对道进行两大区别。其一是天然自然之道。此道不论人类生或死，都在世界运行。即便人类不存在，只要自然物存在，天地自然之道没有不运行的。

但是，人并非自然物。自然物没有理性，没有智慧，自由意志不发达。人类与所有的自然物不同，具有自由意志。想做好事，就能做好事，想做坏事，也能做坏事。因此，孔子曰：

> 道二，仁与不仁而已矣。

孟子将其传承下来。但是，孔子的言论混同了"当为性"（sollen）与"可能性"（mussen）。"不仁"之事，如若做，便能做到，但不应该做。从当为性的观点来看，这绝不能称作人间之道。人间之道唯一，人道应该说是唯有仁或唯有善。在孔子时代，由于还没有开展像伦理学那样的关于伦理的学理研究，才会那样说明。从可能性的观点来看，不仁、不善之事是有可能的，但如前所述，从当为性的观点来看，无法承认其为道。人作为人应实行的道仍然是一元的，并不只限于日本。任何地方都一样。但是，由于其他国家没有像日本那样的国体，人间之道即所谓人道被人欲蒙蔽，无法很好地实行。这样的事通过此次太平洋战争等，暴露得非常明显。抓住彼我之间的差异之处，看破人生的真相，在此绝不能疏忽。像英美诸国称为文明国，尤其被认为是最优越的国家，但实际上，违反人道的行为非常多，而且与人道相反，在功利、利己、权力方面的私情私意非常严重，谁也都明白吧。即便在这样的英美国家中，作为个人，固然存在出色的人格高尚者，这点无可置疑，但从国民的动向来看，暴露出大多数的国民违反人道，却恬不知耻。通过这样的事实能够明白，就连在称为文明国的国家中，都出乎意料地无法实行人道，更何况在文化程度较低的国家中，不更是如此吗？人道也基于天地自然之道兴起，但自然也会出现与天地自然之道不同的方面，这是因为人类与其他自然物不同，自由意志发达。

在我国，"惟神大道"起初作为自然之道兴起，但在有意识地明确了善恶的差别后，始终以清明心作为道德的动机，发挥"惟神之道"。只要保持好清明心，在那里就存在"惟神之道"。在儒教、佛法、基督教中，都通过阐明这种纯净洁白的精神来立教。在儒教中，孔子开始称为"忠信"，他认为所有人必须用真心行动，力主忠信，而且此忠信与天意相同，虽然他对道德进行了各种说明，但这终归是真心。到了子思，他以一个"诚"字来立教。"诚"可以说是儒教道德的核心，用我国的语言来说的话，便是"真心"，意味着不掺杂一点不纯分子的道德良心。虽然子思还未使用"良心"这个词，但就是良心的意思。子思所谓的"诚"与我们日本的"清明心"在实质上并没什么不同。到了私淑子思的孟子，他才开始使用"良知、良能、良心"这些词。

而到了后世，王阳明特别使用"良知"这个词。孟子的"良心"、王阳明的"良知"，虽然解释方法皆不相同，但进行了各种说明后，其意思与日本的"清明心"相同。在佛教尤其是禅的示例中，云"自性清净心"。它与"清明心"相同，可见人的本性中存在清净心。其处也说"菩提心"等，同时在诸恶莫作的四句偈中有"自净其意"，这里的"净"意思是排除一切污染内心作用的事物，回归本来的自性清净心。同时，在基督教的《马太传》（五之八）中，云"心清者幸也，得见神也"，值得注意。

但是，在功利主义、利己主义、权力主义的影响下，国民的心被私欲污染，因此，国民都不知其腐败堕落之极。但像中国、印度、其他国家，许多可能是民族迁移造成的结果，风俗恶化，那种纯洁的动机被隐蔽了起来。世界成为私利私欲的修罗场，也爆发了此次的世界大战。我们日本与德、意两国协作战争，得以发挥与英美其他国家迥异的纯洁、清净无垢的精神，我觉得对人类来说非常幸运。我们日本实行"惟神大道"，而且这次展开了七七事变、太平洋战争等各种战争，以至日本具有广阔的世界性关系，越发具有一种难以言说的神秘权威，这些事情得以明确乃"惟神大道"使然，对此我们坚信不疑。自然之道一般是自然运行的，但根据自然之道，明确人间之道，要等待精神界伟人的努力。孔子、释迦、耶稣基督这些人所做的皆是为了明确人间之道。还有康德、黑格尔这样的人作为哲学家，做出了很大的事业，也是为了明确真理，开展人间之道。人必须开展人间之道。在《论语·卫灵公篇》中，孔子曰：

　　人能弘道，非道弘人。

实际上的确如此。没有道弘扬人之事，而是人弘扬道。像明治天皇所作的御制歌云：

　　今世人勠力，神道再弘扬。

将道作为无论何时都自然运行的道，而置之不理是不行的。社会复杂、人事交错，道突然被榛芜遮掩，归于不明。但我国在这种时候，必有明确传统之道的人兴起，排除万难，开导群萌。例如，像奈良朝的和气清麿，吉野时代的北畠亲房，德川时代的山崎暗斋、山鹿素行，幕末的会泽正志斋、藤田东湖与吉田松阴等人便是如此。回顾此事，又想起明治天皇所作的御制歌，不得不正襟危坐，云：

　　世逢古道不传时，总有高人指迷津。

又有一首：

时常蒙指点，行道无迷茫。

　　应该注意这两首和歌。可以观察出明治天皇是多么担心道之践行与否。然而，尤其值得注意的是，自然之道与人间之道即人道的混淆。自然之道无论在何时何地都在运行，但人若不主动开展人道的话，人道就会被私利私欲遮掩，可能会陷入黑暗般的不明之中。因此，进一步推想的话，古今东西的哲学处理各种问题，但明确道的真相是最重要的一个问题。在中国，老庄论说天地自然之道，孔子虽绝不排斥自然之道，但他基于自然之道，明确人间之道，并期望在社会上广泛实行。佛教论说"法"，像"诸法实相"与《法华经》的《方便品》中论说的"法"即中国哲学所说的道之本体。像佛教中所说的"八正道"，并不是不言道，而是"道"（Marga），比起"Marga"，倒不如说法即"Dharma"（达摩），相当于中国哲学中所谓的"道"之本体。西洋哲学不重视"道"，似乎没有适合"道"的译词。唯有"weg""way"，但怎么也联想不到东洋哲学中所说的"道"，倒不如希腊哲学中所说的"logos"（逻各斯），德国哲学中所说的"Vernunft"（理性）或"Sittengesetz"（道德律）更适合，这么想来，颇能到达"左右逢源"的地步。康德、黑格尔这样的哲学家都确立了理性哲学。所谓的理性并不是从经验中获得的知识，是先于经验存在的能力。理性设定人类行为的法则，经验知识却不能设定。例如，康德在《实践理性批判》中论说"无上命法"（Kategorischer Imperativ）。"无上命法"是由实践理性确定的道德律。道德律正好相当于儒教中所说的"人道"，《中庸》中也有相关论说的内容与康德的"无上命法"完全相同。

　　不过，研究康德哲学的人不读《中庸》，儒教之徒疏远康德的实践理性，因此，他们不会明白这些内容。《中庸》中云：

> 君子动而世为天下道，行而世为天下法，言而世为天下则。

这非常重要，与"无上命法"的意思完全相同，论说了具有普遍妥当性的人道，明确了无论在空间上，还是在时间上，绝无任何变化的法则即为人道。我们日本的"惟神大道"即为具有普遍妥当性的大道，是历代天皇的体现，而且臣民亦实行此大道，我们日本的国体绝对展现出无与伦比的成绩。今后若不使世界各国归于普遍妥当性的大道，像这次的动乱绝不会停止。无论世界上独立的国家变多也好，人口逐渐增加也好，如果人类全体不知道遵从永久实行的独一无二的大道，终究不可能达到目的。这便是有必要进行"惟神大道"的哲学阐明、世界普及与平常实行的理由。

第十 《教育敕语》与儒教主义

《教育敕语》中列举的常时道德中，有不少内容似乎与儒教共通。例如：

> 孝于父母，友于兄弟，夫妇相和，朋友相信，恭俭持己，博爱及众。

即便在儒教中也论说这些事情，所以会被认为是儒教主义。于是，儒教主义的人提倡，由于《教育敕语》阐明的是儒教主义的道德，为了使《教育敕语》在实际社会中发挥效力，不如大力振兴儒教，正好以《教育敕语》用作儒教振兴的手段，这样主张的人也不是没有。时值《教育敕语》颁布之际，当时的儒教大家重野安绎博士在帝国大学的敕语拜读会上，恬不知耻地说道：

《敕语》之大旨盖履行忠君爱国及父子兄弟夫妇朋友之道，即五伦五常之道也。五伦五常乃儒教之名目，谓之儒教主义未尝不可。

因此，我在杂志《国民之友》中批判道：

重野安绎氏谬矣。

这是合乎道理的。《教育敕语》中云：

斯道也，实我皇祖皇宗之遗训。

如此明了，《教育敕语》中列举的常时道德与非常时道德都是日本固有之道。儒教从百济传入我国，乃应神天皇十六年的事情，但皇祖皇宗之遗训远在这之前，是建国以来，不，是肇国以来实行的遗训，即使其中存在与儒教共通之处，这也是日本固有之道，毫无怀疑的余地。儒教中虽然论说忠孝，但基本上相比忠，更重视孝。虽然也有"忠臣不事二君"（本来是王蠋之言）这样的谚语，但孔子与孟子未必这样想。他们认为不管哪儿的国王，只要任用自己，并让自己施展抱负，就想得其位，充分施行自己理想的政治，救济社会，他们是如此考虑的人，绝不是"忠臣不事二君"这样的想法。在我们日本，除了天皇以外，没有值得侍奉的人。而且儒教中有论说孝道的经书《孝经》，但没有《忠经》。后来，后汉的学者马融创作了《忠经》，但这怎么也无法与《孝经》相比。不仅如此，这是否真的是马融之作，仍有存疑。在日本，相比孝，忠成了更重要的道德。孝包含在忠之中。忠与孝虽不矛盾，但万一出现不能两全的情况，只要舍孝取忠就不会错。因为忠大于孝，孝包含在忠之中。然而，实际上在儒教中，相比忠，更重视孝。

而且，虽说"臣"，但在中国说"臣僚"等，指的是进入仕途之人。不过，虽说"草莽之臣"等，但臣一般指的是直接在宦途，侍奉皇帝之人。然而，在日本，不论在仕途，还是在民间，由于是一君万民之国，不论有无官职皆为臣。虽然将其臣称为"臣民"，但臣民即臣。在说"臣道实践"或"臣民之道"的时候，不论在官在野，皆为臣民。而且，以前中国将"君臣有义"作为五伦之首，与日本大不相同。在我国，雄略天皇的遗诏中有"义则君臣，情兼父子"，君臣之间不仅有义，实际上还有父子之情。在中国，隋文帝的诏书中虽有与雄略天皇遗诏相同的语句，但事实并非如此。在我国，大正天皇在紫宸殿下赐的敕语中也说到"义则君臣，情犹父子"，父子之情到了今天丝毫没有改变，倒不如说这种情谊越发深厚。在中国，像朱子这样的大家如此说道：

夫君臣以义合，世人便得苟且易。故于此说忠。夫就不足之处言说。

在《论语·里仁篇》的末尾，列出了子游所说的话，"事君数，斯辱矣；朋友数，斯疏矣"，其注中有"范氏曰：君臣朋友，皆以义合"等。在中国，君臣之间没有"情兼父子"这一方面。因此，一旦发生革命，朝廷变更，君臣之间不仅无情，也无义。由义结合的关系，若失去义，所有的关系皆会解除。我们日本是综合家族制度的国家，所以与中国有很大不同，绝不能将两者混淆。更何况从明治四十五年中国成为中华民国，开始实行民道，五伦中的"君臣有义"自然消亡，成了四伦，因此，在这一点上，中国与日本有很大不同。同时，关于"夫妇相和"有需要注意的地方，它不是儒教中论说的"夫妇有别"。因此，在《教育敕语》颁布之际，某汉学禅学大家某子爵将"夫妇相和"解释为"夫妇有别"的意思，曾引起物议（见于江木千之氏的《教育敕语之颁发》）。我觉得这也能成为一个例证，说明《教育敕语》中列举的实践道德未必与儒教相同。

而且，"一旦缓急，义勇奉公，以扶翼天壤无穷之皇运"，儒教中也没有这种非常时道德。"义勇"也出现在《论语》中，"见义不为无勇也"，虽说儒教中也有义勇，但没有"义勇奉公"，更何况"扶翼天壤无穷之皇运"，这不仅不适合中国，也不适合日本以外的任何国家。这是日本固有之道。正因为如此，《教育敕语》中列举的道德乃日本固有之道德，即为国民道德。而且，儒教中所说的"斯道"意味着儒教之道，但《教育敕语》中的"斯道"意味着日本固有之道，即"惟神之道"。如果以"惟神之道"为基础根本，列举各种实践道德的话，便是《教育敕语》中排列的诸道德。然而，《教育敕语》中列举的道德在他国也绝不会失去价值。至于其根本原理，那便是普遍妥当性，若实行之，其价值不论纵横都是共通不变的。正因为如此，才说道：

通诸古今而不谬，施诸中外而不悖。

我们日本国民如今在战时，在道德方面取得了优异的成绩，无论从任何国家的立场来看都无法非难。不仅在轴心国被赞赏，在同盟国也惊叹不止。正因为如此，《教育敕语》的精神，不仅从儒教来看，不能非难，无论从佛教来看，还是从基督教来看，都不应该非难，我觉得倒是应该大加赞同。

第十一　《教育敕语》与日本主义

接下来，关于《教育敕语》与日本主义的关系，我想阐述一点意见。

这是关于日本精神史的问题，儒教传入我国是在应神天皇十六年，然后佛教传入是在钦明天皇十三年，佛教的传入比儒教晚二百六十七年。然而，佛教在精神层面逐渐比儒教得势，直到德川氏时代，大约一千年间佛教都远居优势。不过，奈良朝、平安朝时期，太宝令规定，都城设有大学，各国分别设有国学。但是，这样的大学、国学的教育带有训话性质，并且是形式上的，在精神层面似乎根本没有兴盛起来。而且从奈良朝到德川时代，在如此长久的时代中可以称得上儒学大家的人非常少。不管怎么说，奈良朝的吉备真备，平安朝的菅原道真，吉野时代的北畠亲房，室町时代的一条兼良，这样的人可以视为儒学大家，但菅原道真、北畠亲房、一条兼良，与其说是纯粹的儒学家，倒不如说是兼备神道、佛教的儒学家，他们在致力于神道、佛教的过程中，转向了儒教，并不是以单纯的儒教指导世人。吉备真备也很难说是纯儒。不论怎么想，精神教育都是由佛教徒施行的。传教、弘法、法然、亲鸾、日莲、道元这些人都是在精神界具有代表性的人格高尚者。

同时，从镰仓时代到德川氏，许多禅林的学僧进行精神教育，甚至也传授潜在的宋学。但毕竟儒教在德川时代最兴隆。在德川时代，佛教作为宗教仍然具有相当的势力，但在政治、教育、其他社会文化方面，儒教可谓达到全盛。而这次儒教代替佛教进行精神教育。然而，儒教非常得势，佛教也如前所述，作为宗教尚存有相当的势力，因此，可以说儒佛二教支配着整个精神界。不过，儒教徒中日本的民族意识也逐渐抬头，具有很大的势力。换言之，便是日本精神的勃兴。山崎暗斋、山鹿素行这些儒教大家逐渐热烈鼓吹日本主义精神。这些人虽然并未完全脱离儒教，但其日本主义倾向已无法遮掩。

然后，水户学派基本上也具有相同的倾向。水户学派划分为前后两个时代，以义公为中心的时代与以烈公为中心的时代。以义公为中心的时代朱子学色彩浓厚，但其目的不是振兴朱子学，而是发挥日本主义精神。到了烈公时代，朱子学的色彩稀薄，增加了古学或阳明学的影响，相较义公时代，变化很大，在政治上比较活跃。然而，在日本主义精神上，前后一贯。但是，有一个学派与这些学派、系统不同，与儒佛二教完全没有关系，提倡纯粹的日本主义。它便是复古神道的一派。荷田春满在元禄、宝永、正德年间，崛起于京都伏见，开国学兴隆之端绪，他认为我们日本只埋头于儒佛二教，不研修日本固有之学，不讲道，甚为遗憾，因此，他考虑在京都建立倭学校，教授国学。但是，还未得到幕府的许可，春满就去世了，他的目的也没达成，但春满的精神带来了很大的影响。春满的弟子出现了贺茂真渊，真渊的弟子出现了本居宣长，宣长的门下出现了平田笃胤，笃胤的门下出现了许多国学者与神道家。这一派完全脱离儒佛二教，研究纯日本的学问，主张发挥日本精神。

以上各种日本主义思潮的潮流汇合，促进了明治维新，这么说也是可以的吧！幕末的许多勤王志士也是这种日本主义精神的主张者。

明治维新之初，尤其是明治二年，以幕府的昌平学校为中心，日本主义达到了顶点。昌平学校起初在幕府时代，教授汉学，特别是以朱子学为其主义方针，到了明治二年，昌平学校成为我国唯一的大学校，而且大学校的宗旨在于尊皇道、辨国体，出于这种立场，神典、国典最为必要。以前在大学祭祀孔子，称之为释奠，但我们日本不应该这样做。本居丰颖博士认为在日本，应该祭祀作为学问之神的八意思兼神。明治八年在大学，平田铁胤成为祭主，祭祀八意思兼神，并将之称为学神祭。然而，祭祀仅此一回，没有再举行过。因为这种祭祀突然受到汉学者的反对，形势一变，而国学者、汉学者、佛教徒都形成了欧美文化的一大潮流，澎湃侵入日本，祭祀暂且被其压倒。

但是，在此值得注意的是，在《教育敕语》的末尾：

斯道也，实我皇祖皇宗之遗训。

《教育敕语》颁布以来，我国的德育成了日本主义的教育。换言之，我国的国民教育开始明确实行自主独立的精神，因此，德川时代以来具有日本主义精神的人，不论是儒学家，还是国学家，还是维新志士，都能从桎梏中解放出来，可以推测他们在地下一定会很满意吧！同时，实际上，我国正努力进行的大东亚圈建设自不用说，较之更大的世界新秩序建设也由此成为可能。

第十二　《教育敕语》与理性主义

关于《教育敕语》与理性主义的关系，我觉得有必要稍微阐述一下。首先必须论述一下与理性主义相对的自然主义。

自然主义中的形而上学的自然主义暂且不论，有必要论述一下称作形而下的自然主义，即主张跟随肉体的自然倾向而行动的自然主义。这里的自然主义与从自然科学立场所说的自然主义相同。或许是在自然科学的影响下而产生的自然主义吧！从这种自然主义来看，人类有两种根本欲望。一个是自己保存主义；另一个是种族保存主义。更简单地说，便是生存欲与生殖欲两种。恩斯特·海克尔认为人类的根本欲望就是生存欲与生殖欲这两种。自然科学的影响力度非常大，同时，海克尔的这种观点也广泛波及思想界，这点毋庸置疑。在我们日本，加藤弘之博士主要提倡海克尔的进化说，但我认为海克尔的学说通过加藤博士这样的学者，对日本的影响不小。海克尔具有非常强大的自信，他极力主张不仅人类，一切生物的根本欲望都是生存欲与生殖欲这两种。

我未听说有哲学家站出来驳倒海克尔错误的主张。不知道是不是我孤陋寡闻，但光阴荏苒已至今日，我深切地感觉到不能再默许海克尔结论的缺陷了。如果按照海克尔的主张，人类与动植物就完全没有区别了。动植物的根本欲望也许正如海克尔所主张的，只有生存欲与生殖欲，但人类未必如此。人类从一开始都多少具有理性发展的倾向，可以称之为发展欲或完成欲，或许也可以称为完己欲。但现在暂且将之命名为发展欲来进行论述。

人类的发展欲与生存欲、生殖欲这种肉体方面的根本欲望，即自然欲望不同，是精神发展的根本倾向。通过这种根本的倾向，人类可以朝着所谓的真、善、美的高尚方面改善自己。动植物只通过自然欲生活，所以两者都属于自然界。高等动物中也有动物相当发达，但仍满足于饿了吃、渴了喝这种自然欲，不可能像人类那样，通过发展欲实现高尚的真、善、美的发展。正因如此，人类不仅有人格这种精神本质，人类在构成社会时，还能创造出精神文化。正因如此，人类并不单靠自然欲生活，而是发展欲统御自然欲。换言之，通过理性规定自然欲。人是肉体与精神的合一，所以，在肉体方面，免不了受到自然欲的支配，但不单靠自然欲支配，必须通过发展欲，换言之，通过理性抑制自然欲进行支配。在这里除了必然（mussen）之外，存在一个当为（sollen）的世界。如果人类只通过生存欲与生殖欲生活的话，也就没什么当为性了。当为性的道德世界之所以展开，完全是由于发展欲、理性、先验的智慧。从发展欲的立场来说，必须对自由主义、功利主义、个人主义等加以规定。

自由不是人类最后的目的，而是手段。为了实现人类的理想发展，自由是必要的。但自由不是最后的目的。而且任何一个人作为社会的一员在看待自由时，绝对得不到绝对的自由。社会是共同的生活，所以相互间将自由限制在某种程度，只要不妨碍共同生活，这样的自由是必要的，又是能够获得的。自由主义者的主张宛如自由是最后的目的一样，搞不懂其中缘由。功利主义可以说是自然主义的伦理。本来功利主义的提出，是以个人的快乐为根本。个人的自然要求成了功利主义的基础根本。正因如此，在功利主义中，不谈理性，不重视动机，疏远良心。而且功利主义很容易成为利己主义。因此，作为道德主义，是很低级的。与理想主义对照，在结果上有霄壤之殊。然后，个人主义本来就是错误的见解，人类不能形成个人、零散的状态。如果这样的话，就不可能发展。本来个人是不存在的。无论从生理上考虑，还是从精神上考虑，从严格的意义上来讲，个人不可能存在。在生理上，从父母的细胞中产生出称作"根本细胞"（cytol）的单细胞，然后个人不断发展，无论追溯到哪儿，发展都不中断，无止境地持续。从精神上来说，个人也无法独自一人生活。意识不只是个人的意识，在很大的意识中，个人的意识只不过具有其中一部分。从限定的意思上来说，意识的个人性并不是不存在，但这绝不是绝对的。意识是共通的，绝不限于个人，大家的意识都只不过占有很大意识界的一部分，所以彼此才能互相理解。同时，从意识内容来说，虽然运用自己的思考能力也能获得知识，但从各方面接受其他广泛的社会知识，也能作为个人的知识内容，个人作为个人绝对无法成立。各个人应互相帮助，构成社会，确立国家，朝着人类最后的理想前进。

因此，以自由主义、功利主义、个人主义这样的主义成立的国家逐渐从根本上动摇、崩溃、毁灭。这是因为没有遵守人间之道。《教育敕语》中列举的常时道德与非常时道德都是由最高智慧确定的，是纯粹理性所要求的。详细说明这些观点，必须依据其他方面，我觉得有必要说明到某种程度，所以在此阐述了这一问题。

第十三　《教育敕语》与目的观念

最后，关于《教育敕语》与目的观念，似乎有必要说上一两句，所以，对此我想简明扼要地叙述一下自己的看法。

暂且思考一个人的立场，无论是谁，作为一个独立的人，必须要有目的观念。但是，人应该以什么样的目的作为目的呢？这应该通过广泛多样的人生观来决定。作为人，终究应该成为完善且圆通的人格高尚者。但是，人怎么也无法独自一人生活，要与大众共同形成社会国家，作为其中一员尽最大努力才能达到其目的。而且这样做是人的本来任务，从当为性的观点来看，这便是归结。具体来说，我们日本人必须为了日本国家的目的竭尽全力。通过这样做，才能达到作为人的目的。

但是，作为国家也必须要有目的。没有目的的国家是为了什么而存在呢？不明白其中缘由。作为一个人，如果没有目的，就会度过无意义无价值的一生，但作为国家，也与之相同，如果没有任何确定的目的，其存在的价值就不被认可。作为国家，只要有一个理性且有意义的目的，并努力达成，那里就有国家存在的意义，而且它又是巩固国家基础的理由。不仅如此，为了国家而努力的各个人即国民都各自具有其存在的意义。

不过，虽然作为人出生于世上，但似乎有很多人没有任何目的。像这样，不知存在的意义的生命，即便被人说没有存在的价值也没有办法。作为国家也一样，只是毫无目的地存在，就没有其存在的价值。那么，国家的基础也很薄弱，免不了出现不安定的情况。而且即便被说成没有存在的理由，也没有办法。但是，好像许多国家都没有任何明确的目的。不过，有些国家虽有目的，但确立了不该作为目的的目的，计划着对其他国家有害的事情，这样的国家也不是没有。既有国家以帝国主义、侵略主义为目的，蚕食或吞并他国，或使他国殖民地化，将其他民族作为榨取的对象，又有国家以共产主义这样的有害主义的实行为目的，在他国宣传布教，侵蚀他国。因此，发生了各种骚乱、动乱、战斗等，引发了多少人类的不幸，无法推测。

我们日本正如《神敕》中所宣扬的"宝祚兴隆，天壤无穷"一样，历经二千六百年，时至今日，这一宣言越发成为事实，如今感觉其效验最为显著。同时，我立即想到的是，神武天皇在《奠都之大诏》中显示了八纮为宇的国民理想。这是一种非常亲切、蕴含了博爱精神的国民理想。首先使之在日本全国实现，进一步扩大到大亚细亚诸国，最终使世界各国纳入其范围内，这是一个世界性的大理想。佛教、基督教、拜火教都论说最终的理想，康德、费希特、黑格尔这样的哲学家也论述终极理想，而且儒教以治国平天下为目的，但由于出现各种各样的情况，世界并未按照他们的那些理想进展。时至今日，我们日本已经横亘在大东亚诸国的广阔范围，正在不断实现八纮为宇的大理想。此次神圣事业的参加者，都正在实现他们作为人的生命目的。

而且，为了使这种大理想惠及其他国家，兴亡盛衰不定，社会不安定的国家是不可能实现的。而我国像《神敕》中所说的"天壤无穷"那样，是一个永远无限发展的国家，只有我国才可能实现大理想。与实现这个目的相对，其他功利主义的国家、共产主义的国家，还有一群追随其后的小国家没有丝毫神圣的意义，这是显而易见的事实。我国现在举国正在不断成就着非常伟大的神圣事业，这是由于其在根基上能够实行"惟神之道"这种大道的缘故。我认为这些事值得今天及今后的学者大力研究，为了广大的世界人类，应该阐明其真相。

（付慧琴译）

附录　道体论之概观

序　论

道体论是一个相当广泛的问题，所以，此次只探讨其概观（übersicht 或 überblick），或许只停留在概观之概观的程度。

首先，在此有必要论述一下道体论的"道"，道有各种各样的意义，决非那么简单。依我所见，道至少有七种不同的意思。

（一）本来道指的是物质上的往来通行的道路，但之后发生转变，逐渐具有各种无形的意义。

（二）多用于手段方法的意思。

（三）紧接着，多用于工艺技术等的意思，即工艺技术本身称为道。

（四）道指具有特色的天性。比起天性，可能有更合适的词语，但我没有想到，暂且就用天性一词。但若举例说明的话，或许更容易理解吧！在《易》的《系辞》中有：

> 立天之道，曰阴与阳，立地之道，曰柔与刚。

像这时的道正是具有特色的天性。

（五）还有道的意思是人应当实行的彝伦。

（六）还有道意味着法则或律法。相当于德语的 gesetz，是说道德律（Sittengesetz）时的 gesetz 的意思。

（七）道进一步指法则或律法的原理。

像这样，"道"具有各种各样的意思，但这次论述的主要是（五）（六）（七）的问题。"道"的问题在东洋哲学的范围内可以说是最重要的问题。但将此"道"翻译成德、法、英等欧洲语言，是最困难的。若硬要翻译的话，就会产生很大的误解。如果按字面翻译"道"的话，在德语中是"weg"，英语中是"way"，法语中是"chemin""route"或"voie"。这些词语无论如何也不是东洋哲学中所说的"道"的意思。不过，德语的"weg"、英语的"way"，这些词并不是不能用于无形的意思，但怎么也无法表明东洋哲学中所说"道"的重大且深远的意思。同样，我们日本的"神ながらの道"不也是无法准确地翻译吗？如今成为故人的冈仓由三郎非常精通英语，他将"神ながらの道"翻译成"God own way"。我觉得"God own way"怎么也不可能将"神ながらの道"的意思传达给读者。第一由于不知道"God own way"说的是什么，听起来就觉得莫名其妙。尽管如此，但绝不是说冈仓由三郎氏翻译得不好。我认为无论是谁翻译，都几乎不可能找到合适的译词。因此，若将"道"说给欧美人听的话，或许只有用"道"（どう）或"道"（みち）这样的词，并对道加以恰当的解说。"神ながらの道"也同样，先举出日语的"神ながらの道"，再进行明了的说明，我觉得这是有必要的。

接下来，关于"道体论"，我想说两句。"道体"依据的是《近思录》开头的"道体类"。道之本体及由此产生的诸相系统即道体论。若用广阔的视野看待东洋哲学，道体论不仅是儒教哲学中极为重要的根本问题，也可以说是所有东洋哲学的根本问题。恰似实相论是印度哲学的根本问题一样。《法华经》的《方便品》中有"诸法实相"，其中的"实相"即法性、真如、如如，虽然名称变化多端，但毕竟是印度哲学的根本问题，而实相论也具有应在道体论的范围内探讨的性质。但也听说在高中教授要目中，东洋哲学有"道体论"与"实相论"，但担任哲学课程的人中有人对此非常困惑，因此在此论述了这一问题。

本　论

第一章　中国古代之道

首先，说起中国哲学，"王道"见于《尚书》的《洪范》中。这是"道"最早见于中国文献之处。而即便在《洪范》中，论说"王道"的文章也是非常简单的。内容如下：

　　无偏无陂，遵王之义；无有作好，遵王之道；无有为恶，遵王之路；无偏无党，王道荡荡；无党无偏，王道平平；无反无侧，王道正直。会其有极，归其有极。

也就是说，王道论说的是王者应实行的理想之道，而且其道应毫无偏颇，公平无私。这正意味着王者政治的极致。这里需要注意的是，在《洪范》中，只有刚列举的论说"王道"的文章全部押韵。开头的"陂"与"义"是去声的四寘韵，接下来的"好"与"道"是上声的十九皓韵，接着下面的"恶"与"路"是七遇韵，然后下面的"党"与"荡"是上声的二十二养韵，然后再下面的"偏"与"平"是下平声的一先韵，然后下面的"侧"与"直"是入声的十三职韵，接着的"极"与"极"还是入声的十三职韵。

首先应该注意的是，这篇论说重要"王道"的文章从开始到末尾都押韵。最初称《洪范》的创作始于禹，之后流传到殷末周初的箕子。但箕子进一步详细说明，将之传于武王。然而，这是否真的是禹之作，本来就存有疑问。但是，在《洪范》中，唯有此处是押韵文，其他的文章都不押韵。这么看来，这篇论说"王道"的押韵文或许从远古就开始口口相传，押韵文利于背诵，所以容易流传。因此，"王道"到底始于哪个时代？现在还无法准确断定其时代，但是从"王道"出现于文献的地方来看，《洪范》中这篇押韵文最古老。若是拟古文，在《洪范》之前的《仲虺之诰》就论说"天道"，但此文并不可靠。《洪范》既存在于今文中，也存在于古文中。但如前所述，《洪范》中的"王道"是政道之极致，并未论说哲学的根本原理。不管怎么说，"道"的问题开始变得重要，逐渐引起哲学上的注意，始于老、庄、孔、孟等人。

第二章 老庄之道

老子远比孔子具有哲学性头脑，他设法掌握道之本体。而且确实他对道之本体的理解也到了某种程度，但无法准确表达出来。因此，他在论说道时，用了各种奇妙的形容词，努力传达其意。例如，他这样形容：

> 视之不见名曰夷，听之不闻名曰希，搏之不得名曰微，此三者不可致诘，其上不皦，其下不昧，绳绳兮不可名，复归于无物，是谓无状之状，无物之象。

还有如下论述：

> 有物混成，先天地生。寂兮寥兮，独立而不改，周行而不殆，可以为天地母。吾不知其名，字之曰道，强为之名曰大。大曰逝，逝曰远，远曰反。云云。人法地，地法天，天法道，道法自然。

也就是说，所谓的道作为原理，在意识到它时，不知道它叫什么名字，事实上它没有名字。但暂且将之命名为道。"可以为天地母"意味着道具有产生一切事物的能力，而末尾的"道法自然"，虽然论说道与自然是完全不同之物，但老子的道乃自然之道。换个词来说的话，老子的道乃天地自然之道。老子也将之称为"天道"。天地之道似乎完全虚无，事实上并不虚无，它具有非常伟大的生产能力。因此，老子如此说道：

> 天地之间，其犹橐龠乎！虚而不屈，动而愈出。

此处所谓的"橐龠"指的是风箱，中间空虚，"动而愈出"形容其愈动，风愈出。即天地之间是无限的空间，不仅有空间，空间内还有非常的活动，万物由此不断产生。将其生生不息之态说成

"虚而不屈，动而愈出"，并将之比喻成"橐籥"。老子的论说与爱因斯坦的说法非常相似。爱因斯坦来日本时，将空间与时间对立来看，将之说成"实体"（Realitäten），但后来他回到柏林，在科学者会议上发表"空一元说"，并且论说一切事物由空间产生。因为爱因斯坦是从物理学家的立场进行论说，老子是从哲学家的立场进行论说，所以直接将两者同等看待，可能有所踌躇，但两者几乎认识一致，这点毋庸置疑。而且，后来的中国哲学家张横渠的《太虚说》也与老子非常接近。老子论说"道"如下：

道常无为，而无不为。

正因如此，老子并不只是消极看待道，而是论说道具有非常的活动。虽然看起来好像没有任何活动，但用宽阔的视野来看的话，道具有非常的活动。关于这一点，庄子论说得更加明了。《大宗师》中云：

夫道，有情有信，无为无形；可传而不可受，可得而不可见；自本自根，未有天地，自古以固存；神鬼神帝，生天生地；在太极之先而不为高，在六极之下而不为深，先天地生而不为久，长于上古而不为老。云云。

由此观之，能够明白所谓的道，乃非常活动之物。即如其所说的"生天生地"，就连天地都由道而生。但是，并不见得道的活动与人的目的一致。不论人的目的如何，道自然运行道的活动，与人的目的无关。因此，人唯有遵循道的活动，从这里找寻安心立命之地。从老庄的立场来看，道似乎没有目的，但未必没有目的，只是即便有目的，也不知道其目的为何。虽然如此，也不能否定目的。总之，既然字之曰道，就必有某种目的。就像鱼在水中游，却不知道水对于鱼的生活不可或缺，非常重要，同样，人也在自然之道中生活，却对此不知，只有高人才能看清。

第三章　孔孟之道

孔子与老子不同，论说人道即人当行之道。大体上以仁为道。"吾道一以贯之"说的即是仁。不过，曾子曰："夫子之道，忠恕而已矣。"他认为忠恕为孔子的一贯之道，但若将忠恕扩大，就成了仁。如刚才所说，孔子之道正是仁一元论，但有些地方很容易产生误解，所以，我觉得有必要对此说明一下。孟子在《离娄上》列举孔子的言论如此说道：

　　道二，仁与不仁而已矣。

这样一来，孔子的思想也非常不彻底。从孔子的一贯之道来说，应该说是"道一，唯仁而已矣"。不仁并非人当行之道。若将之与仁同样视为道，决无法深中肯綮。从当为性的立场来说，唯有仁是道，不仁无法称之为道，但从可能性的立场来说，不仁与仁相同，也能称为道。人具有自由意志，所以，既能行仁，也能行不仁。然而，孔子以道德为主，论说人当行之道，因此，"道二"的说法与其平常所教互不相容。孟子自身在《滕文公上》曰：

　　夫道一而已矣。

我认为这依然是孔子的真正精神。孔子承认自由意志，所以他认为努力到某种程度，到了人力所不能及之处，才任凭天命。因此，产生了与老子一派的"命数论"截然不同的结果。因此，孔子曰：

> 人能弘道，非道弘人。

"人能弘道"的道乃人道，即人与人交往之道。这样的道通过人的努力不断发展，但道根本无法使人的才能扩大。正因如此，老子论说天道即自然之道，而孔子与之不同，论说人道即人当行之道。因此，曰：

> 夫子之言性与天道，不可得而闻也。

孔子绝不否定天道，但其平素所说的都是人道。因为人道由天道演绎而来，人道无法离开天道独自存在。

但是，老子看破人道本为末，并完全蔑视之，唯独论说天道，即天地自然之道，他认为万事皆由自然之道而行。换言之，老子认为按自然所为，并顺从之，因此，在此孔子、老子二氏之间产生了悬殊。然而，孔子并非否定天道，因此，他有时所说的几乎如同老子所说。例如，子夏听到孔子说过：

> 死生有命，富贵在天。

如果这果真是孔子的言论，那么与孔子平素的想法并不一致。孔子并不使用自由意志这个词，但他承认自由意志。生死也能通过人力左右到某种程度。若放恣肉欲，就会夭折，若注重养生，慎重操行，就能长寿。故孟子曰"知命者不立乎岩墙之下"。也不能认为富贵与人为完全无关。在"死生有命，富贵在天"的观点中，"命数论"的色彩过于浓厚。"尽人事听天命"乃是儒教的立场。要而言之，老子论说天道。但人道由天道演绎而来，人道的渊源在于天道。因此，前汉的董仲舒云：

> 道之大原出于天。

后来，朱子将"大原"改成本原，云：

> 道之本原出于天。

孔子平素所说的人道由天道而生，若否定天道，人道就失去渊源，就会枯竭吧！

第四章　子思·孟子之道

众所周知，子思是孔子的孙子，但在孔子生前他没能直接接受孔子的教化，因此，接受了孔子弟子曾子的教化。现今流传的《中庸》是将《礼记》中的《中庸篇》整理成的单行本，《中庸》是否是子思的著作，对此有不同的见解，但《中庸》是一部创作很好的经典，我觉得可能是子思的著作吧。不管这些异论如何，我暂且将《中庸》当作子思的著作来论述。

子思在《中庸》中仍然主要论说人道，但其论说的人道仍出自于天。因此，他首先论说：

> 天命之谓性，率性之谓道，修道之谓教。

此处的"性"乃人的本性。子思论说人天生具有的性是天赋之物,他道破在社会交往方面,率其本性而为乃人间之道,并主张修其道、进行指导培育即教化。他认为不按照本性、违反本性的行动不合乎道,并认为我们每个人都生来具有这种出色的天赋之本性。

于是,接下来他说:

> 道也者,不可须臾离也,可离非道也。

意思是说所谓的道不可离开片刻,若是可以离开的道,那便不是人间之道。"可"有两种意思,一是像刚才说的,从当为性的立场来看,是道不可离的意思;二是不能离的意思,即不可能的意思。就成了若是自然之道,则不能离,若能离,则不是自然之道。这样因为意思并不彻底,所以就不是可能性的意思,而应该解释为应为性的意思吧!

还有在《中庸》中,又云:

> 诚者,天之道也;诚之者,人之道也。

这里非常值得注意,这句话明确了天道与人道的区别。天赋之性是我们人的本性,但人的本性以"诚"为内容实质。在社会上实现其诚便是人道。若不在社会上实现其诚,我们生来就有的本性之诚不仅发展不了,也有可能被社会的恶习埋没、歪曲,无法取得完美的效果,因此,子思在《中庸》中大力主张至诚。因此,此处仍需注意的是,不论是谁原本都具有天赋之本性,其本性的内容实质便是诚,每个人都具有重要的诚,既然如此,就必须在社会上实现诚。在社会上实现诚,形成道德的社会便是人道。像这样,本来在开头论说了人道与天道的区别,而又值得注意的是,天道与人道并非毫无关系，人道作为天道之本性，为人所具有，通过人力可使之在社会发展，人道具有这样的性质。这里就存在这种意思。

而且还有，不要失去以诚为内容实质的人之本性，由此始终活跃于社会上，人道就会在此发展，这正是前述的内容，阐明了人道具有普遍妥当性的价值。因此，《中庸》如下云：

> 君子动而世为天下道，行而世为天下法，言而世为天下则。

这里说"道""法""则"，虽然是三个词，但意思可以看作是相同的。"世"是在时间上永久不变的意思，"天下"说的是在空间上没有边际。而君子意味着理想的人格高尚者。理想的人格高尚者是完美的人格高尚者，可以称之为圣人。像这种理想的人格高尚者其所动、所行、所言都合乎道，无论在何时何地，都具有普遍妥当性的价值，康德在《实践理性批判》中论说"无上命法"。这在精神上叙述的与《中庸》完全相同。佛教中论说"法身"，"法身"是体现佛法中"法"的人格高尚者，与体现儒教中道的圣人君子没什么不同。"则"用于道的意思，其例子见于《诗》的《大雅·烝民篇》的"有物有则"。"法"用于道的意思，其例子也不是没有。就像将佛教说成佛道一样，佛道与佛法决非不同之物。

孟子并未直接接受子思的教诲，总觉得孟子是师从于子思的弟子。因此，孟子云"予私淑诸人也"，可知孟子的思想与子思的思想确实有关联，例如，孟子如此说道：

> 诚者，天之道也；思诚者，人之道也。至诚而不动者，未之有也。

这种观点源于《中庸》中的"诚者，天之道也；诚之者，人之道也"，并附加了"至诚而不动者，未之有也"。孟子将"诚之者"改成"思诚者"，是什么原因呢？似乎觉得两个都不错，但孟子认为诚乃人生来具有之，但要好好思考其诚，将之付诸实际行动，广泛推及社会，这是人应当做的，可见所谓的人道在于此。人道乃人应该履行的道，换言之，是人当行之道。虽然《中庸》中已经论说了"至诚"，但孟子说"至诚而不动者，未之有也"，至诚必使周围感动，使周围感动不已。这种说法可以说比《中庸》的论说更推进了一步。孟子所言确实是名言，给后世带来了很大的影响。

尚且需要注意的是，孟子认为人性善，开始提倡"性善说"。不过，子思也有性善的思想。因为子思认为人的本性以诚为内容实质，自然是性善说，但他还未道破人性善的思想。孟子主张人本来都具有良心，人性乃善，在儒教教化上取得了极大的效果。孟子云：

> 人皆有不忍人之心。

又云：

> 大人者，不失其赤子之心也。

只要人生来具有的本性不恶化，就能发展成为出色的人格高尚者，但人往往会成为任性的孩子，无法持续其本性，而成为狂妄的人。孟子如此认为，于是，他说："道在迩而求诸远，事在易而求诸难。"道应该很近。因为只要按照人的本性之善行动，其处便有道。因此，孟子认为实行道绝不是困难之事。

儒教正宗系统的成立源于孔子、曾子、子思、孟子四人的教说。因此，我觉得将这四人的教说归纳整理，命名为根本儒教，这是合适的。孔子的论说是孔子教，作为儒教还未完成。然而，通过曾子、子思、孟子，儒教的正宗系统得以完成，并逐渐给后世带来了永久的影响，因此，称之为根本儒教。此处排除了从子夏到荀子流传的儒教的旁系统。对此有两种说法。其一是徐整的说法，从子夏到高行子，从高行子到薛仓子，从薛仓子到帛妙子，从帛妙子到大毛公，从大毛公到小毛公，从小毛公到荀子。其二是陆玑的说法，从子夏到曾申，曾申是曾子之子，从曾申到李克，从李克到孟仲子，他与身为孟子之子的孟仲子不是同一个人。从孟仲子到根牟子，从根牟子到荀子，从荀子到大毛公、小毛公。到底哪个说法正确，也没有可以证实的方法，总之，旁系统是功利主义、他律主义，正宗系统是理想主义、自律主义。我只列举正宗系统进行论述，其中的原因现在自然就明白了吧。因为我觉得旁系统没有传达孔子的真正精神。但是，根本儒教之道除了上面论述的以外，还有不可忽略之处，它不是别的，而是《易》之道。

第五章　《易》之道

《易》的《系辞》中论述道，因此，我稍微试着考察一下吧。

首先，《易》的《系辞》是谁写的，叙述的又是谁的思想呢？对此有各种各样的说法，但暂且不用罗列各种说法，依我所见，《易》的《系辞》传达的是孔子晚年的思想。孔子晚年对《易》很感兴趣，并进行研究，这是他五十岁左右的事情。司马迁在《史记》的《世家》中也说："孔子晚而喜《易》，云云，读《易》，韦编三绝。"他研究的结果尤其表现在《易》的《系辞》上。但是，

《系辞》的文章是否真的出自孔子笔下，很难断定，若不是孔子写的，或许出自子思笔下吧。无论从文章上来看，还是从思想上考虑，许多地方都与《中庸》一致，而且没有其他能想到的人。《系辞》中以道为形而上之物，与形而下的器（即宋儒所谓气）区别开来，并且论述如下：

　　一阴一阳之谓道，继之者善也，成之者性也。

这里出现"一阴一阳"，一阴一阳本身并非道。阴阳乃气，气并非形而上之物。阴阳相互形成各种关系，产生复杂的现象。但是，其复杂的现象按照一定的法则变化。换言之，阴阳按照法则形成相互关系，产生各种变化。其一定不变的法则称为"道"，继其道而行乃道德上的善，在社会上实现并完成其道乃人的本性。应该如此解释，但再考虑一下的话，道离不开阴阳，阴阳本身并非道。阴阳具有复杂的关系、形成各种变化，道依据阴阳而运行，所以，尽管道不变化，但有关道的现象的活动则变化多端。

　　生生之谓易。

通过"生生"的形容，也能推测出来。又云：

　　天地絪缊，万物化醇。

阐述的意思宛如一切万物在不断进化、发展，都意味着道的活动在现象界很显著。值得注意的是，这意味着道本身虽绝对不变，但其活动广阔无边。《易》的《系辞》中云：

> 易有太极，是生两仪，两仪生四象，四象生八卦。

此处的两仪指阴阳二气，四象指老阳老阴少阳少阴，八卦指乾兑离震巽坎艮坤。乾兑离震巽坎艮坤即意味着天泽火雷风水山地，即列举了构成世界的重要要素。正因如此，太极必须是有形之物的极元，阴阳未分的实体。哪里也没提出太极乃道，但太极生阴阳二气，阴阳二气必然生四象，四象生八卦，这样的顺序完全是有法则的。即在其发生运行时，必有一定的法则，在井然有序之处存在无形之道。道根据有形之物的生生发展得以认可，乃形而上之物。要而言之，《易》之道正是根本儒教之道，但考察得相当哲学。换言之，比《论语》等要深刻得多，虽在《公冶长篇》中有"夫子之言性与天道，不可得而闻也"，但需要注意的是，《系辞》中云天道、天之道、天地之道，公开论说天道。

第六章　过渡期的思想

接下来值得注意的是，佛教的传来给儒教带来了一大变化。一般认为佛教的传来始于后汉明帝永平七年，近来根据东洋史专家的研究结果，据说佛教在前汉末期（公元前二年到三年左右）已经传入。然而，佛教真正受到中国扶植大概是后汉时期吧。后汉末期出现一位叫牟子的人，他主张佛教比儒、道二教优越。但不清楚这位叫牟子的人是个怎样的人，只因为其著作为《牟子》，所以，称之为牟子。然后东晋时期出现一位名为孙绰的人，他倡导"儒佛一致论"。六朝时期，出现一位名为张融的人，他提倡"三教一致论"，同样在六朝时期，出现一位名为周颙的人，仍倡导"三教一致论",还出现了一位叫顾欢的人,他主张"道佛二教同体异用论"。虽然这与儒教并无直接的关系,但为了参考,我觉得有必要在此列举出来。然后隋朝期间,出现一位名为王通的人,他著述《文中子》,倡导"三教一致论"。王通在儒教方面,是一位相当值得注意的人物,其著书《文中子》的编纂仿效了《论语》,从表面感觉要优于《扬子法言》。而且唐太宗时期主要的政治家魏徵、房玄龄等人都受到了王通的熏陶。王通在其著书《文中子》中称释迦为"圣人",又云:

> 三教于此一也。

到了唐朝,韩退之著述《原道》,以仁义为道,大力颂扬儒教,反对佛教。众所周知,韩退之是一位非常有名的文豪,但他并不是研究佛典,从教理上反对佛教。不过,他的主张也对后来的学者产生了影响,但并未触及佛教教理的重要内容。韩退之的门人李翱著述《复性说》三篇,这反而是通过佛教教理来写的。

正因为如此,佛教传来后九百多年几乎一千年间,没有一人批判佛教教理,许多人只倡导儒佛不悖、"佛教优于儒教",儒道佛三教一致、不相悖等这样的学说,没有人站出来批判佛教教理。而且汉唐之间,虽然实行儒教,但不如说是根本儒教的继承时代。换言之,对根本儒教只进行训诂研究,将之流传后世,但精神上非常不振,而有实力的思想家在佛教中辈出。

第七章 宋明新儒教之道

到了宋代,儒教开始与佛教对抗起来,这即是新儒教。新儒教的兴起吸收了佛教的长处，并且继承了根本儒教的精神。在这点上，新儒教具有与汉唐的古学非常不同的性质。正如基督教有新、旧一样，儒教也出现新旧之别。旧儒教乃中国固有之物，并未吸收佛教思想，新儒教是吸收佛教思想的儒教。在宋代兴起的新儒教始于周濂溪，紧接着出自周濂溪门下的程明道、程伊川二人兴起，之后出现张横渠，到了南宋，朱子继承了这些先哲们的学说，乃集大成者。几乎朱子一人就代表了宋学的迹象。然而，如前所述，新儒教始于周濂溪，周濂溪著述《太极图说》与《通书》，给二程子及其他人带来了极大的刺激，以致新儒教兴起。而且关于道体的观念，出现了与以前不同的思想。

周濂溪如此说道：

无极而太极，太极动而生阳，动极而静，静而生阴，静极复动。

由此观之，周濂溪认为太极为静之物，其静是怎么开始运动的呢？虽然这点并不明了，但总之他认为太极在动。而且在道德上，他认为其静为"诚"，动乃"诚"的效用。

因此，周濂溪在《通书》中云：

动而正曰道。

又云：

圣人之道，仁义中正而已矣。

而且云：

> 诚者，圣人之本。

又云：

> 圣，诚而已矣。

本来《太极图说》乃宇宙论，但它不仅是宇宙论，同时又是道德发生的图说。借用佛教的语言来说，它是一种"曼陀罗"。要而言之，他论说太极虽静亦动。从他的门下出现了程明道、程伊川兄弟，他们倡导另一种哲学。

二程子的学说大体上相似，但其中也有许多不同点。但其他的暂且不论，明道认为道具有能动性，他如此说道：

> 道则自然生万物。

因为道产生一切万物，所以道具有相当强烈的活动。明道又这样说：

> 器亦道，道亦器。

《易》的《系辞》中认为道乃形而上之物，器即气乃形而下之物，但明道同等论述二者。本来明道的思想与伊川相比，综合统一的倾向更大。伊川的思想比明道更加分明。因此，总体上来说，明道的思想影响了陆象山、王阳明，伊川的思想似乎主要影响朱子。朱子不仅继承了伊川的思想，但总体上来说，伊川的影响最显著。伊川关于道如此说：

> 离了阴阳更无道，所以阴阳者是道也。气是形而下者，道

是形而上者。

伊川考虑得如此明晰，与明道有很大不同。他并不直接将阴阳之气视为道。阴阳相互交错，形成各种各样的变化，其间自然存在一定的法则。掌握其法则，并称之为"道"。因此，他又说道：

一阴一阳之谓道，道非阴阳也，所以一阴一阳者，道也。

他如此解释《易》的《系辞》的文句，清楚地阐述了其关于道与气的观点。他对门人关于"天道"的问题，如此回答道：

只是理，理便是天道也。

然后又如此说：

道未始有天人之别，但在天则为天道，在地则为地道，在人则为人道。

他认为天道乃理。而且，他又将人本来具有的天赋之性称为理。他说：

性即理也，所谓理性是也。

这里可见"理性"一词，西周氏在翻译德语的"Vernunft"时，译成"理性"，或许是根据这句话吧！而且伊川如此论述圣人：

圣人与理一也。

换句话来说，圣人乃体现天道之人。而且虽说天道、地道，但毕竟可以看作一个根本大道的种种状态。

朱子继承了周濂溪、二程子、张横渠以及邵康节等人的思想，是位集大成者。但如前所述，其中尤其是伊川的影响最大。但朱子又很有自己的想法，自成一家之学，给中国以外的朝鲜、日本都带来了极大的影响。朱子云：

> 性只是理。

又云：

> 性即理也。
> 理即是性。

而且云：

> 其理则谓之道。

他同等看待"道"与"理"。本来"其理则谓之道"是明道的思想，但朱子不仅时常引用，也将其作为自己的学说进行论述。不过，在《语类》中，有人问他：

> 道与理如何区别？

朱子虽然论述了二者的区别，但非常不彻底。而且，一方面朱子在《语类》中明确断言道：

> 太极理也。

而且他又在《易》的序中论述道：

附录　道体论之概观

　　太极道也。

　　不仅如此，他也在《易学启蒙》中引用邵康节的话：

　　道为太极。

　　这么说来，朱子必然得出结论"道者理也"。然而，朱子本来主张"理气二元论"，他认为："气造作，但理无造作。"所谓的"造作"乃活动。气为理所生，但气已经产生，理就无法管辖之，他进而论断"气强理弱"。换句话来说：

　　气强而理弱，理管摄他不得。

　　最初太极生两仪，两仪生四象，四象生八卦，像这样太极活动相当强烈，但如果太极为理，理没有活动，就变得很弱。若理只在开始产生气时活动，之后就没有任何活动了。因此，罗整庵在其著作《困知记》中这样说道：

　　我曾思考过朱子之言，"气强理弱，理管摄他不得"，若如此，即所谓太极又安能成为造化之枢纽，品物之根柢？

　　他的批评合乎道理。在此值得注意的是，朱子的思想有混乱之处。本来"太极道也""太极理也"在《易》的《系辞》等文中并未出现。太极意味着阴阳未分时的根本原理，即太极是物质的极限，这样说更容易理解。换言之，形而下之物的最终结局乃是太极。但是，朱子认为太极为道，又为理，他混淆了形而上之物与形而下之物，在此思想发生了混乱。而且与伊川也有很大差异。

陆象山正好与朱子同时代，他与朱子的立场完全不同，主张"心即理说"，倡导"理一元说"。他非常聪明，是位天才般的人物。他曾这样说道：

> 东海有圣人出焉，此心同也，此理同也；西海有圣人出焉，此心同也，此理同也；南海北海有圣人出焉，此心同也，此理同也；千百世之上有圣人出焉，此心同也，此理同也；千百世之下有圣人出焉，此心同也，此理同也。

这里他说的"此理"与"斯道"相同，意味着无论在时间上，还是在空间上都不发生变化，他如此论述道的普遍妥当性。他在其他地方又说道：

> 此心此理，万世一揆也。

时间往后推移，到了明代，出现了王阳明，他继承远到孟子，近到程明道、陆象山的思想，倡导"致良知"之说，以"良知"为道，而且他这样说道：

> 夫道，天下之公道也，学，天下之公学也，非朱子可得而私也，非孔子可得而私也，天下之公也，公言之而已矣。

而且如前所述，他所说的"良知"即道，但此"良知"与孟子的"良知"虽词汇相同，但意思有很大不同。孟子的"良知"与伦理学中所谓的"良心"基本上没什么区别，但阳明的"良知"也有良心的效用，却是宇宙的根本原理。而且具有极其强烈的活动。因此，他如此说道：

> 良知是造化的精灵，这些精灵，生天生地，成鬼成帝，皆从此出。

正因如此，阳明的"良知"也能够产生天地鬼神，具有如此强烈的活动。

最后的陆象山与王阳明都是一元的唯心论，与朱子二元论的哲学立场不同，而且他们思考唯心之道，构成唯心的世界观，在此有着他们的特色。

在我们日本，伊藤仁斋也颇受孟子、韩退之思想的影响，以仁义为道，倡导"古义学"，独树旗帜，在他之后，荻生徂徕继承荀子的思想，倡导功利主义，以"礼乐刑政"为道，与仁斋相抗衡。仁斋与徂徕属于旧儒教，不属于新儒教，但在新儒教流行之际，他们又在新的意义上，影响了不少德川时代的人心。仁斋倡导自律主义，徂徕主张他律主义。但不得不承认二人都以活动主义为重点，颇具日本特色。若与程朱学派倾向寂静主义相对照，我认为绝不能忽视他们的特色。

第八章　日本固有之道

道体论不仅限于中国的道教与儒教，我们日本也存在与之相关的问题。越研究越会发现我们日本固有之道在道体论的范围内扮演着极其重要的角色。

我们日本从神代起就实行一种固有之道，一直延续流传至今。既可称之为"惟神之道"，又可称为"敷岛之道"，称呼各种各样，但现在大多称之为"皇道"。然而，在德川时代，徂徕的门人太宰春台著述《辨道书》，如此说道：

　　自神武天皇迄三十代钦明天皇，本朝未有谓道者。

而且又说：

　　神道实笼居于圣人之道中，圣人之道外，别无一道谓神道也。

如果如他所说，那么在儒教、佛教等传入我们日本之前，道并未实行，而且神道也不能离开儒教，独立存在。我不知道太宰春台读了多少日本古典，但他崇尚汉学，由于他没有仔细研究日本古典，才会毫无忌惮地发表这样的谬见。但还有一件比这更严重的事。不是别的，而是贺茂真渊的门人村田春海否定日本固有之道，唯独承认儒、佛二教之道，实在极其讽刺。春海本是创作和歌的人，并非研究思想方面的人物。因此，面对本居宣长的门人和泉真国的诘问，春海一句也回答不上来。本居宣长著述《直毗灵》《葛花》《玉栉笥》《玉鉾百首》《玉胜间》等，主张日本固有之道。虽然不能说宣长对儒教之道的看法完全正确，但他极力主张日本固有之道，这点可以说深中肯綮。

所谓的"道"并非物质上通行的道路的意思，在这个意义上，道在《神代卷》中出现了两处。然而，像"神道""惟神之道"这些文字还未出现在《神代卷》中。儒教在应神天皇十六年传入我国，这是自神武天皇纪元起九百四十五年之后的事情。然后，经过二百六十七年，到了钦明天皇十三年，佛教传入，这是一般的说法。不过，在专家看来，这是不对的，他们认为在十四年前，即宣化天皇四年，佛教传入我国。然而，现在暂且依据《日本书纪》的记事进行论述，则是钦明天皇十三年。"道"最初出现于有文字记载的历史文献是《继体纪》。现列举继体天皇二十四年的内容。天皇的诏书中云：

　　故使人举廉节，宣扬大道，流通鸿化。

　　道广大无边，故称之为"大道"。其次，"神道"出现于《用明纪》中。《用明纪》的开头云：

　　天皇信佛法，尊神道。

　　紧接着，到了推古帝十二年，当时的摄政圣德太子制定《宪法十七条》，明确君臣之道，尤其是指示了臣民之道，而且在第五条末又出现了"臣道"一词。然后在《皇极纪》中出现了"古道"。《皇极纪》开头云：

　　天皇顺考古道为政也。

　　由此处出现的"古道"可知从最古老的时代开始道已实行。道从其广大无边的方面来说，乃"大道"，但道从最古老的时代就已实行，从这一方面来说，乃"古道"。然后，在《孝德纪》的开头出现这样的记述。天皇在大榉树下面召集群臣，使其发誓，告知天神地祇：

　　天覆地载，帝道唯一，云云，君无二政，臣无二朝。

　　这正好与明治天皇在明治元年三月十四日向天地神明起誓，颁布《五条誓文》相同，颇值得注意。尤其是孝德天皇说"帝道唯一"。在日本，天皇实行的道只有一个。换言之，道是一元的。在中国，有老子之道、孔子之道、管商申韩之道，道各种各样，但日本的道丝毫不会混淆，实行唯一之道，并贯通古今。之所以称为"帝道"，是因为日本的天皇是皇帝。然后同时，在《孝德纪三年》中出现了重要的内容，内容如下：

> 惟神（惟神，谓随神之道，亦自有神道也。）我子应治故寄，是以自天地之初君临之国也。

这句话值得从各种视点进行研究。第一，"惟神"虽经常出现于《万叶集》中，但是初次出现在《书纪》中。而且，其夹注可能是到了后世才加上的，虽有这种说法，但恐怕未必吧！仍是从一开始就加上了夹注，"惟神"意味着随神之道，自有神道，宣长解释的也是这个意思。到了后世，逐渐说成"惟神之道"或"惟神大道"，但总之《孝德纪》中的"惟神"乃是最初出现的例子，而"惟神之道"即从神代至今一直实行的日本固有之道。然而，此道称为"帝道""王道""皇道""君道"，虽然名称绝不固定，但我国并非实行各种各样的道，实行的一定是唯一之道。只是根据时间与场合不同，称呼不同。

仁明天皇的诏书中有：

> 纳诸轨物，乃王道之先所。

后一条天皇的诏书中又有：

> 实是皇道之彝训。

但"皇道"一词在这之前，也出现在淳和天皇天长五年藤原绪嗣等的上奏文中。到了德川时代，更是不胜枚举，只说一下水户的《弘道馆记》，其中屡次将日本固有之道称为"斯道"。

然后到了明治年间，特别需要注意的是，《五条誓文》中有"天地之公道"，《军人敕谕》中也有"天地之公道"。"惟神之道"从其普遍妥当性来说，仍是天地之公道。但到了明治以后，也会称为"惟神大道"或"惟神之大道"。

明治天皇的《宣教之诏》中云：

> 宜明治教，以宣扬惟神大道。

当今陛下在即位仪式上，颁布的敕语云：

> 遵奉我皇祖皇宗惟神之大道，经纶天业，云云。

又在纪元二六〇〇年①典礼上，颁布的敕语中云：

> 显扬我惟神之大道于中外，云云。

但明治天皇在明治二十三年十月三十日颁布的《教育敕语》中称"斯道"。此"斯道"与儒教中所说的"斯道"不同，指的是日本固有之道。其证据是：

---

① 纪元二六〇〇年为昭和十五年，即 1940 年。 明治初期日本政府设定第一代神武天皇于橿原即位之年（公元前 660 年）为纪元（或皇纪）元年。 ——译者注

> 实我皇祖皇宗之遗训。

丝毫也不混淆。日本固有之道即"惟神大道",是我国从神代至今实行的独一无二的道。虽然各国的情况各不相同,但其中我国从建国以来,倒不如说从肇国以来一直实行着日本固有之道。镰仓时代、吉野时代、战国时代、德川时代末期,虽然发生了许多濒临国难的事情,但幸运的是,道没被掩盖。后嵯峨天皇创作的和歌云:

> 天降经国道,民承神祖心。苇原千秋壤,时时沐圣恩。

后水尾天皇也创作了和歌云:

> 正道原神授,永世不应绝。

而且需要注意的是,在他国,道最初亦付诸实行,但由于民族的移动、摩擦、冲突、风俗恶化、颓废、腐败等种种原因,道最终无法实行。但其中作为个人,因观点卓越而实行道的人很多,但大多只限于小范围,道的实行并不广泛。作为国家,怎么也无法实行一般的公共之道。有时出现圣人、贤者、智者实行道,并阐明道,但意外地,道都未实行至今日。而且,学者将其道概念化,虽然作为概念进行研究的人也不少,但与日本的"惟神之道"有很大不同。比起客观看待道,将之进行概念化处理,在日本反而是人生存于道的氛围中,以道本身行动,从最古老的时代一直持续着这种状态,此处有着非常值得玩味的特色。日本固有之道虽不固定,但在根本上并未变化。之所以如此,是因为日本固有之道本来具有卓越的性质，若其发生变化，就会失去原来的价值。但是，日本固有之道无论如何都具有发展的余地，我认为应将之扩大到世界，使其永久普及，它具有这样的性质。即是说，日本固有之道的目的在于感化世界各国的人们，使其皆成为神一样出色的人格高尚者，使世界成为一个伟大的神国（如同福音书中所谓的神国或天国、奥古斯丁所谓的神之国、费希特所谓的理性国家、法华教中所谓的通一佛国土），以此为最终理想，所以，我认为此处存在的课题值得今后学者大力研究。

　　进一步深入思考的话，惟神之道乃清明心的实行。神代的神都是清明心的实行者。其清明心进入有文字记载的时代也实行得很好，且时至今日。特别以皇室为中心，可见其事实。"清明心"根据时代不同，名称有所不同。有时称"大和心"、有时称"倭魂"或"日本魂"，而在今天，称为"日本精神"。日本精神的本质与《中庸》中所谓的"诚"没有什么不同。又可以看作王阳明所谓的"良知"。但是，不能忘记的是，日本精神伴随着一种如同旭日初升的爽朗的心情。总之，在日本，日本精神是任何人都生来具有的本性，即本具之性。这种本具之性乃天赋之理性，自然谁都应该先天具有，并不仅限于日本。但是，在广阔的世界，由于各种各样的原因，这种本具之性被掩盖、失去光明。但在我国，幸运的是，日本精神一直流传，没有被歪曲，所以，进一步发挥这种天赋之理性，使之在世界上活跃进展，必有其影响之处。至诚感动全世界的人类，最终给社会带来一大变化，若神国实现不了，至诚则无论如何也不会停止吧！到了这种地步，才能实现社会的理想，这是毋庸置疑的。而且，必须是具有永久生命的国家才能达到这种目的。国家兴亡盛衰不定，社会处于不安定的状态，是不行的。我认为只有具有万古不动基础的皇国，才有可能实现这种社会的理想。

余　论

以上论述了中国与日本的道，我想就印度继续说上几句。作为印度思想的代表，我以佛教为例进行论述吧！

佛教文献相当丰富，总感觉不得要领。但仔细想来，有一个要点，那便是"法"（Dharma）。佛教也称"佛法"，因为佛教是说法之教。而且，阐明佛教也称"说法"，因为若阐明佛教，必然说法。将佛教文献收集归纳，便是《一切经》，也称《大藏经》。《一切经》非常浩瀚，全部涉猎并不容易。但可以这样说，任何佛典都说法，若不说法，便不是佛典。虽说八万四千法门，但不应限定于此。法的说明方法尽管无止境，但一定是法。与中国哲学进行对照思考，"法"相当于"道"。在佛教中，将"Marga"译成"道"，但比起"Marga"，法似乎与中国哲学中所说的"道"更相当。因此，若将道体论扩展开来，佛教也可归入道体论的范围内。然而，佛教也存在"实相论"这一重大的根本问题。《法华经》的《方便品》中有"诸法实相"，其中的"实相"指的仍是"法"。在佛教中，虽称为"实相"，但也称为"法性"，有时也说"如如""佛性"，都是从不同方面说明的同一根本原理。而且在《起信论》《唯识论》中称之为"真如"，虽称为"真如"，既可以认为它像"随缘真如"一样，具有活动，也可以称为"凝然真如"或"不变真如"，认为"真如"乃无活动之物。虽各种各样，但都是法的种种形态。总之，对这些思想进行概括的话，佛教思想以法为根本原理，通过法，佛教才得以成立。我曾在大正十一年的《哲学杂志》一月号上刊登了题为《关于道、法与逻各斯》的论文，在文中详细论述了这一方面的内容，在此就不重刊了。因此，我希望想详细研究这一问题的读者请仔细阅读这篇论文。但在此我还想附加两句，在儒教中，体现道的人称为"圣人"，然后在道教中，体现道的人称为"真人"，但在佛教中，体现法的人称为"法身"。释迦从应身、报身进一步到法身的阶段，才成为久远佛，同样的观点似乎也出现在拜火教中。《阿维斯陀经的诠释》（四）中的"言行悉是法"便是如此。

接着关于基督教我想说两句。第四《福音书》中《约翰传》的第一章第一节如此写道：

　　太初有道，道与神偕在，而道即神也。

这里的"道"即是"逻各斯"，逻各斯有各种意思，但在《圣经》汉译中，译成了"道"。日本的《圣经》译最初也仿照汉译，译成"道"，并且在旁边附上假名"コトバ"。毕竟逻各斯有"语言"的意思，也有"理性"的意思，也有"睿智"的意思，也有"法则"的意思。因此，在路德译中，译成了"语言"，但如前所述，在汉译中，译成了"道"。而且在《约翰传》第一章第十四节这样说道：

　　道成肉身，寄居在我们之间。我们看见他的荣光，实为父独生子的荣光，充满恩宠与真理。

倘若如此，耶稣基督也是体现逻各斯，显示于世的人，与法身佛即久远佛有许多相似之处，《约翰传》与其他共观福音书不同，相当哲学。"太初有道"中"道"的原词是"逻各斯"（logos），无疑这受到了希腊哲学的影响。而且，最近来自费隆（公元前二〇一公元后五四）的逻各斯观吧！但我认为逻各斯的传入并非与犹太的传统思想毫无关系。之所以这么说，因为《百约记》第二十八章及塞姆勒（Johann Salomo Semler）的《箴言》第八章及第九章出现了"睿智"，再往前追溯的话，《创生纪》第一之二及第六之三或《民数纪略》第十六之二十二中出现了"精神"。宇宙中存在精神、睿智。这样的观点借用希腊的语言，被称为"逻各斯"，汉译称为"道"，在日本翻译时，在"道"的旁边附上了"コトバ"假名，因为"逻各斯"也有语言的意思。

断然实行中国革命的孙中山最后来到日本时，在神户的高等女子学校主张大亚细亚主义，论述共产主义为王道，而流传下来。这非常奇怪。大亚细亚主义的内容实质绝不是共产主义。虽然大亚细亚主义的主张并不坏，但其内容实质必须是贯穿大亚细亚的正确之道。而且，此道的想法绝不限于亚细亚，在希腊，赫拉克利特论述"万物皆流"，但在流转的万物中存在一定不变的逻各斯。逻各斯为何物呢？它是语言，又是法则、睿智、理性。这影响了后来的哲学，如斯多葛派以理性为逻各斯，进一步影响了费隆，然后影响了亚历山大的革利免。他认为逻各斯乃世界的原型，神由此创造了世界。逻各斯是神与世界的中介，而且维持着世界。逻各斯是理性，而且是全世界的法则。然后到了近世，德国的哲学家康德、黑格尔都倡导理性哲学，德国哲学家所说的理性即逻各斯，因此是规范的（normgebend）。康德、黑格尔都形成了逻各斯观的哲学。而且值得注意的是，康德著述《实践理性批判》，设定了无上命法，无上命法即道德律，具有普遍妥当性。康德的所谓道德律相当于中国哲学的道。因此，在《中庸》中，道或称为"法"，或称为"则"。

　　正因如此，儒教、佛教、基督教以及希腊、德国等哲学虽各不相同，但都具有一以贯之的精神，这点不能忽视。于是，可知世界人类之道并非各种各样，归根结底只有一个独一无二的大道。但是，时至今日，还不明了。特别是西洋的哲学家并不了解东洋道之观念。今后的哲学家必须努力阐明通行世界的不变之大道，使世界人类皆依据大道，实现最终的社会理想。由于人们不懂这些，或困于权力主义，或陷入功利主义，或倾向于共产主义，或偏向个人主义，或拘泥于利己主义、自由主义等，不断地囿于细枝末节，在各种方面迷失，不知道回归原本正确的大道上，因此，可悲的反叛、构陷、纷争、动乱、战斗、残杀等相继发生，掀起前所未有的惨淡风云。我在此暗示一下道消长盛衰的状况在人生中具有非常重大的意义，仅只止于此。

（昭和一六年九月五日）

（付慧琴译）

第二辑

中国哲学与文化

제2편

환경과 스트레스

作为世界圣人的孔子

一

中国古代被称作圣人的并非只有孔子一人，尧、舜、禹、汤、文、武、周公皆被称为圣人，此外诸如老子那样被称作圣人的人也并不少见，然而，在这些人中可以说唯独孔子是世界级的圣人。不过，孔子也并非唯一的世界级的圣人。诸如佛陀、基督、苏格拉底、查拉图斯特拉等，都可以算作这一类人。因此，如今有把孔子、佛陀和基督并称为"三圣"的说法，在此基础上，还有加上苏格拉底，将这些人并称为"四圣"的说法，以及再加上查拉图斯特拉，将这些人并称为"五圣"的说法。虽然此外还有诸如"七圣""八圣"等说法，不过今天我想止于以上诸说，孔子在上述任何一种说法中都是被算在圣人行列之内的。江古田的哲学堂四圣包括孔子、佛陀、苏格拉底和康德，省去了基督。但省去孔子的说法，我目前还没有看到。

二

　　圣人究竟是什么？可以说，圣人是精神界伟大的人格高尚者。人的伟大有程度之分，在某一地区伟大的人，未必能够称得上是世界的伟人。世界的圣人，诚如字面上的意思，并非是指仅在一乡一国才伟大的人，而是指在世界范围内都十分伟大、具有非常杰出人格的人。被称为圣人的伟大人格者，其人格已臻于完美，此类人格高尚者的出现实为人类的荣耀，他们可永远作为全人类的模范，化身为灯塔，照亮我们通往正确目的地的道路。这些人的出现告诉我们，随着修养的增长，人类是可以抵达如此高尚而伟大的境界的，仅此一点，便足以振奋人心。圣人与普通人虽看似完全异类，但其实并没有什么不同。虽然考虑到他们常人万不能及的方面，有的人可能区别视之，将其称为神或者佛，但他们的本质也不外是与我们同类的非常优秀的人。

　　孔子虽自古以来被视作人格高尚者的楷模，然而诚如孔子自己所说，他决非"生而知之者"，只是通过不断的努力提升修养、磨练人格以致大成。不单单是孔子，其他所有圣人都是本来与常人无异、却最终达到了几乎与凡人并非同类的高尚伟大境界的人，这一点千万不能忘记。

三

　　对众多的世界圣人进行比较后可以发现，这些圣人都各有其特点，这一点是不容忽视的。固然，凡是圣人，在智、情、意三方面都很擅长，但毋庸置疑，这些圣人也有着各自的特点。首先，基督与佛陀虽有很大不同，但他们均带有浓厚的宗教色彩。而孔子与苏格拉底的宗教色彩较淡，这两人擅长的是学问与道德。虽然如此，但佛陀又在哲学层面高于基督。换言之，佛陀同时为哲学家和宗教家，兼顾两者。而基督可以说是纯粹的宗教家。两者间既有相同之处，又有相异之处。而波斯的查拉图斯特拉，则应当只是宗教家而非哲学家。

另一方面，孔子和苏格拉底虽然在很多方面都可看作东西方对立的代表，但是，论其所属，孔子则应当是道德家，并同时兼为政治家和教育家；而苏格拉底虽也重视伦理，但更多的是一位出色的理论家，并带有哲学家的风范。然而，苏格拉底也有相当极端的一面，绝不是性格圆滑、没有棱角的人。与之相比，孔子便显得更加圆滑，其谦逊、圆满、厚重的性格胜于苏格拉底。不过另一方面，孔子也有相当严格的一面。（孔子与苏格拉底的比较对照将在下文第八节详述。①）

四

孔子可谓东亚教育家之鼻祖。作为教育家的孔子有着丰功伟绩。孔子的教育自然是德育，据说他弟子三千，这些弟子均受其良

---

① 原文如此，但是下文第八节说的是孔子的文艺才能，第十节才是二人的比较，特此说明。——译者注

好的熏陶。但在这三千弟子中又有七十多位尤为出众。而这七十多人中又有十二三人极为杰出。这之中有一个人叫子路，原先是一介市井无赖；又有子贡这样投机商出身的人。此外像子张，原本是捐客。像这样的人还有很多。然而孔子对这些人均施加了良好的教育，使他们成为有着高尚人格的人。

佛陀弟子中的提婆达多，不仅反抗佛陀，甚至还试图谋害佛陀。此外，佛陀成道后九年，弟子目犍连也曾向他鸣不平并反抗他，即使阿难劝其退居自省他也不听。而且在僧团中也有人支持目犍连，其情形着实令人忧虑。虽然佛陀耐心教导他们忍耐、团结与慈悲，但弟子们仍然不听并发起罢课，所以佛陀离开弟子到一片名为帕里雷亚卡①的森林之中隐居长达一年之久，目犍连等人终于悔改，前去参拜佛陀并祈求宽恕，幸而被原谅得以无事。而孔子的弟子中从来没有罢课的，更没有企图反抗乃至杀害孔子的。基督虽亲自从其弟子中捡选出了十二使徒，但岂料这使徒中的一人被敌人的祭司用三十枚银币收买，出卖了自己的导师基督。此人便是以色加略特的犹大。基督的十二使徒中竟出现了收取敌人的金钱出卖自己老师这般残忍的人，可见即使是基督，也唯独无法彻底感化以色加略特的犹大。虽然后来犹大反悔并想将钱还回去，但敌人不接受，他因此感到非常苦恼，最终丢弃了银币自缢而亡。而孔子的弟子中从来没有谁把孔子出卖给敌人的。孔子至少遭遇过四次灾难，也有过险些被杀的经历，然而，无论在哪种场合，孔子的弟子们都从来没有背叛之意，而像颜回这样最出色的门人，甚至为孔子已经有了

---

① 原文是バーリレーヤカ，可能为巴利文 Pārileyyaka，地名，在憍赏弥国（Kosambī）附近。——译者注

战斗到死的决心。孔子的徒弟中有一个名叫颜涿聚的盗贼，此人与《孟子》中记载的颜仇由当是同一人，是子路的妻兄。因为此人在成为孔子门人前是一个小偷，所以从他成为孔子的门人可以看出，他已经改过自新，成为一位人格高尚之人。《尸子》中载："孔子教之，皆为显士。"[①]可见孔子甚至能教化本为盗贼之人，将其培养为可被称作贤人的人格高尚者。从来没有孔子的弟子变为盗贼。不过，苏格拉底门下培养出了许多哲学家，其中甚至还出现了柏拉图这样的大思想家，而在孔子的弟子中，虽有许多在道德上无可挑剔之人，却并未出现能与柏拉图相提并论的大思想家。如此看来，孔、苏二氏实乃各有所长又各有所短，无法分出高下。

五

其次，我们来考察一下孔子的女性观。众所周知，孔子《论语》中只在一处提道："唯女子与小人为难养也，近之则不孙，远之则怨。"虽然我也希望孔子另外还有"女子亦可教""一夫一妇，人之道也"之类承认女子人格的教导，但孔子当时确是把女性当成难以应付的东西，把女子与小人相提并论，没有完全承认女性的人格。这确是孔子学说中让人感到十分遗憾的地方。而且正如前面所说，孔子的门人有三千人之多，虽然这些人的名字没有得到详细的记载，但那七十多位贤人的名字确实在《史记》《家语》等书

---

① 原文直译为"孔子教之，以为显士"，此处照《尸子》（上海古籍出版社1986年版，第367页）译。——译者注

中有所记载，而这些人之中没有一人是女子。并且在《论语》以及其他经典中也未见有关于女性弟子的记载。佛陀在早期也没有女性徒弟，成道后五年，以佛陀姨母摩诃波阇波提为首，几位女性希望能够成为佛陀的徒弟，佛陀并未同意。然而，在阿难陀的恳求下，佛陀最终答应了她们。直到这时，佛陀才订立尼僧应遵守的戒律八则，但男女僧尼之间的戒律有很大差别，尼僧戒律要远远严苛于男性僧人。（请参见拙作《增订释迦牟尼传》）但无论如何，佛陀弟子中有女性存在一事是肯定的。其次，在基督的信仰者中有以抹大拉为代表的一众热心的女性信徒，这一点从《福音书》的记载中便可得知。而孔子门下没有女性弟子，或许是因为那个时代人们普遍认为女性没有成为门人的资格，但也有可能是因为孔子本人不认为女性有这种资格。不管怎样，我们无法窥得孔子关于女性教育的见解，这不得不说是一大遗憾。此外，兴许是由于对于家族制的尊崇，孔子未曾反对蓄妾。因此，在夫妻伦理上，孔子与基督的观点又有很大不同。《马太福音》第十九章有如下记载：

> 那起初造人的，是造男造女，并且说："因此，人要离开父母，与妻子连合，二人成为一体。"这经你们没有念过吗？既然如此，夫妻不再是两个人，乃是一体的了。所以，神配合的，人不可分开。

由上文可见，基督将夫妻之间的关系看得非常神圣。当然，这一说法还被《创世纪》（第二章第二十四节）所印证。不过，世间夫妻的关系果真都是那样神圣吗？因冲动、不伦，以及无理的强制所造就的夫妻也是存在的。但基督教的特点是把一夫一妻制视为神圣。佛教以独身为最高尚的生活方式，儒教没有否认蓄妾，默认一夫多妻。可见，孔子、佛陀、基督，这三人的夫妻观有相当大的差异。

然而广义上讲，即使在儒家学派中，也能举出五伦中"夫妇有别"的例子来证明儒家将夫妻关系放在十分重要且崇高的地位上。虽然也有人认为"夫妇有别"是指要将自己的夫妻关系和别人的夫妻关系加以区分，但这句话其实并无此意。这句话的真实含义应当是：虽不至于过分强调夫妻之间的区别，但为了避免陷于淫乱，夫妻之间应当有一些礼仪不能丢失。《中庸》里也说："君子之道，造端乎夫妇，及其至也，察乎天地。"其含义同样是说，君子之道若想通行于天下，需要首先从夫妻关系开始，然后再遍及社会。这句话把夫妻关系抬到了非常崇高的位置上。《礼记·内则篇》中所说的"礼始于谨夫妇"，也是同样的意思。此外《周易》之《家人卦》中有"家人，利女贞"，而这一卦的彖辞说：

家人。女正位乎内，男正位乎外。男女正，天地之大义也。家人有严君焉，父母之谓也。父父，子子，兄兄，弟弟，夫夫，妇妇，而家道正。正家而天下定矣。

这段话更加明确地对夫妻关系进行了说明，对此无须再加以阐释。因此，虽然我们对孔子关于女性的教诲多少感到遗憾，但从儒教的大范围看，女子之道被阐述得很完善。或许，在一个奉行家族制度的国家中，孔子只能提出这种程度的学说。关于这一点，我们今后还要进行进一步的研究，以此来创造出更适合于现在以及未来社会的新的教义。

六

　　孔子的学说内容很多，但这些学说的核心都是"仁"。也就是说，可以将其称作孔子学说的"原子核"。然而，如果问到底什么是"仁"，孔子却对不同的人进行了不同的回答。正是因为孔子讲求"对症下药"，会结合发问者的具体情况给出相应的答案，因此"仁"的说法也变得多种多样。虽然"仁"可以总结归纳为人所应行之道，但若追究其究竟是指什么，却不能得到明了的答案。兴许就连孔子本人也并不完全清楚。他有时说"克己复礼为仁"，有时候又说"刚毅木讷近仁"，似乎"仁"无法被赋予一个确定的定义。然而，当门人子贡问起"有一言而可以终身行之者乎"，孔子则答道："其恕乎。"此外，曾子也曾说："夫子之道，忠恕而已矣。"所谓"恕"，就是考虑到他人境遇的体贴，拒绝为所欲为。孔子对仲弓和子贡都曾说过："己所不欲，勿施于人。"这就是说，不要把自己讨厌的东西强加给别人，而这，正是"忠恕"。事实上，这种说法在大多数宗教、德教中都能见到，基督也曾说过："无论何事，你们愿意人怎样待你们，你们也要怎样待人。"（《马太福音》第七章第十二节）不过在这一点上，孔子采用了消极的"勿"的说法。虽然基督的说法较为积极，孔子的说法较为消极，但两者所表述的意思是相同的，只是说法不一样而已。积极的说法虽不坏，但消极的说法在某些场合会更加合适一些。因为，自己想要的东西并不一定是别人也想要的。因为自己嗜酒便强劝别人喝酒，这是不好的。与之相对，不将自己所厌恶的事物施于他人，这种做法则更加稳妥一些。只不过，还存在一种情况，就是自己所厌恶的，正是别人所喜爱的。有时也会有自己不喜所以就不向人推荐，但对方却觉得"如果来推荐的话就好了"的情况，因此这种消极的说法同样有利有弊。总之，孔子"己所不欲，勿施于人"的说法正符合"忠恕"的"恕"，将这一说法进一步展开，便是"仁"。

而且从其他地方可以得知，孔子的"仁"并非全然消极的。他曾说："泛爱众，而亲仁。"当樊迟询问孔子何谓"仁"时，孔子回答："爱人。"此外，当子贡问孔子："如有博施于民而能济众，何如？可谓仁乎？"孔子这样答道："何事于仁？必也圣乎！尧舜其犹病诸！""博施于民而能济众"这句话想表达的，毫无疑问是要人们施行博爱。由此可见，孔子的"仁"绝非全然消极的，它在很大程度上包含了"博爱"的精神在其中。因此，诸如韩退之等人便从"博爱"的角度出发来解释"仁"的含义。当然，"博爱"不足以完全涵盖"仁"的含义，但从"博爱"这一角度出发来阐释孔子的"仁"也不失为一种思路。佛陀、基督同样宣扬博爱，但若加以对比，可以看出这几人所说的"博爱"之间是有差异的。佛陀宣扬"一切众生皆是吾子。"他将世间一切生命都视为己出，平等地施以爱。他甚至不在动植物与人类间设立等级差别。而基督的博爱则是同类间的爱，是仅限于人类内部的爱。基督未尝论及对动植物的爱。孔子同样着力于论述人类之间的爱，并没有直言要对动植物施加与人类相同的爱。不过，孔子应当也相信博爱不应当仅限于人类，主张对于动植物也应施以一定程度的博爱。于是，孔子在博爱的实行上确立了先后顺序。孔子的优点正是设定了这一顺序，其功效也颇为显著。而无论是佛陀还是基督，都没有讨论过这种博爱的顺序问题。关于这一点，笔者在今年《丁酉伦理会伦理讲演集》新年号上所刊登的《佛基儒三教的博爱观》一文中已有详细论述，在此不多赘述。简言之，在对这三者的博爱观进行对比后可以发现，孔子的博爱观是最符合"中庸"之道的，而我个人也认为，孔子的这种博爱观，是最为妥当的。

七

关于道德与宗教的区别，前人已多有论述。一个较为简单的划分标准是，道德是用来处理人与人之间的关系的，而宗教则是从人与"高于人类的存在"之间的关系中诞生的一种信念。这种"高于人类的存在"，可以是"神"，可以是"佛"，它可以有很多名号。总之，人们树立并去信仰这些高于人类的存在，宗教便由此诞生。而道德作为这种信念的结果，在这种信念存在的前提下，也必然将会得到践行，从而指引人们创造种种伟业。如此说来，若是缺少了这种对于超人类存在的信念，道德的实行也将难以实现。由此我们得以窥见道德与宗教之间藕断丝连般微妙的相互关系。

那么孔子的情况如何呢？孔子，与其说是宗教家，不如说是道德家。在这一点上，应将孔子同佛陀、基督区别开来。然而孔子身上也并非完全没有宗教的色彩。孔子同样拥有对于超人类存在的信念，这便是对"天"的信念。在孔子那里，"天"已几乎等同于孔子自身的"良心"了。孔子为人处世，始终是将"天"之心作为自己的心。人之于"天"没有任何隐私可言，"天"可以看透人内心最深处的秘密，而人们则不得丝毫有愧于天。孔子的良心已与"天"合二为一，心中没有任何愧疚可言。孔子曾说："不怨天，不尤人，下学而上达，知我者其天乎！"彼时"天"几乎已经同孔子的良心合一了。"天"与心合为一体，孔子的良心便在于此。当孔子晚年病重时，子路让孔子的门人做孔子的家臣。彼时孔子已经辞官，但子路仍然将孔子视作主公，让孔子的门人像家臣那样行事。然而，孔子讨厌这种作伪的事情。将不是家臣的门人当作家臣，将没有做官的自己当作主公，这不是孔子所乐意看到的，孔子丝毫不能忍受作伪。于是，他说道：

久矣哉，由之行诈也，无臣而为有臣，吾谁欺？欺天乎？

在这句话的最后，孔子表达了就算能够欺骗他人也无法欺骗"天"的观点。可见，孔子的精神无论何时都希望与"天"合为一体。孔子平素是何等坚定地笃信着"天"，由此可见一斑。孔子在同弟子们经过一个叫作匡的地方的时候，匡人将孔子困了起来，准备等候时机将孔子杀害。孔子这时却说："文王既没，文不在兹乎？天之将丧斯文也，后死者不得与于斯文也；天之未丧斯文也，匡人其如予何？"孔子虽然温良恭俭让，是一位谦逊的人，但在此时他却一反常态，大声说出了自己内心的宏伟抱负。他这句话完全是在说，如今身负"天"之使命的人，唯有他孔子一人而已。若是把他杀掉，"斯文"的命脉便断绝了。但假若天不丧"斯文"，那么这些匡人就不能奈我何。很明显，这里显现出的是一种宗教式的信念。同样，在宋国，当司马桓魋想要杀害孔子之时，孔子说："天生德于予，桓魋其如予何？"这也是孔子平日里坚定信念的偶然表露。毫无疑问,这可以被称作宗教式的信念。孔子之所以能被奉为"万世师表"、成就精神界之伟大人格,正是因为他的内心拥有这种崇高伟大的信念。然而孔子又与其他的宗教家不同,几乎从未被困于迷信之中,也没展现过什么神怪不可思议的奇迹,而是专注于道德,向世人布教,没有出世间式的迹象,这也是孔子的一个显著优点。绝不能忘记,正如其他圣人也有各自的优点一样,孔子也有属于自己的长处。孔子无论在何时何地,都是一位活在常理之中的人。

八

孔子与其他圣人很大的一个不同之处,便是他对文学、艺术拥有很浓厚的兴趣,总是很从容于生活。不过,像苏格拉底的话,因为他出生于雕刻之家,从小也做过雕刻,所以也难免会对艺术感兴趣。但孔子对于文学艺术的兴趣比起苏格拉底要更为丰富。孔子曾说"行有余力,则以学文",又说"游于艺",由此可见,孔子既不是专注于理论的理论家,也不是陶醉于宗教信仰的空想家。孔子编纂的"六经"之中的《诗经》在收录周代诗篇的同时,又加入了些许商代的诗篇(商颂五篇),并将之流传后世,可见他对于纯文学的兴趣的不同寻常。孔子不仅屡屡同门人们谈论与诗相关的内容,还鼓励他们去学诗。孔子自己创作的诗虽然没有流传下来,但想必他也一定写过诗。此外,《乐记》虽然已经失传,但《乐记》被编纂的事实不容否认,因为孔子非常喜爱音乐。他对于音乐的喜好非比寻常,并且他能够很好地理解音乐,是跨进了音乐界大门的人。据说孔子前往周地时,曾师从苌弘学习音乐,这一传说是真是假无从辨别,但无论如何,孔子都是一位非常喜爱音乐之人。关于这一点,有一个著名的故事:

> 子在齐闻《韶》,三月不知肉味,曰:"不图为乐之至于斯也。"

《韶》是指舜的音乐,该音乐在孔子的时代几乎已经失传,但在齐国仍然有流传,由于孔子从很早以前就对舜心怀仰慕,因此当他听到这首乐曲时,顿觉万分精彩,对其非常着迷,以至于三个月都尝不出肉的味道来。总之,孔子是对音乐非常入迷的人。《大学》当中"食而不知其味"等话,想必也是基于孔子个人真实经历所说的。《淮南子·主术训》亦载:"夫荣启期一弹而孔子三日乐,感于和。"这同样体现了孔子对于音乐非同寻常的爱好。孔子是如此地重视音乐,以至于他曾说"兴于诗,立于礼,成于乐"(《泰伯篇》)。一次,孔子率弟子旅行时,被围困于陈、蔡之间,粮食断绝。在随从们身陷疲病甚至无法起身之时,孔子却丝毫不显穷态,据司马迁所传,"弦歌不衰"。在那种情况下还能做到"弦歌不衰",这种态度正是孔子值得钦佩的地方。

孔子几乎通晓当时的所有音乐,以至于让人怀疑是否真的有孔子不了解的音乐。弹琴、鼓瑟、吹笙、击磬,这些事情不仅见诸史册,而且孔子还向鲁国的大师教授过音乐,并评价道:

> 乐其可知也。始作,翕如也;从之,纯如也,皦如也,绎如也,以成。

孔子甚至能够向掌管音乐的大师教授音乐，可见孔子确实是音乐方面的专家。此外，在《八佾篇》末尾记载：

> 子谓《韶》，"尽美矣，又尽善也"。谓《武》，"尽美矣，未尽善也"。

这也是孔子对于舜和武王音乐的评判，其中包含着深刻的含义。再有，在《子罕篇》中有：

> 吾自卫反鲁，然后乐正，《雅》《颂》各得其所。

根据这句话，我们可以推测，孔子在周游天下后，回到鲁国主持了修订音乐的伟大工作。不过，孔子对于不好的音乐极为厌恶，并想要将这些音乐消除掉，这类记载屡见不鲜。《阳货篇》载："恶郑声之乱雅乐也。"《卫灵公篇》载："放郑声，远佞人。"此外，孔子在鲁国担任大司寇时，由于鲁国国内传入了齐国的"女乐"，孔子便对鲁国失去了好感，离开鲁国周游天下去了。孔子虽然喜欢音乐，但是对于这些低级的、猥亵的"女乐"则非常厌恶。正是因为孔子对于音乐的这种喜好，使得他的弟子中也出现了对音乐抱有兴趣的人。曾点便是其中之一。子路虽会鼓瑟，但由于音调过于粗野，孔子便让他退下了，并说："由之瑟奚为于丘之门？"（《先进篇》）

此外，孔子对于绘画也并非一窍不通，他曾说"绘事后素"（《八佾篇》）。此外，他还经常唱歌，《述而篇》记载：

> 子食于有丧者之侧，未尝饱也。子于是日哭，则不歌。

由此我们可以推测，孔子在不哭的时候是会唱歌的。《述而篇》还记载：

　　子与人歌而善，必使反之，而后和之。

这里是说，当孔子听别人唱歌发现精妙之处时，一定会要求对方再唱一遍，然后自己也一起唱，以记住这支歌的精髓。即便只是小曲儿，只要优秀，孔子也会同他人一起歌唱，孔子正是这样有纯粹之处的人。与之相对，佛陀就不会唱这种下里巴人的歌曲。在这一点上，基督、苏格拉底都不如孔子般纯粹。孔子乃高尚之雅士，此话确是中肯。

兴许正是因为如此，儒教徒中的很多人都或多或少地寄情于文学和艺术。特别是以题诗、写字、作画为乐这一点，可以说已经成为儒教的传统了。在列举作为世界圣人的孔子所具有的特点时，切不能忘记这种对于文学、艺术的喜爱。这种喜爱乃是孔子非常显著的一大特点。

九

在这里提一下孔子的经济思想也绝不是赘言。无论是佛陀还是基督，都未曾谈论过经济。毋宁说他们都是站在超越经济的立场上立论的。至于苏格拉底，他甚至都没有把经济放在心上。只有孔子，屡屡谈及经济。他曾说道：

　　富而可求也，虽执鞭之士，吾亦为之。如不可求，从吾所

好。(《述而篇》)

为何孔子会这么说？这背后的缘由无从得知，但总之我们可以看出，孔子虽然不去贬低、排斥财富，但财富也不是说追求就能得到的东西，孔子并不会纠结于金钱的求之不得，不会对得不到的财富耿耿于怀，如果一定要做出选择的话，他还是选择去做自己喜欢做的事情。从这个意义出发，不如说孔子其实是轻视财富的。"执鞭之士"应该是指驾车之人，因为在其他地方（《子罕篇》）孔子曾说过："执御乎？执射乎？吾执御矣。"可见是驾车之人。此外，孔子还说过：

邦有道，贫且贱焉，耻也；邦无道，富且贵焉，耻也。(《泰伯篇》)

这是说，如果国家遵循正道，那就应当投身仕途，走向富贵，尽自己的本分才对。此时不去做官以至于陷入贫穷，这乃是一种耻辱。反之，国家无道却做官走向富贵，这同样是一种耻辱。同样的说法亦可见于《宪问篇》。此外孔子还说：

富与贵，是人之所欲也，不以其道得之，不处也。贫与贱，是人之所恶也，不以其道得之，不去也。(《里仁篇》)

这句话是说，虽然富贵是人人皆想得到的，但若不是依据正道得到的，便不应安心居于那个地位。换言之，如果违反了道，便绝不应安居于那个地位。贫贱是人人都厌恶的，但只有遵循正道去摆脱它才是正确的，若是不符合正道，即便是贫贱也应安然处之。可见孔子无论是对于富贵还是贫贱,都是以是否符合正道来判断其进退出处的。这一点正是孔子人格的一大可贵之处。此外,孔子还说过:

饭疏食,饮水,曲肱而枕之,乐亦在其中矣。不义而富且贵,于我如浮云。(《述而篇》)

"疏食"是指简陋的食物。这句话是说,即便只吃简陋的食物,喝水,以肱为枕,自己也能乐在其中。也就是说,虽处在清贫的状态下,但内心却感到平静与快乐。即便这世上有凭借不义攀上富贵地位的人,也与自己没有半点关系,恰似过眼烟云,转瞬即逝。这便是孔子所说的话。孔子完全没有那种只知肆意追求富贵的想法。对于依靠不义手段得来的富贵,孔子将其视作转瞬即逝的浮云,抱着"与我何干"的态度冷眼旁观。这确实是值得敬仰的圣人才拥有的高尚态度。在其他篇章(《里仁篇》)中,孔子说过:"君子喻于义,小人喻于利。"喻于义还是喻于利,这是区分君子和小人的一个重要标准。孔子便是重义轻利、将义看得比利更重要的人。

从以上诸点中,我们可以很好地把握孔子的思想。当经济与道德不发生矛盾时固然没什么问题,但若这二者间发生冲突时,孔子则会选择舍经济取道德。在孔子看来,以道德为基础的经济,其价值始可被承认。与道德不一致的经济没有任何价值。要之,西洋的经济大多是功利主义的,但儒教的经济却完全是道德主义的。这种道德主义经济的本源正是孔子的教导。儒教的经济影响了中国、日本以及其他东亚诸国,所以,我们也可以将其称作"东洋经济"。

因此，今天的经济学家，乃至实业家们，都能从《论语》的经济思想中知晓自己应当采取的正确立场。

十

孔子与苏格拉底二人很好地展现了东西方的对立。他们二人生活的时代也相距不远。苏格拉底在孔子去世十年后便出生了。然而，这两人的思想却有着诸多不同。让我们先来看一下这两人的相似点。孔子和苏格拉底都出生于贫寒之家，并且都渐渐成长为精神界的伟大指导者，所以其最初的境遇与普通学生无甚差异。两人都没有固定的老师，在自学成才这点上十分相似。同时，这两个人都曾广泛接触各个阶级的人，通晓人间世事。借用德语来说的话，这两人都属于"Menschen Kennel"①。再有，这两个人都拥有一种强大的自信，这在他们那个年代是一种非常杰出的品格。此外，这两个人都拥有对于超人类存在的信仰。孔子信仰"天"，苏格拉底则信仰"精灵"（daimonion）。除了上面谈到的这些之外，孔、苏二人在其他方面还有很多相似之处，不过那些都是一些细枝末节，在此不再赘述。接下来再让我们看看这二人的差异点。

孔子富有常识，终其一生他都是一个正常人。然而，苏格拉底却有很多"非常识"的地方。苏格拉底会身着破衣烂衫，赤脚行走在大街上，而孔子则不会有如此出格之举。孔子虽也曾对子路"衣

---

① 原文是メンシェンケンネル，译者水平所限未找到对应的德语词，这里仅仅是拟音。——译者注

敞缊袍"表示过赞赏,但孔子本人绝不会穿这种奇装异服。另外,孔子多少有一些形式主义,而苏格拉底则丝毫不被形式所困。孔子曾在鲁国做官,位至大司寇,却又轻易辞去了官职,长期周游列国,不过在此期间,无论他在哪里,只要可能,他都会步入仕途,希望能实现他所憧憬的政治。然而,苏格拉底虽曾加入军队三赴战场,但他从未踏入官场,而且他从未有过当官的想法。总之,孔子具有政治家的一面,而苏格拉底则没有。苏格拉底更加擅长思索式的辩论,具有一种理论家的色彩,他的头脑是彻头彻尾哲学型的。而孔子,与其说他是理论家,不如说是一位实干家。若单论理论,孔子是绝对比不上苏格拉底的。但另一方面,尽管苏格拉底也重视伦理,但在道德方面,仍然是孔子更加圆满浑厚。苏格拉底虽是伟人,但多少有些棱角,此外他与阿尔基比阿德斯之间的关系也成了千古谜题。换言之,苏格拉底长于智慧,却远没有孔子那样富于人情味。从孔子对"仁"的提倡就能看出,他是一位非常具有人情味的人。而苏格拉底则在对事物的学术性考察上优于孔子。孔子虽然也追求智慧、勤于学问,但他更关心的是政治、文化、社会方面的事物。在这一点上这两人有着很大的差异。苏格拉底很难被称作政治家。他虽然也从理论上思考过政治,但从未亲自参与政治实践。并且,由于孔子始终倡导"中庸",并且还身体力行,力求不超越"中庸"的规定,因此孔子难免给人一种平凡的感觉。不过,孔子的平凡又不是普通的平凡,是虽平凡但又不凡。而苏格拉底相对来说则更为极端。苏格拉底的弟子最少分化出了享乐主义、克己主义以及辩证主义三派,其中享乐主义和克己主义派都走向了极端。可能正是由于苏格拉底本人便多少有此倾向,结果弟子将其推向极端，才至于此。不过，这些学派都不完整，真正继承苏格拉底正统的，毫无疑问是柏拉图，而从柏拉图门下又诞生了亚里士多德，他极大地发展了古希腊哲学，使其达到了巅峰。孔子的学派虽也分成自律和他律两派，但苏格拉底的思想体系作为一门哲学无疑更加有力，而孔子的思想体系，虽然并非与哲学无关，但还是没有苏格拉底那般有力，不如说更长于道德领域。以上种种差异，应当说都是源于孔、苏二氏性格的不同。苏格拉底被美莱特斯（Meletus）、阿奈特斯（Anytus），以及莱康（Lycon）三人告发，最终被处以死刑。这样的结局，正是由于苏格拉底树立了意想不到的敌人所导致的。而孔子一生虽遭遇过四次灾祸，但最终均未酿成杀身之祸，孔子本人也得到了善终。这种结局绝对不会是毫无缘由的。（参见拙作《人格与修养》）

此外还值得注意的是，虽然传说苏格拉底有子嗣三人，但其后裔情况如何现已完全无法弄清。而至于佛陀其血脉已完全断绝，因为佛陀唯一的孩子罗睺罗出家了，没有后代。基督终身未婚，在三十三岁那年便被处死，因此也应当没有子嗣。查拉图斯特拉的子孙时至今日也完全无从考证。然而，孔子的子孙却直到今日依然绵延不绝。孔子的七十七代孙孔德成（公元 1920 年生）如今就住在山东曲阜，所以唯有孔子的后人始终延续，这是非常值得注意的。也就是说，孔子的子孙在这两千四百多年间一直传承了下来，而孔子的祖先能追溯到商朝的微子启，并且还能进一步追溯到商汤。在世界上所有的圣人当中，的确没有谁能像孔子这样永续家系的，这一点值得注意。

十一

佛陀和基督均未著书立作。所有的佛教经文都是在佛灭之后集结起来，随后又慢慢整理成文字的。佛陀本人一部书都没有写过。这有可能与当时天城文（devanāgarī）还未被普及有关。而四部福音书虽然作为基督的教诲流传于世，但这些也都是基督的弟子（马太、约翰）以及信徒（马可、路加）所写的，基督本人也未曾著书。而苏格拉底同样没有任何的著作，但他的事迹被收录在他的弟子色诺芬所写的《回忆苏格拉底》中，而他的思想及学说则被柏拉图记录了下来。总之，我们虽然无从得知苏格拉底本人是否曾将自己的学说集结成册，但如今并没有他的著作流传下来，这一点毋庸置疑。

在"四圣"之中，唯有孔子，在晚年花费了四五年的时间，亲自编纂了"六经"，并将其流传至后世。这"六经"是指《诗》《书》《易》《礼记》《乐记》《春秋》。其中《乐记》虽毁于秦火，但《礼记》中有《乐记》一篇，对于音乐哲学做了出色的论述，可能是经书《乐记》的残篇。在如今残存的"五经"中，《易》是哲学书，《诗经》是作为纯文学书籍的诗歌集，而《春秋》则是编年体历史书。《书经》是唐虞三代以来的政治文书，由于按照时间顺序进行编排，因此也有些类似历史书。但很可惜，原书未能完整流传后世。此外，《礼记》也是在西汉被编纂的，很多内容混杂在一起。《礼记》可以说是记录制度的书籍。这些经书都是孔子亲自传下来的，因而对后世大有裨益，从中几乎可以找到东亚所有学问的渊源。

　　孔子的思想主要是从《论语》中得知的。《论语》与《千字文》一道最早从百济传到日本，这是值得注意的一件大事。《论语》对于日本文化产生了巨大的影响。它不仅仅是一部对人的修养不可或缺的古典，而且不品读该书就无法理解日本文化。广言之，此书在整个东亚都是重要的道德思想源泉。正因如此，笔者相信，本讲座对于今日对汉学有所疏远的日本来说，具有重大意义。

十二

　　若想知道孔子的人格究竟有多么伟大，只要看看其弟子们的描述便可。孔子的弟子们与孔子形影不离，他们对于孔子的感想，想必应当是准确无误的。众所周知，孔子门人中最为优秀的当属颜回。颜回在谈及孔子时曾这样说道：

　　　　仰之弥高，钻之弥坚，瞻之在前，忽焉在后。

　　若将孔子比作山，便望不到这座山究竟有多高。若把孔子比作物体去切割，那么他便有着无论怎么切都切不断的坚硬。孔子似乎在自己的前面，于是便想要立即追赶上，却意外发觉孔子忽然跑到了自己身后，结果让他逃走了。自己无论如何都比不上孔子。即便自己想要追上孔子也追赶不上。颜回的这番感想，应当是说出了自己真实的感受。除颜回外，子贡也是孔子弟子中相当优秀的一位，而这位子贡则这样评价孔子：

> 夫子之不可及也，犹天之不可阶而升也。

由此可见，在子贡看来，孔子就像天一样，不是依靠梯子就能攀登的。并且他还说道：

> 仲尼日月也，无得而逾焉。

仲尼是孔子的字。子贡在此处将孔子譬为日月，认为人们无法超越孔子，就如同人们无法超越日月那般。而据孟子所说，一位名叫宰我的孔子弟子还曾这样评价孔子："以予观于孔子，贤于尧舜远矣。"此外，一位名叫有若的弟子还曾说过："自生民以来，未有盛于孔子也。"从这些弟子的感想中，我们便能看出，孔子在他的时代是多么杰出的品德高尚者。

自古以来，宋朝米元章（名芾）的一首《孔子之赞》一直广为流传，这句赞词是这么说的：

> 孔子孔子，大哉孔子！孔子以前，既无孔子；孔子以后，更无孔子。孔子孔子，大哉孔子！

米元章虽也擅长绘画，但他主要还是作为一名书法家而闻名。而这首《孔子之赞》则作为非常有名的作品广为流传。不过，若是从"世界圣人"的角度来看孔子的话，那么这首赞词的内容并不准确。因为在孔子以前，波斯已经诞生了查拉图斯特拉，而印度则已经诞生了佛陀。查拉图斯特拉生于公元前660年，死于公元前583年。孔子是在查拉图斯特拉死后三十一年才出生的。佛陀与孔子虽大致是同时代的人，但是佛陀要比孔子大上14岁，并早于孔子七年圆寂，我们不能无视佛陀。此外，自孔子约五百年后，基督出生于犹太并活跃于此，可见在孔子以后同样存在能与孔子匹敌的圣人。其后又过了572年，穆罕默德出生在阿拉伯地区。虽然穆罕默德是否能被称作圣人还有疑问，但若将其看作圣人的话，那么孟子所谓每五百年必会有圣人出现的预言就似乎非常准确了。以上姑且是过去的事情，但鉴于将来是千年万年以至无限的，精神界未见得就不会出现伟大的人格者。因此，米元章虽断言"孔子以后，更无孔子"，但这无法保证。若是将"孔子以后，更无孔子"这句话放在世界范围来看的话，就会发现这句话错得更明显了。因为在"哲学堂四圣"中，除了基督之外，还加入了康德。若将康德也视作圣人的话，那么朱熹、路德，乃至牛顿和达尔文等人便似乎也能算作圣人了。此外，未来还会出现怎样的精神界的伟大人格，同样也是不可预知的。因此，虽然米芾的赞词写得很好，但今天我们已经不能原样接受赞文中的评价。笔者不才，但也曾站在世界立场上给孔子写过一首赞词，今将其抄写在下，愿博读者一笑：

　　折衷三代，集而大成；德施四海，教及八纮；天地并道，日月同明。东西古今，谁又得争？只有耶佛，三圣齐名。

　　另外最后笔者想要补充一句，这里所列举的被称作"三圣"或"四圣"的伟大人格者们，都各有所长，对这些人孰优孰劣绝不能妄加论断。不过，唯一可以确定的是，在以上这些圣人中，孔子最容易学，可亲之处很多。毕竟佛陀被作为如来或者佛崇拜，基督被当作神子崇拜，这两人都有些让普通人敬而远之的感觉。苏格拉底虽与凡人无异，但他有太多非常识性的东西，不适合普通人去学习。孔子则毫无棱角，可谓圆满的仁者，充满人情味，任何人都可以接近他，并以他为师。因此，首先去了解孔子的思想，以孔子的人格为模范向上发展，对每个人都是有必要的。而为了做到这一点，就应当首先以《论语》为阶梯开拓研究的道路。不过，鉴于将来未必不会出现精神界的俊杰，我有一言想讲给他们听。孟子称孔子为"集大成者"。这是说，孔子一人集合了伯夷、伊尹、柳下惠三人得以成圣的地方。这一说法确实有道理。但今后应当有这样的大抱负与大决心：先好好学习孔子，之后学习苏格拉底、佛陀、基督乃至查拉图斯特拉，学习世界上所有贤哲的思想与行迹，最后集其大成。这就是我对未来俊杰永远的忠告。

十三

经过以上的论述，我们已经能够理解孔子乃是世界圣人这一事实，以及孔子学说的宝贵之处了。不过，孔子生活的时代距今已有两千四百多年，若是站在今天的立场上，用批判的眼光对孔子的言论做进一步考察的话，就会发现其中不仅有许多地方不能令我们满意，并且今天还有很多事情必须采取与孔子的立场相当不同的态度。笔者对孔子的崇敬绝不逊于他人，但笔者也认为没有必要对直率地说出自己所相信的东西有所顾虑。

首先，虽然孔子尊周室，曾说过"春王正月"和"天无二日，民无二王"之类的话，这固然值得肯定，但他最终还是没有完全否定革命。《易》中有《革》卦孔子想必也是认可的，而且他不仅没有谴责实行革命的商汤、周武，反而对其尊敬有加。证据就是孔子曾说过:"周监于二代,郁郁乎文哉,吾从周。"因为周朝是由文王、武王、周公三人所建立起来的,故而孔子对武王本就敬佩有加。此外,孔子在《泰伯篇》中还说"周之德,其可谓至德也已矣",大力赞扬周朝,以周的政治作为自己的理想。不过,孔子"谓《韶》,尽美矣,又尽善也;谓《武》,尽美矣,未尽善也"(《八佾篇》),认为《韶》是舜的音乐,已做到尽善尽美,然而武王的音乐,虽已达到尽美,但还未达到尽善的境界,这句话似乎可以理解为"武王比不上舜"。然而,孔子还说过:"武王、周公,其达孝矣乎!"(《中庸》)可见孔子仍然对武王和周公都十分赞赏。至于对于商汤的赞扬,虽未见诸《论语》,但在《诗经》的末尾收录了"商颂五篇",这"商颂"之中就包含着对于商汤的赞美之意,这是不能忽视的。商汤其实是孔子的始祖,站在孔子的立场上,可能也不忍心去责难商汤。但是,无论如何,商汤、周武都是放伐自己的君主、实行革命的人,但孔子无疑对他们展现了极高的敬意。并且,孔子不管在什么地方都从来没有断言过革命不对,反而隐有默认之意;到孟子就露骨地肯定了革命,总之是进行过非常欠考虑的议论。此类革命肯定论是断不可为我日本所采纳的。中国曾掀起过二十几次的革命,其结果就是为中国带来了深重的灾难,这是十分显然的。

第二,孔子主张崇古主义,缺乏对未来的开拓精神。《大学》中的"经"虽谈到要以"治国平天下"作为修己治人的最终目的,但这只是说明了那个时代的要求。《子罕篇》中说:"后生可畏,焉知来者之不如今也?"但这里与其说是在"畏"未来出现的"优于"今日的人,不如说仅仅是在"畏"未来出现的"不劣"于今日的人。孟子曾托称颜回说过："舜何人也？吾何人也？有为者亦若是。"这句话是说，舜虽然是古代伟大的帝王，但舜也是人，自己也是人，只要足够努力，自己也能够变得不劣于舜。这句话表达了此般壮志，一直都被当作豪言壮语流传至今。然而，这世上的伟人并非只有舜一人，世界上比舜还伟大的人还有很多。（比如，我帝国之明治天皇，就无疑是比舜更伟大的圣帝。）孔子也好，颜回也好，都只尊崇古代的伟人，而不认为未来会出现比过去更伟大的人。希望大家能为未来出现比过去还要优秀的伟人而努力。不过，孔子还在《卫灵公篇》中说过："行夏之时，乘殷之辂，服周之冕。"可见他有折衷三代的想法，但他还是不认为未来会比现在有所发展。这种崇古主义的精神流毒于后世，使得中国没少遭受灾祸。因为中国人永远都只将尧舜之世视作理想，求理想于过去，而不知将理想投放到未来。并且，中国人总是说"浇季""浇季"，对进步思想的阻碍非比寻常。

第三，孔子曾出色地论述过孝道。《孝经》的内容固然没有什么问题，但是其关于"亲道"①的论述过于粗略。《孝经》作为经书理应得到珍重，但遗憾的是缺少与之相对应的《亲经》，就好像缺了一只手一般。在教育孩子要对长辈尽孝的同时，父母对孩子所应尽到的义务也是非常多的，因此必须向父母教授有关这方面的知识。而子孙关系未来社会的发展，因此比父母更为重要。不得不说，孔子对于这方面的考虑是非常不全面的。限于文章篇幅，关于这一点的详细内容在此不做讨论，仅举一例加以论述。《学而篇》

---

① 原文如此，"亲"在日语中有"父母"的意思，所以这里的"亲道"就是指父母所应行之道。下文"《亲经》"亦同，指教育父母的经书。——译者注

中说："三年无改于父之道，可谓孝矣。"这句话在《里仁篇》中同样出现过。孔子在这里所描述的，应当是理想的父亲。然而，世间为父者并不一定都这般理想。这世间有沉迷于享乐的父亲，有抛下妻儿独自离去的父亲，也有卖掉孩子来换酒钱的父亲。有把儿子卖掉使其变成学徒工的，有把女儿卖掉使其变成艺娼妓的，换得的钱立马就拿去买酒。非但如此，之后又总是跑到孩子那里讨要钱财的残酷之人同样存在于这世上。更有甚者，有的父亲为孩子买了高额的生命保险，然后故意将孩子杀死来换取钱财，这种极恶非道的父亲也是存在的。这时就无法"三年无改于父之道"。甚至在他们的父亲还在世的时候，他们都不应有哪怕一天去遵循"父之道"。如果父亲是孔子那样伟大的人，那么何止三年，孩子们终身都应当遵循"父之道"，但是考察社会之真相，由于有上述种种情况，三年不改父道是不可能的。大约因为孔子是个善人，所以他也习惯于把人们当成是善良的，不知道世上还有极恶非道的父亲。孔子的有些学说，即便再怎么被称为"万世之教"，也会让人无法理解。特别是据《礼记·内则篇》，子孙应当为父母、为祖父母而牺牲，这就未免有些过于残酷了。虽然《内则篇》不一定是孔子所作，但无疑是其弟子传下来的。总之，有不少这类今天已经行不通、如果去做的话就很蠢的事情。据《阳货篇》记载，当宰我质疑三年之丧是否过长，认为一年便足矣时，孔子坚持认为无论何时三年之丧都是有必要的。如果只是说心情上的三年之丧，那没有任何问题，但过去的"三年之丧"具有一套非常严格的程序。特别是如果按照《礼记》中各处所说的服丧方法，三年就有些太过了。经过三年，青年学生都可以从大学毕业了。三年不为官、不上学，严格服丧，对于子孙的发展绝不是有利的。孩子的发展应当是父母、祖父母最应关注的事。关于这一点，应当注意的是，我国皇室的丧期只有一年。众所周知，明治天皇和大正天皇的丧期都只有一年，并且还是分三期进行、逐渐减轻的。而皇室丧期为一年，这是自《大宝令》以来的规定，文武天皇时期颁布的《丧葬令》中规定："凡服纪者，为君父母及夫，本主一年。"孝道固然弥足珍贵，但是也应注意到，子孙的未来更为重要。

　　第四，孔子的思想虽说整体上十分伟大，但其中还是有些不正确的内容。在此笔者欲举出二三事例加以证明。在《颜渊篇》中，子夏曾经说过："商闻之矣，死生有命，富贵在天。"这里"商"是子夏的名字，"闻之矣"是指这句话是从孔子处听来的。因此这句"死生有命，富贵在天"应当是孔子说的。因此这句话可以说是名言了。在人们想要放弃的时候，这句话或许非常合适。但是，虽然说"死生有命"，但实际上生死在很大程度上是可以被自我管理的。虽然不要白白自杀也很重要，但根据是否养生，寿命的长短会有很大不同。"富贵在天"也是，大约不应这么过早放弃努力。富贵还是贫贱，根据人们的努力程度不同也会有很大不同。怠惰的话就会贫贱，勤勉的话富贵也不难期待，所以如此轻易地放弃，是与努力主义不符的，因此这句话的意思绝不是正确的。此外，《孟子·离娄上》还称孔子曾说过："道二，仁与不仁而已矣。"对孔子的这句话加以分析的话，同样可以发现些许不正确之处。人类的正道只有一条，那就是"仁"。如此说来，正确的说法应当是："道一，唯仁而已矣。"因为"不仁"绝不是人间正道。从这里我们能看到一种思想上的混乱。《滕文公上》中孟子说："夫道，一而已矣。"这种说法就没有错。道德指向的是"当为"（sollen）范围内的事项，从"当为"的角度出发，只有"仁"是人所应行的正道，"不仁"则不是。当然，若是从"能为"（können）的角度出发，人们既能行仁，也能行不仁。但是，道德当然不允许人们行不仁之事，行不仁绝不能被称作人类的正道。所以，这一道理我们必须同时站在"当为"和"能为"的立场上才能知晓。再有，《阳货篇》中记载，孔子曾这么说过："饱食终日，无所用心，难矣哉！不有博弈者乎？为之，犹贤乎已。"这种言论不应出现在《论语》中。这种话作为孔子的言论未免有失稳健。这句话的意思已无须赘述：吃饱饭后不在任何事上花心思是很麻烦的。与其像这样在任何事上都不用心，还不如参加博弈比较好。虽然此言并非在鼓励博弈，但是"与其无所事事，还不如去参加博弈"这种话作为孔子的言论，毋宁说是有害的，实在不像圣人的教诲。以上所说的只是孔子言论中不妥之处的两三例，这里无暇再把其他所有不妥之处——指出，故这一话题就在此打住。

第五，在《子罕篇》中，孔子曾说过："凤鸟不至，河不出图，吾已矣夫！"这是说自古圣人降世时，群鸟中会出现凤凰，走兽中会出现麒麟。此外，还有龙马负图从河中现身的传说。可见孔子也相信这一传说。看来，虽然孔子的头脑已经远超同时代人，但他也仍然拥有这种传统的信念。"吾已矣夫"用现在的话来讲就是"不行了"。凤凰、龙马，这些本就是想象出来的鸟兽，是不会出现的。指望这些东西，与孔子甚不相称。然而《春秋》中却有着这样的记载："哀公十有四年春，西狩获麟。"孔子在此处便停笔了。这是因为他对于这件事深有感触。虽然我们无从得知孔子为何会有这种感触，但当时是乱世，并非麒麟出来活动的时代，然而却出现了麒麟，所以孔子可能也将其视作不祥之兆。但是仔细想想，就会发觉这件事非常奇怪。假如在古代中国真的存在过这么一种名为麒麟的生物的话，那么无论如何都应该能找到其遗骨才对。似乎学术上一直没有证明麒麟存在，不知道是什么动物。也许是长颈鹿。然而长颈鹿是生活在非洲的，还从未听说其出现在中国。长颈鹿无角，但麒麟据说有一只角。不过这些都是后世的说法，本就是值得怀疑的。孔子所见到的"麒麟"也有可能是驯鹿一类的生物。无论是出现驯鹿还是出现长颈鹿，都不是值得叹息的事情。这种事与"道"之通达与否没有半点关系。孔子竟会相信凤凰麒麟等奇珍异兽的传说，站在今人的立场上，这与其说不可理喻，不如说是多此一举。孔子本是已经脱却迷信之人，但又仍被这些迷信所困扰，这实在是预料之外的事情。

第六，根据《史记·孔子世家》的记载，孔子曾说过："有文事者，必有武备。"此话虽不见诸《论语》，但司马迁传之，作为孔子的话还是值得玩味的。然而，孔子虽精通文事，可是否真拥有武备呢？虽然在"夹谷之会"那样的场合中，孔子表现出了勇武的气概，但孔子从五十六岁到六十九岁前后十四年间周游天下，期间曾四次遭遇灾难，而且到处游说都未见成效。所以，孔子在六十九岁那年回到故乡鲁国，用人生的最后五六年编纂六经，但孔子在他的时代终究是未能得志。也就是说，他乃是一位失意之人。孔子是如此热心地去周游列国，希望正道能够通行于人世间，却终究得不到他人的重用。并且世间的情况最终不仅没有丝毫改善，反而愈发恶化了。这绝对称不上"治国平天下"。反而说世如乱麻更为合适。孔子殁后一百二三十年后，孟子生于战国，效仿孔子，游说诸侯，但最终他也没有得到重用，于是便隐退起来，与弟子进行问答，将自己的教诲流传给后人。世间并未因为孟子而有所好转，最终平定天下的是秦始皇。为何会出现这种情况呢？这正是因为孔孟都无法用武力去镇压恶徒。孔子的教诲虽然没有错，但如果缺少了惩治恶徒的武力的话，是什么事都成就不了的。孔子在《卫灵公篇》中曾经说过："军旅之事，未之学也。"看来这的确是事实。我日本自古以来都是文武并用治理国家。虽然不能说日本总能很好地并用文武两道，但治国的方针确是如此。所以自明治以来，我国就好像并用鸟之双翼一般并用文武两道。这一点是必须坚持下去的。看来孔子还是太偏重于文，对并用武力考虑不足。尽管孔子本人确实具备勇气，但在他的弟子中，除了子路、曾子、公良孺等人之外，绝大多数都过于文弱，无法去讨伐违反正道之人。自古便有人说儒生优柔，此话确实不假。

　　虽然除此之外孔子的学说还有偏于形式主义、缺乏自由精神、强调义务而忽视权利等种种缺点，有很多不完美的地方，但这已经是两千四百多年前的学说了，没有必要对其求全责备。但是，孔子的学说确实存在不完善的地方。《中庸》的末尾记载："仲尼祖述尧舜，宪章文武，上律天时，下袭水土。"这里最后的"下袭水土"，指的是孔子会随着水土的不同调整教育方法。孔子既然生在中国，便自然会依照中国的水土立教。假如孔子生在日本，那么他便会创立适合日本水土的教育方针。孔子有"不知为不知，是知也"的谦逊态度，具有虚怀若谷的宽大胸怀，因此即使是我等后进之人所说，只要合于道理，想必孔子也会欣然接纳吧。（昭和十二

年三月十四日）

　　［原载高田真治、诸桥辙次、山口察常《儒教的历史概观》（"论语讲座·第六研究篇"）的附录"现代日本人的孔子及《论语》观"，春阳堂书店1937年］

（姚睿麟译）

论王阳明之学

（以下一篇为去年十二月十二日于本乡会堂演说内容的笔记，井上哲次郎君述，荒浪市平速记）

王阳明的学说绝非一个小时就能够讲完的。但本人今晚欲摘其要点加以讲述。我们将从王阳明在中国哲学史上究竟占据着怎样的地位入手，然后渐渐论述王阳明的学问。（洗耳恭听）

在周代，中国的哲学非常兴盛，各种各样的哲学思想蓬勃发展。彼时的中国，就如同欧洲的希腊时代那般，出现了百家争鸣的局面。但自周以降，以至秦汉，中国哲学家的数量便大为减少。在秦代，能够被称得上是哲学家的人便已寥寥无几。而汉代的哲学家，和汉代漫长的历史相比，其数量也非常稀少。在此期间能够被称作哲学家的，其实只有三人。但就是这三人，也无法与周代出现的那些伟大哲学家相提并论。而到了唐代，则可以明确地说中国已无哲学家。唯有韩退之写过一篇《原道》……①文章诗词虽然兴于

---

① 这里的省略号是原文就有的，本文中下文的其他省略号亦同。——译者注

大唐，但其中却没有具有哲学品味的作品出现，不得不说，那是一个精于文辞而拙于思想的时代。

但到了宋代，情况为之一变，宋代是继周代以后哲学再次兴盛起来的时代，伟大的哲学家接二连三地出现。最先是一位名叫周濂溪的人写下了《太极图》①、《通书》之类的作品，论述了与哲学相关的话题。在他之后出现的张横渠、邵康节、程明道、程伊川，以及再之后的朱子、陆象山等人，纷纷出来提倡自己的哲学学说。

但这些人之中最为出众的还是朱子，他研究了众多的学说，孜孜不倦地致力于让高尚的学问重回人间。这位朱子着实可谓是对我东洋产生了极大影响之人。在朱子之后，几乎所有的中国学者都非常尊崇他。即便是在我日本，在维新之前，学者们也大都对朱子表示崇敬。由于朱子的哲学成为官方哲学，因此朱子的学说在东亚……即在中国和日本都产生了影响，而且在朝鲜也是一样……但是，朱子是笃实之人，他非常重视遵从先人的教诲。孔孟自不必论，就是对于周濂溪、邵康节等前辈的学说，朱子都不会去违背其原意。他就是在此基础上建立他自己的学说的。但正因如此，他的学说中充满着矛盾。朱子不愿违背任何人的学说，但这如此众多的学说又不可能完全相同，每个人都会掺杂自己个人的意见在其中，因此，如果不想违背每个人的意见的话，就势必会造成自己本人学说的矛盾。于是乎，朱子又做了大量的注解。这一注解工作量巨大，令人难以望其项背。众所周知的《四书章句集注》就是其中之一。即便是马融、王肃、郑玄等人，可能都无法比得上朱熹。朱子

---

① 原文如此。周濂溪所著应是《太极图说》。——译者注

做了如此多的注释，又不想违背所有人的旨意，结果就造成他本人在哲学上也产生了诸多矛盾。同时，又因为他太过拘泥于古人的足迹，所以就导致他常常去墨守一些错误的学说。

而与此同时，在那个时代，还有一个人提出了与朱子完全不同的学说，这个人就是陆象山。此人不像朱子那般墨守成规，而只把自己的"心"作为学问的依据。因此，他的学说与朱子大相径庭。早在当时，这两人便经常产生矛盾并进行辩论。记录这些辩论内容的文章大都流传至今，但若要问这二人学说根本的差异，那便是陆象山不像朱子那般泥古，而是完全以自己的心为主。可见，这两人的学派全然不同。然而，又正因为这位陆象山主张依心传心、不立文字，因此他并没有写下太多著作，除《陆象山全集》外，再无其他作品流传。正因为陆象山主张以心为主，因此他不认同多读多写。所以朱子曾批评他"却要理会内，不管外面"，又说他"不著言语，其举正似告子"。

其后由宋入元，几乎所有的学者都尊崇程朱，再没有人提出过不一样的观点。直到明代王阳明出现，基于陆象山大倡异于朱子的学问。不能不说，王阳明为人远高于陆象山，学识也远优于陆象山，但他继承并发展了陆象山的学说，使其得以兴盛。必须承认，王阳明乃明代学者中的第一人。当然，除王阳明之外，明代还有其他知名学者，比如薛敬轩、胡静斋、陈白沙、蔡虚斋等人，都是中国有名的学者。但是这些人都仅仅是在高谈陈腐旧说，完全无法和宋代的学者相提并论。唯独王阳明可谓有明一代的卓越者，这也是因为他不拘泥于古人学说，不像朱子那样倾全力于注释，而是学习陆象山，将自己的心作为学问的根据。正因如此，他的学说非常新颖，他的哲学颇能吸引当时的人。并且王阳明不仅只是作为学者……作为哲学家杰出于当时，他还是一位杰出的文章家。事实上甚至可以说他是明代第一文豪。非但如此，甚至自明代以后……从明代开始直至今日，中国都再没出现过比得过王阳明的哲学家。中国的哲学史止于王阳明。同时，自明代之后，中国也再没出现如王阳明般杰出的文章家。正是王阳明学术的优异，造就了他文章的优异。没学问的人写文章，终究只会工于雕虫小技，就算字句再怎么浮夸也毫无精神。因此，无论是作为文章家还是作为哲学家，王阳明都可称得上是近来东洋的杰出人物。王阳明哲学的影响不仅限于中国，而且还波及日本，甚至可以说，它在日本产生的影响更大。在中国，当王阳明在世时，便有人在他门下学习。在这些人当中，有些已经小有名气，比如王龙溪便是其中之一。

在我日本，有一些相当有名的学者都尊信王阳明。日本最早尊信王阳明的学者，是中江藤树……就是那位被称作"近江圣人"的人。此人曾尊崇朱子的学问，但后来逐渐趋向王阳明的学说。中江藤树的弟子熊泽蕃山酷爱王阳明，并尊崇其学问。此外还有一位名叫三轮执斋的学者，也是王阳明学派的人。在较近一段时间中痴迷于王阳明的便是大盐平八郎了。这位大盐平八郎不仅尊信王阳明，并且还提出了自己的一些见解。也就是说，在他的学说中，包含着一些自家独有的内容。众所周知，大盐平八郎著有《洗心洞劄记》。在这本劄记中，大盐提出了"大虚心"的概念，这一"大虚心"概念同黑格尔的思想有几分相似之处。不过，关于大盐平八郎的思想，今天无法详述。此外，与大盐平八郎同时代的佐藤一斋实际上也同样喜于王阳明的学说。从学统而论，此人并非王阳明学派的人，因为他是林述斋的弟子，表面上始终尊崇朱子学。但可以看出，他心里也尊崇王阳明。总之，如上所述，诸如中江藤树、熊泽蕃山、三轮执斋、大盐平八郎等我国学者也都尊奉王阳明。当然，尊信王阳明的人终究只是少数。然而，这些为数不多的王阳明信徒却都蕴藏着巨大的力量。尤其是中江藤树，可谓是无与伦比的优秀者。此外这些人之中还有像熊泽蕃山那样在经济方面富有才华的人，以及大盐平八郎那样不走寻常路的人。而且最后这位最后还真是做出了一番奇特的事业啊。（笑）总而言之，王阳明学派的人不仅在好的方面，甚至在坏的方面都涌现了一批有为之人。正因如此，我觉得有必要讲解一下王阳明思想的大意……首先，我想先简单介绍一下王阳明其人。当然啦，我是没办法像大西君介绍斯宾诺莎那样详细地介绍一番了。（笑）

王阳明生于中国南方一个名叫余姚的地方。余姚如今是浙江省绍兴府下辖的一个县的名称，因此王阳明学派也被称作余姚学派。王阳明生于明宪宗成化八年，卒于明世宗嘉靖八年。换算成西历就是从公元1472年到公元1529年。这一时期的西洋正处在中世纪末期，还没有出现近世哲学。欧洲近世哲学起源于法国的勒内·笛卡儿和英国的弗朗西斯·培根，而在当时这两人都还没有出生……王阳明刚好就在这二人出生前夕去世了。去世那年王阳明57岁，没有子嗣……但是老婆还是有的。（大笑）王阳明绝非朱子、程子那样的人，他非常喜欢开玩笑，在与人交谈时，经常掺杂着一些玩笑话。如果拿他同中国的其他学者进行类比的话，最先让人联想到的就是苏东坡。苏东坡也是一位很喜欢开玩笑、总爱讲笑话的人。日本有很多爱讲笑话的人，王阳明和这些人也一样，总爱讲些笑话和玩笑。苏东坡曾当面和程伊川吵架，让两人的交情变得极差，这两人恐怕没少相互倾轧。这就是因为苏东坡太爱开玩笑，而程伊川则是在平日里都会正襟危坐的严格的人。就是因为两人性格差异太大，才导致两人感情交恶，相互争吵。而王阳明正好就是苏东坡那样的人，他自幼就喜欢开玩笑。不过，在 18 岁那年，他曾一度认为开玩笑是一件不妥的事，并为年轻时的行为感到懊悔。那时的他，也开始坐得笔挺，与人交流时尽量少说话以显庄重。然而有些人觉得这件事太过奇怪，不相信王阳明会变成这样。王阳明闻之色变，说："吾昔放逸，今知过矣。"他愤怒地表示，虽然自己以前犯过错，但如今他已知错，所以要改正。然而，爱讲笑话、爱开玩笑，这可能是王阳明的本性，是想改也改不掉的。在这之后，他又开始开玩笑了。（笑）他多次聚集起一帮书生进行愉快的……这个人相当擅长唱歌，会吟诵一些有趣的诗篇。传言，在他前往越地时，还曾唱过当地的流行歌曲。他就是这样一位非常愉快的人，与程子、朱子在性格上有很大不同。由此可以推测，在学问上，这两类人也有很大不同。王阳明年轻的时候便对兵法非常感兴趣，到了壮年，他学习了兵法，阅读了大量相关著作，以至于可以说没有他没读过的兵书。后来在他 26 岁时，各地都出现了反叛者，战争频发。在这样的情况下，王阳明更是在家中频繁钻研兵书，当有客人来时，他也只与其讨论兵法。他甚至还将点心当作兵营排列起来，谈论军事。并且，他还多次直接上书天子，并因此多次获罪。明武宗时，宦官刘瑾专权，国家百姓深受其害，当时的众多名臣都曾上书劝谏，但这些人全都遭受了牢狱之灾。然而王阳明依旧上书替这些人鸣冤，并斥责刘瑾。结果，王阳明自己也被打入大牢，还挨了四十多鞭子，几乎就要断气，但最终挺了过来。之后他又被放逐到今天贵州的龙场驿。在王阳明前往贵州、途经钱塘时，刘瑾又派人前来侦窥。在那里，王阳明装作感到生还无望，投入江中自杀了……他在假装跳河自杀时潜入江中逃走了，之后他借乘商船继续逃亡。由于有强风加持，船很快就到了闽界，并在那里停了下来。据说，王阳明在此上岸，又穿过山区，走了三四十里路（这里的"里"是中国的"里"），在夜里找到了一座寺庙。王阳明想在寺里过夜，可寺里的和尚不让，于是王阳明只好来到原野中的庙里，靠在香案上睡着了。谁想半夜里竟有老虎出现，徘徊在寺庙周围大声吼叫。所幸老虎并没有进入庙中。到了早上天还未亮时，和尚想着王阳明应该已经死了，便想进去拿走他的行李。结果，他却看到王阳明还靠在桌子旁边熟睡。那和尚大为吃惊，于是便把王阳明叫醒，并对他说："你绝对不是等闲之辈，不然你不可能活下来。"王阳明教育徒弟大都是带着他们前往山水之间，很多人一起……或者是在月夜到各处吟诗，用自己的风采熏陶自己的学生。之后，王阳明在各处平乱。王阳明数度为平乱而率军出战。身为哲学家而有战争经历的人古今中外都实在很少见。但像苏格拉底、费希特[①]也曾加入军队参战。笛卡儿曾经参过军，但没有参过战。而王阳明则很擅长作战。在其他中国学者当中擅长指挥军队者，还有墨子。《列子·说符篇》中记载："墨子为守攻，公输般服。"这句话的注补充说："公输班善为攻器，墨子设守能却之。"可见墨子擅长的应该是防御。而王阳明则擅长进攻，在他作战时捷报频频。当时的乱军均被

---

① 原文是フヒデ，大约是指费希特，但费希特实际上没有军旅经历，他只是在1806年拿破仑入侵普鲁士时曾经申请随军，但未获准。——译者注

其悉数平定。他曾写信给杨仕德说："破山中贼易，破心中贼难。"可见，他在平定叛乱时并未遭遇太大困难。王阳明说的话是绝对不会掺假的。在他死前，弟子们询问他是否有遗言时，他笑着说道："此心光明，亦复何言？"然后他就去世了。这就是他的遗言。（大笑）

他去世的时候，有很多人……前来吊唁。和斯宾诺莎去世时有六辆车差得还挺远的。（听众拍手大笑）前来悼念者有千余人。有位日本显贵……地位很高……名字就不说了，他曾说过："王阳明和今天的李鸿章是一类人。"此言差矣。王阳明与李鸿章绝非可以相提并论的两个人。王阳明不仅擅长指挥军队，并且为人也很高尚，而且是哲学大家，怀有一种高尚的思想，而李鸿章则在这方面毫无建树。李鸿章在哲学上没有半点功绩。1872年，天津近郊暴发洪水。在洪水暴发时，人们通常会去拜一尊神，这便是所谓的龙王，它在中国被当作水神。当年天津近郊暴发洪水时，有一条蛇躲进了龙王庙，负责看管那里的道士对此大为兴奋，声称这就是龙王显现，于是他便对这条蛇诚惶诚恐、礼遇有加。结果四方之士……无论其是否接受过教育……纷纷前来膜拜这条"龙王"。这其中，就有这位李鸿章。（笑）所以说，断不可将李鸿章与王阳明相提并论。（喝彩）"东洋的俾斯麦"竟然会去拜一条蛇，这毋宁说是东洋之耻。（大笑拍手）

接下来，我们将讨论王阳明的思想。不过在此之前，还是得先讲一下学习王阳明的学问需要阅读哪些书籍。虽然这些书籍日本人应该都有所了解，但为全体裁在这里还是说一下。记载王阳明学问的书籍非常之多，但其中最好的当属《传习录》。但是，《传习录》并没有记载王阳明的全部思想。除《传习录》外，《王阳明全集》在日本也有流传。此外还有《王阳明全书》。"全集"和"全书"并非同一著作。《王阳明全书》是另一本著作，用来理解王阳明学问的方方面面十分便利。以上三种便是最主要的书籍了。除此之外论述王阳明学问的著作还有很多，在此无法一一列举，但有一部书叫《明儒学案》，其中有关于王阳明思想的记载。

在对王阳明的思想进行总体评价时，首先应当注意到，王阳明仍然和中国的其他哲学家一样，遵循着注重伦理学的传统。当然，对其他话题王阳明也都有所论及，但总的来说，在他的学说中占据了最大部分的仍然是伦理学。从古至今，中国的全部哲学都是以伦理学为核心的。固然，中国哲学论及的话题涉及方方面面，然而总的来讲这些哲学仍然是注重伦理的学问，王阳明自然也不能摆脱这一全体性的性质。因此，王阳明曾说过："善念存时，即是天理。""立志者，长立此善念而已。"当他在学术上讨论"志"时，完全是从伦理上来探讨的。可以说，王阳明的学问除伦理外别无他者。其他诸如化学、物理学、金石学、地质学等，都是王阳明所不知道的。这些内容最早都不算学问。唯有伦理学才是真学问。在我们正式讲解王阳明的学问之前，我想先简单谈一谈王阳明的思想和朱子的思想有哪些不同。

王阳明的学问与朱子的学问是完全相反的。正因如此，德川幕府采纳了朱子学就没有采纳王阳明之学。由此可见，这是两种水火不容的学问。朱子学和阳明学之间究竟有何不同？首先，朱子学主张理气并存说。朱子认为，天地之间是由理、气二元构成的。在朱子那里，"理"是形而上的存在，换句话说，就是"道"和"太极"；而"气"则等同于所谓"四品"……《周易·系辞》中说："形而上者谓之道，形而下者谓之器。"朱子的"理"就相当于《周易》中的"道"；朱子的"气"就相当于《周易》中的"器"。"气"就是指一切有形之物，而"理"则指无形之物。因此，人、桌子、灯、水都是"气"。非但如此，"心"也是"气"。因此，更准确地来讲，并不是说有形之物便是"气"，无形之物便是"理"。"气"当中也有无形之物。在朱子看来，"气"是涵盖了一切现象层面的东西的，所以"心"在发生种种"作用"、表达喜怒情感时，"心"的现象便产生了，这种种"心"的"作用"集合起来，便作为"心"，被归于"气"。空气也属于"气"。虽然空气无法被看见，但在朱子看来，它仍是属于现象层面的事物。"理"是丝毫没有现象的东西。因此在朱子看来，"理"既是实体，可说是世界的本体，而"气"则是现象世界。朱子将"理""气"划分为二，但王阳明并没有这么做。王阳明主张的是理气合一论……"理"与"气"是一体的、不可分的。这一说法类似佛教中的"同体不离"说："真如"与现象世界是同体不离的。王阳明认同这种理气合一论，而不像朱子那样对"理""气"二者加以区分。虽然朱子也曾表示有"气"才有"理"，无"理"便无"气"，但是王阳明不对两者进行区分，把这两种存在完全当成一种来看待。由于朱子将"理""气"进行区分，所以"心"与"理"也是不一样的事物，因此"格物穷理"就成为必要。也就是说，必须通过研究外在事物才能了解自己的"心"。而在王阳明那里，由于"心"即是"理"，两者没有区别，"此心即是理"。因此，在王阳明看来，只要自明己心，天地之理自明。在朱子看来，由于"心"和"理"并非一物，所以只有对外界的事物进行种种研究之后，方能对自己的"心"有更明确的认识，所以"格物穷理"是必要的。因此，在我们翻阅朱子的著作时，可以看到他经常讨论天地间的各种事物。雷、云、山川草木、鬼神之事，对于各种同外界相关的事他都会进行研究。而如果读一读王阳明的《传习录》，就会发现王阳明几乎从来没有讨论过这些事情，他尽是在讨论探明自己的"心"之类的话题。在这一点上，王阳明可谓同朱子完全背道而驰。因此，朱、王二氏的学派可谓完全不同。顺便必须再说一句，朱子是非常拘泥于古代著作的人。前面已经提到，他写了大量的注释，读了各种古人所写的书，并在这些阅读的基础上创立了自己的各种学说。他在作注方面非常高明，甚通其道。迎合过去孔子的意思，便尽力在书写时不去违背孔子原意；迎合孟子的意思，便尽力在书写时不去违背孟子的原意。在为形形色色的学者作注时都能够迎合古人的想法，这确实是很高明的。而王阳明则从来不为别人的书作注解，而是独立思考。他是"以我心为主"的学者，总是首先以自己为主。陆象山便已主张过这一观点，因此王阳明确实是继承了陆象山的衣钵。总之，在治学方法上，王阳明和朱子有着很大差别。在其他方面他们也有分歧，但是今天我们便在此打住，不再细讲了。

　　由于方才已经提到了，因此想必在座诸君多少都能猜到王阳明学问的核心是什么。在王阳明的学问中，"心"便是学问的根基，"吾心"即是一切学问的根本。所以王阳明曾说过："心即理也，天下又有心外之事、心外之理乎？"这等于是在说，一切万法皆是"心"。王阳明和陆象山一样，深受佛教的影响。王阳明年轻的时候就曾立志学习释老，因此对于佛道二教颇有研究，后来又转向儒家。因此，他的思想首先受禅宗的影响。但是，不能由此便认为王阳明的思想是与禅宗完全等同的。这是因为，虽然王阳明和陆象山都深受禅宗思想影响，将"心"看得很重，并将其奉为学问的根本，但他们的目的是人伦交际之道，而绝非如禅宗一般玩弄自己的精神，仅以悟道为目标。人伦交际就是以立世间之道为主，而禅宗则始终以"出世间"为要点。可见，这两种学问的目的就不一样。不过，这两者在治学方法上倒是非常相似。王阳明说过："心外无理，心外无事。"……这就是说，世间万般事物皆生于我心，存于我心。并且他还说过："心即道，道即天，知心则知道知天。"也就是说，所谓"道"就是自己的"心"，只要弄明白自己的"心"，也就自然理解了"道"与"天"。学问之法唯有探明内心这一条而已。其次王阳明又说："善恶唯在汝心，循理即是善，动气便是恶。"也就是说，善恶均是由"心"而生，是"内部"产生的。王阳明认为，善恶均由我生，只要能明了自己的内心，便能自然而然地成为善人。但是，每个人的能力是不同的。虽然每个人的"心"都是相同的，但不是所有人都能够洞察此"心"。因此，王阳明又将人分成三等。第一种叫作"生知安行"者，这是指那些生而知之并能安然行之的人，也就是类似大圣人那般的人。第二种叫作"学知利行"者，这是指那些学而知之并能很好执行的人，这是次于圣人的一类人。第三种叫作"困知勉行"者，这是指那些遇到困难而求知并尽力实行之人。这是指那些相当下等的人。王阳明将人分成如此三类……虽然人分为如此三等，但无论如何，学问的根本重点都只在解明自己的内心。

王阳明的学问如前所述以"心"为根本，而这个"心"是具备无论什么都可以自然知晓的能力的。由此，王阳明提出"良知"之说。事实上，最早孟子就已经提到过"良知"。在《孟子》中提到过"良心""良知""良能"。因此，王阳明应是从孟子那里获得了很大启发从而提出这一学说的。王阳明曾说过："那一点良知，是尔自家底准则。"这就是说，你自己心中的良知便是你的行为准则，唯有良知能够辨明万事万物的是非，良知便是道德的标准。因此，王阳明才说："那一点良知，是尔自家底准则。"并且，王阳明还认为，这种良知是绝对不会消亡的，无论什么样的人都会有良知。只不过，由于种种"气"的阻挠，这种良知可能会一时暗淡下去，但它绝不会完全消失。因此，只要一步步认识自己的"心"，"良知"便会自动成长起来，人们便能做到顺从"理"。王阳明认为，渐次讲求"良知"才能在人际交往中树立种种道德主义。比如孝悌忠信，就是在明此"良知"之后才能实际去践行。将"良知"应用于亲子之间便是"孝"，应用于君臣之间便是"忠"，应用于朋友之间便是"信"。虽然在不同的场合有不同的名目，然而这些名目却都根源于"良知"。他认为无论何人都有能力自己明白要对父母尽孝行、对君主尽忠义、对朋友尽信谊。只要能明己"心"，人们便会自然而然地理解孝悌忠信在道德上的可贵。如果不知晓这些道理的话，那便是因为"心"被埋没了。只要能明此"心"，便能理解这些事情。这便是"良知"。从这一点上来说，这种思想同方才大西君提到的斯宾诺莎的"知识论"非常相似。虽然不是完全相同……王阳明相信知识是会自动显现的，只要能使良知明晰，无论什么都能自然知晓。这正是斯宾诺莎的观点。人们生来便拥有知识，只是由于种种缘由使得这一知识被埋没了起来……因为只是被各种情绪埋没了，所以只要能使此"心"显现，便可理解万事万物。如此可见，王阳明的良知说和斯宾诺莎的知识论在这一点上可谓非常相似。因此，王阳明的"良知"不仅仅能够知晓人伦交际之事，还能够知晓其他所有道理。

虽然王阳明将伦理学视作唯一的学问，但渐渐地，他的学生们开始问起一些与伦理无关的问题。有时王阳明会穷于应答。王阳明将良知视作可以知晓世间一切的精神力量。因此，曾有学生发问，在人入睡的时候是什么事情都不知道的，那么在此时人的良知上哪儿去了呢……搞得王阳明很尴尬，给不出一个足够圆满的答案。此外，王阳明还认为，"良知"并非人类独有的。草木、瓦石，世间所有有形之物皆有良知……连草、木、瓦、石都是具备良知的。（笑）王阳明曾说过："人的良知就是草木瓦石的良知。"这是说，人所拥有的良知与草木瓦石所拥有的良知是相同的。此外他还说："若草木瓦石无人的良知，不可以为草木瓦石矣。岂唯草木瓦石为然？天地无人的良知，亦不可为天地矣。"这就是说，天地若是没有良知便不能被称作天地。这一论述几乎与佛教"山川草木皆有佛性"的观点完全相同。可见，王阳明的这一观点来自佛教山川草木皆可成佛的思想。所以根据王阳明的观点，并非只有人类是道德生物，草木瓦石都具有道德。这是非常错误的。王阳明的知识也没有到那个程度。很奇怪。

此外，由于王阳明相信所有人都具备良知，因此他便自然地倒向了性善论。人们知晓事物并践行已知晓事物的观点与性善论是紧密相连的。王阳明认为，任何人都是能够向善的，只要发现自己的"心"，人们便会向善。但是，王阳明又说过："无善无恶，谓之至善。"……这句话是说，善的极致就是既没有恶也没有善，这便是绝对的善。绝对的善已经不能简单称之为善或恶。由此说来，兴许可以认为王阳明是想说人的本性既非善也非恶。然而，这是从绝对的善的位置考虑才说"既非善也非恶"的，所以站在相对的角度来说，王阳明还是性善论。不过，将方才提到的良知说与性善说结合在一起，就是"万人同性说"。这种说法认为，所有人的本性都是相同的。在王阳明之前，孟子和荀子便已经提出过这一观点。孟子说过："人皆可以为尧舜。"这句话是说，任何人都可以成为尧舜那样的圣人，也就是性善。人们的本性各自都是善的，因此只要培养这种善性，人人便皆可成为尧舜。这便是孟子的万人同性说。荀子也同样说"人之性恶，其善者伪也"，认为人性皆恶，也就是万人同性说。①不过荀子说："途之人可以为禹。"因为孟子已经用过尧舜了，所以荀子说大禹。（笑）所以荀子认为如果对这种恶性保持忧虑并加以矫正，那么就能成为大禹。也就是在他看来，无论何人在性恶这一点上是没有差别的，所以主张万人同性说。可见，在王阳明之前，孟、荀二人就已经在提倡万人同性说了，而王阳明也主张这一学说。王阳明的观点与孟子相同，即认为人性本善，人皆可为尧舜。

以上，我们对王阳明思想的几个核心观点进行了论述，至于这些思想的细节，在此无暇一一详解。不过，在最后，有关王阳明的思想还有一点不得不提及，那便是所谓"知行一致"的思想。在王阳明看来，知晓事物等同于践行事物，世间绝无不去实践却能知晓

---

① 原文如此，这里的"荀子也同样"应该是指也同样认为万人同性。——译者注

的事，实践了才能知晓，知晓时已经实践过了。因此，"行"与"知"是一样的事情。王阳明曾说："未有知而不行者。知而不行，只是未知。"这句话的中心主旨便是：对于任何事物，如果说已经知道了，那此时就已经做了，但凡还未实践就是还未了解。依靠这一中心主旨，王阳明提出了"知行一致"的观点。他还说过："知者行之始，行者知之成。"由此看来，知和行是完全相同的。所以在这一点上也能看出王阳明与朱子的不同。在朱子看来，学问就是学问，与其他事物无关。因此，他才阅读各种各样的书籍，以做穷理的学问为重点。但王阳明则不去做这种区分。关于这一点，这里还要再多说一句。王阳明曾说，朱子到了晚年，曾提出过与自己颇为相似的观点。为了证明这一点，王阳明收集了许多朱子晚年的作品整理成册。然而，关于这件事，许多当时的学者也提出过异议，有的学者认为根本就没有这回事，众说纷纭。不过，就算朱子真的提倡过这一思想，那也是他晚年的时候了，绝不会是在他学问正值鼎盛之时发生的事，也绝不会是已经成型固定的思想。

现在，我想简单地评价一下王阳明的学说。如前所述，王阳明以了解自己的"心"作为立论基础，认为只要自己的"心"明晰起来，学问便可自成，而且只要知晓自己的内心便会获得"良知"，从而自然而然地掌握世间一切知识。因此，王阳明对于研究各种外在事物毫无兴趣。在他对学问的热情中完全没有研究外在事物的念头。所以他曾说过："至善只是此心，纯乎天理之极便是。更于事物上怎生求？"只要培养自己的至善之心，便足以应付学问上的事业，没有必要钻研各种外界事物，没有任何用处。因此，王阳明的学说只把理解内心放在第一位。此外，王阳明还说过："只存得此心常见在便是学。过去未来事思之何益？徒放心耳。"思考过去未来毫无益处，只会让"心"毫无意义地游离于各处……对历史的思索变得毫无意义，为来年做预算也变得没有意义了。（笑）于是就有了这样一件事。《传习录》记载，有一次，"有一学者病目，戚戚甚忧"，非常困扰。于是王阳明说："尔乃贵目贱心。"在王阳明看来，就算眼睛瞎了，但只要内心是明亮的就没有问题。王阳明之学的弊病和趋势便在于，虽然内心很重要，却忘记了眼睛也很重要。此外，王阳明还曾说："只要解心，心明白书自然融解。"这是在有一位书生虽然阅读了大量书籍、却苦恼于书太难懂时王阳明给出的回答。其主旨是，只要你理解了自己的内心，那么书的含义便自然会明了起来。要是真像王阳明说得这么轻松的话，也就不需要字典什么的了。再有，草木瓦石毕竟不像王阳明所说的那般具备良知。说人类具备此种素质尚能成立，然而若将这种说法扩展开来，说什么草木瓦石乃至天地都拥有良知，则是丝毫没有根据的空想之论，丝毫不符合学术的思想。除此之外，王阳明出于对孟子的尊崇而沿袭了孟子的性善说，然而在这方面王阳明又有颇为自相矛盾的地方。在坚持性善论的同时，他又提到"性无善无恶"，而这种观点又与过去胡五峰、苏东坡等人"性无善恶"的说法相近。性无善恶就是性无善恶，性善就是性善。王阳明无法对这两者做出区分，是因为他本人也时常徘徊在两者之间。不过，总的来看，王阳明应当还是属于性善论，但他的表述并不明确。还有，在万人同性论这个问题上，王阳明虽然与荀子、孟子目的一致，但是却与孔子产生了分歧，而王阳明本人本是信奉孔子的。孔子发表过一些含有性善论味道的言论。比如，他在《论语》中说过："人之生也直。"既然是"直",那就必然是性善。不过,孔子又说过:"唯上智与下愚不移。"也就是说,极为伟大的智者与极其蠢笨的愚者是施加教育也无法改变的。可见,孔子并没有断言"万人同性"。还有,虽然在此无法一一列举,但王阳明还总说一些奇怪的事情。比如说,他相信鬼神的存在。这一点可谓是中国人的通病了,从孔子开始,像朱子等这样的大家也都相信鬼神。中国人普遍相信人死后灵魂仍然在世间游荡。因此《易·系辞》中也说"游魂为变",死后灵魂也依然存在。这种观念存在于众多中国学者的头脑当中,王阳明也不例外……不过中国也有无鬼神论者,比如荀子、韩非子便是。但鬼神论者还是占据多数。而且王阳明很看重卜筮,将其视为极为伟大的东西。他曾这么说:"卜筮是理,理亦是卜筮。天下之理,孰有大于卜筮者乎?"如此说来,高岛嘉右卫门就非常伟大了。(大笑)既然王阳明宣称"天下之理,孰有大于卜筮者乎",那也就是说,科学、道德等等其他一切,都不如《易》那般伟大。但是,卜筮与今日之学术完全无法相比。因为卜筮的理论依据是完全站不住脚的……原因就在于,按照卜筮之学,从八卦中可以显示出所谓天地的真象。只要置一算木,执一筮竹,做出一卦来,那么这个卦中便清楚地展示了天地的真象。在卜筮之学看来,此卦便代表了天地的状态……这种说法毫无根据。人们只是拿着筮竹,由此以定《易》中的卦象,没有任何理由说用筮竹便能够代表天地真象。尽管如此,王阳明却还是对卜筮怀有敬畏之情,并且还说:"《易》是问诸天。"他认为,《易》便是向天发问,卜筮便是向上天询问事物的吉凶。

最后,我们来总体评价一下王阳明的思想。总体看来,关于王阳明的思想，有一点是必须向诸君说清楚的，这就是中国学者中多数都属于"唯物式的"。虽然这些思想还称不上是"唯物论"，但总而言之，这些学者多擅长具体（concrete）的思维而不擅长抽象（abstract）的思维。然而王阳明的学说从总体上看是倾向于唯心论的。说它就是唯心论也应该没有什么问题。王阳明不仅主张内心光明便可知晓外界的一切，还认为世间万物都存在于心中。所以王阳明才说："天下又有心外之事、心外之理乎？"此外，他还说过："你未看此花时，此花与汝心同归于寂；你来看此花时，则此花颜色一时明白起来。"这里虽然说的是花，但其实山川草木也好，其他任何事物也好，都是一样的，此处只是拿花来举例罢了。王阳明想表述的是，即便是山川草木，如果我们消失了，它们便也会跟着消失不见，因此山川草木也都只存在于自己心中。没有"我"，也就没有心，山川草木乃至整个世界便都消失不见。因此可以认为整个世界也都在我心中。正是基于这种观念，王阳明才有了上述言论。总而言之，王阳明的思想属于一元论，并且是一元论中的唯心论。他曾说："只要知身心意知物是一件。"也就是说，身、心、意、知、物均可归于一元。他还说："耳目口鼻四肢，身也。非心安能视听言动？心欲视听言动，无耳目口鼻四肢，亦不能。故无心则无身，无身则无心。但指其充塞处言之，谓之身；指其主宰处言之，谓之心。指心之发动处，谓之意；指心之灵明处，谓之知；指意之涉着处，谓之物。"总之从这一点看来，王阳明的学问确实是一元论，将一切归结到一点。因为世界是一元的，所以是理气合一论，不过此气即包含在理中，所以是唯心论。陆象山还没有明确唯心论的立场，在王阳明那里就已经相当明显了。固然，王阳明的学说受孟子影响很大，因此他的学说同孟子非常相似。然而，孟子绝没说过诸如"外物在心中"这样的话。他虽然说过"万物皆备于我矣"，但从没有如同王阳明那般明确的论述。因此，或许可以说，在中国除王阳明之外再无其他提倡唯心论的哲学家了。要说王阳明有何独特之处的话，那便是他的唯心论了。这种唯心论同贝克莱的学说颇为相似，但不能说两者完全相同，这两种学说间还存在着许多差异，不过总的来看，外物……广言之整个现象世界都存在于我们心中，没有吾心便无世界，两者会一同消亡。王阳明学说的特点便在于明确指出了这一点。总体上看，王阳明的哲学中存在诸多矛盾，但在此没有时间将其一一列举出来，故而方才只是挑选了其中的重点加以论述。先大概说到这里，让我一下子讲述如此大的一个题目，肯定会有诸多遗漏，语无伦次之处抑或有之，还请各位原谅。（大喝彩）

（原载横井时雄编《本乡会堂学术讲演》，警醒社1892年）

（姚睿麟译）

阳明学的大意

（演讲笔记）

关于阳明学，我拜聆过各种观点，但这些观点似乎都没有充分解答"什么是阳明学"这一问题。既然是很难得的阳明学会的演讲会，本人就想借此机会就"阳明学究竟是什么"简单谈上两句。不过，诸君在此已有很长时间，难免会有无聊乏味之感。如有这种情况，大可先行离开。本人在此也仅仅是想向对阳明学抱有热情的听众说上一两句。

（谨听）

在研习阳明学的日本人中，正如从刚才已经多次提到的，有许多都是充满活力、秉持行动主义、积极参与社会活动的人。大盐平八郎自不待论，其他如西乡隆盛等许多人都是如此。然而，这种"行动主义"又不是鲁莽行事的行动主义，说到"行动主义"，果然还是必须多少有其行动的依据。只是杂乱无章地胡干一通是没有意义的。那说到底只是粗暴疯狂的行为。只要去巢鸭的疯人院看看，就能见到许多这种胡乱行动之人。这种"行动主义"是不对的。多少有所依据，以此为自己的基础去行动，这样就会很有趣。大盐平八郎也好，西乡隆盛也好，都不是单纯的行动者，而是有自己的依据而后行动。我想强调的正是这一点。这个"依据"指的正是阳明学的修养。"阳明学"到底是什么性质的学问，今天在这里无法细讲，这里只想谈一谈它的特点。众所周知，阳明学主张"知行合一"，以实践为主，因此没有必要细分。但是，如果没有很好地把握阳明学的旨趣的话，就不能实践。实践什么呢？仅靠"知行合一"是不行的。在王阳明的学说中包含有实践的基础，缺少了这些基础，仅靠"知行合一"是不行的。其中缘由，我想分两方面叙述：第一，在学术体系上王阳明的学问是如何与孔子的学问联系起来的？第二，阳明学是什么性质的一种学问？接下来，我便将针对以上两点简单讨论一下。

毫无疑问，王阳明的学说继承自孔子的学说体系。当然，在王阳明的学问中还掺杂着佛教的思想，然而王阳明的学说终究没有变成佛教。阳明学派中的很多人都很亲近禅宗，从王阳明处受到禅风影响的人很多，然而王阳明仍然属于儒家的范畴，继承了孔子的学术体系。要说王阳明如何继承了孔子的体系，那就不能不先就孔子的思想说两句。虽然在这里我不想多谈孔子学说的建立过程，不过，孔子的学说中具有阳明学产生的基础。这一基础究竟是什么？孔子的思想虽不能用一两句话来概括，但孔子乃是一位讲求实际的人。在孔子的时代，中国正处在乱世之中。孔子希望实现自己的抱负，将天下从春秋战国的乱世之中解放出来。为此，他积极地努力于实施自己的主张，具有一种政治家的态度。然而，孔子虽持有这种政治家的态度，却又不单单是一位政治家。他是一位热衷于活动的人。他与别的政治家的不同在于，孔子对某样东西抱有信仰，这样东西便是"天"。所以无论何时，孔子在遭遇灾难时，都会提到"天"。他将一切都委托给"天"，对自己的事情一概不问，与"天"同进退。在孔子的诸多事迹中，都能看到他这种与天同进退的事例。不过关于这一点，今天无暇多讲。正是因为孔子对"天"持有信念，所以他说："获罪于天，无所祷也。"孔子以这种信念始终在活动。在孔子的各种活动中，孔子说到底还是一位政治家，但他绝不会像今天的政治家一样以说谎为能事。他非常正直。他曾说过"主忠信"。孔子的学问被称作"文行忠信"，"忠信"是极为重要的内容。在作为活动家投身于世间种种事务的同时，又能保持心中的正直，孔子的确是非常正直的人。孔子谆谆教诲的"忠信"是从何而来的呢？正是从对"天"的信仰中得来。有一次，孔子被匡人围困，险些被杀。当时情况非常危急，门人弟子们的食物已经消耗殆尽，有的人已经饿得站不起来了。然而孔子却依旧泰然自若，与平时无异。当时，他是这么说的：

> 天之将丧斯文也，后死者不得与于斯文也；天之未丧斯文也，匡人其如予何？

孔子将自己托付给"天"，认为自己是接受了上天的使命而立于人世的，一直与"天"一起行动。因此，当生命受到威胁时，只要把事情交给上天就好，对于自己的生死一概不问。因此又有一次，当孔子在一棵大树下同弟子们练习礼法时，宋国的司马桓魋前来砍树，想让这棵树倒下后砸向孔子。若是真的被砸中，大家都会死掉。此时孔子说什么呢？他毫不动摇，依旧向平时一样继续授课。他说："天生德于予，桓魋其如予何？"孔子对于"天"的信仰造就了他内心深处的"忠信"，也就是他的正直。孔子是政治家，非常正直。政治家大多都很狡猾。非但今天如此，在任何时候政治家都很厚颜无耻。欺骗英雄人物，欺骗所有人，这便是一般的政治家。而孔子却不是这样的政治家。他始终坚守忠信，不去欺骗别人，待人诚心诚意且始终一贯。这便是因为他想一直与"天"在一起。然而，孔子的弟子却是各种各样的人都有。在孔子死后，这些人分为了两派，有两个系统。所以接下来就必须搞清楚王阳明属于哪个系统。在孔子的弟子中有几个非常优秀的人，被称为孔门十哲。但是，这一称呼只是民间说法。事实上，这只不过是在孔子往返陈蔡之间的随行者中的优秀学生，孔子对其进行了划分，指出了他们各自的长处。也就是说，他当时列举的正好是这十个人，而并不是说孔子的弟子中除此之外再无优秀者。并且这十个人中也有相对较为差劲的。比如宰我就不是什么了不起的人，孔子对他的评价极差："朽木不可雕也，粪土之墙不可圬也。于予与何诛？"这可是对宰我作了相当负面的评价。并且此人后来的结局也不好。可见，这些人并不能被称作"十哲"。在这"十哲"之外还有别的伟人。曾子就是非常伟大的人，是宰我等人所无法比拟的。在这"十哲"之中，还有从今天的道德看来很值得怀疑的人。这便是子贡。子贡是商人，擅长玩弄市场行情，被《论语》评价为"亿则屡中"。由于他是商人，因此十分富有，可以说是孔子弟子中最有钱的人。孔子旅行所需的费用等很有可能皆由子贡提供。他又是出色的政治家，是集富豪、政治家和辩论家于一身的角色，非常擅长游说他人。因此，宣扬孔子事迹等工作也由他来完成。孔子也将宰我子贡归于"言语"一类中①，但他们只是一些风度翩翩的年轻才俊，与孔子学说后来的系统分化并无太大联系。与孔子学说的分化最有关联的是两个人，一个是曾子，另一个是子夏。将这两人进行比较的话，子夏更有学问。子夏属于"文学"类，特别是对《诗经》非常了解。《诗经》后来就是由子夏流传下来的。子夏是一位文学家，并且类似于今天的自然主义者。他非常擅长文学，但多少有些流于表面。因此，《论语》中孔子屡屡告诫子夏"为君子儒，无为小人儒"。也许这位子夏多少有些"小人儒"的倾向，所以孔子"应病与药"因材施教，特别告诫子夏。总觉得孔子好像看到了子夏有不做"君子儒"、无形中堕为"小人儒"的倾向。我们在《论语》中也的确看到，子夏的一些言论是不利于修养的。比如说：

　　　　大德不逾闲，小德出入可也。

　　对于这句话有种种解释，但朱子的注中说此言确实有害。的确，若按朱子的解释，这句话确实有其弊害。拥有大德的人绝不能逾越道德的界线，但是对于拥有小德的人来说，却随时都可以逾越道德的边界以致放纵。从子夏之言可以看出，他因为是文学家，所以时可见其狡狯之处。他虽然也有善的一面，却常常流于表面敷衍。此人的其他许多言论也都有弊害。他的学问一直流传于后世。

---

　　① 原文是"孔子も言語には宰我子貢と云て居りますが……"，亦可理解为"孔子的言语里虽然也提到过宰我、子贡"。然按《论语·先进》："子曰：从我于陈蔡者，皆不及门也。德行：颜渊、闵子骞、冉伯牛、仲弓；言语：宰我、子贡；政事：冉有、季路；文学：子游、子夏。"这里将宰我和子贡归在了"言语"一类中。故此处如此处理。——译者注

荀子，也就是荀卿，便是属于这一系统的学者。荀卿的弟子中又有韩非和李斯。在日本，并且就是在这江户，荻生徂徕同样主张这一学派的思想。徂徕的学问其实来自荀卿。总之，子夏虽然是一位优秀的文学家，但从子夏本人，就已经如同今天的自然主义者一样，有些只修饰表面的"小人儒"的特点。到了荀子，这一派的功利主义就表露无遗了。因此，这一派也可被称作儒家思想体系中的功利主义学派，并影响到了日本。另一方面，与此不同的是，曾子虽然没有被列入"孔门十哲"，但他却是一位优秀且正直的人。他有一位父亲，叫曾点。其气品之高，从《论语》中曾子如何对父亲尽孝就能看出。曾子对于父亲怀有非常美好的感情，孟子对此也详细叙述过。曾子就是这样品性卓越之人。此外他还具备非凡的、令人生畏的勇气。《论语》中记录有曾子说过的一句话："临大节而不可夺也。"《孟子》中也引用过曾子说过的话："自反而缩，虽千万人，吾往矣。"也就是说，只要问心无愧，即便有几万人，自己也会直面而上。这便是曾子的言论。孟子是在论述"浩然之气"时引用曾子的这句话的。可见，曾子是一位非常勇敢同时又具备非常美好的感情的人。正是这位曾子，开辟了儒家学说的另一系统。他坚守并传承了孔子"主忠信"的精神，即信仰上天、保持心中的忠信、不去欺骗他人的精神。他与子夏有很大区别。子夏所传的是文学的、表面的一面；而曾子则传承了孔子宝贵的精神的一面。

《大学》很有可能如同朱子所说，是由曾子流传下来的。《大学》中所谈论的，实乃学问的根本。这部《大学》当中有一处提及"曾子曰"，而没有提到其他弟子的名字。由此可知，这部作品就是由曾子流传下来的。那么，曾子为何能够将这部如此重要的作品流传下来呢？据《论语》记载，孔子对曾子说过自己学说中最为重要的一点。孔子说："参乎！吾道一以贯之。"在孔子的众多门人当中，他只点出了曾子一个人的名字，并传给他"一贯之道"。"曾子曰：唯。"可见，曾子在那一瞬间便明白了其中妙处，当即便明白了孔子想要讲的，于是便只是简单回答了一句"是"。孔子也对子贡说过同样的话，但是由于孔子对子贡看走了眼，所以子贡并没有理解孔子想说的，即便给他解释他也没能完全明白，而曾子却能充分理解。其他的弟子实在不明白什么意思，于是便向曾子询问，曾子马上给出了明确的回答："夫子之道，忠恕而已矣。"孔子只将这样重要的内容传授与曾子，不是子夏，也不是子贡，更不是其他的弟子，而唯独是曾子。这里"忠恕"的"忠"并非"忠君"的"忠"，它的含义不止于此，而是指全体人与人之间不相互欺瞒的忠信之心。而"恕"则是"仁"的另一种说法。因此，《大学》中始终在阐发这两种思想。

《大学》充分阐发了"忠信"即"诚"的精神。《大学》中将这种精神称为"正心诚意"。此一"正心诚意"即是治理天下国家的基础，将其自一身推广以治一家一国，遂而广至治理天下的基础也不过只是"正心诚意"而已。将这一基础立于"正心诚意"之上，这正是"大学之道"，也就是曾子继承了孔子"主忠信"一面的证据。《大学》中有过说明："所谓诚其意者，毋自欺也。如恶恶臭，如好好色，此之谓自谦。""谦"即"快"意[1]，也就是厌恶不好的、喜欢好的，不丢失这种爱憎分明、正大光明的内心，这就叫

---

[1] 朱熹《四书章句集注·大学章句》"所谓诚其意者"下注有："谦，快也，足也。"——译者注

作自快。欺骗别人，等于欺骗自己。《大学》里说："故君子必慎其独也。"这句话之后紧接着说道："小人闲居为不善，无所不至，见君子而后厌然，掩其不善，而著其善。人之视己，如见其肺肝然，则何益矣。此谓诚于中，形于外，故君子必慎其独也。"这下面接着的"曾子曰：'十目所视，十手所指，其严乎！'富润屋，德润身，心广体胖，故君子必诚其意"一句，应当是弟子们所写。这句话是说，假如有钱的话，只要不去故意挥霍骄奢，家里就会变得丰裕起来，任何要求都能得到满足。与之相应，只要人有德行，身体就自然会变得安适舒坦，内心就自然会变得宽广，也就是所谓"心广体胖"。所以"君子诚其意"。因此，曾子在《大学》中所传达的，便是通过"诚意"，也就是通过发扬孔子"主忠信"的精神，来治理天下国家。

曾子将这一道理传给了子思。子思继承了《大学》中"正心诚意"的思想，将其进一步精简为一个"诚"字，以此作为《中庸》的核心，并对其进行专门论述。并且子思将孔子对天的信念，亦即以天为对象而不以人为对象的精神在《中庸》开头称作"天命"。有一次，孔子得了重病，险些丧命。当时孔子的学生子路把孔子的学生们都当作家臣，要求他们像对待主君那般对待孔子。《论语》中是这么记载的："子疾病，子路使门人为臣。病间，曰：'久矣哉，由之行诈也。无臣而为有臣。吾谁欺？欺天乎？'"孔子因为病情危急不省人事，所以不知道子路做了什么，病情好转后才注意到这件事，于是他说，子路长期以来都在行骗，自己没有任何臣子，自己欺骗不了任何人，就算能够欺骗得了他人，也终究无法欺骗"天"。所以孔子始终致力于以天为对象，努力使自己即便内心被"天"所洞悉也毫无愧疚，也就是内省不疚，让自己的内心与"天"相一致，并且他也相信这是可以做到的。根据这一思想，《中庸》提出："天命之谓性，率性之谓道，修道之谓教。"也就是说，"天"向人们发出的命令便是"人道"。因此，这种道虽被称作"人道"，但其实是上天的道，在我们身上有上天赋予的东西，也就是我们生来就有的天性。故而说"天命之谓性，率性之谓道，修道之谓教"。《中庸》接下来讲："道也者，不可须臾离也。"就是说，人无法离开道。再接下来："莫见乎隐，莫显乎微。故君子慎其独也。""慎独"一词在曾子所传的《大学》中便已明确出现，不过《中庸》则在继承这一概念的同时对其进行了更加详细的阐述："喜、怒、哀、乐之未发，谓之中。发而皆中节，谓之和。中也者，天下之大本也。和也者，天下之达道也。致中和，天地位焉，万物育焉。"这里所说的"中"应当与"诚"相同。"喜怒哀乐之未发"，就是我心中的"诚"。也就是说，由"天"赋予了"性"，这个"性"存在于我之中，以此"性"为基础产生了喜怒哀乐。"诚"指的便是"性"，且在这里被称作"中"。这个"中"是孔子以前就存在的概念，但是子思在继承这一思想的同时对其进行了更加详细的论述，并把它同"诚"联系了起来："诚者，天之道也；诚之者，人之道也。"这句话又被孟子所继承："诚者，天之道也；思诚者，人之道也。至诚而不动者，未之有也。"很明显，孟子的这句话是对子思的继承。孔子学说中的这一重要内容，就这样由曾子、子思、孟子一路传承下来。

而孟子还对这些重要思想进行了大力弘扬，最终形成了"良知""良能""良心"的理论。"良知"理论正是来源于孔子的"主忠信"思想，而这一理论又被孟子进一步发展，最终变成了"良知""良能""良心"的学说。可见，王阳明的学说正是来源于孟子。也就是说，王阳明在孔门是曾子、子思、孟子一派的系统，绝不是子夏、荀子的系统。孟子的学说在孟子去世后一时断绝了，但到了宋代，程子继承了孔孟的这一系统。因此可以说，王阳明的学问是来源于程子的。

不过这里不得不提到的是，在宋代有继承了程子思想的朱子。而在朱子极力主张自己学说的同时，又有一人对朱子的学说加以驳斥，这个人便是陆象山。陆象山的学问同朱子有很大差别。朱子的学问涉猎广博，然后其结果则进于修养之境；而陆象山则不广为学问，直接采用精神修养的方法，更加快捷。朱子与陆象山的一处根本分歧是，朱子将"心"与"理"分视为两物，而陆象山则不将其视为两物，将"心"与"理"视作一物，主张"心即理"，认为只要搞清楚自己的内心，天理便会自然而然地显现出来。因此，人们只须究明自己的"心"，便自然而然地会知晓天理，而不必广为学问。因此，陆象山的学说更加便捷简单，是一种很浅近的方法。而朱子则认为必须广泛地对古代书籍进行研究，而且对于当时所有各种各样不会那么立即有用的学问也必须预先钻研。而陆象山则认为这是无意义的。既然"心即理"，那么一切学问的基础便备于心中。他一语道破："六经皆我注脚。"他相信，依靠自己公正的内心去解释，便可知晓世间万物的道理。朱子具有广博的学问，他首先一丝不漏地研究种种外在事物，同时也一丝不漏地探究自己的内心，并且在此之上还进行种种其他研究。可见他与陆象山有很大不同。

这样看来，陆象山实乃王阳明的先驱，王阳明一定从陆象山处学到了很多东西。关于这两人的联系，只要看看他们所写的著作便能立刻明白。所以，王阳明也不同于朱子，而是和陆象山一样主张"心即理"。他认为，只要了解了自己的内心，那么万事便具备于此。而王阳明和陆象山最显著的一个区别在于，陆象山没有明确提出"良知"这一说法，而王阳明则经常提到这一概念。他认为，所谓"心即理"归根到底就是说：知晓"良知"便是人生的基石。行人间万事的源泉就在于这一"良知"之中。追本溯源，这一"良知"的思想出自孟子，以孔、曾的思想为基础，经过子思等"诚"的思想，逐渐发展，遂至于阳明。阳明还进一步吸收了佛教等的学说，将其更加深化、扩大，以充分夯实其学说的基础，并且进一步将其所谓的"良知"神圣化，使其成为具有威力的东西。王阳明的学问，便是继承了这一系统。

如果列举阳明学的特点，那么首先便是以"良知"作为其学说的根本。但是，这种"良知"不能简单等同于"良心"（conscience），它并非今天所谓的"良心"，虽然看上去是这样的，但并非如此。按照王阳明的解释，这一"良知"是宇宙的本体。总之，即便是广义上讲的宇宙本体，也同样存在于我们的本性之中，这便是"良知"，是最根本、最实在的东西。这种最实在的东西并非只存在于我自己一人身上，它同样存在于其他的人类乃至山川草木等世间万物之中。并且，它隐隐然为宇宙的基础，也就是说，"良知"就是宇宙的本体。我们还可称其为宇宙的大意识、大精神，而这种大意识、大精神的一部分就存在于你我之中。如果人钻研学问明此"良知"，那么其精神便可直接同宇宙全体的大精神同步。这里体现出了佛教思想对王阳明的深刻影响。所以有个镜子的比喻：我们体内有一种类似镜子的存在，这便是"良知"；所有人的内心都完好地具备这一"良知"，只要打磨便自然会明亮起来；但假如它被物欲所遮蔽，便会变得晦暗；如果将这种物欲造成的遮蔽去除掉，因为我原本拥有的良知就像镜子一样，所以就会发出光芒，自内而外透彻照耀，成为我们内心的基础，所有行动的方针都能够从我内心求得，向外求取是错误的。可见，王阳明所说的"良知"绝不是如同今日伦理学中所谓的"良心"一样肤浅的东西，而是宇宙万物真正的本体。这种思想，即便从今日哲学的视角看，也是非常有意思的。

在今日的哲学中，也有将某种大精神视作宇宙本体的观点。在最近的哲学中，这种观点也占据了上风，也就是所谓的"唯心论"。这种唯心论认为，虽然从外部看，世界是以种种万象展现出来的，但统括所有事物的本源的大精神是一种大意志。或者说是大意识，也叫大智识，说法有很多，总之是一种认为某种大精神是宇宙本体的思想。所以如果将这种"良知"视作宇宙的本体，那么它便应当超越时间、空间，因此不能用"延长"的观念去思考。如此一来，我们只要从内在的"良知"出发，便可很容易地去领会作为宇宙本体的大精神。王阳明看透了这一点。从这一宏大之处看，王阳明的思想与当初的曾子、子思、孟子相比已经前进了很远，融合了佛教的思想，形成了非常高大深远的哲理。与这种哲学相比，曾子等人不过是在谈论小事，拘泥于区区人世间的事物。王阳明的大哲学将世间一切都包容其中，是一种纵览千古的人生观的基础，其伟大无可企及。虽然王阳明本是从中国的学术入手，但其中融入了佛教的思想，最终达到了十分类似于今日之哲学思想的境界。虽然论述不如今日之哲学那般精细，但确实给人以相似之感。凡是读过王阳明著作的人大概都能发现，王阳明的思想中是包含有超越性概念的，也就是从区区差别相的层面飞离开来的思想，是一种超越具象的思想。比如，阳明也对善恶问题下了很多功夫，并认为存在善恶以上的东西，也就是超越善恶的思想。对此王阳明留有一首《四句诀》，由此可见其思想："无善无恶理之静，有善有恶气之动。"只要"气"不动，便没有什么善恶，这便是"至善"。至善就是绝对的善，在善恶之上。世间的现象都无法脱离善恶，所以这种善恶之上的至善，是超越了现象界的世界本体。这种思想是孟子没有的，可以看出比起孟子的学说已经有了极大的发展。

其次，王阳明的道德始终是自律式的，可以养成自己约束自己行为的能力。道德的确立方法有"自律"和"他律"两种。他律又叫"heteronomy"，自律又叫"autonomy"，王阳明的确立方法是自律式的：自己约束自己的行为，在自己的心中可以获得约束自己言行举止的力量。自上而下地借助法律、警察等外界惩罚手段将人约束在一个模式的束缚中以行道德，这是他律式的。王阳明不是这样的。基于自身的良知来纠正所有的行为，确立自己的"心"。这是非常高明的，也因此王阳明的学说中总是充满力量。他的学说总能导致一些强烈的后果。这些后果的基础是自律地存在着的。

此外，王阳明的学说大力主张"知行合一"，重实际，贵实践。不仅仅沉溺于学术理论。其实践性充分体现在他对"知行"的解释中："知是行的主意，行是知的功夫，知是行之始，行是知之成。"行是知的目的，不去行动的话就无法了解知的深意。这是王阳明非常重要的理论。因此这一学说同今日詹姆斯等人所主张的"实用主义"（pragmatism）十分相似。"实用主义"认为，真理通过行动始能成立，实际行动后抛弃掉与实际情况不符的部分；作为人生实践的结果，符合自然发展的东西成为真理发展起来。不是说从一开始就有数种"这就是真理"的形式，等事物到来时就将其应用于其上，而是真理随着实际的实践逐渐显现出来。这恰好与"行乃知之成"的意思相同：行动过后才能产生知识。由此看来，王阳明的思想同今日实用主义的思想非常相似。如字面意义上说的，实用主义（pragmatism）是关于实用性的主义，王阳明的思想也的确有实用主义的性质。并且，因为王阳明的"实行"是以我心中的"良知"为标准，借着这种"良知"拼尽全力地去实践，所以其实践性中有一种以非常强大的力量去行动的东西，也就是意志力。因此，王阳明的学问很有强化意志力的效果。这种意志力的确是非常重要的，没有意志力就无法实践；坚决去做就是对意志的坚决实行。但是，这种意志必须有一个确实的方针，必须首先要搞清楚前进的方向。而提供这一方向的，正是"良知"。"良知"如明镜般照亮前进的目标，而毅然决然地实现这一被照亮的目标则要依靠意志力。这便是实践的基础。因此，王阳明在一篇名为《示弟立志说》的著名文章中讲道：

> 夫志，气之帅也，人之命也，木之根也，水之源也。源不濬则流息，根不植则木枯，命不续则人死，志不立则气昏。是以君子之学，无时无处而不以立志为事，正目而视[①]之，无他见也；倾耳而听之，无他闻也。如猫捕鼠，如鸡覆卵，精神心

[①] "视"原文作"祝"，从《王阳明全集》（上）（上海古籍出版社 2011 年版，第 290 页）改。——译者注

思凝集融结而不复知有其他，然后①此志常立，细气精明。

这里"立志"所指的正是意志力。

从这一点上看，王阳明的学说又同今日西洋哲学中的"唯意志论"（voluntarism）十分接近。甚至不仅仅是"接近"，王阳明的道德学说从某种角度上看，毋宁说就是一种道德上的唯意志论。相对地，朱子的学说虽称不上纯粹的主知论，但同王阳明相比，朱子的道德学说确实更像一种"主知主义"（intellectualism），而王阳明的学说则属于"voluntarism"，即"唯意志论"。这种唯意志论在哲学领域是叔本华以后西洋最为流行的学说，而王阳明的学说与之相似。他关于实践的学说非常出彩，绝非朱子所能比拟。此外，朱子学主张二元论，将"理""气"两立来解释世界，他所谓的"气"就相当于物质，他所谓的"理"就相当于理念或者精神。尽管把它说成"精神"并不准确，但大体就是精神这类的东西。朱子就是这样将精神和物质两立来解释世界。所以按照朱子的解释，"气"是运动着、活动着的东西，而"理"则是完全静止不动的。而因为王阳明与之相反，采取了一元论的观点，所以他将"理"与"气"看成是浑然一体的，而不像朱子那般将两者分开。虽然"心是理"的观点是唯心论，但接下来"理者气之条理，气者理之运用"的观点最终还是倾向了唯气论。气是活动的，所以以"气"为优先的话就几近于"精力主义"（energismus），这种倾向在王阳明那里十分明显。

此外，王阳明的学问非常单纯，所以作为学问很有捷径。像朱

---

① "后"原文作"复"，从《王阳明全集》（上）（第290页）改。——译者注

子的学问，必须阅读大量书籍，所以很难。至于阳明学，则有捷径，有易学之处，比如读了《传习录》基本就明白了阳明学的大概。如今这个繁忙的时代，还有很多其他的种种科学，变得很复杂，所以在这一背景下人们都想快速有所收获，以有助于自己的精神修养。阳明学正能顺应这一要求。朱子学就不行，很难。因此忙碌的人、办事业的人（商人）自然更喜爱阳明学。朱子学是世间的隐居者娱乐式地在做，或者是被头脑古板的所谓老学究们研究；而阳明学则为全世界的人所欢迎。虽然有倾向性，但阳明学能让人们在百忙之中稍做研究就可从中获益。

而且阳明学对教育有很大的好处。在王阳明的著作中有一篇名为《拔本塞源论》的文章同样收录于《传习录》，正好非常贴切地指出了今日教育中的种种弊病。试举其中一节为例："学校之中，惟以成德为事，而才能之异，或有长于礼乐、长于政教、长于水土播植者，则就其成德，而因使益精其能于学校之中。"也就是说，每个人都各有所长，因此应当让他们各自完善自己的才能，也就是说教育应当使每个人的长处都能得到发展。文章接下来说道："迨夫举德而任，则使之终身居其职而不易。用之者惟知同心一德以共安天下之民，视才之称否，而不以崇卑为轻重、劳逸为美恶；效用者亦惟知同心一德以共安天下之民，苟当其能，则终身处于烦剧而不以为劳，安于卑琐而不以为贱。"此乃非常恰当之论，可谓切中当今教育的弊病。暂以学校教员来说，当然应该从有德者中选取。如果看重其德行、选其为教员，那就应该让他们终身居其职。假若果真能够做到这一点的话，就一定能相应地取得成果。

然而，如今的实际情况却与之相反。只要粗略地看一下就能发现，如今地方学校的教员很少有人长居一地，而是经常变更其工作场所。因此，师生间的关系自然就会变得淡薄。有时偶尔师生之间逐渐变得亲密起来，老师却离开了。所以，学生无法养成尊重老师的精神，从而开始引发种种问题，其根本都是因为师生之间缺乏情感联系。教员只把学校当作自己临时的栖身之所，留在这里一段时间后便会前往别处。若要论其动机的话，可以说是因为这些人本来就没有恒心，本就不应当成为教员。因此，当学生们和当地人将其视作讨厌的教员时便会立刻将其赶走。所以有人到最后与当地人无法相处，觉得换个地方的话到新环境后情况会更好，因此而出走。还有人是因为被学生排斥，趁着还没被赶走前自己就先走为上策。但还有的人是想到别的地方获得更高的收入。原本收入75日元，到了别的地方便可获得80日元的收入，仅仅多拿了5日元。像这样的人在如今的工薪阶层中大有人在，而不仅是某些教员。这个人在那里拿着75日元的工资，如果连5日元的区别都没有应该就不会来。多给了5日元就一定会来。这实在是小瞧了作为人的资格。被5日元勾引来又勾引去，最终老师在学校间四处游荡。因此这种人就不一定是有德之人。因为没有德行，用飘忽不定的内心教育他人，所以给教育留下了严重的负面影响。确实如同《拔本塞源论》所说，应当让有德者长期担任教员，就算最后不是终身，也应当尽可能长时间地让他们留在同一个地方以培养师生间的感情，这样学生们就能学会尊重老师，学生与老师的关系就会更加亲密。《拔本塞源论》实在是一篇非常优秀的文章。

  方才大隈伯已经说过，王阳明是一位文章家，但更确切地说，他是一位非常伟大的文章家，是明代最杰出的文豪，也是中国历朝历代文豪中屈指可数的优秀人物。在他的文章中有两篇尤为优秀，这便是他的《大学问》以及《拔本塞源论》。这两篇文章都极为优秀，可谓千古名篇。总之，《大学问》日后再谈，而《拔本塞源论》则可谓切中当今教育之弊病。

除此之外，王阳明还有一篇《训蒙大意》也是在讨论教育。这篇文章更加切中今日教育的弊害，并且从这篇文章中我们可以更加明确地认识到王阳明的教育方法优于朱子等人。学校教育总是过于死板，这也有纪律那也有纪律，用形式性的规范不加解释地束缚别人。这种教育是王阳明大加批判的。他觉得因为实行这种教育，学生上学就和入狱没什么区别，最终学生们会把老师视作仇敌，这着实可怕。他认为这种教育徒有其表，在《训蒙大意》中不遗余力地痛骂其弊端。并且由于王阳明的文笔十分优秀，所以他的这篇文章正好搔到痒处，把角角落落都论述到了，实在是非常痛快的教育论。在读过这篇文章后，便会清楚地意识到朱子的教育法特别是今日的教育法拘于形式、不求活用的弊端。正如方才大隈伯所言，朱子学派的教育是把人塞进套盒里的教育，非常死板，而这也正是当今教育的特点，也就是很大程度上失去了自然的发展。王阳明则与之不同，开辟了施行自然式教育的道路。

那么，在教育学生时王阳明是怎么做的呢？他不认为只有一直在学校里讲课才能教书育人，经常带着弟子们到山野之中景色宜人的地方，在那里饮酒。他酒量相当好。虽然饮酒，却从没有烂醉过。王阳明是有修养操持的人，绝不会露出这种丑态。不只是饮酒，王阳明还会吟诗唱歌，他的弟子们也都饮酒作诗，以与老师同游为无上的欢乐。若遇上明月高悬等美景，他更会外出，在月夜桥上带着弟子吟诵诗篇，何等愉快！在这个过程中，众人的品性自然而然地得到了陶冶。这与今日学者先生在学生面前一本正经地板着脸、空闲时竭力避免与学生接近的样子可谓大相径庭。他只是频繁地带着学生前往景色优美之地，充分享受天地自然之理，并且其间还务于修养。王阳明的教育方法与今人完全不同。正因如此，王阳明的弟子中出现了许多伟大的人物。虽然没有出现和王阳明同样伟大的人，但较为优秀者还是有很多。尤为明显的一个事实是，朱子门下其实没出多少优秀的人，除却蔡西山、黄勉斋外，别的都是一些小人物，人物实在是很少，几乎没有可以称得上是伟人的弟子。而王阳明则培养出了不少优秀人才。如此说来果然还是教育方法很优秀。

另外阳明学还有一个不能忘记的优点：王阳明不是功利主义者。他对于功利主义是大加排斥的。看《拔本塞源论》就能发现，王阳明对于功利主义的弊害大加抵制。从这一点上我们就能看出，王阳明的学问并不属于方才所说的子夏—荀子这一系统。此外，自古功利派还有管仲、申不害、商鞅、韩非子等人的功利主义。王阳明对这种种功利主义都一概加以反对。用今天的话来说，王阳明属于"动机论"，因为他更看重的是动机，也就是"良心"。王阳明所说的"良知"正是今日所说的"良心"。对于任何事情都要用"良知"去辨别，发于问心无愧之处，因此王阳明是一位动机论者，不像功利派是结果论者。也就是说，只要从自己的良心出发，将善恶贯彻到底，这么做最终自然而然会导向好的结果，完成对社会有益的事业与功绩。

因此，王阳明自己也成就了一番大事业。王阳明虽然一方面是道德家、文章家，但他也是政治家，并且还是兵法家。虽然从王阳明成就的这一番伟大事业来看，他仿佛是一个功利主义者，然而事实并非如此。在日本，受王阳明学派影响的有熊泽蕃山等人，这些人也绝不是功利主义者。与功利主义相反，他们从动机出发做事。他们用"良知"照亮自己的"心"，将自己认为是善的事情在社会中加以实际应用，其应用的结果同功利主义相同。但他们绝不是从一开始就按照功利主义行事。他们不是以"利益"为目的去实践。这是阳明学十分崇高的一点，也是它没有逸出孔孟亦即邹鲁学派的地方。它确实吸收了孔孟学问中的正确思想。固然，王阳明的学说中也存在缺点，但它的确继承了邹鲁学派中优秀、精华的部分。

关于阳明学的缺点，今天在此已无暇详述，但若对这一点不加提及，只是一味歌颂阳明学，那也是不可取的。阳明学依靠的是心中的良知，因此具有一种主观性。"自己心中的良知觉得是善就断然实行"，这种意志力是非常强的，因此如果经良知鉴照后认为可以，就会立即在现实社会中坚定地实行。虽然这种强力的实行很好，但由于过于主观，就会不顾周围的境遇如何，看不到客观的方面。简言之，大盐平八郎便属于这种情况。痛苦的人民实在是可怜，所以他用良知去辨别，觉得自己不能袖手旁观，于是便奋然起事：他认为这是正确的。然而，由于他没有看到周遭的客观环境，结果变成了笑话。显然，此般轻举妄动什么都干不成，但大盐却因为没有留意周遭环境而没有意识到这一点，非常短视。只有提前获得胜算，从开头便一步步地计划好，这样才能取得成功。而大盐却只是召集了一百来号人，并且这一百来号人还不是训练有素的军队，而只是洗心洞的学生，将这些人突然当作军队去使唤，所以一点作战的样子都没有。虽然一开始士气旺盛，但结果一下子就被镇压了，几乎变成了闹剧。但是大盐的精神是好的。虽然精神是好的，但他对周围的环境等其他因素都没有加以考虑，这便是他的弊病。不过，大盐平八郎的死还是胜过一事无成地死去，他的死并非毫无价值。若是哪天毫无成就地死在了席子上，那才是真的可悲。幸好大盐因为做了与众不同的事情成为有资格供人评说的人物，姑且还算是绽放了光彩。因此阳明学有优点也有缺点，虽然它有优点，但也必须看到它的不足。总之，就是阳明学容易倾向主观、忽视客观。西乡隆盛也多少存在这个问题。西乡的目的同样不易达成，到东京清君侧并实行自己的征韩论，可谓前路漫漫，并非轻易就能实现的目标，但他却要一举完成这一目标，也就是没有对周围环境做出精细的考量。不过，像西乡在主观方面也确实具有阳明学的素养，有其优秀之处，确实有着以"天"为对象而不以人为对象的理念。因此，只要从上天的角度看自己心中的善确实存在，西乡便不会感到耻辱。他不以人为对象。他人的褒奖也好，谩骂也好，都算不了什么。在上天看来，自己的心是善的？还是恶的？如果在心里觉得好，那么便坚决实行到底，这种精神正是来自阳明学。纵观西乡所做的所有事情都是如此。总之，阳明学虽有诸多优点，但从大盐和西乡的例子也可以看出，在阳明学主观性的倾向中也存在弊病。

此外还有一点。王阳明认为，"良知"就如同镜子一样，因为在后天被遮蔽起来了，所以去除这层阴霾的过程便是"学"。然而，这一观点与今日之进化论相矛盾。从进化论的角度说，人的良心并不是生来就如同明镜一般洁净，而是逐步发展起来的。野蛮人的良心极其低下。非洲和南洋土著的良心就很低下。良心是随着经验或人类文明的发展而发展，从而变得敏锐有力的。也就是说，从进化论来看，王阳明的所谓"良知"也应当是逐渐发展起来的，所以不是生来就存在于心中闪闪发亮的。在这点上，果然还是应该好好对照今天的学说，不要与其矛盾。

虽然像这样的矛盾还有许多，尽管存在这些弱点，阳明学也仍确实富有实践精神，产生了很多有力的成果。在日本，虽然研习阳明学的人从比例上看很少，但其中却出了很多人物。中江藤树、熊泽蕃山、大盐平八郎、佐久间象山、真木和泉、横井小楠、桥本左内、西乡西洲，这些人虽然不能说完全是阳明学者，但确实都从阳明学那里获得了修养。一个人是否受到过阳明学的感化，只要看看他的著作便可知晓：这些人必定会提到"良知"。而且像林子平也一定受到过阳明学的影响，观其著作可以很明显地看到阳明学的痕迹。总而言之，受到过阳明学影响的人都会有"一定要在社会上出手干出一番事业"的风气。正因如此，此类人中有很多都是杀过人或者被杀的。刚才在哪位的演讲中演讲人曾经觉得很奇怪，说阳明学是谋反的学问。他之所以会感觉奇怪是有事实根据的。大盐平八郎与西乡隆盛都曾掀起过叛乱。虽然他们的动机是好的，但在行为上总之都是叛乱。与大隈伯爵同乡的岛义勇同样信奉阳明学，而他也曾参与叛乱，像这样的人还有不少。除此之外的另一些人则是被杀了。佐久间象山被杀了，桥本左内被杀了，大抵都是被斩首，遭遇了悲惨的经历，但他们并不是白白死去。像熊泽蕃山虽然没有被杀，但在晚年还是遭遇了灾祸。一般以阳明学为基础想去成就一番事业时总是会被害或有其他危险。即便如此，阳明学者也并不是白白牺牲的。这一点还挺有意思的。虽然说大盐平八郎也挺不行的，但那也比无意义地死去要好。既然我们已经被生在了世上，反正人皆有一死，所以从百年之后看，虽然死得早了点，但基本都差不多。因此重要的是在百无聊赖中死去就太无聊了。在活着的时候一定要做一番事业，功成后再死去。在阳明学者身上，这种精神勃勃生发了出来。这是肯定会出现的。首先学问是捷径，增强意志力，他们的精神就在这种结构下形成了，以"良知"为基础，坚决贯彻到底，绝不中废。日本人因为活用了这一点所以最好。在中国通过学习阳明学获得了修养的人也做了伟大的事情。明朝灭亡时，出现了众多壮烈牺牲者，在大盐平八郎的《洗心洞劄记》中列举了很多这样的例子。也有人不食清朝之粟而死，死状甚为壮烈。即便如此，阳明学在中国有时也被禅僧之类的人所利用。此外，在中国似乎也没有出现过如日本那样的人物。因为阳明学传入日本、成为日本人的东西，并且日本人依此修养，发挥日本人的特色，所以大盐平八郎、佐久间象山这样的人才会层出不穷。这是非常令人愉快的。事实上，不仅是阳明学，朱子学乃至其他从中国传入的一切学问，都为日本人所利用，通过日本式的方法、以日本人的精神来运用。特别是其中的阳明学是尤为日本式的。

此外，阳明学与武士道非常相似。山鹿素行不是阳明学者。吉田松阴属于山鹿素行的学统。但这些人的精神也都格外与阳明学相符合。因此，当我们在读吉田松阴的《幽室文稿》时，会看到吉田松阴自己也觉得不可思议：自己虽并不属于阳明学，但自己的思想却与王阳明一致。当然，松阴也间接受到了佐久间象山的影响，因此也可以算作阳明学派，不过吉田松阴的思想主要还是来源于山鹿素行。但他的精神实在是与阳明学非常相符。他把武士道精神付诸实践，也就是说在他赌上性命坚决贯彻自己想做的事这一行为中体现着武士道精神。这与阳明学"知行合一"的实践性精神是一致的。这便是其日本性的证据。

而且对此最具参考价值的就是，王阳明曾对一位日本僧人大加钦佩，这就是五山禅僧了庵桂悟，他当时身负日本的使命前往明朝。当时王阳明正在提倡"知行合一"之说。恰在此时，他与了庵桂悟相会，对其大为佩服，称赞他是非常伟大的僧人。应该可以说，此时王阳明受到了日本强大的感化力。这位了庵桂悟是五山东福寺的僧人，他在前往明朝初次与王阳明相见时已经有八十多岁高龄了，是一位德高望重的僧人，令王阳明非常佩服。所以了庵桂悟返回日本的时候，王阳明写了一篇赠序送给他。虽然这篇序文没有被收录在《王阳明全集》里，但在日本的《本朝高僧传》中可见了庵桂悟的事迹。此外，这篇文章载于斋藤拙堂的《拙堂文话》。此书原在三重县流传，如今收藏于松方侯爵处。从这篇文章中，我们能看出王阳明对于了庵桂悟的举动等是如何佩服。可以肯定，王阳明一定受到过了庵桂悟的影响。或许在提出"知行合一"前，王阳明从了庵桂悟那里获得了巨大的启发。又或许，王阳明正是在了庵桂悟那里参禅悟道的，但详细情况并不清楚。但无论如何，王阳明与此人相遇时的文章俨然保留至今。而且王阳明设说立教的方法总体来说是日本式的，有实际性，尤为适合日本人。他所谓"直截简易"——也就是单刀直入地下手的观点也非常符合我们日本人的本质。

因此，今日阳明学会的使命便是向日本的后昆们传播阳明学的精神，必须继续播撒培养出熊泽蕃山、大盐平八郎、佐久间象山、桥本左内等诸位豪杰的种子，如今正是播撒这些种子的大好时机。并且，日本为了今后的发展，也必须吸取西洋的学说。而且不仅仅只是西洋的学说，中国也好，印度也好，如果有好的地方我们都应该吸取。阳明学也是其中最重要的部分。阳明学是一种融合儒、佛二教优点形成的实践性的道德，体现在现实的事业中。我认为，要开拓孔子之后的文明，阳明学参与其中必会成为一股强大的力量。如果不了解其精神所在，便无法知晓阳明学究竟为何物。必须尽可能以其明晰的概念应用于教育，在日本散播阳明学的种子，使伟大的豪杰数年之后能够出现于日本。我们必须坚守这一目标，努力奋斗。以上，算是简单谈了一下我的个人感想。（拍手喝彩）

（原载《阳明学》1910 年第 19、20 号）

（姚睿麟译）

性善恶论

　　这篇文章是我1880年在万国东洋学会上用德语所作的演讲。但以东西方的不同受众为对象，所讲不能不有所差异。因此，在本文中，事之详略、文之长短都可能与原演讲不尽相同。

　　人的本性是善是恶？这是中国哲学中非常重要的一个争论焦点。从孟、荀以降直至赵宋儒家，几乎没有人不会谈及这一问题。这是因为，中国哲学原本就是以解说伦理道义为主，而伦理道义根据人本性的善恶不同其教亦当有别。如果认为人性本善，人之所以为恶完全是由习惯所致，那么修身的工夫便在于去保持与生俱来的善性，使之不至丢失。反之，如果认为虽然人性本恶，但应该可以靠后天礼仪使其开始向善，那么修德的方法便在于用礼仪来端正品行。除此之外，根据像"性善恶均有""性非善非恶"等其他种种观点，又有种种的道义哲学兴于中国。今天在这里详细地对其进行一下历史式的梳理，不仅可裨益于东洋学者，也可作为哲学家们的重要参考。特别是西洋的哲学家对于人性善恶的问题并没有进行特别精细的研究，只有康德在其著作《单纯理性限度内的宗教》（*Die Religion innerhalb der Grenzen der blosen Vernunft*，1793 年）中详细讨论过这一问题。

人性本善的观点，在很早的时候便已时时散见于《易经》《诗经》《书经》等经典当中。也就是《诗经·大雅·烝民》中所说的"天生烝民，有物有则。民之秉彝，好是懿德"。由此观之，百姓天生便喜好"懿德"。伊藤东涯在《古今学变》中就说："此诗虽言不及性道，而性道之蕴，固具乎此。"又说："夫子曰：'为此诗者，其知道乎！'而孟子引以证性之善。性善之说，其权于此乎？"如此说来，性善之说可谓发源于《诗经》。此外，《易经·系辞》中也说："一阴一阳之谓道，继之者善也，成之者性也。"这同样是将人性视作善良的。再有，《尚书·汤诰》说："惟皇上帝，降衷于下民，若有恒性，克绥厥猷惟后。"这句话是说，下民从上帝那里获得了精衷之心，他们先天就倾向于正直不偏的常性。若果真如此，那么人的天性就一定是善良的。还有《左传》中刘定公也说："民受天地之中以生，所谓命也。"这同样可为性善之一证。以上所引用的文本，虽然都没有明言人性本善，但若推敲其含义，就会发现这些文本中包含着性善论的观点。

到孔子时，性善之说渐起。《论语·阳货篇》中说："性相近也，习相远也。"这句话虽没有明确提出人性本善，但其中隐含着这样一层意思：虽然人的本性都是善良的，但因为人们随着生长发育失去了天赋的本性，所以最终导致人与人之间产生了巨大的差异。不过，朱子的理解稍有不同。他说："此所谓性，兼气质而言者也。气质之性，固有美恶之不同矣。然以其初而言，则皆不甚相远也。但习于善则善，习于恶则恶，于是始相远耳。"（《论语集注》）然而，孔子那时还不知道什么"气质之性"；并且，还有别的充分的证据可以证明孔子是持性善论的。《雍也篇》里说："人之生也直，罔之生也幸而免。"所谓"人之生也直"，就是说善良正直是人的本性，此乃明确无疑的。顾炎武在《日知录》中也说："人之生也直，即孟子所谓性善。"孔子的孙子子思同样也持性善论的观点，他在《中庸》中写道："天命之谓性，率性之谓道，修道之谓教。"如果不是人性本善的话，那"率性"就很难说是"道"了，因为"道"乃君子圣人所应当遵守的东西。可见子思终归是持和孔子一样的观点。

作为子思的再传弟子，孟子是最早明确提出"性善"之说的人。他说："人性之善也，犹水之就下也。人无有不善，水无有不下。"（《孟子·告子上》）这句话是说，人倾向于善良就好像水往低处流一般，是源自其自然的本性。他还说："牛山之木尝美矣，以郊于大国也，斧斤伐之……是以若彼濯濯也。人见其濯濯也，以为未尝有材焉。此岂山之性也哉？虽存乎人者，岂无仁义之心哉？"（同上）由此观之，孟子认为人性本善，只不过随着人的成长，这种善性被种种欲望所遮蔽。若是被不良的人生体验所污染，几乎没有人能不永远失去这种善性。所以修德之法就在于集中精力用心保存天赋的淳良之性，使之不致丢失。在西洋哲学家当中，也有持与孟子相似观点的人。塞涅卡曾说过："只要我们不去破坏，则我们状态良好。"（"Bona conditione conditi sumus, si eam non deseruerimus." *De Consolatione ad Helviam*）此外还有卢梭，他曾说过："无论何物，被自然这个造物主创造出来的时候都是善，到了人的手里则变为恶。"("Tout est bien, sortant des mains de l'autenr des choses; tout dégénére entre les mains de l'homme."*Ouvres Complètes*, vol. Ⅷ, p. 1)他还说:"毋庸置疑,我们所认可的事情是,源于自然的最初的冲动通常是正确的。也就是说在人的内心深处,原本没有邪恶的存在。进一步说,恶德是什么样的,恶德来源于何处这样的说法是不存在的。"("Posons pour maxime incontestable que les premiers mouvemens de la nature sont toujours droits: il n'y a point perversité originelle dans le coeur humain: il ne s'y trouve pas un seul vice dont on ne puisse dire comment et par où il y est entré."同上,p. 189)由此观之,塞涅卡、卢梭二人同孟子一样提倡性善说。东西方哲学家的主张如此相同,这也可谓一奇。

荀子同孟子一样崇奉孔子,二人同属于孔子的学派。然而,与孟子截然相反,荀子提倡"性恶说"。荀子曾说:"人之性恶,其善伪也。"(《荀子·性恶篇》)也就是说,恶是人的本性,善是靠人为矫正而来的。因此,在荀子看来,修身是用礼仪去矫正人先天的恶性。这就与孟子"修身是要努力保持原有的善性不至丢失"的说法完全相反了。在荀子之前,告子已经有过与荀子非常相似的观点。他曾说:"性犹杞柳也,义犹杯棬也,以人性为仁义,犹以杞柳为杯棬。"(《孟子·告子上》)朱子也说:"告子言人性本无仁义,必待矫揉而后成,如荀子性恶之说也。"(《孟子集注》)只不过,告子并没有定论,所以他不过是不断变换论点来为难孟子罢了,并没有像荀子那样屹然自成一派。有一句拉丁语的谚语说:"人与人,如豺狼。"(Homo homini lupus.)此外还有一句:"凡人皆有过错。"(Vitüs nemo sine nascitur.)这两句话的含义同荀子的观点颇为相近。此外，霍布斯也在《论政体》（*De corpore politico*）一书中谈到，如果放任人的本性的话，人们便会倾向于作恶（*English Works*, vol. Ⅳ, p. 83）。德国学者叔本华则尤为提倡性恶说，他的观点与荀子甚为相似："能够更深一步思考的人应该就可以马上意识到，人类的欲望并无法在罪恶之中开始生成。两者偶然的情况下相互联结引导了人们的方向性，会引发灾厄，以及引起其他方面的罪恶。但如果人的欲望陷于罪恶之中，为最初状态的话，那么就不得不去责难人类的本质就是罪。而作为结果，生存所需要的所有意志本身都成为可憎之存在。"（"Weretwas tiefer zu denken fähig ist wird bald absehen, dass die menschlichen Begierden nicht erst auf dem Punkte afnangen können, sündlich zu seyn, wo sie, in ihren individuellen Richtungen einander zufällig durchkreuzend, Übel von der einen und Böses von der andern Seite veranlassen; sondern dass, wenn dises ist, sie auch schon ursprünglich und ihrem Wesen mach sündlich und verwerflich seyn müssen, folglich der ganze wille zum Leben selbst ein verwerflicher ist."*Parerga und Paralipomena*, Bd. Ⅱ, S. 336）到了汉代，董仲舒提出了"性阳情阴"之说。他说："天之大经，一阴一阳。人之大经，一情一性。性生于阳，情生于阴。阴气鄙，阳气仁。"他还说："性善者，是见其阳也。性恶者，是见其阴者也。"此文不见于《春秋繁露》，但见于王充《论衡》。董仲舒的观点非常近似于"性善恶均有"，但是他认为"恶"不是"性"，而将其命名为"情"，这便是他与扬子的不同之处。帕斯卡尔曾经说过："人类的意志中有两个共通原理，即贪欲与慈爱。"（"Car il y a deux principes qui partagent les volonté des hommes, la cupidité et la charité." *Pensées*, 2de partie, art.

Ⅷ）这一观点同董仲舒略同。刘向也提倡"性情相应说",与董氏稍有出入。

到了扬子,方开始出现"性善恶混"的观点。扬子说:"人之性也,善恶混,修其善则为善人,修其恶则为恶人。"(《扬子·修身篇》)按照扬子的观点,人性中有善恶两部分,所以要变成善人就要去培养人性中善的部分;假如培养了恶的部分,就会变成恶人。因此在扬子看来,无论是做学问还是施政,都是以培养人性中善的部分、消灭人性中恶的部分为主。扬子的学说虽然与董仲舒稍有相似之处,但这两者又并不完全相同。董仲舒认为人有"性"有"情","情"是恶的,"性"是善的,而不像扬子认为一个人的"性"中有善恶两种成分。不过,在扬子之前,告子便已经以类似扬子的观点与孟子进行辩论。告子说:"性犹湍水也,决诸东方则东流,决诸西方则西流。人性之无分于善不善也,犹水之无分于东西也。"(《孟子·告子上》)朱子也说:"告子因前说而小变之,近于扬子善恶混之说。"(《孟子集注》)此外,史绳祖也在《学斋占毕》卷一中谈道:"荀卿言性恶,扬雄言善恶混,意其亦必有所本,及观告子问性,然后知荀扬二子之说实本于告子也。"如此看来,荀、扬二人都是以告子的学说为基础提出了自己的学说。然而,告子本似无一定之说。除此之外,周人世硕也主张人性善恶均有。王充《论衡》卷三说:"周人世硕以为人性有善有恶,举人之善性,养而致之,则善长;性恶,养而致之,则恶长。"又说:"宓①子贱、漆雕开、公孙尼子之徒,亦论情性,与世子相出入,皆

---

① 原文如此,(汉)王充撰:《宋本论衡》(一),国家图书馆出版社2017年版,第116页作"密"。——译者注

言性有善有恶。"然而，根据荀悦《申鉴》卷五，公孙尼子提倡的是"性无善恶"（《杂言下》）之说，也就是说，王充的说法是值得怀疑的。总之，最早详细地提出"性善恶混"的主张，并将这一主张应用于政治和学问上的，还是扬子。荀悦将"性"分成三种。他在《申鉴》卷五中说："或曰：善恶皆性也，则法教何施？曰：性虽善，待教而成；性虽恶，待法而消。唯上智下愚不移，其次善恶交争，于是教扶其善，法抑其恶。"（同上）由此观之，荀悦以为，世间有具有善性的人，有具有恶性的人，也有同时具有善恶两性的人。虽然对同时拥有善恶两性的人可以依靠教育和法制来培养其善性、抑制其恶性，但对只具有恶性的人，无论用什么方法都无法让他变得善良。另外，对只具有善性的人，即便不对其施以法教，他也不会堕入罪恶之中。不过，荀悦不是说在同一个人的人性中就有三种成分。另外，从上面引文中"上智下愚不移"一句可以看出，荀悦似乎是以孔子的学说为本，参考了孟、荀、扬诸家的观点，从而提出自己的主张。他在同一著作卷五中还提道："性善即无四凶，性恶则无三仁。人无善恶，文王之教一也，则无周公管蔡；性善情恶，是桀纣无性而尧舜无情也。性善恶皆浑，是上智怀惠而下愚挟善也。"（同上）可见，荀悦认为孟子、荀子、扬子的学说都有所偏颇。此外，荀悦还在《汉纪》卷六中说道："夫事物之性，有自然而成者，有成人事而成者，有失人事而不成者，有虽加人事终身不可成者。是谓三势。"又说："有不教而自成者，待教而成者，无教化则不成者，有加教化而终身不可成者。故上智下愚不移，至于中人，可上下者也。"也与《申鉴》中的主张互为表里。荀悦的言论可以证明，韩昌黎的学说来源于荀悦。

韩昌黎提倡"性有三品"说。他说:"性之品有上中下三。上焉者,善焉而已矣;中焉者,可导而上下也;下焉者,恶焉而已矣。"(《韩文》卷十一)他还评价孟、荀、扬说:"三子之言性也,举其中而遗其上下者也,得其一而失其二者也。"(同上)在韩子的学说中,人生①有三种之别。但是孟子只知其善而不知其恶;荀子只知其恶而不知其善;而扬子又不知有最上和最下的那些全善或全恶而终身不可改变的人。这三个人都各有偏颇。总之,韩昌黎的思想来自荀悦,他的观点同荀悦没有什么区别。

与韩昌黎同时代且曾师从韩昌黎的李习之,打磨改进了孟子、荀子、扬子等人的理论,并基于《中庸》,写下了《复性书》三篇,提出了"复性说"。他说:"人之所以为圣人者,性也;人之所以惑其性者,情也。喜怒哀惧爱恶欲七者,皆情之所以为也。情既昏,性斯匿矣。"又说:"情之动静弗息,则弗能复其性而烛天地,为不极之明。"(《文苑英华》卷三百六十五)可以看出,李习之的观点与董仲舒一致,他认为人都具有"性"和"情"。"性"是善的,人之所以能抵达圣域,其实是靠完善自己的"性"。然而,"情"作为"七欲"出现,往往会遮蔽"性"。因此,假如不排除"情"并回复本来的"性"的话,便会成为"不极之明",无法发出无限的光亮。如果做一个比喻的话,"性"就好似月亮,"情"就好似云,一旦动情就好似云朵升起,月亮就会被遮蔽。因此,应当排除掉这些云朵,使得月亮得以散发明亮澄澈的光辉。李习之关于"性"的观点与《文子》"水之性欲清,沙石秽之;人之性欲平,

---

① 原文如此,疑为"性"误。——译者注

嗜欲害之"(《道原篇》)的论述非常相似。李习之又说:"情者妄也,邪也。邪与妄则无所因矣。妄情灭息,本性清明,周流六虚,所以谓之能复其性也。"(同上)他所说的"情",大约类似佛教中的"妄念";他所说的"性",则类似佛教中的"真如"。《大乘起信论》卷中说:"如是众生自性清净心,因无明风动。"这与李习之的性情之说颇为相近。然而,李习之的这种将消灭妄邪之情、恢复清明本性作为修德方法的说法,可以说是他自己一家独有的思想。①《蒙斋笔谈》中也说:"《复性书》三篇,于秦汉以下诸儒略无所袭,独超然如颜子之用心。"不过,也不是自古以来从来就没有过类似"复性说"的观点。比如《庄子·缮性篇》中就谈道:"缮性于俗,学以求复其初。"又说:"民始惑乱,无以反其性情而复其初。"《淮南子·淑真训》中也说:"圣人之学也,欲以反性于初而游心于虚也;达人之学也,欲以通性于辽廓而觉于寂漠也。"这些言论都含有"复性"的意味在其中。此外,若翻阅老子《道德经》上下篇,会发现虽然书中并没有出现"性"字,但是在第二十八章出现过"常德不离,复归于婴儿"的说法,可谓稍近于"复性说"。但无论如何,在李习之之前,从来没有人像他一样详细地论述过这一"复性说",并且将其作为修德的方法。因此可以说,"复性说"是由李习之首先创造出来并立为一家之言的。这就好比虽然在孟子之前已经有人提出过类似性善论的观点,但由于直到孟子才将此说确定下来,因而我们以孟子为性善说的首创者一样。

---

① 此处原文有着重号,因过于烦琐,在此省略。原文中其他着重号亦同。——译者注

李习之的学说中又有与孟子相似的地方。在《孟子》七篇中有两处提到过"反其本"。一处是孟子对齐宣王说的："盖亦反其本矣。"（《梁惠王上》）另一处则是："盍返其本矣。"（同上）这正是"复性说"的观点。不过，孟子的重点在于保存原有的"性"，使其不至流失；而李习之的重点则是消灭"情"以复归本来的"性"。两者是有差别的。《焦氏笔乘》卷一中也说："乃若其情，则可以为善矣。孟子即情以论性也。贺玚云：'性之与情，犹波之与水，静时是水，动则是波；静时是性，动则是情。'盖即此意，李习之乃欲灭情以复性，亦异乎孟氏之旨矣。"同时，在李习之看来，"性"如心猿，"情"如意马，即使想使心猿安定下来，意马仍然会奔驰不止，因此应当直接击杀掉意马，以使心猿复归本来的地位。而在孟子那里，主要的则是百方保护心猿，使其不被意马打扰。

　　除却李习之、韩昌黎两人外，唐宋之间还有很多人对"性"进行过讨论。皇甫持正认为孟、荀、扬三人殊途同归，对韩子三品之说无所去就。杜牧之的观点近似荀子。司马温公倾向扬子，他说："性者，人之所受于天以生者也，善与恶必兼有之。是故虽圣人不能无恶，虽愚人不能无善。其所受多少之间则殊矣。善至多而恶至少，则为圣人；恶至多而善至少，则为愚人；善恶相半，则为中人。"又说："如孟子之言，所谓长善者也；荀子之言，所谓去恶者也；扬子则兼之矣。"（《司马文正公集》卷六十二）认为其论颇为恰当。王荆公也和司马温公一样赞同扬子的观点。他说："性者情之本，情者性之用。故吾曰：性情一也。"（《王临川文集》卷六十七）又说："性生乎情，有情然后善恶形焉，而性不可以善恶言也。"（《王临川文集》卷六十八）他还说："扬子之言为似矣。"（同上）想来王荆公以为，"性"是本体，"情"是"性"的作用，"情"由"性"生，因此"性情一也"。只不过"性"没有善恶之别，情起始现善恶。不过，"因为情由性生，所以扬子的学说似为真理"，王荆公之论颇为矛盾，并非妥当。原因就在于，如果说"情"是由"性"产生，而"情"又有善恶之分，那就只能说"性"中本来就存在着可以发展成善恶两种成分的倾向。若果真如此，又怎能说"性不可以善恶言也"呢？况且在扬子看来，"性"中善恶两部分混合并存，并非有"情"之后才有善恶，因此王荆公的观点其实是与扬子不同的。然而王荆公却将二者同一视之，只能说是不善辨别事物的异同。苏东坡著有《扬雄论》，提出"性未有善恶"的观点。文中说道："天下之言性者，皆杂乎才而言之，是以纷纷而不能一也。孔子所谓中人可以上下，而上智与下愚不移者，是论其才也，而至于言性，则未尝断其善恶。"（《苏东坡全集》卷四）按照苏东坡的说法，善恶存在于"才"之中，而不是存在于"性"当中，"性"本身没有善恶。然而，孟子、荀子、扬子所论绝非是"才"。并且这三人未必就认为在人的本性之中便已展现出善恶。他们有的认为人有向善的倾向，有的认为人有流于恶的倾向，有的认为善恶两种成分相混同，随着内心的发展，这两种成分并生。由此看来，苏氏所言未必妥当。胡五峰同样也提倡"性无善恶"之说。他说："性也者，天地鬼神之奥也，善不足以言之，况恶乎？"（《胡子知言》）这种论述很明显是来自公孙尼子的"性无善恶"（《申鉴·杂言下》）说或者是告子"性无善无不善也"（《孟子·告子上》）的观点。朱子也说：

"近世苏氏、胡氏之说,盖如此。"苏东坡和胡五峰都抱持着一种"局外主义"(Indifferentismus)的态度,司马温公和王荆公则抱持一种"包容主义"(Synkretismus)的态度。

周子虽没有明言性善,但他在《太极图说》中提道:"惟人也,得其秀而最灵,形既生矣,神发知矣,五性感动而善恶分。"也就是说,虽然人从"天"那里得来的"性"是善良的,但是随着其逐渐成长,被事物所触动,善与恶才同时诞生。《草木子·原道篇》中"《太极图》,性命书也"的说法也是因为这些乃是"性命"所关。此外,《通书·诚几德第三》中"性焉安焉之谓圣"的说法也是性善之意,因为假若"性"非善的话,就很难说安于"性"便可称作圣人了。

张子对"气质之性"和"天地之性"作了区分。他说:"形而后有气质之性,善反元①则天地之性有焉,故气质之性,君子有弗性者焉。"(《正蒙·诚明篇》)由此观之,在张子看来,"气质之性"相当于"character",也就是"秉性",是每个人各自的特质,与"天地之性"倾向相异。"天地之性"就是程朱所谓"本然之性",它类似于"conscience",即"良心",是恒常且普遍存在的,完全是善的。因此,君子应当以"天地之性"而非"气质之性"作为自己的性。

程、朱二人均认为"性"分为"本然之性"和"气质之性"两种。程明道说:"生之谓性,性即气,气即性,生之谓也。人生气禀,理有善恶,然不是性中元有此两物相对而生也。有自幼而

---

① 原文如此,《张载集》(中华书局2012年版,第22—23页)作"之"。——译者注

善者，有自幼而恶者，是气禀自然也。善固性也，恶亦不可不谓之性也。"（《二程全书》卷一）如此则在程明道的理论中，"性"与"气"是完全同一的，都是人生来就有的。然而人们各自发挥自己的"气禀"，在天然之理（即"性"的实体）中既有善又有恶。不过在个人的"性"当中并不是天生就有善恶两部分相对产生的，有的人自幼便是善良的，有的人自幼便是恶的，这是由其"气禀"所出的自然之势。如此，无论善恶，都可被称作"性"，即"性"中既存在善又存在恶。贝原益轩曾说过："古人之制字也，会意者居多矣，大率看其偏旁，而其意可知也。性字从心从生，盖以有生之初所得于心而生者而言[①]。"（《自娱集》卷五）如此说来，程明道所谓"生之谓性"确实符合造字的原则。程伊川说："性即是理，则自尧舜至于途人一也。才禀于气，气有清浊，禀其清者为贤，禀其浊者为愚。"（《二程全书》卷十九）程伊川的论述与程明道不同。区别在哪里呢？伊川将性与气分为二物，不像明道那样认为"性即气，气即性"。虽然二程的说法有如上不同，但简言之它们都属于"二元论"，近于性善恶均有之论。然而他们不像扬子那样认为每个人的"性"均有善恶两种成分互相混同。三宅尚斋在《狼疐录》卷三中谈到过二程子之间的关系："明道生之说尤明备，而此理为性之实体，则不异乎伊川也。伊川之说直截，而明道就理气妙合之处而说，理元不离乎气，则伊川之说不可不因于明道也。"然而程伊川又不像程明道那样将"理""气"同一视之，因此他说："性相近也，此言气质

[①] 原文是"盖以有生之初所得干心而生者而言"，从益轩会编《益轩全集》卷二（益轩全集刊行部1911年版）改。——译者注

之性也，非言性之本也。若言其本，则性即是理，理无不善，孟子之言性善是也。何相近有哉？"（《论语集注》）程伊川认为"理"当中只存在善，但程明道认为"理"中善恶均有。这又是两人观点的大不同之处。此外，程伊川还说过："学而知之则气无清浊，皆可致于善而复性之本，汤武身之是也。"（《孟子集注》）其观点类似李习之的复性说。

朱子基于二程提出了自己关于"性"的学说。二程提出的"性"分本然之性和气质之性两种的观点，在朱子那里得到了发扬。朱子说："天地之性，则太极本然之妙，万殊之一本也。气质之性，则二气交运而生，一本而万殊也。"（《正蒙·诚明篇注》）也就是说，天地之性是根本，是唯一的；气质之性是枝叶，是"万殊"的。换句话说，"气质之性"乃现象，"天地之性"为其本体。因此，排除"气质之性"、成全"天地之性"便是脱离现象世界，并与天地之本体——"太极"——相冥合的方法。他还说："论天地之性，则专指理而言；论气质之性，则以理与气杂而言之。"（同上）其所谓之"理"是形而上的，可以被称作先天的道；其所谓之"气"是形而下的，它所指的是"器"。"器"是物质的、后天的东西。朱子就"理"的纯全以及"理""气"的交错两点来探讨本然、气质两"性"。这种关于"本然""气质"两种"性"的讨论似可远远追溯到孔子的"性相近也"与孟子的"性善"。总之，朱子将修德的重点完全放在了抑制"气质之性"、恢复"本然之性"上。也就是从形而下向形而上突进，也就是"复性说"。基于这一点，朱子在《大学》的注中说道："明德者，人之所得乎天，而虚灵不昧，以具众理，而应万事者也。但为气禀所拘，人欲所蔽，则有时而昏，然其本体之明,则有未尝息者。故学者当因其所发而遂明之,以复其初也。"像他在《论语集注》里说的"人性皆善,而觉有先后,后觉者必效先觉之所为,乃可以明善而复其初也"完全是"复性说"。朱子"其本体之明,则有未尝息者"的说法与康德的学说完全相同。康德曾说:"因此,在我们身上重建向善的原初禀赋,并不是获得一种丧失了的善的动机;因为这种存在于道德法则的敬重之中的动机,我们永远也不会丧失,要是会丧失的话,我们也就永远不能重新获得它了。"①("Die Wiederherstellung der ursprünglichen Anlage zum Guten in uns, ist also nicht Erwerbung einer verlorenen Triebfeder zum Guten; denn diese, die in der Achtung fürs moralische Gesetz besteht, haben wir nie verlieren können, und wäre das Letztere möglich, so würden wir sie auch nie wieder erwerben." *Sämmtliche Werke*, herausg. v. Hartenstein, Bd. Ⅵ. S. 140)东西方哲学家之所见常常像这样彼此暗合,这实在是非常神奇。又,朱子的学说终究可归为二元论,认为每个人的"性"均有优等劣等两种成分,同扬子"性善恶混"的说法到底可归于一路。西塞罗也提出过类似朱子的学说。他说,人心之性分为两种,一种叫作"嗜欲",用希腊语来说就是"Χόμπι(ホルメイー)",这是一种让人动摇不已的力量;另一种叫作"理性",它向人们教谕说明什么可做什么不可做。因此,应当由"理性"来发号施令,而"嗜欲"则应服从"理性"的命令:"在魂魄中自然天成地有两种力量。 一个隐含在本能之中,也就是希腊语的'ὁρμή',也就是冲动。 这种力量操控这里那里的人们。 还有一

---

① 译文选自李秋零译《单纯理性限度内的宗教》,中国人民大学出版社 2003 年版,第 35 页。——译者注

个靠近理性，引导指示人们去做该做的，规避不该做的。 还有理性支配，本能服从。"（"Duplex est enim animorum atque natura; una pars in appetitu posita est, quae est όρμη graece, quae hominem huc et illuc rapit, altera in ratione, quae docet et explanat, quid faciendum fugiendumque sit. Ita fit, ut ratio praesit, adpetitus obtemperet." *De Officiis*, lib. Ⅰ, cap. 28）此外，歌德也曾说过："在我的胸中，唉，住着两个灵魂，一个想从另一个挣脱掉；一个在粗鄙的爱欲中以固执的器官附着于世界；另一个则努力超尘脱俗，一心攀登列祖列宗的崇高灵境。"①

> Zwei Seelen wohnen, ach! in meiner Brust,
> Die eine will sich von der andern trennen;
> Die eine hält, in derber Liebeslust,
> Sich an die Welt, mit klammernden Organen;
> Die andre hebt gewaltsam sich vom Dust. ——*Faust*.

达尔文也在其著作中谈到过优等劣等的"性"，他的论述颇为精细，其言略近于朱子。（*Descent of Man*, Vol. Ⅰ, pp. 191 – 192）朱子以后，就没有就"性"的问题别立新奇之说、自成一派的人了，如陈北溪《性理字义》、薛敬轩《读书录》、胡敬斋《居业录》之类都是基于程朱之说对"性"进行讨论。

将上述诸说进行分类列表，可得下图：

---

① 译文引自绿原译《浮士德》，人民文学出版社 1994 年版，第 36 页。——译者注

$$\text{性善恶}\begin{cases}\text{唯一（Monismus）}\begin{cases}\text{善}\begin{cases}\text{孔子}\\\text{孟子}\end{cases}\\\text{恶——荀子}\end{cases}\\\text{俱有（Dualismus）}\begin{cases}\text{董子、扬子、司马温公}\\\text{王荆公、李习之、二程子、朱子}\end{cases}\\\text{俱无（Nihilismus）}\begin{cases}\text{苏东坡}\\\text{胡五峰}\end{cases}\end{cases}\Bigg\}\text{荀悦及韩愈}$$

在上图中，董子和李习之均并非主张"性善恶皆有"，而是主张性善情恶。王荆公亦如此。今天之所以姑且将这些人也放在"俱有"之下，是因为他们都主张善恶并存。

在最后，还有一件事应当说明。本文的本意虽然只是将历史上的事实予以说明，但在文末附上我个人的见解应当也不完全是无用之劳。大凡人的生命、智诚、膂力、财源均是有限的，所以绝不可能完美无缺。如此则纵使希望能做到各个方面完美无缺，也终究无法实现。不得不说，"不完美"一词用来形容人是最为恰当的。因此拉丁语中有句俗话说："凡人皆有过错。"（Vitüs nemo sine nascitur.）因此，不管是怎样的善人，只要对其详细观察，没有一个人完全没有短处。反之，不管是怎样的恶人，都很难说他所有的行为都是坏的，一点儿善良的地方都没有。也就是说，即便是盗贼，当在同伴当中时，也会有人缔结主从之约、相互遵守信义。想来，虽然想要终身为善、没有一点儿缺点终归是奢望，但是反过来，如果去做一个完全的恶人，恐怕连在社会上生存下去都做不到，所以也不会有完全的恶。然而，善恶本来都根源于天生之"性"，之后展现出来变成社会的现象。如此则在人性中只能善恶共存。但是根据人的境遇不同，便难免展现出善多或恶多的情况。那些展现善更多的便是圣人，展现恶更多的便是狂愚之徒。像荀悦和韩昌黎那样说有三种"性"的说法，是丝毫不可凭信的。因为无论是怎样的"上智"与"下愚"，基于教育经验等的善恶，都会发生心性发展上的变化。此外，也很难说"性"就像苏东坡、胡五峰认为的那样，是无善无恶的。因为人都有父母祖先的遗传因素，在这些被遗传下来的"性"当中，便含有向善与向恶的资质。总之，"性善恶均有"是说，随着心性的成长，善恶生出种种现象；这种说法是在主张"性"中有像这样可以孕育出善恶的素质存在，而未必就是在说在心性还未成长起来时善恶便已经成型了。由此观之，可以说还是扬子的观点最为恰当，司马温公所言则更为详密而准确。（终）

（原载《哲学会杂志》1891 年第 4 卷第 47、48 号）

（姚睿麟译）

中国哲学的性质

（于鸥游馆演讲）

我想简单谈一下中国哲学的性质。中国哲学在我国是有价值的，如今已无须多言。但仅仅这么说还是会让人摸不着头脑。中国哲学究竟为何有价值呢？自欧洲的学问传入日本以来，我国学问的面貌已发生了巨大的改变。既然如此，在这种变动发生之际，如果说中国哲学仍然具有价值，那么这种价值是在哪方面呢？我们必须搞清楚这些问题才行。

过去，有人不断向世人说，中国哲学是有价值的。也有人说中国哲学要远优于西洋哲学。至今为止的人们是怎么说的呢？在距今八九年前，有人说中国哲学是综合式的学问，西洋哲学是分解式的学问。中国的学问是从开始便论述宏大的主题，先典式地叙述并以为教训。而西洋哲学……[①]西洋的所有学问都是一部分一部分分解式的，对所有东西都加以分解归纳，断定事物的是非。如果通例范

[①] 这里的省略号是原文就有的，本文中下文的其他省略号亦同。——译者注

式是分解式的,虽然不是所有的事物都能强行加以分解,但因为西洋就是把所有事物都加以分解,所以就无法概括争论的总体,无法得出结论。东洋的学问(这里指的都是哲学)与此完全相反,因为它不是分解式的学问,所以无论何时都不会有前后不一致的情况出现,一开始就达到了极致。这种见解究竟是否正确呢?答案是否定的。虽然从总体而言不能说完全不是这么回事,但若加以更细致的观察,便可发现东西哲学间不存在上述差异。

  首先,即使是中国哲学也不能说是彻头彻尾的综合式的学问。观中国的哲学著作,其中同样也有分解式的著作。不能说所有中国哲学都是综合的学问。而且,与之相对地将西洋的哲学乃至一切学问都视作分解式的,同样是陷入了误区。原因就在于,很多西洋的哲学思想都不能被称作分解式的,也有学说是综合式的,两者并行。西洋的哲学家知道,仅仅依靠分解不行……仅仅依靠综合也不行,两者对于哲学研究都是必要的,所以对两种方法都采用了,绝不是只采用"分解"一种方法进行研究。因此,不能说西洋哲学就是分解的。不仅如此,说西洋的学问都是分解式的更是大错特错。在西洋数学中,有微分和积分,其中积分便是综合的,而微分则是分解的。自不必言在其他领域也是综合、分解并行。如此看来,无论如何都不能说中国哲学就优于西洋哲学,"综合"并不是中国哲学的优越之处。此外还有一种观点,该观点巧妙地结合了今天心理学对智、情、意的划分,认为这种划分恰好可以用来区分印度、中国、西洋的哲学。中国哲学对应"情",印度哲学对应"意",西洋哲学对应"智",这三种哲学便是基于这三种研究。这种说法构思十分巧妙。虽然仔细看并不是这样,但若从大体上看,也不能说这种划分完全错误。这种说法的提出是完全有依据的。首先，中国哲学并非只讨论情感。中国哲学是由各种哲学构成的。在中国的哲学中，不能说"这就是哲学的基础"。因此不能说中国哲学全是以"情"为基础的。不过，因为中国哲学的基础是各种各样的，因此如果只看其中一部分的话，可能确实看上去是这样吧。而印度哲学反复说"这是意"。印度的学问无论是婆罗门教还是佛教，都认为人在世上始终是痛苦的。印度的学问就是强调如何寻找得以安心立命的方法。因此，为安心立命进行准备便成了重点，因而印度的学问大讲以"意"为基础。不过若如此说来，中国的学问也可以说是以"意"为基础的，与印度相似。也就是说，孔子以及孟子的学问中都有空想，他们都希望实现这种空想。因此，不能说中国哲学基于"情"而印度哲学基于"意"。在中国哲学中"意"是很重要的。特别是中国哲学中与印度哲学相似的地方格外的多。最后，西洋的学问以"智"为基础，主要建立在实物穷理之上。科学虽然与其余的宗教、道德方面的学问有所不同，但是宗教和道德也都吸收了这种行为模式（"想这么做"）。在道德领域就是说，在这种情况下如果不研究透彻就会怎么怎么样，于是就研究透彻了。宗教是属于道德世界的，因此也被统一到了这样的行为模式中。正是由于西洋的学问将实物穷理的思想纳入了知识之中，因此其他的学问也吸纳了这种"智"的成分。

此外，还有观点认为中国哲学是"情"的研究，而西洋哲学是思想逻辑的研究。这种说法与之前的说法没有不同，两种说法十分相似。还有人说，中国哲学是一门感性的学问。这种说法无疑也与之前那种观点类似，并非特别出彩的说法。确实，翻阅中国的书籍，可以看到其中感情的内容确实很多，但这绝不能用来推测孔子。而可以推测孟子。虽然中国哲学与西洋哲学相比有不输于西洋的地方，但以上诸说都不完善。

那么，中国哲学究竟在哪里有价值呢？首先，自维新以后，西洋学问传入，一时间东洋学问甚为失势，几乎变得好像没有价值一样。一时间即便东洋的学问想抵抗也无还手之力。不过，虽然西洋的学问所擅长的是逻辑学，但既然如此倾心于西洋，那自然一切学问都会学习西洋。然而，当逐渐进入伦理学领域时，我们却发现，西洋的学问里没什么特别独特且稀罕的学说，反倒是在原先就流传于日本的中国哲学当中找到了高尚之处。西洋道德中有势力的是基督教……基督教重要的一个观点是"爱"。然而，"爱"同样存在于中国哲学当中。孔子将其称为"仁"，孟子将其称为"慈"，也就是"仁慈"。这种"仁"和"慈"其实是一个东西，也就是"爱"。如此一来，西洋最自豪的大道是"爱"，而这种"爱"的概念在如今近乎衰颓的中国哲学中也能找到，于是，便有人开始主张也不应废弃中国哲学。从那时起，中国哲学也在东洋有了势力。不止如此，另一个不容忽视的事实是，虽然西洋伦理中最为重要的东西在日本也有，但东洋……日本所拥有的重要伦理并不存在于西洋哲学当中……有无法行于西洋的东西。这便是忠孝之教。这在印度以东的地方是重要的伦理，是东洋伦理的骨髓，但在西洋却不重要。当然，在西洋，人们也认为疏远父母是不好的，但同东洋有所不同。此外，东洋的家族是服从主义，对于在上者应当服从，而在西洋却并非如此。他们只对亲子之间做些许区分，而把夫妇、兄弟看作同等的。如今在东洋和西洋实行的伦理道德并不相同，这些不同之处是很重要的。在对东西方的这种差异的源流进行考察之后就能明白，让这种东西相异的伦理走向一致是没有必要的，完全照搬西方、一朝间废除日本原有的伦理是做不到的。这些差异的形成是有其内在逻辑的。当然，各种事情都是从其他的情况自然而然变化而来的，今后继续让它发生变化也没有关系，然而故意让它在一朝一夕内突变是不可能的。此外，如今这种东洋的伦理是必要的，对谋求国内团结尤为必要。由此可以明白，东洋哲学，东洋的伦理学，是绝对不能废弃的，它们确实有着非常重要的价值。中国哲学之所以能留存至今日，其原因便是如此。（以下《中国哲学的缺点》见下期。）

（原载《日本大家论集》1892年第4卷第8号）

（姚睿麟译）

中国开发意见[①]

虽然关于中国问题有很多人提出了各种各样的看法，不过我还有自己的一家之言，现将其简单列举如下，希望听听各位的看法。

一，中国保全与风气的开发。从中国历来的形势考量，必须使其得到保全。不过还应当考虑的一点是，如果不能让中国自身改良、规划进步之路，纵使徒然保住了，也终究无法见容于世界大势，最终失去维系国家独立的权利。想来，中国以外的文明国家都在逐渐地、好似没有止境一般地进步发展，人口不断增多，通商贸易的范围不断扩大，世界一年年从不完全趋向完全，特别是到今天已得到最大的扩展。世界也随着交通工具的愈发便捷而显得越来越小，任何一片国土对于全体人类来说都变得愈发贵重。在这种情况下，即便是国土如荒漠般的中国，假如不能随着其他文明国家的发展一同进步，依然安于以往的状态，那它终将会失去独立的权利，迟早会被其他文明国家掠夺。因为，文明国家只会通过非常手段开

---

① 原文中有多种着重号，翻译时皆省去。——译者注

拓中国的土地，借此以谋求中国的进步。但这对中国人来说实在是值得哀叹悲伤的事情，所以作为中国人，现在最重要的是必须先自觉认识到这一世界大势，迅速靠自己走上改良进步的道路，争取独立的资格。只要中国人主动踏上改良进步的道路，无疑就能免除这一可怕的灾祸，随着世界大势发展。试看美洲吧！（美洲原本是野蛮人的居住地，而在欧洲人种将其占领过后它就摇身一变成为文明之地。）如今，对于一般人类来说，是让如此广大的一片土地仍然充斥着野蛮人任其归于荒凉好，还是让欧洲人前往开发使之成为文明国度好，这是不言自明的。然而，假如中国人继续玷污他们广阔的国土，仍然只顾着固守古代的陋习，不知走上文明进步的道路，那他们最终也会像南北美的野蛮人一样在领土被占领后却毫无还手之力。因此，如今为中国人计，应让他们速速察觉到这一大势，为保存自己的自然权利而努力去开化风气。

　　二，中国道德的缺点。中国之所以萎靡不振以至今日，固然是许多因素综合起来所导致的，但若论其主要原因，我深信中国道德的缺点才是症结所在。想来，中国虽然自古以来便是富于文学的古国，但至于德教则几乎统一，从未出现过异端。孔孟之教实乃中国德教的唯一基础。直至近来，中国虽稍有迎接泰西文明新思想的倾向，但尊崇遵奉孔孟的观念仍未改变。像该国张之洞的《劝学篇》，虽也颇为鼓励输入新思想，但对于孔孟之教却丝毫未加褒贬。不过，对中国人如此顽固地坚守孔孟道德的情况，我不得不说一句。想来，面对时时变化几无停顿的世界大势，独守数千年前的德教希图以此应对之，终究无法应对周遭的境遇。然而清人对此却没有自觉。纵使在国内相互的交往中或许还仍然不得不行孔孟之教也未可知，但一旦同国外发生关系，它便会变得不再可靠。何况就算是在国内，如果永远只徒然地固守孔孟之教，最终也会使得进步发展变得无望。因为道德的缺点十分重要，所以下面我将就其中主要的几点做一些评论。

（甲）个人式的消极道德之弊。孔孟的道德主要都是关于个人式的道德，多属于今天所说的"消极的道德"。不过不是说孔孟道德中完全没有积极的道德。像《大学》卷首提出的"明明德""新民""止于至善"三纲领——就是首先修智德，然后将其应用于社会，最终实现个人理想——当然是一种积极的道德。像"治国""平天下"也同样如此。然而，总的来说，一般还是以消极的道德为主。从这点来说的话，确实是保存了永远不可磨灭的德教。自然，这种关于个人式道德的教义不能说不好。以个人的道德来说，孔孟之教的确非常出色，直到今天都无疑是非常完备的理论。只不过，在今天光靠这种道德是不够的。与其说孔孟之教是不好的，不如说只是因为时势的变迁和境遇的不同而需要其他进一步的补充，也就是需要积极的道德。没有人可以独自生存，必须与其他人团结起来，相互建立起联系，而道德正是为此而存在的。道德是控制人与人之间关系的必要条件。无法直接或间接地对同类造成伤害，是人类共同生活的第一重要条件。因此，最先兴起的道德便是消极的道德。诸如辞让谦退等对同类的道德在初期被作为最重要的道德。孔孟专门用力于此也无非是因为这个原因。然而如今时势一变，昔日列国各自组成不同的世界，今日则关系日渐紧密，沟通全球逐渐形成了一个"世界社会"。如此又怎能用几千年前的消极道德去处理世事呢？孔孟的消极道德作为处理个人之间关系的道德确实是善良且高尚的，但是其弊端在于动辄仅止于洁身自好，有不敢致力于社会全体发展的倾向。因此中国人自古以来便缺少社会团结的观念，往往只进行个人层面的考究，而几乎没有对共同集体进行观察。特别是宋明以来的学者，完全是孤独式的，丝毫没有共同团体的思想。只有孔子和孟子多多少少不是完全没有提及社会，但提及之处还是很少。虽然的确在孔孟生活的年代这样或许还尚可，但在今天绝不能以此为满足。必须另以"积极的道德"补充其缺点。所谓"积极的道德"，是指在不损害他人利益的范围内，也就是在自己权利的范围内，完善自己的人格，实现自己的理想。而自不待言，这种人格的完善与理想的实现应于社会中进行。也就是说，为了社会公众而推进事业，以此发展自己的人格。然而这并非像世人往往误解的那样，应该彻底排斥消极的道德。我们不应该觉得今后只需要积极的道德。想把那些"不为"主义完全废除是大错而特错。只有在"不为"主义的基础之上，积极的道德才能有其成效。如果有人完全抛弃"不为"主义，只是命令"去做去做"的话，那有可能不管去造什么罪恶都会因此找到借口。因此，积极的道德必须建立在消极道德的基础之上，积极的道德不如说只是对消极道德所做的补充，两者应该同时存在。孔孟的道德本绝非荒谬，只是随着时势变迁，以至今日大感其不足。总之，自由发展对于个人来说是最为重要的事情，如果每一个人都自由地发展，那在社会上直接就能看到其积极的效果，今天的中国人无疑非常缺乏这种思想。因此，必须好好地进一步让他们明白此乃匡救之道。

（乙）宗教性的形式之弊。孔孟之教拒绝迷信，这一点是非常值得肯定的。然而如果进一步观察儒教的形式，便会发现儒教本身又形成了一种庞大的宗教形式。在信仰儒教时，就不能再去信仰佛教或基督教等其他宗教。所以，儒教同西洋伦理学旨趣略有不同，是一种完全采用了宗教形式的德教。而且由于它采用了宗教的形式，所以教义变得固定而不可更改。虽然后世宋明以及朝鲜、日本的学者层出不穷，但孔孟之说却几乎一直处于批评之外，虽然有时孟子稍微多少受到些议论，但孔子的言行是完全被神圣化的，没有人敢对他加以议论。于是乎，孔孟之教得到了专制独擅的地位和力量，丝毫看不到任何思想的发展。纵使在一定范围内的解释多少有异，但思想上的自由是没有的。虽然在孔孟之教的框架内也不是没有各种观点，但是思想被局限在了这一范围内，孔孟成了被完全固定下来的唯一理想，学者最终也就不会想去超越他们。虽然孔子在人格上十分高尚，为常人所难企及，但在其他方面也并非无法超越。然而最终却无人尝试超越孔子。这无非因为儒教形成了一种宗教的形式，以致教义固定了下来，变得不可动摇。这与西洋相比如何呢？在西洋，自圣哲苏格拉底以后，还有柏拉图、亚里士多德、斯宾诺莎、康德等相继辈出。在中国，自孔孟以后就再没出现过能与他们比肩的人，反而逐渐退步。这实在是由于中国缺乏思想自由。思想如果自由的话，自然会有推倒原来的旧思想、提出卓越的新思想的伟人出现。像中国这样，孔孟之教占据着压倒性的优势，虽然也不是没有老庄佛教等其他学说，但所谓"异端之教"终究无法与儒教相抗衡。结果，中国的思想界就显得单调。这对中国实现进步的阻碍绝非一星半点。

（丙）智育缺乏之弊。虽然孔孟之教作为一门德教非常高尚，但其一大缺点在于不强调智识发展的重要性。这实乃是一大弱点，其弊病经年累月一直增大。孔子弟子虽有三千，但在其中却找不出一位以智力杰出于一代的人。颜回虽被称为孔门第一，但那也只是在道德方面无可非难，在智力方面难说他有何厉害之处。虽然孔子作为德育家在这方面有旁人无可企及之处，然而在智育方面就没有什么值得称道的地方了。孔子去世百年后偶然出了个孟子，这或许可以稍稍慰藉孔子，但这与苏格拉底在智力方面造成的巨大影响实在不可相比。而且说起中国学者的学术的话，他们都相信除了孔孟之外没有别的学问，也都自己偏向于道德，最终不见智力上的发展。这一弱点如今最为明显地展现在我们面前。因此，对于这一弱点也必须用现代的思想加以补足。

除上述几点之外，中国道德还有许多其他缺点，但以上三点是其中最为显著的，必须尽快加以纠正。然而中国人民连有这些巨大的缺点都未能察觉。说起孔孟之教，他们直到今天也仍然只是尊奉，一味相信它完美无缺，因此必须提醒他们，让他们知道事实绝非如此，让他们认识到除孔孟外还有别的东西是必需的。而能够完成这一任务的，便非我们日本人莫属了。欧美人往往对任何事都只是宣扬基督教，说什么只要皈依基督教便可领受神的恩惠并前往天国，却因此反而愈发伤害了中国人的感情，最终招致意想不到的动乱，这些事情都早已为人们所知晓，欧美人已经无可作为。由我们日本人挺身而出破除邻邦人民的迷信，这不正是我们的任务吗？

三，输入基督教的利害。方才已经说过，孔孟的道德已非完美，在它的基础上，未来必将需要新的道德。那么，输入基督教是否可行呢？用基督教取代孔教，以此来指导中国人，其效果是非常值得怀疑的。也不能想象完全废除孔孟之教、用基督教取而代之的时代会到来，也没有必要。基督教与孔孟之教历史相异，两者实际的信仰也不同，但这两者的根本思想却十分相近。这主要体现在：（一）耶稣教的基础是神，儒教中也有"天""上帝""天帝"，都是人格的神，与基督教的神几乎没有什么差异。语言表达的差异当然是必然的，但"神"的思想是相同的。在基督徒中也绝非完全相同。虽然不能说儒教的神与基督教的神完全相同，但这两者均是实在的神，这是相同的。（二）基督教倡导"爱"，儒教主张"仁"。虽然"仁"实乃孔教之根本主张，但正如韩愈所解释的，"博爱即为仁"，它无非是一种人道的博爱。基督教想要教导人们的，也是人道的博爱。儒教所提倡的也是人道的博爱。此两者在这点上不也同样是相似的吗？当然，儒教的"仁"并非无差别的博爱，但无论如何，儒教和基督教在强调人道的博爱这一点上是一致的。（三）基督教又主张"天国在胸"，主张要在自己的内心寻找安心之所。而儒教同样以为上天赐予的成分就在人的心中。比如《中庸》中说到的"天命之谓性"，所谓"性"就表明了天授的成分存在于人们心中，这种天授的成分便是一切道德的本源，由此便可获得安心立命之地。如此看来，儒教与基督教虽然历史上的发展过程有很大不同，在教义上却看不到什么太大的不同。因此，为今日之中国人计之，没有必要特意为了基督教丧失自己的立足之地，使其滔滔迷失其中，耶稣之所教孔孟之教里都有。特别是儒教拒绝迷信，但基督教却一直裹挟着迷信，因此从智识的发展上说反而是有害的。不过也没有必要拒绝基督教传入中国。如今因为各种各样的原因皈依基督教的人想必有之。这也不是没有其必要的。接下来我将列举出耶稣教传入可以带来的好处。

（甲）为中国思想界增添活力。值此中国思想界萎靡停滞、正处于昏睡状态之时，基督教传教士的热心布教必将刺激中国人，将他们从昏睡状态中唤醒。因此只要以宽广的胸襟迎接基督教的传入就没有什么可担忧的。

（乙）基督教的传入可使中国的思想界更加丰富。在旧有教法的基础上，输入与其性质完全不同的思想与情感，可以使国民的情感更加丰富，就算不去信奉它，也不无研究的价值。特别是在基督教中，无论是谁都可以践行的格言不在少数，这在中国经书中是看不见的，这尤其需要注意。

（丙）儒教拒绝迷信这一点是值得赞许的，但基督教中值得吸纳的东西也不在少数。因此可以研究这些内容，补足儒教的缺点。比如像一夫一妻制，就从来没有在中国的教义中出现过，儒教对于蓄妾等行为反而一直采取默许的态度。基督教中纯洁夫妻关系的内容对人类的发展是有利的，因此便应当吸收这种制度以补足旧有德教的缺陷。

由上面几点来看，在中国批判地吸收基督教应该说是有益无害的。说起来，即便是中国，想要彻底扑灭基督教或是将其驱逐出境也是不可能的，因此不如反过来欢迎它的到来，只不过应该戒其妄信。

四，鼓励发展自然科学。自然科学的欠缺虽然可以说是东洋诸国普遍的共性，但在中国尤为严重，总之对中国来说应该加以适当的警惕。说"欠缺"也许稍显严苛，确实在中国天文、医术、本草学、数学等学科多少均有萌芽，但这些学科丝毫未能够得到发展，尤其是像医学甚为幼稚，中医如今根本发挥不了任何作用。像物理学、化学完全就没有在中国出现。想来，这应该也是孔孟之学在中国过于得势、其他学问不管是什么学科均被作为"诸子百家"遭到摒弃的结果。然而，如果探求如今西洋飞速进步以致力压东洋诸国的原因，那首先便是自然科学的发达以及物质上的开化程度高，虽然东洋在其他方面都不遑多让，但唯独在机械工艺物质文明的发展上落后于西方。而那些电报、电话以及其他无数便利的机械，都是在自然科学的助力下诞生的，因此为了中国人考虑，如今最应得到鼓励的便是自然科学的发展。幸而大约近来中国人已稍稍领悟到了这一道理，在中国也出现了研习机械工艺等学科的人。然而，像物理学、生理学仅刚刚起步，还未见深入的研究。不过，这可能也是因为这些学问需要素养基础和时间，但今后中国必须对此加以重视。尤其需要注意的是，虽然因为机械工艺等有形事物用肉眼看就很显著，所以不难多少发觉其必要性，但若认为在伦理学上依靠中国旧有的道德就可以了，那便是大错特错。即便是伦理学这样无形的学科，要想对其进行细致的研究、有准确的论据，也必须有赖自然科学研究的成果，可见中国人学习西洋不能只停留在有形的学科上。

　　五，日本假名文字的引进。对于中国国民今后的发展而言，还有一大阻碍，便是中国语言文字的不便。不，语言还可忍受，文字的不便实在可称不便中的不便，虽然关于这一点从各个方面有很多可以论述的内容，但这里先仅举出其中最不便的一点。如果今天使用类似白话的文体，应该就能更加精确地表达自己的意思，但在中国人的习惯里，虽然口头用白话交谈，但执笔作文还是常用古文，所以那些多多少少接受过教育的人都不用白话而用古文。但是，古文解释起来非常困难，也没有名词、动词的变化，只是把各个文字罗列起来，也没有过去、现在、未来时态的区分。几乎不能指望依靠这种文字去表达精密的逻辑思想。而如果强行用它来表达这些思想的话，文章便会不由自主地变得冗杂，只能将其作为糟糕的文章加以摒弃。而如果追求可读性写成那些所谓简洁的古文的话，又实在是无法阐明这些逻辑思想，这实乃一大困难。而且文字的不便本来是源于文章的不便，如果用白话体完全照原样记录下来的话，虽然不充分，但比起古文还是稍微好一点。只是白话随着南北地域变化而变化，有无法通行于全国的缺点。结果，古文虽通行于全国但无法表达精密的思想，白话虽略胜于古文但无法通行于全国。中国的文字文章实在是一大问题，在未来必须加以改变。如今，关于国语问题，在我国也有有识之士不断在提倡改革，然而中国文字文章的不便远超我国。特别是日本的假名文字在记录词尾变化时便利匪小，因此我相信，如果中国也暂且引进日本的假名文字使用的话，那在引进新思想时也可以直接原样使用日本教材，也很便利。如果顺便暂且借此与日本的文运一同发展的话，那就最为便利。

六，精神上的开发乃是急务。虽然中国人大都有守旧的弊病，但最近在他们当中，渐渐抱有进步思想、企图改良的人也为数不少。这不仅是对中国，对东洋乃至全世界来说都是值得庆贺的事情。然而，他们所谓的改良与进步仅仅是引进西洋的机械、改良陆海军的组织、购买军舰、修筑炮台，或者是研习工学等物质层面的东西，这是远远不够的。固然，对于物质进步的引进是必要的，但这仅仅只是一个方面。今后必须更加转而去注意精神层面。试想一下，纵然有再先进的机械、再先进的军舰炮台，假如没有运用、操作这些物质的精神气象的话，不是什么作用都起不了吗？就真正的开发而言，应该说精神上的开发才是最要紧的。中国今日的衰退实乃根源于精神上的问题。只要能使精神振奋起来，国力也会随之发展。然而可悲的是，他们只醉心于眼前的物质方面，完全没有考虑到精神的开发。如今中国没有人在哲学、宗教、伦理等方面开辟研究的道路，这不是再显然不过的吗？在中国，有时能见到宣传日本维新的人。不过细考日本走到今天的原动力，虽然确实仿佛始自医术、兵法等有形层面，但又确实从一开始便注重精神上的开发。日本精神层面的研究，比如穆勒、卢梭、基佐、伏尔泰、伯克、斯宾塞等人的思想，很快鼓舞了国民的精神，结果形成了一种活力，以促进国家的进步发展。如今的中国恰似刚从漫漫长夜中苏醒过来，已经到了迫切需要竭力于这种精神上的开发的时候了。若想开发中国，就必须让中国人自觉认识到，要开发四百余州的风气，最重要的就是必须先从精神开始。

七，日本学术的输入。近来中国的有志者，如张之洞，主张引进学术莫如通过日本，这实在是中国之大幸，只不过在他们看来，之所以要从日本吸取西洋的学术，只是因为在日本有著述翻译正好可以直接拿来阅读的便利，也就是只不过是因为吸取西洋学术最为方便。但事实上引入日本学术的好处不止这一点。想那西洋学术体量庞大，分科甚为繁杂，突然接触时几乎不知道该从哪里下手。对初学的中国人，若让他们直接面对西洋学术，就好似将他们投入迷雾之中，只会彷徨而苦于甄别。既如此，此时之便莫如让他们先依靠日本学者的指导，按照顺序学习。加之正如之前所说，风气的开发要先以从精神上着手为急务，但至于哲学、伦理、宗教等诸学科，就不应仅仅以翻译研究西洋学说为足。东洋有东洋自古以来的东洋哲学、伦理、宗教，这就要求必须将东西两洋的思想加以混合调和，进行一种特殊的研究。特别是像伦理学，即便同样都是西方的学说也是众说纷纭没有形成统一的意见，针对享乐主义有禁欲主义，针对厌世主义有乐观主义，针对利己主义有利他主义等等，彼此冲突对立，如果仅仅只是翻译，将这些观点原样吞下，人的头脑便会立刻被搅乱，完全无法理解其中的道理。然而，咀嚼玩味这些思想并进一步调和两洋是需要有一定见识的，对此日本学者已经进行过大量极其辛苦的研究，因此中国人也应当注意这些研究的内容，不仅要了解这些学术，最重要的是还应当注意日本的先行者们对这些学问采取了怎样的方针，想来今后他们研究本国的学术时其方针也无外此途。

[原载井上哲次郎《巽轩讲话集》（初编），博文馆1902年]

（姚睿麟译）

中国文明的缺陷[1]

绪　论

考察日本国民在当今世界中的地位，无疑身负一种特殊的使命。也就是说，日本国民对于欧美诸国，同时也对于东洋诸国，负有一种非常重大的天然的使命，这是无可置疑的。这一使命究竟是什么？这一问题日后再详论，我今天只想就日本国民对东洋诸国所应尽的使命说上两句。日本如今乃是东洋诸国中的先进国，这一说法在甲午战争以后便得到了广泛的认可。既然日本已经成为东洋的先进国，那么它便有责任去警醒东洋诸国，让他们步入文明的世界，这便是日本天然的使命。特别是能够带领中国、朝鲜、印度、暹罗等国国民步入文明国家行列的只有日本国民。之所以这么说，是因为比起欧美诸国的国民，日本国民在精神上同东洋诸国国民有

---

[1] 原文中有多种着重号，翻译时全部删除。——译者注

着密切的联系，所以如果日本国民率先努力于完成这一重大使命的话，那么将来东洋诸国便应该会发生伟大的变化。而如果中国、朝鲜、印度以及其他东洋国家不能踏上进步的道路，一直保持着旧有的弊病，那我国可能也会因此承受种种不利的后果，这是显而易见的，但不仅如此，我国长期以来受中国、朝鲜、印度等国的恩惠不在少数。虽然吸收西洋文物制度以来出现了对中国、朝鲜、印度的轻蔑态度，但千百年来，日本从中国、朝鲜、印度等国引进文物制度，因此才得以进步，直到可以吸取西洋的文物制度。因此，就算是为了报答以前的恩惠，日本也有天然的任务，必须拥有作为先进国的自觉，率领中国、朝鲜、印度等国步入文明的殿堂。这种想法放在数十年前可能还会有人觉得只是一种空想，但如今，它已不再只是一种乌托邦。如今，中国、朝鲜、印度的留学生都纷纷来到我国研修今天的学术技艺。特别是来自中国的留学生不断增加。所以，既然他们现在因倾慕我国蜂拥而来，那么我们也必须相应地抱有指导他们的决心和抱负。那么，因为我们抱着十分亲切的感情指导他们，所以他们无疑会愈发青睐赴日留学，更加踊跃地前来。这对于日本国民来说，实在是一项重要的任务，所以无论何时都必须努力去完成。当然，这并不是仅区区十年二十年的事业，也许是今后永远的事业。所以我相信，必须有一个日本国民代代相传、直到最后完成这项任务为止的永久的计划。因此，我想先对中国文明的缺陷进行列举与讨论，这和在治疗病人之前要先搞清病症是一个道理。

本　论

（一）权利思想的欠缺。权利思想的欠缺确实是中国文明的缺点之一。虽然"权利"一词在中国自古便有，但其含义与今天所说的"权利"完全不同，不如说是"权势"的意思，今天所说的权利思想中国人从来都不具备，直到今天中国人也还没有理解。中国的道德认为，个人应当服从于更大的层面，即服从于民族。中国的全部道德都建立于这种服从之上。因此，只有忠臣、孝子、节妇才能得到道德上的赞美，这些都是为了大于个人的民族而牺牲的人。也因此，中国从没有因独立、自由等方面受到道德称赞的人。个人被吸取到民族之内，个人的独立自由自古以来就没有得到重视。也就是说，"人格"的观念并不十分明确。那么，是不是就完全没有使人格高尚的想法呢？也不是。但无论如何，"人格"这种个体性的思想是绝对不明确的。因此，人权，也就是"Personal Right"的思想并不发达，所以他们完全无法想见个人权利的神圣。结果，就产生了对社会也很不利的结果。社会的健全与发达明明只有在个人得以最大限度地发展自身能力、最大限度地为社会做出贡献的情况下才能实现，但个人却完全被民族所压制，除了服从外没有别的道德，这对社会全体也绝不会是有利的。如果个人拥有独立和自由，那么每个人都能最大限度地发挥自己的能力，都能最大限度地得到发展。这种个人的最大限度的发展，最终必然会及于社会，这是很容易明白的道理。因为社会是由个人所组成的，所以只要每个人都能实现这种充分的发展，其结果必然表现为社会的显著进化。但因为中国缺少权利思想，所以在这方面完全没有任何进步。经历了三四千年的悠久历史，在人权上没有丝毫进步的痕迹。中国虽是拥有悠久历史的古国，却没有在这方面取得进步，这就是因为在中国文明中隐藏着这样的缺点。然而，对于文明的进步来说，权利的主张有非常重要的作用。原因就在于，主张了权利，才能从而唤起正义的观念。假设有人正在侵害他人的权利，如果此时被害者保持沉默，正义的观念就无法明确。但如果被害者向加害者大加主张其权利，加害者就会知道不能随意地侵犯他人权利。因此，只要出现侵犯他人权利的行为，被害者都必须坚决主张自己的权利所在，维护自己权利的神圣；当严厉打击他人的不义行为时，正义的观念就会在社会上逐渐明确。因此而实现的文明进步实不在少。而如果考虑到这正是中国所缺乏的，那由此也就可以推测出其社会如何了。

（二）科学思想的欠缺。科学思想的欠缺也是中国文明的一大显著缺陷。科学在中国一点都没有发展吗？多少还是有初步发展的。数学、天文、医学、动物学、植物学多少都有初步的发展。另外磁石的发明、火药的发明，可能还有木板和活字印刷术的发明，日本等国也受到了来自中国的极大恩惠。此外，纸和陶器的发明也渊源于中国人。不只是日本，全世界的人都很是受到过中国的恩惠。但是，中国的科学毕竟说不上发达。物理学、化学、力学等科学学科在中国几乎都没有出现的迹象。而且即便是其他科学，同今天的西洋科学比较起来，都显得十分幼稚。其医学等毫无进步，全不足观。不管是数学还是天文学都无法与今日相比。总之，中国的所有科学都不发达，特别是自然科学，停留在极为幼稚的阶段。而之所以如此，我认为首先应该渊源于孔子的教育方法。当然，这并非唯一的原因，但确实可以认为这是一个重要的原因。孔子之教是基于常识的道德之教，并不是特别坏、或者说是错误的东西，几乎全是像格言一样的东西。因此，孔子的学说本身虽然并不是特别坏，但孔子的学说占据了非常庞大的势力，中国后世的教育法全都基于孔子的学说，结果就导致了科学的萎靡。孔子不教科学，孔子不教的就不为人所重视。凡是孔子不教的，都被当作"诸子百家之学"遭到蔑视。结果，研习孔子之学的人作为讲解圣人之道的人被世人所敬重，被敬重的人又不讲求科学。如此世代相延，形成风俗，稍有起步的科学最终未能发展，以至今日。因此完全不见科学的进步。中国虽有三四千年的历史，但在科学方面，却几乎没有稍可示人的进步。结果，当中国与西方逐渐开始接触时，由于缺乏科学思想，对世界、人生，对一切事物都持一种漠然的思想，可见其何等迂腐。而且由于仍然坚守过去的中国思想，结果逐渐败北，沦落至今天的窘境。

（三）逻辑思想的欠缺。中国文明中另一个不能忽视的缺点是逻辑思想的欠缺。逻辑思想在中国向来不发达。周朝末年多少有过萌芽。像荀子、墨子、惠子、公孙龙子以及韩非子等，在诸子之间多少有一定的逻辑思想。不过，即便是这些也都是疏漏的逻辑，从未得到发展。假若后世能出现一位有能力的人，将这些逻辑思想科学地整合起来以致大成，或许多少能做出一番成果。无奈逻辑在中国完全没有发展起来。因此也就是说，尽管有三四千年的历史，但中国一直没有逻辑。当然，从经验中得来的些许逻辑不是没有，但是因为这样的逻辑并不精密，因此今日读中国学者所写的文章，里面有非常愚蠢的逻辑错误。总之就是写一些思想不精密、含混模糊、容易产生误解的文章，互相间也不以此进行批评，就这样直到今天，总之就是没有生气。这也同其他事物一样，没有取得任何进步，因此也没有产生精密的哲学。虽然不是完全没有哲学，但是同西洋比较起来还是显得粗枝大叶。虽然在实践道德上不是没有值得吸取的地方，但假如科学思想发达的话，便可以更进一步精密地发展，大大巩固中国文明的基础。然而，无奈没有任何发展，结果自孔子以来都没有这种可观的成果。这首先也与中国的文章有关。中国文章的性质，可以说就是通过文字的排列连缀成文。虽然世界各地的文章都是排列文字，但同样都是排列文字，中国只是机械地将文字排列在一起。也就是没有词尾变化。既没有名词变化，也没有动词变化，只是将已经完成的文字进行排列，因此无法表达精密的思想。细微的意义差别——也就是法语中所谓的"nuance"——也无法被表达出来。因此逻辑很难发展。说到底，中国的文章不适宜逻辑发展。特别是中国的文章必须写得"简古"，"简古"地作文，文章就更不严谨，无法表达精密的思想。如果精密地描述精密的思想，势必会增加文章长度，与"简古"是对立的。如果文章不"简古"，就会被认为是坏文章而无人阅读。因此，想写逻辑性的文章就会被当作糟糕的文章，想写名文就难有逻辑性，这就是中国文章的性质。因此只要还用这种文章交流思想，便终究无法期待逻辑的成长。只有将来什么时候引进拉丁文字、假名文字等音符文字，抛弃原有的文字，除此以外别无他法。

（四）集体思想的缺乏。中国文明的另一个缺点便是集体思想的缺乏。中国人很有个人式的思维，这种个人式的思维不是那种源自权利思想的个人式思维，而是来源于对个人利益的算计，所以他们只是各自计较自己的利益，非常缺乏为集体出力的想法。所以这与之前所说的中国人为民族效力的道德并不矛盾。但是，他们确实缺乏集体思想。他们非常缺乏"中华民族团结一致"的思想。只不过作为一直以来的习惯，他们对忠臣、孝子、节妇的推崇之念非常深厚。然而，"必须自觉地追求民族的团结统一；追求民族的团结统一时，民族才可能变得强大"，这种观念是中国人所欠缺的。所以，虽然孔子提出了"忠孝"，但却并没有陈说"团结一致"的重要性，团体思想确实是孔子学说中所欠缺的，不管在哪里都找不到正确的教导。当然，这不能只怪孔子。社会的状态逐渐演变，到近代共同团体愈发成长起来。因此一些宏伟的事业依靠团体的力量完成了。为此各种各样的公司被建立起来。为了铁道、制造、航海以及其他种种事业建立了各种公司。所有社会上的重大事业都必须依靠公司。再到最近甚至出现了"信托公司"，也就是"托拉斯"。在孔子的年代，这种公司式的组织似乎非常少见，因此也就没有出现有关团体的道德，但渐至后世，再这样就不行了。但中国确实非常缺乏这种集体思想。孔子没有这方面的教导大概也是原因之一，但中国人没有进而对社会进行研究也是原因之一。

（五）进步思想的缺乏。最后，我想就中国人进步思想的欠缺发表一点看法。虽然中国人进步思想的缺乏是显而易见的，但是不能像这样仅从表面看这个问题。即便是中国人也并非没有理想。理想自古就有。但是中国人的理想出错了。理想必须存于将来。现在的状态叫作"现实"（actuality），理想是"可能性"（potentiality）。将可能性变为现实时，便实现了进步发展。因此，理想一定是存在于未来的，虽然它可以部分地实现，但永远无法完全实现。如果理想真的完全实现了，进步也就停止了。因为终究无法完全实现，所以进步是无止境的。所以才有了永恒无限的进步与发展。然而中国人虽有理想，可他们的理想却取自过去。向过去寻求本应存在于未来的理想，这便是中国人的谬误之处。并且，这一谬见直到今天都还存在，作为中国人的迷梦一直流传至今。说起应该如何改造国家，中国人便会将唐虞三代作为国家的理想，并且认为没有比尧舜的政治更优越的政治。因此无论何时，他们都期望能让唐虞三代重现于今日的国家。于是，越是想效仿唐虞三代就越困难，比唐虞三代更好是想都想不到的事情，与其相同的水平也无法达到，只能从唐虞三代的水准逐渐下滑。所谓进寸退尺、有退无进，这就是中国数千年来的历史。当然，这期间多少也有盛衰兴亡，但整体上看比唐虞三代进步了多少呢？完全没有显著的进步。而且在今天即便把唐虞三代变成了现实也不足以为珍，很明显完全无法与今日之文明相比。然而中国人至今对这一点也没有察觉，仍然在求理想于过去。虽然近来在诸如兵制等方面学习了西方，但是在思想上追求复古、推崇唐虞三代的风俗仍没有改变。

结　论

　　中国是国土面积近十倍于日本的大国，因此它应该很难像日本那样轻易地改变、走上文明的道路。虽然也渐渐能看到有人采取进步主义，也学习西洋的兵制、研究日本的学术，然而中国的大部分人依旧憧憬着唐虞三代。中国之所以难以实现转变，首先无疑在于孔子之教势力过大。中国人过于尊奉孔子。固然，孔子之教本身并无坏处，然而若仅仅尊信孔子而排斥其他学说的话，便会产生危害。孔子主张实践道德，对于教化中国人发挥了非常大的作用，但他没有将世间一切学说都讲述出来，也没有人能以一己之力将世间一切都讲述出来。但是因为中国人过于尊崇孔子，以至于认为孔子所没有讲到的便是不必要的，便是异端邪说，这种风气很有势力。于是中国人没有思想上的自由，没有对所有事物都能随意加以批评的自由。虽然这是孔子所说，但它真的正确吗？将这个问题诉诸自己的批判精神，以此加以判断，这样的自由必须要有。如果不允许承认孔子的学说也有缺点，就难以踏上进步之路。方才所提到的权利思想也好，科学思想也好，都是孔子所不曾提及的。因此若想使中国人得以进步，首先最重要的就是必须打破独尊孔子的弊风，使他们拥有批判的自由。如果不从这一点出发革新中国文明，大概终究也不会有成功的希望。如今在中国，即便是被视作抱有较为进步之思想的人，也没有人对孔子之教怀有质疑。特别是虽然自秦汉以来已经经历了两千多年的岁月，但抱有自由思想、对孔子的学说抱有疑问、在孔子之外另成一派者几无一人。由此可见，中国人是如何地在孔子之教的范围内作茧自缚。如果不除去这一狭小的桎梏，中国人的思想就无法接触到自由的空气。因此，虽然有人可能会觉得只要他们进行兵制等方面的改革就能借此走上进步的道路，但仅靠这些还不行。不真正地在精神上带来巨大的改变是没有用的。为此，必须充分看穿他们文明中的缺陷究竟在哪，并将这些缺陷加以补足。而我认为，向他们说明这些缺陷、促使他们反省，这应该就是日本国民的任务。而他们又必须学习日本国民、努力有助于自己，这是对他们来说最好的上策。而向日本派遣留学生、进入日本的学校、阅读日本的书籍，绝不仅仅只是借此引入西洋的思想、学习西洋的技术。日本人是东洋的民族。这一东洋的民族第一个理解了西洋的学术，将其变为自己的东西，借此将东西方的文明整合起来，开创了独特的局面。因此，如果中国人学习日本的话，就能理解日本国民是凭借怎样的方法、基于怎样的精神将西洋文明同化的。用什么样的手段和方法可整合东西两方的文明？追踪这一融汇调和的过程，他们应该就能理解今后应当运用于中国的手段方法。由此他们就能大大明白应该师法日本的理由。

［原载井上哲次郎《巽轩讲话集》（二编），博文馆 1903 年］

（姚睿麟译）

第三辑

儒教与日本

儒教的宗教观

一

儒教是德教，而不是宗教，这是一个定论。这是因为在儒教中几乎没有宗教仪式，而且也没有举行祈祷、说教的特别的会堂，非常淡泊。由此，为与佛教和基督教区别开来，就把它称为德教。但是这种区别并不十分严密，只是因为程度上的差异很大，才区别开来，所以儒教之中的宗教性元素并非完全没有，它也存在宗教式的仪式之类的若干要素。要说为何，因为释奠之类的典礼，就多少显示了宗教仪式的存在。除此以外，也有为了讲授儒教，而建造特别的讲堂之情况。

又因为孔子说过"获罪于天，无所祷也"以及"丘之祷久矣"等话，所以他也对"天"这一半人格的实在进行祈祷。成立宗教就存在祈祷，而在儒教中也不能说是一点祈祷都没有的，只是没有聚集在一处的仪式罢了。而且儒教的道德是从天的信仰中引导出来的，故《中庸》里也有"天命之谓性，率性之谓道，修道之谓教"的说法，认为道之本源出于天。"道"是人道，此人道之本源出于天，而其教是教育。此教育是修人道，由其人道去行动。然其基础在于天。

指望别人这件事到底是非常不可靠的，虽然也有可以信赖的情况，但怎么也依靠不了的情况更多。故而由他人决定自己的动作言行是最危险的。因此，比起人，不如和人以上的天合体，从而为人处世，这就是儒教的根本思想。即认为天是可以透视人心灵深处的存在，我们心中只要一动善恶之念，即便这么细微的事情，天都会悉数知晓。此信念形成于在其处不违背天之意志这一严肃动机。无论是内省不疚，还是不愧于屋漏，都是由这一想法而来。慎独亦是如此。不依人的毁誉褒贬去行动，而是只要在自己的心中认为正当，就断然将之实行下去，如认为不当就绝不去实行。在这样的场合中就依托于天。正当的事是天所希望的，行正就是与天一同行正。只要和天一致，人的毁誉褒贬都不足为念了，处世的勇气、信心、决定、目的——凡是人生中所必要的东西都会具备。

彼之宋儒，立种种之道理，虽阐说了与原始儒教有异的见解，但天的信念大体上是没有改变的，只是在天的说法上愈发哲学了。

二

日本的儒者对此有很好的阐述，特别是室鸠巢、贝原益轩、伊藤仁斋等人，他们在天的信念上颇为坚定。虽然一般的儒者都信天，但他们具有了尤为生动的天的信念，自然才能将此信念作为基础，德行就特别优良。又有二宫尊德，亦同样有天的信念，又如佐久间象山与吉田松阴，也抱有天的信念。还有西乡南洲在其遗训中明确提及了天的事情，"不与人对，与天对"就是他说的。人不可靠，因此就不以人为对手，若与天为一体，不违于天从而再为人处世的话，就能有广大无边的基础，又能以非同寻常的勇气去奋斗。由于有了这一信念，就可以做出惊人的工作。不仅是工作，至诚之心也会隐含在其中。要说其至诚之心是从何处而来，便是来源于这与天一体而丝毫不欺骗天的想法。

人在处此人生中，无论如何都会有一部分不知道的事物。如果要做什么事业，是因为对其未来抱有期望，而"未来"这一未曾经历之物就会遮蔽着前途。于是若要以大决心去完成其之事业，就无论如何都需要一个伟大的信念。拿破仑说："未来在神的手中。"又说："对战斗备好最优之阵列，确认没有丝毫遗漏之后，凡有一机会，成功就不再仰赖自身，而不外乎待其自天而来的时机。"彼拿破仑之徒亦抱有和南洲非常相似的信念。

尽管在天之中有相当人格化的存在，但只看到人格化还是不够的。它还有一部分"命运"的含义，未来的未明境遇只能委于命运，而英雄的动机就是将其生死委托于命运从而断然行之。这不得不令人想起那些怀抱着儒教信念的人，在维新之际的种种事迹。他们面对艰难的时局，着实赌上性命去奋斗，确实是有其由来的。这绝非是从利巧方便那种肤浅的看法中所能得到的。我认为这些事实仍然值得今日之青年仔细深考钻研。

以上不过是单单总括儒教的宗教方面并述其概要，总而言之，吾等审视作为德教的儒教的同时，又不能忽略儒教的宗教性元素。

（原载《新人》1912年第13卷第4号）

（林同威译）

基督教与儒教

一

若将基督教与儒教进行对照，素来可以看到有种种之差异点。在此笔者虽然不打算专门去考究这些差异，但其中一些地方又不可被忽略，为了将之阐明，故而就在此仅列举其显著之点以进行审视。

第一，基督教是作为宗教发展而来，凭信仰而成立的。儒教虽然并不是完全没有宗教的元素，但大体上还是德教。但如孔子曾说过的"笃信好古，守死善道"那样，也有信念非常强烈的地方，这被认为和宗教信仰没什么不同。又因为确实有"天的信仰"的存在，所以在儒教中并不是完全缺乏宗教元素的。但儒教中宗教的仪式是非常少的，德教的性质要更明显一些，所以大体而言还是必须要将之与宗教区别开来。

第二，基督教方面笃信世界创造之论，而儒教素来没有这类说法。儒教之中虽也论说宇宙发展之方向，但没有涉及创造的内容。虽然列子的思想中有造物者的存在，但这并非论说世界的创造。即便有提到造物者，这也不属于儒教之部分。这种宇宙论方面的差别是确实存在的。

第三，基督教中存在未来生活的信仰。有守神之教义者入天堂，否则就会灭亡的说法。故而有所谓地狱和极乐，在这一点上它和世俗佛教非常相似。而儒教这边并没有论说未来生活之类的问题。因为有"未知生，焉知死？"的思想，所以儒教并不把死后之事作为问题，比起这些更注重实践道德等方面。

第四，基督教有复活（resurrection）的思想。基督教笃信复活之事，在保罗的思想中，信仰基督教的人也会像耶稣那样复活。而儒教则素来没有保罗这种相信复活的思想，在这一点上就存在着非常巨大的不同。

第五，基督教中有先天罪业的思想。亚当和夏娃在伊甸园中堕落了，结果后来的人类都是生来就有先天罪业，所以有皈依神之教义方得救济的说法。而儒教这边素来没有这种思想，其认为人性本善。虽然有荀子这样主张性恶论的学者存在，但这也只是儒教正统之外的说法，正统这边都认为人性皆善。人性本善，其不善者是由于被物欲所蔽，被恶习所染而出现的，所以要努力修养，成为一个优秀的人。因此两者之间就被认为存在着非常大的差异。

第六，基督教说爱，而儒教则说仁。虽然仁和爱差别不大，但基督教的爱是没有差别的、平等的爱，而儒教的爱则是有差别秩序的爱。儒教这种爱由近及远，绝不能与同等之爱一并而视，而基督教的爱毋宁说和墨子的兼爱是同一性质的。

以上这些就是基督教和儒教之间存在的差异点。除此之外的差异之处若进行搜索还能列出很多，但在这里就不进一步展开了，而基督教和儒教之间又有很多类似点，所以我想就这方面的问题进行探究。基督教就以出现在保罗书信中的思想为主要对照，然而尽管这样，福音书仍是最重要的经典，因此依然会引证福音书中所记载的内容。但是保罗所阐述的内容就像是对福音书稍作解释，并结合时势所进行的论说。而若从与儒教的相似之处来看，笔者认为比起福音书，保罗书信的部分可能会更多一些，所以在这里就主要以保罗书信作为参考，论证此二教的相似之处。

二

在论述基督教和儒教教义的相似点之前，如先对这两教的本源进行回溯，就可以从中发现第一处显著的相似点。首唱基督教的人是基督，他向人类布说神之教义，所以基督是处于一个神和人中间的位置。虽然基督是人类，但和神是父子的关系，与神最为接近，故而他完成了其他人无论如何也达成不了的"天职"。如果神和人之间没有媒介者就会很困难，所以基督就代表神，去向人类布说神之教义，使人类知其所适从。人类知晓神之教义又遵守之，就是基督进行传道的结果。

而在儒教方面，其与基督教既有不同之处，也有非常相似的地方。首先，孔子乃位于天与人之间，他与天一致，代表天向人类传布其教，是人天之间的媒介者。如同宋儒所说的："道之本源出于天。"人类守行之道乃从天而出，但这样的道人类却不知晓。所以孔子就出来据天立教，从而向人类传播。因此孔子并不是完全独撰出道的，其道之依据本在于天。这样儒教就由此产生了，毫无疑问与基督教的诞生是有非常相似之处的。

基督教之教说主要是叙述四福音书，而适应时势将其主旨展开细说的人是保罗。可以说正是通过保罗一生的努力，基督教才获得了非常大的势力，保罗打造了其成为大宗教的基础。而儒教这边正好也有一个与保罗对应的人，他就是孟子。孟子是孔子百年之后出现的人，尽管时势之别甚大，但他仍尊奉孔子之教，效法孔子之事业。这样孟子穷尽一生之阐说，正是对孔子之教的详述。虽然孔子的直接弟子有很多，但如孟子这般能适应时势展开述说的人，可以说是没有的。孟子出身低微，却能致力于继承孔子之志，他的功勋是非常伟大的。儒教通过孟子加固了一层基础，这正与保罗扩大了基督教势力有着非常相似的形迹。这一点作为基督教与儒教两者之间的相似之处，是不可被忽视的。

三

基督教在道德方面有和儒教非常相似的地方。虽然基督教素来是纯粹的宗教，但也存在很多有关道德之教义，其中也有儒教里没有的内容，比如自由、一夫一妻等等。然而在基督教，特别是在保罗之说中实践道德的内容是很多的，在这方面可以看到很多与儒教平行发展的形迹。而其显著之处，我就在此稍试举例。

第一，基督教非常尊崇爱这一理念，而这个爱如之前所说是没有差别的、平等的爱，所以当然就和儒教的爱有不同之处。然而尽管如此，保罗在叙说爱的同时，也叙说了很多义的内容。在着重阐说爱与义两者这点上，无论如何都不禁让人联想到儒教的仁义思想。保罗等人确实给人一种力说儒教仁义的感觉，可以说在其不同之中又存在着相似之处。

第二，在福音书中不能明显地看到秩序方面的思想，甚至打破秩序方面的内容还要更多一些，但到保罗这里有关秩序的思想就变得很多了。有关秩序的思想越多，则越接近儒教。儒教是非常崇尚秩序的德教，因此即便是论及夫妻的关系，也不过是夫唱妇随这些根据男尊女卑的理念来阐述的内容。而保罗也主张过男尊女卑，丈夫是妻子的头，男子并非为了女子而被创造，但女子却是为了男子而被创造的。正如同有女子应该学习沉默顺从的说法，保罗在讲述夫妻关系时多出了很多秩序的思想。在这方面就让人感到它和儒教没什么不同。还有保罗也说过，作为他人之仆者，就必须要忠实地侍奉主人。除此之外保罗还有很多有关秩序的观念。虽说如此，其不怎么注重结婚，以及对于女子而言不去结婚，保持孑然一身要更好的说法，就与儒教相去甚远了。

第三，在基督教中，有守信神之教义而行善事者，将来必有报应的说法。它用褒奖、赏赐以及各种各样的说法来表示，但无论怎样它依然就是报应，而这个报应是必定的。福音书中有"善树结善果，恶树结恶果"的说法，这已经带有了报应的含义了，但保罗将报应的含义以更加具体明了的话语表述了出来，甚至说这就如同赛马一样必然会有所报赏。而如同赛跑优胜者会得到褒奖，日常生活之中信奉神之教义而行善事者，在将来必然会有好的报应。这可以看出神会鉴别行善者和行不善者，而对不善者降下灾祸，而对善者则必会赐以福报。这样即使有人使自己遭受了苦难，自己也不会对其进行报复。这是因为使自己遭受苦难的不善者，神必然会有所报应，即给他降下灾祸，有"神以苦报苦汝者"的说法。而儒教方面也有和它非常相似的思想。有"积善之家，必有余庆，积不善之家，必有余殃"的说法，又有"天之道福善祸淫"的讲法，以及"唯上帝不常，做善，降之百祥，做不善，降之百殃"的观点，这皆是天之使然。老子也有"天网恢恢疏而不漏"的思想，这与儒教之趣旨并无不同，也非常洽和儒教之精神。虽然儒教并没有像佛教那样详细地阐说因果报应，但大体上还是存在着类似的思想。因为佛教中有三世因果的说法，其与儒教有很大不同，但儒教方面也笼统地承认，现世道德中有自己的因果运行法则之类的存在。正如今日伦理学所论那样，必须要对此进行细致的研究，毕竟他们所论之处在精神上是一致的。总之这可以认为是和基督教中所说的报应论非常相似的思想。

　　第四，儒教和基督教绝非如功利主义那样是着眼于利益之教。信奉神之教义并且按其要求实行，就绝非是从物质利益角度来考虑和行动的，这与商人拿着算盘思考盈亏等工作大不相同。即是超越了利益等计算的考量，本着纯洁的信念而去实行的。这是基督教这类宗教好的一面。基督教有成圣（Sanctification）、净化（Purification）之类的说法，但终归还是讲到了很多利益方面的内容。这就是信奉神之教义者就会有好的结果，得到神的褒奖与赞美。遵从神之教义行事，不仅绝不会堕落而困窘，更是会进入天国得到不灭的生命，即登极乐而脱离苦海，这终究是利益所在。儒教也有相似之处，儒教不会说利，并且用"君子喻于义，小人喻于利"来区分君子和小人，这是以利的观念有无为主的标准，而在这里利被强烈排斥。孟子一开始就说："王何必曰利？亦有仁义而已矣。"孟子力说仁义，而大力排斥利这类东西。但仁也好，义也好，最终都是人生的追求，即相比小人以利为目的，世上还存在更大的利益，即仁义。仁义绝非和利益是反过来的，只是并非像小人所注重的物质上的琐碎利益，而是非常高尚的利益。不仅在《大学》中有"以义为利"的说法，孟子也说过："仁则荣，不仁则辱。"这里的荣即是利益。然而儒教从正面来看也绝非是功利主义的，它超越了功利，这点是和基督教非常相近的地方。两者之接近甚至让人感叹，在精神上二者又有什么区别呢？可以说儒教多少存在着功利的方面，它虽然超越了功利，但也不是完全没有这方面的内容。从孔子试图通过政治经济来救济当时的社会这一点来看，功利的地方就是存在的。何况儒教不仅论述经济之诸端，更是着力于经济之实行，因此虽然在儒教的正统中功利主义并不被主张，但在儒教之另一脉中还是有所保留的。例如荀子，或者被视为荀子之系统的日本的荻生徂徕、太宰春台等，都是功利主义者，除他们之外还有很多。所以在这一点上对照基督教与儒教就会非常有意思。

第五，基督教认为生命有自然的和精神的存在，如果遵守神之教义，就会得到精神的生命而永久不灭。不遵守神之教义者，则仅有自然的生命，最终会与肉体一起毁灭。自然的生命是不可靠的，所以必须要将之超越，从而进入永久不灭的精神生命或者精神生活。欧肯尽管频频提到精神生活等问题，但归根结底在基督教中特别是在保罗书信中已经有了非常恰当的阐述，所以也必定是从这里脱却而来的。而要说这类思想在儒教中是否存在，那可以说是存在的，而且占有很大一部分。虽然孔子没有对肉体生命与精神生命之区别进行过明确的阐述，但在《论语》之中也确实表达过这个意思。"朝闻道，夕死可矣"这句话，就明确指出了除肉体之死以外还有精神生命的存在，即使是在肉体生命有一日之限的情况下，若闻道而守之，那就比获得永久不灭的生命还要珍贵，两者是无法相提并论的。又有"不义而富且贵，于我如浮云"的说法，这是不将作为滔滔世人之尊的不义之富贵等放在眼里，而认可其以外的永久不灭的道。由此，就有为了道而不顾生命的观点了。"志士仁人，无求生以害仁，有杀身以成仁"这句话，就是说丝毫不顾肉体的生命，而崇尚永久不灭的道。沿着永久不灭的道前行，就能得到永久不灭的生命。永久不灭的生命在《中庸》里有明确的说明，在圣人之论德中有说："博厚配地，高明配天，悠久无疆。"而我国有位叫中江藤树的学者，曾提出过良知常在不灭的观点。依彼之教，吾等人类就能在处世中与常在不灭的良知合为一体。良知乃吾等之真我，如果真我常在不灭，就能不拘于肉体的生死，从而得到永久不灭的生命。总之儒教之中阐说了道的内容，这个道就是进入永久不灭的生命的道。由此可以认为，基督教与儒教之间有很多非常相似的地方，特别是在实践道德方面。

四

其次在保罗书信里所显现的思想中，可以见到这样的内容：保罗把人分为两种。有一种人，是神通过基督传授教义给世人后，信奉此教，而向善发展而来的，他们可以进入天国，得到永久不灭的生命。他们行善事，即是善人。而与之相反的，有不信神之教义，甚至与其相背而选择堕落的人，即追逐肉体的生命，而后他们与肉体一起永久消失，即是不善人。在这样的情况下最终将人分为善人和不善人两种，从而审视所有世中之人。而儒教里也可以见到这样的情况。孟子说："道二，仁与不仁而已矣。"人之道只有两条，即仁之道和不仁之道。故而也就只有沿着仁之道前行与沿着不仁之道前行两类人。而这仁与不仁，换言之就是善与不善。而世间就有沿着善的方向前行与沿着不善的方向前行的两类人，换言之就是善人与不善人两者。虽然孟子的话没有错，但还要更深究一层的话，人所当行之道只有一种，即只有仁与善。朝着不仁的方向走，尽管走是能走，也有向这个方向走的人，但这并不是人所应当行之道，那个方向是行不通的。人所应当行之道不外只有叫作仁或者善的道。所以人当行之道绝非有二，只有唯一。孟子还以这样的方式指出人有两种："鸡鸣而起，孳孳为善者，舜之徒也；鸡鸣而起，孳孳为利者，跖之徒也。欲知舜与跖之分，无他，利与善之间也。"虽然在此处对照的是利与善，但在孟子的思想中将谋一人一己之私利视为不善，所以这也是善人与不善人的对照。善人早起为行善而忙碌努力。所谓舜之徒，是因为舜是古代的善人，所以就以他为代表于此处提出。不善人早起为行不善而孳孳努力。所谓跖之徒，是因为跖是以前有名的盗贼。盗贼那样的团伙，是朝着与善人完全不同的方向而努力的。所以孔子也将人分为两种，将善人称为君子，将不善人称为小人，并屡屡对照并论其区别，例如"君子喻于义，小人喻于利"这句话，正好就像保罗所说的那样，将人视为两种。他们在这个地方非常相似。

这类人分两种之说法，是古今相同的。即便是在今日之世，从实践道德的立场来看，同样有善人和不善人两种。而不善人到底是不会灭绝的，有为强盗、盗窃、扒手、诈伪以及其他种种犯罪，或思构奸计，行其他各种不善行为，竭力去满足私利私欲的人。这些人是无论如何也不能进一步发展的，只会压缩自己的生活范围，走向毁灭。纵令不义之徒极尽荣华富贵，其在精神上也不过是"零"，要进入永久不灭的生命是非常困难的。而无论是什么时代，如有这种不善人，亦会有善人这一伙伴存在。善人不仅为社会人类的发展做出了贡献，有着进步善良的思想，同时他们无论何处，都会与社会之不善为敌，与之斗争，努力将之扑灭。这种努力有着非常重大的意义，如果没有此种努力，社会的进步发展是不可期望的。无论什么时代都存在不善邪恶之徒，所以他们就尽其所有之力将之扑灭，即便一时扑灭不得，也会竭力采取各种扑灭的手段，并会积极地努力裨补社会之进运，这便是宗教与德教存在的意义。至此，基督教或儒教就好像是完全一致的。这样，就不应该再说什么基督教或是儒教了。在个别的宗教、德教之上，还应该存在着一种鲜活的、规制着人生的、合乎目的的大活力。这般将基督教与儒教比较对照的结果，就是无论何时，都将人导向超越此之二教的更加高大无边的立场。我认为我们应该向这个方向努力。

五

儒教之中有强烈的宗教之心。在原始儒教里就有天的思想。可以看到孔子有祷天的思想，例如"获罪于天，无所祷也"，"丘之祷久矣"，这都是向天祷告的内容。他不是与门人弟子一起祷告的，而是独自进行的。天的信仰是儒教的根本，现今无须详说亦已了然，它无意中给孔子的一生增添了宗教的色彩。虽然不似基督教那般纯粹，但从形式而言它多少也带有一定的宗教色彩。虽然它确实没有基督教那样的未来信仰、地狱极乐等思想，但提到对天深信、与天一体而处世而行的非常广大崇高的精神，就已经可以说是宗教心了。

因此在《中庸》等著作之中也有颇多宗教的成分。而宋儒的信念，也就是程子、王阳明等人的信念中，也有某些可以称得上是宗教心的地方。而后及至日本，就木下顺庵、中江藤树、贝原益轩等学者的信念来考察，同样可以看到浓厚的宗教色彩。木下顺庵有着非同寻常的感化力，有一次门人提到了神聪明正直且唯一，并问道：那么其之聪明又是怎么回事呢？而对此顺庵则回答：置一念于此，就可自而知晓。这时在座者无不感觉汗流浃背。顺庵正是怀抱着这样的信念回答门人的，所以门人也不由得深有感触。这完全就是一个宗教心。而中江藤树的道德思想，则已经到了分不清与宗教有多大区别的程度了。他深信神之鉴照，而这个神即是良知，他认为所谓良知是神降在人脑内的东西。这样，神就不断地从内注视着人们日常的动作言行，所以一言一行必须谨慎。贝原益轩也是对天非常笃信的，抱有天之恩情无论多少皆必须报答的高尚优美的宗教心，因此他所说的内容也会让人不经意间被感动。是等皆是彼之一种深刻的宗教心的流露。

因此儒教中并非毫无宗教心。受其感化的人也有很强的宗教心，但也并非像基督教那样，建立会堂，唱诵赞美歌，信仰不可思议之事。因此虽然是作为普通的德教，但将之与保罗等所说对照来看，就会意外地发现有很多相近之处。德富猪一郎的父亲淇水翁本来是信仰儒教的，但后来他深感儒教之不足，又转而信仰基督教，不过也必须要看到，他的观点虽然是基督教的立场，但也存在着相当的儒教成分。儒教的优点是荒诞无稽的内容比较少，反而与今日之伦理学等相一致。尽管如此，亦不能认为保罗的实践道德思想与儒教的差别有那般巨大。

六

基督教和儒教虽然有很大的不同，但根据不同的见解同样也可以解释出很多非常相似之处。例如基督教中有天国的存在，而儒教没有这一概念。然而天国是一种理想，说起理想这种东西，它在儒教之中也绝非不存在。因为儒教是德教，所以就以至善为理想而展开阐说。在《大学》的三纲领中就可以看到这一点，其曰："大学之道，在明明德，在亲民，在止于至善。"它将至善作为最终的目的，并且朝着这个目的毫不动摇地前进，所以至善就是理想。而天国这种东西不就是将至善具体化为想象之物吗？所谓至善，就是不加想象的、看法非常实际的理想。如果认为天国是将理想具体化的想象的话，那么它与儒教的理想确实有很大的不同，但单从理想这一点来说，也应该要看到它总归是作为每个人的人生目的而被思考的。基督教中所提到的例如神之类的事物，在儒教中是没有的。但儒教中所说的天，也多少是被人格化后的产物。天被认为是具有一定的知识的存在。人之行有善与不善之两种，而此等之事天亦可以知晓。因此最后就会出现这样的结果——天会奖赏善者而惩罚不善者。另外天也有以善为善、以不善为不善的感觉，因此可以说天也是有感情的。例如"予所否者，天厌之，天厌之"这句话，就可以看到感情的方面。而且天也是存在意志的，例如"天将降大任于斯人也"云云。因此，天正好就如人类之精神有三个方面那样，是具有知识、感情、意志等要素的人格化的产物。所谓畏天，就是天终会在冥冥之中惩罚人类，因此心存畏惧，而若守卫着高尚的人之道，不背上天之道，就不必对天另生畏惧。因为天即便是在儒教之中最终也是被人格化考量的，所以它就和基督教的神有颇为相似之处。而要说固有之不同，就是基督教的神人格化程度更高，带有浓厚的宗教色彩，而儒教的天则稍显模糊。因为一开始孔子孟子就没有详细地分析过天这种概念，所以它模糊地传承着，也被模糊地笃信着。虽然有这样的区别，但在实际人世中，要进行严肃生活的时候，就会倾向于出现人类以上的实在的观念，而这在基督教中就成了神，在儒教中就变成了天，即同样的东西被不同的语言所表达，可以认为仅仅是其表象程度不一而已。

　　由此在基督教中基督将神之教义阐说，基督所阐说的内容就是神之教义。遵守此教义的人，就可以得到精神的生命，即可以进入永久不灭的生活。而这样看的话，它与儒教所阐说之道就有一致之处。道乃从天而出，如《中庸》一开始所说的，人所守行之道是从天那里被导出来的。若守行此道就可以与天一致，即可以进入永久不灭的生活。因此将基督教中所说的神之教义与儒教中所说的道相对照，就可以看到两者在性质上有非常相似的地方。如上所言，这两者虽然有很大的不同，但也会存在意想不到的相像之处。

接下来基督教还对人格进行了明确认可。首先基督教的神就是人格神，而且每个人也是各有各的人格。它是以人格看待人的宗教。而在儒教中尽管没有人格这一词语，也没有明确过人格的概念，但它是以人格为根基建立起来的德教，也非常注重人格这种东西，这是毫无疑问的。在这里不说"人格"，而说"人"。例如"不得乎亲，不可以为人"，"学乃学人为人之所以"的时候的"人"，就是人格的意思。由此《中庸》里有"慎独"的说法，而慎独确实是带有人格的意思。而慎独中的独，也就是自己的人格，即不能对自己尊严的人格不谨慎。如果不谨慎对待，那么也就不能认可自己的人格了。既然认为自己的人格是有尊严的，那么即便他人不窥探自己，自我也必须要保持谨慎，不能有一点过错。从而到达所谓俯仰不愧天地、不愧于屋漏、内省不疚等之精神状态。因为没有人格这一词语，所以就认为不存在人格的内容，这是对儒教的误解。

这样将基督教和儒教进行各种比较对照来看，在对原本被认为有很大差异的内容进行解释的过程中，却又显现出了意外的相似之处。就基督教与儒教的差异点进行详细论述，乃他日之业，而今天只是在类似之处偶有所感，故仅于此例举所想到之内容。

（原载井上哲次郎《哲学与宗教》，弘道馆1915年）

（林同威译）

儒教经济的昂扬

　　今天我受斯文会的邀请，给大家进行一场演讲，题目是《儒教经济的昂扬》，虽然要讲的时间预计有一个小时左右，但请允许我根据情况保留一定的时间伸缩自由。

　　我向各位演说的内容，或许是直接与汉文有关的方面要比较好一些，但因为这些方面已经有许多其他的专家讨论过了，故而我就用稍微不同的题目——《儒教经济的昂扬》来展开探讨，我认为这也绝非是和诸位毫无关系的问题。

　　总体而言，"经济"是人生中非常重要的大事。它是越来越重要了。这是因为人口是日益繁殖的。大体上世界的人口接近二十亿，但人口增殖的同时，人类居住的空间却并没有扩大，人类居住的地方是陆地，但海洋比起陆地要广阔得多，而且陆地上也有很多居住不了的地方。非洲的撒哈拉、亚洲的戈壁以及其他沙漠，这些地方是不能居住的，还有险峻的高山绝岳，喜马拉雅山啦，阿尔卑斯山啦，在这些地方也是居住不了的。人类能居住的地方被限制得很小，而人类无止境地繁殖也是步履维艰的，长时间繁衍下去，食物又成了一大问题。所谓"经济",在今天作为经济学,在大学等各类学校被讲授,但多是西洋经济学系统所派生的东西。即便在西洋,经济学也是一个比较新鲜的学问,而日本在明治维新后也开始讲授西洋经济学系统所派生的经济学,而与之不同的东洋虽然也有古来之儒教经济,但已经像是完全无价值的东西那样,被严重忽视了,并没有被留意到。专门研究儒教经济的人现在几乎没有,最近才注意到这方面的人也不多,而以正式的儒教经济为学问进行研究的人那真的就寥若晨星了。我也是在遇见经济学的专家后,尽可能地与之促膝商谈。

我在学生时代修过经济学,又去过西洋,在克尼斯等学者处聆听过经济学的课程,而且也读过些英国、美国以及德国等经济学者的著书,故而在东洋经济特别是儒教经济上,我自认为还是有相当自信的。因此在讨论儒教经济之际,我想主要先从根本儒教,即孔子的经济思想开始,把话题展开。现在所说的"根本儒教",被服部博士等学者称为"孔子教"。而"孔子教"这个说法以前无论在中国还是在日本都是没有的,只因西洋的学者谓之"Confucianism",由此服部博士也称之为"孔子教",但我认为更应该把它叫作"根本儒教"。因为子思、孟子等人相继发展根本儒教,最终才出现了今天这样的儒教。虽然孟子也阐说过经济之道,但在儒教之中,孔子是最开始论说这一学问的。在东洋虽然也有佛教,但佛陀是超越经济的人,并没有叙述过经济等问题。哦不,岂当止说是经济了,他是抓住比这更为广大无边的问题而展开了论说。孔子是非常实在的人,而且也具备着很丰富的常识。在这一点上他与佛陀有很大不同,他阐述了诸如道德、经济、文学、教育、音乐等事情。今天我打算专门说明有关经济的问题，除此以外一概省略。

如同屡屡在《论语》等书中所展现的那样，孔子将经济话题进行了阐说。虽然在此不暇一一列说，但要问他是怎样叙述经济的，那就非常有意思了。首先孔子说过："君子喻于义，小人喻于利。"总的来说，孔子把人分为君子与小人两种类别，这确实是独到的见解。在孔子的眼中他就是这么看的。所谓君子，用今天的话说就是人格高尚者，小人就是并非人格高尚者的那部分人，不论何时何地都有这样的人存在，即使在今天这些人也有很多。孟子曾将人分为尧之徒与跖之徒，尧之徒是人格者，而跖是中国古代有名的盗贼，成为恶人的总称。尧之徒每日忙于行善事，跖之徒同样忙于行恶事。在《圣经》中也同样如此，保罗将人也分为两个种类，在他看来，有聆听神之教导而悔改的优秀的人格者，也有无论如何也不能悔改、不可度化的人。无论是宗教家还是道德家，他们都这样将人分为两个类别。孔子将人分为君子和小人两个种类并进行论述。小人只会顾及利益的方面，也精通谋利之法，但并不知晓义的道理。而君子是只重义，有超越利益的态度的人。虽然是这么说，但孔子绝非是完全无视利益这种东西的。他只是不以利益为第一主义，相较而言更重视崇高的道德，以道德作为第一主义，把利益等东西放在次要位置。故而利益与道德是不矛盾的，即并不会排斥满足道德的利益。将道德排除在外，只会追求利益的人是小人，这些人不是人格高尚者。孔子曾说过："富而可求也，虽执鞭之士，吾亦为之；如不可求，则从吾所好。"这句话的意思是，如果富贵能容易地得到的话，那么自己即使去当马夫也愿意，但因为这种事到底不是能如愿的，所以还是按自己的爱好去做事情吧。总之他是抱有这种事情是很困难的想法才会这么说的，把这与"富贵在天"一并考虑也是可以理解的吧。孔子与那种为了得到财富而不择手段的卑劣观点是势不两立的。在其他地方也有这样的证据，有："饭疏食，饮水，曲肱而枕之，乐亦在其中矣。"这是说吃粗糙的食物，喝着冷水，弯着胳膊枕着睡，乐趣也会自在其中。若心中没有任何愧疚的地方，安于清贫，反而也会快乐。这句话接下来，孔子更是说："不义而富且贵，于我如浮云。"世间并不缺乏那些做不义的事，成为富人或者是高官高位威风凛凛的人，但这样的事情就如浮云一般，与自己无关。这是孔子伟大的地方，认为经济等事情是次要问题，他具有超越了经济的思维。虽然并非将经济视为无用之物而排斥之，但他更是怀抱着经济以上的高尚观念。这便是孔子之所以是孔子的地方，他在后世被作为圣人崇拜正是因为这个原因。看《论语》就可以明白，孔子有关经济的思想处处透露于文章之中。对他的思想进行细致研究后可知，虽然无论哪些部分都包含了非常深刻的内容，但并没有成为一种学术。他只不过是在各种场合中分散地阐说了有关经济的事情，并没有系统地论述过经济学这种学问。作为学术而言，今天的经济学者们对此一直有非常详细而有组织的讲授。然而若将之与儒教经济对照参考，又会怎么样呢？就此我认为有向诸君稍作汇报的必要。

儒教经济虽然并不是像经济学这样的系统的学问，但与经济有关的思想也是非常优秀的，十分具有研究的价值。孔子是经验丰富、具有充足常识的人，所以他在各种场合中阐述了有关经济的要义，而由此在根本儒教中有关经济的这些思想，也成为儒教经济全部的基础根本。孔子以后阐说儒教经济的人有孟子，在后面还有朱子。朱子的《社仓法》（山崎暗斋编次）里有非常杰出的思想，而他本人也将之实行并取得了不凡的成绩。在这之后，王阳明也非常留意于经济，有着独到的见解。虽然没有集成一册书籍，但在与人的书简中就已经论述了很多经济之事。这个人善于军事，也擅长政治经济，虽然作为学者而言朱子比他更为权威，但在某些方面，阳明却比朱子有着更为天才的发挥。

朱子、阳明等人的学问也影响到了日本，日本也有儒教学者讲论种种之经济。中国的儒教以孔、孟、朱、王为代表。如要说日本在哪些时代有哪些人讲述了经济，那么我们就不得不提到德川时代的儒教之徒，他们讲论种种经济，取得了令人瞩目的成绩。让我举两三个例子来说明吧。第一是擅长经济的熊泽蕃山，他关于经济的著书有《大学或问》，他是诸位所知道的阳明学派的学者。在他之后的阳明学派学者中，以山田方谷最为有名。山田方谷被称为"小蕃山"，他同样也长于经济。河井继之助这位政治家曾在山田方谷处学习经济，这是一段有名的史实故事，而史家们经常将这件事描述得夸张了，那些也是不能当真的。然而河井继之助是位特别杰出的人物，虽然方谷还有其他门人，但就是他在方谷那里特别学习了经济。这样不仅有蕃山，也有方谷和河井继之助这两位同样擅长经济的学者。总的来说在阳明学者中出现将经济付诸实际的人，是因为阳明这个人本来就擅长于经济。

那么是否就是说朱子学派这边就没有经济学者呢？答案是否定的，朱子学派里也有擅长经济的人。举一例来说，贝原益轩就是一位非常巧妙地将经济进行实践的朱子学派学者。在他的著书之中也有关于经济的若干内容，其中有经常被世人称为《益轩十训》的著作，但这一作品实际有十训以上，除普通十训之外还有《神祇训》，这些都被编入《益轩全集》。但因为《神祇训》是未完成的内容，所以可能也不被世人所熟知，而把这个《神祇训》合并进来就有十一训了。阐说经济的部分是《家道训》，有收录在《益轩全集》中，不过也存在有其他阐说经济的书物并没有被《益轩全集》收录，而这部分出于帝大史料编纂所的《益轩丛书》中。贝原益轩是朱子学派中精心留意于经济，并将之实行的学者。另外还有新井白石等学者，他们也与经济有很大的关系。

这样我国也有阳明学派、朱子学派的学者从事经济，留下了令人瞩目的业绩。还有要注意的地方是，除他们以外也有从事经济的学者。荻生徂徕非常留心于政治经济等方面，也进行了相关研究，他的门人太宰春台著有《经济录》十卷和《经济录拾遗》二卷。之后徂徕的门人又有位叫作宇佐美灊水的人，他的门人中就有海保青陵这位在加州侯那里做官的学者。这个人有很多与经济密切相关的著书。但因为徂徕学派是功利主义的一派，所以姑且从今日的儒教经济中将之除外。

孔子的门人中有位叫子夏的人，他是孔子最优秀的门人之一，然而这个人却有着功利主义的倾向。子夏虽然特别擅长文学，但因为其性质中有那种着眼于利益方面的成分，因此孔子有时也会对他说："女为君子儒，无为小人儒。"孔子是开展因材施教这种个人教育的人，有着了解对方的缺点然后将之矫正的精神。所以他会说这样的话去告诫子夏。正如孔子所说的："君子喻于义，小人喻于利。"所谓"无为小人儒"就是告诫不能完全着眼于利益方面。还可以在别的地方看到这样的事情，例如有"子夏为莒父宰，问政，子曰：'无欲速，无见小利。欲速则不达，见小利则大事不成'"这段话。子夏做了莒父的长官，向孔子请教到底应如何行政治，对此孔子说绝不能着急，也不要只见眼前小利。如果只图快急，结果反而难以达到目的；只见小利，就成就不了大事。因为子夏有见小利、图速度的倾向，所以孔子就这么回答。可以说他的此番告诫对子夏而言正是对症下药。所以孔子对偏向于功利主义的子夏进行训诫，是由于子夏的这种倾向已经很明显了。学统从子夏传至荀子，这一学统古来有徐整之说和陆玑之说两种。而这些内容继续说下去可能会偏离原本主题，故而就在此省略。因为子夏在孔子殁后还教了学生，这样学统就从他的门人那里传到荀子了。荀子和孟子是完全相反的。就像《孟子》的开头那样，孟子见到梁惠王说："王何必曰利？亦有仁义而已矣。"这不是功利主义，完全就是理想主义。与之相反的荀子则是持有功利主义的思想。荀子虽然是儒教一派的人，但他的儒教是从子夏那里传承下来的。我们国家的荻生徂徕也是继承荀子思想的功利主义者，而他的门人中也出现了方才说过的，太宰春台那样的功利主义者。子夏、荀子、荻生徂徕、太宰春台，这一系的学者并非在儒教的正统体系中，而属于旁系。儒教的正统体系是孔子、曾子、子思、孟子，由此往后是朱子、王阳明等。尽管朱子和王阳明的学说有很大不同，但他们都是正统体系的学者。今天我在这里所说的儒教经济，并非是旁系一支的内容，而是专门讨论正统体系的部分。与正统体系的理想主义相对的旁系，是功利主义。而孔子绝非是功利主义者。从"君子喻于义，小人喻于利"这句话中理解把握，就可以知道孔子是以道德为第一，以经济、功利为第二的。而在这方面我想进一步展开论述。

在我们日本最能践行儒教经济,并取得了非常杰出成绩的人,是二宫尊德。二宫尊德因为早年赤贫如洗,没有积蓄,所以买不了他喜欢的书。但在后来也能买一些书籍了。虽然他最初并非读的是儒教的书籍,但在后面也慢慢接触了,虽然不像专家那样博览,但也作为重要的参考书在仔细阅读。他也多少读过佛教的书籍,绝非只停留在一部《观音经》上。这些事情根据斋藤高行《二宫先生语录》第三卷的内容就可以了解。在这之后二宫尊德读了熊泽蕃山、贝原益轩、荻生徂徕等人的著书,也读了很多经书,但并没有提到孟子。然而他对儒教的书物亦不尽依从古人的见解,而是进行自己独特的解释,这些看法是很有意思的。这个人从农业经济的立场看经书,并很好地灵活运用它。他将儒教中阐述的经济进行了更细化的研究,取得了未曾有的杰出成绩,最后得到了与儒教经济紧密结合的成果。可以说虽然他一开始接受的并非儒教经济,但后来也凭借其奠定了基础,将之基于儒教经济上达到大成。要说其儒教经济从何处而来,那便是孔子之论说奠定了其基础。然后孔子的门人,以及孔子门人的门人,孔子的徒子徒孙渐渐地将孔子的经济思想继承发扬,日渐壮大。要说是在什么地方对其进行阐述,主要是在《礼记》的《王制篇》《大学篇》等作品中。《大学》《中庸》的部分在今天虽然是单行本,但以前却是《礼记》中的篇名。后来到宋代的时候当时的学者将《大学》《中庸》从《礼记》之中取出单独作为一本,因此虽然有人把《大学》《中庸》看成是《礼记》以外的书本,但《礼记》中本来就是有《大学篇》《中庸篇》的。尤其在朱子学派的人所注解的《礼记》中,《大学篇》《中庸篇》仅有目录存在,也就是略除了内容,这是因为有另外的单行本。《礼记》的篇数，包括《大学篇》《中庸篇》在内有一百三十一篇，要说《大学》中论说了什么有关经济的内容，各位可能在读的过程中会有所忽略。可以称之为儒教经济原则的内容，其实就已经在《大学》中被阐明了，即不外是"德者，本也；财者，末也"这句话，对此必须要注意。经济学就是以最适当的方式处理财的学问。所谓财，换言之就是人类的生活资料，包括食物、衣服、住宅等生活上的必要物品。或将之称为货物，一言以蔽之这就是财。从实际的人类立场来说，生活资料是人类达到自己的目的所必要的东西，但并非是目的，目的是其他的方面。人作为一个人，就完全具有了其作为人的资格，成为杰出的人是作为人的目的。人们聚集形成社会，并使这个社会完善就是目的，只有一个人变得出色是不行的，也几乎是不可能的。人完成自己是个人的目的，因此各种生活资料就是必要的，而生活资料如何调配就开始成为一个新兴的学问，这就是经济学。

在以前无论是希腊还是罗马都没有经济学，经济学是新兴的学问，在英吉利的亚当·斯密（1732—1790）以后才有了这个学科。他以《国富论》为题的著书在1776年发行，这是功利主义的经济书。在东洋，虽然在像印度那样的古国中没有出现，但就像刚才说过的，中国的孔子早就已经开始讨论经济了。"经济"这一词语开始是出现在《文中子·礼乐篇》中，虽然孔子时代没有"经济"这一词语，但关于经济孔子也阐述了各种各样的见解，这就是儒教经济的起源来由。而对此进行非常忠实而精细的研究，取得了非常出色的成绩的人，就是二宫尊德。由此二宫尊德的经济，也是采取了"德者，本也；财者，末也"的立场，绝非是把利益放在第一位的功利主义。在"报德教"中有"至诚""勤劳""分度""推让"四个纲领，而最开头提出的就是"至诚"。就是以至诚的动机勤劳做事，而根据"分度""推让"来实行经济。至诚即是动机。因为这样，二宫的报德教就将"德者本也，财者末也"的儒教经济实现大成了。

　　然而只和诸位讲这些内容，我想也是难以让人完全理解的。要说西洋的经济学是什么，那它几乎都是功利主义的东西。与儒教经济的"德者本也，财者末也"正相反，它持有"财者本也，德者末也"的立场。而"德者末也"，这样把德考虑在内尚且更好一些。桑田熊藏博士将西洋的经济学分为了三个种类：一派是将经济与道德视为完全无关的东西；一派是认为两者相互之间是存在关系的；还有一派是认为道德与经济之间虽然是无关的，但有时候又存在相互关系。他虽然这样论说，但实际上把道德考虑在内的经济学派是极少数的。法兰西的弗朗索瓦·魁奈，就是在经济中加入了道德，如同二宫尊德那样论说一圆一元之理。魁奈的主张是"Physiocratie"，日本将之翻译为"重农主义"。而这个翻译是不怎么正确的。在这个人的思想中，土地是经济中的主要要素。即土地产出经济的原料，故也并不限于农，从山林砍伐出来的木材也是原料，特别是植林的话，可能也属于广义上的农业，但砍伐自然生长的木材就不能说是农业了。渔业若也是小规模地将鱼饲养的话，或许也可以算进将之扩大的农业之中，但捕获海里面自然生长的鱼就不是农业了。更何况去南极等地捕鲸等事情，就更不能说是农业了。然而土地产出主要的生活资料，所以没有土地人类就不能生存，因此"重农主义"具有相当有力的理由。在中国管子、商子以及申不害是重农主义者，但他们都是功利主义者。

在英国不外都是功利主义的经济。无论是亚当·斯密还是约翰·斯图亚特·穆勒，都是阐述功利主义的经济。著名的德国经济学者，柏林大学教授施穆勒，就在经济书中讲了很多道德的内容，所以我自己也拜读了，但这和今天所说的儒教经济以道德为主的内容，其立场有很大的不同。施穆勒是将经济考虑为道德史（Sitten Geschichte）的一部分，从而论说道德与经济的关系的，所以这与将道德作为基础根本而论说经济的儒教立场有很大差别。

因此像二宫尊德那样实行经济，实行道德，将道德与经济两者合而为一，取得杰出成就的学者，可以说放眼全世界也没多少个。德国没有，法国没有，在英国也没有。法兰西的魁奈被称为"欧罗巴的孔子"，多少是与之接近了，而他本来的职业是医生，最后也没能取得二宫尊德那样的功绩。特别是研究西洋的经济学的人，可以看到他们虽然精通经济的学理，作为学者不用说已经达到了二宫尊德以上的水平，但论经济的实行就非常困难了。他们之中还有在大学里讲授经济学课程，但不仅一家的经济搞得乱七八糟，还把大学的薪水抵押给了高利贷，自己却取不回来的人。这样的经济学是没有儒教经济那样的价值的。在这里特别需要注意的是，像诸位这样平素对儒教亲近的人是绝不能被骗的。经济学作为一种学问固然重要，今后经济学的研究也愈发必要，但儒教经济也是一个重要对象，今日与今后的经济学者需要对其非常注意，予以刺激，唤起反省进而产生将来杰出的新的经济学。我之所以会这么说，正是因为在此非常之际，诸位关于此事需要唤起自觉。

要说还有一个重要的地方，那就是在前汉时期编纂的《礼记》的《王制篇》中，明确了"量入为出"这一经济上的原则。"入"就是收入，"出"就是支出。即便是在今日，在议会里讨论预算的时候，没有收入的估计也就不可能单独议定支出，即便是议定了也不可能实行。故现在和以前一样，也必须要遵守这一原则。二宫尊德对之进行了细致的研究，并运用在了实际中。他真是一个有毅力的人，仅根据一个月的平均收入之多少，就能开始出色地进行经济整理，但过着薪俸生活的人的平均收入额很清楚，无论是官员还是职员都一样。例如一个月得到一百元薪俸的话，那么平均收入额不另做计算也能弄明白，不算被免职等意外情况，一个月的平均收入额就可以视为一百元。不过就算有一月一百元的收入，若将之全部花光，遇到自己生病、亲族去世、孩子生病等情况，需要有临时的花费时，就必然会陷入困窘。而世间花费超过平均收入的人却有很多，拿着百元的薪俸却花费了一百二十元，他们毫无顾虑，认为船到桥头自然直，但终究也会有无计可施的情况。这样的结局，不外是向人借钱。如果有关系好的亲族朋友或许会借一次两次，但没有还钱指望的话，终究也不会再借给你钱了，同样也会陷入窘困之境，这是很明显的事情。而《王制篇》中有我刚才讲过的"量入为出"。这句话非常简单，二宫尊德却对之进行了细致的研究考量。商人等群体一个月的平均收入额是不能完全明确的。他们某个月有盈余，又有某个月有亏损，根据情况不同其收入是有涨跌的。那么持续三十年，算出一个月的平均收入额，而这一个月的平均收入额就不能全部花光了。如果平均收入额是一百元，那么就用七十五元生活，剩下的二十五元作为储蓄。这些留存也就不只是凭借功利主义的精神去实现了，而是靠着奉献社会的精神去节省。换言之，这是由道德的或者宗教的、超越了这种功利的动机而去留存的，绝非是利己的考量。报德教中有这样的说法：

> 有余富之，不足贫之。

这样一个月即使有一千元的收入，但如果花销千元以上，也终会贫穷的。纵令仅有百元的收入，而每月余下二十五元的话，也会渐渐富裕。正因为如此《王制篇》才会有"量入为出"这一经济上的重要原则。但很多人却没有实行这一很浅显的道理，他们饮酒乱智，逐店闹饮而不知休止，其酒量日涨，一店亦难济其欢娱。这样一来不仅会造成一家之毁灭，也必然会给社会国家带来很大的消极影响。二宫尊德基于如上所说的《王制篇》中很简单的原则，建立了非常精密的经济之道，这就是"仕替法"。传闻《王制篇》就是前汉的文帝让博士诸生制作编纂的。

还有一件非常重要的经济上的事情需要阐明，而它也是《王制篇》里的内容。《王制篇》并非空中楼阁之学问，这是学者们必须要注意的。这不外是以三年必有一次饥荒为假定，必须要将一年收获的四分之一储蓄起来的说法。这样每三年即便有一次饥荒，也可以支撑一年。这样贮藏一年收获的四分之一，就是国家经济的大事，所以这记载在了《王制篇》中。虽然很难说这到底对报德教产生了什么影响，但应该还是要将其视为儒教经济的原则之一，而二宫尊德对此应该也是了解的。他将这一重要的原则根据实际加以更细致的研究，建立起了经济的基础。二宫尊德的经济主要是农业经济，而消极的部分很多。这样积极的部分就必须要通过今日经济学的研究进行补充。今天的经济学作为一门学科，论说会涉及各个方面，但二宫尊德的经济并没有成为学科。要成为一门学科，就必须要确定很多的法则并组织起来。

作为二宫尊德的著书集成，《二宫尊德全集》有三十册，它是在昭和之初凭预约出版的，但那时候因为财界不景气等原因，预约者很少。如果预约者有五六百人左右的话，应该是能顺利出版的，但我自己听闻到的预约者也只有四百人左右。然而因为这毕竟是报德教的事业，整理者凭借着必须要做完的决心，最终还是将它全部完成了。它一册有一千页以上的菊判，而价格是十元，总共有三百六十元，学生等群体是买不起全册的。后来虽有《二宫尊德翁全集》出版，但已经不是真正的全集了。其外在坊间中有很多关于报德教的俗书，但作为俗书却又未必要将之否定，对于商店中的伙计学徒或是村落中的农民，将它作为读物或许更为适合，因此也不能一概地将这种出版物贬低。不过对于学者和教育家，还是有必要向这些人群推荐《二宫尊德全集》的。

关于报德教我想说的内容还有很多，然而因为今天时间有限，就不详细阐述了。在报德教中还有很多精彩的内容，所以我也建议诸位好好将之研究。总之，报德教是将儒教经济的原则出色地运用于实际的思想。从"德者本也，财者末也"到"量入为出"，从这两个原则推考，就能明白儒教经济这一思想的本质了。要说功利主义的经济是什么，那就是以利益为第一。而儒教经济就是以道德为第一要义，利益为第二要义。如果诸位不能很好地把握这个要点的话，那么在学界事情复杂多变的环境下，恐怕就会渐渐地被异说所迷惑了。为了避免沦落至此，大家必须要加强注意。

通过以上说明，我想大家已经大略知道了儒教经济的优点。可以凭此儒教经济之思想，大幅修正以后的经济学，取得一番令人瞩目的成就。而不能只学习西洋的经济学，一味地行功利主义之一途。必须要将儒教经济考虑进去，或者毋宁将之作为基础根本，努力组织起一个全新的经济学。因此我也多次将之说给有前途的经济学者，而且也非常高兴这些学者中有赞同我的人。然而，儒教经济这一思想是由孔子之教为发端的，所以它并未停留在其原处，后来的儒教之徒又将之发展壮大了。在这里不要忘记的是，经济的研究终究是有关人类的生活资料之事，而绝非人类的目的，经济只是属于人类达到目的的方法手段。但马克思主义的经济学就和儒教正好对立，它全然是唯物主义的经济学，所以它视生活资料为最重要的东西，进而讲经济学的。因此对于日本这样的理想主义国度，就存在着无论如何也不相容的地方。日本终究还是继承着儒教经济的思想，以道德为第一要义，以利益为第二要义。马克思主义虽然是持有社会主义的观念，但比谁都强调生活资料的重要性，所以就产生了无视道德的经济学，而俄国试图将之实行于国家层次，但其不仅不能实行，还扰乱他国，形成了复杂的国际关系。因此，就一定得下决心去追溯其由来之渊源，从根底去除这一弊害。就此，我恳请诸位不要轻视儒教经济，去发挥其中所蕴含的真理，以强有力的信心对社会阐述这些主张。虽然诸位或许在以前都没怎么留心过儒教经济，但我希望各位在将来对这方面能有所注意。以上就是我关于儒教经济之昂扬的简要发言。（昭和十四、一、一五演讲）（《斯文》第廿二编第一号）

（原载《井上哲次郎选集》，潮文阁 1942 年）

（林同威译）

儒教的同化与国民道德的发展

　　儒教的思想道德本来就与日本的国民道德大多是一致的，所以儒教思想一开始传入日本就几乎没有遇到什么阻力。这比起佛教的传来，还是很有差距的。佛教传入的时候引起了很大的争议，而儒教的传入、移植和传播则顺利不少。而且儒教的影响也是较早发生的，最早开始学习儒教经典的是应神天皇的太子菟道稚郎子，这位太子是一个非比寻常的人物。应神天皇驾崩后，太子本应继承皇位，稚郎子以长兄大鹪鹩尊为先没有即位，大鹪鹩尊也以稚郎子是太子为由拒绝继承皇位，因此皇位悬空了三年。最后，稚郎子以"我不能强夺兄王之志，不敢长存烦扰于世"为由自杀，或许稚郎子认为，身为人弟却先于兄长即位是不符合道义的，于是选择自我了断，这种想法完全是受到了儒教道义观念的影响。儒教除明确了日本的道德思想外，还传播了节义和节操。日本的国民性中有正直和勇气，只要有好处的事物就一定要学到。稚郎子让位于兄长的行为，完全是受到儒教的感化，在此之前的历史中从未看到过此类记载。

虽然稚郎子对儒教的教义深信不疑，但绝不会媚外。曾有高丽王的使者在上表中有"高丽王施教于日本国"的字句，太子对其无礼十分愤慨，谴责了使者并把表文撕掉了。太子气概非凡，不会做出媚外而失去独立自主的精神的事情。

在这以后，儒教的同化出现了很明显的倾向，大鹪鹩尊在太子自杀后不久即位，成为后来的仁德天皇，他是一位极富仁心的天皇。他说："百姓贫则朕贫，百姓富则朕富。百姓不富，君贫不止。"把人民放在第一位，这是天子，这方是真正为百姓谋福，这同样也是儒教的感化。

因此，儒教从一开始就有着强大的感化力量，并且先是传入皇室，然后传到民间，从宫廷到民间广泛传播，成为根深蒂固的德教，并且还与日本的风俗人情相融合，在日本国体的巩固上发挥了作用。

推古天皇时代，圣德太子制定宪法十七条，其中可以很明显地看到儒教同化的痕迹。原本圣德太子是佛教的崇拜者，同时对儒教之事也十分精通，宪法中有"君为天，臣为地，天覆地载，四时顺行，万气得通。天翻地覆必招崩坏"，以及"国无二君，民无二主。率土兆民，以王为主"等词句。这些都是日本吸收了儒教中适合本国国情的思想的结果。这还只是在宪法上的体现，儒教思想对当时人们的影响有多大就不难想象了。

如前所述，虽然儒教对日本的同化倾向逐渐产生，但儒教中也有与日本完全不相适应的方面。比如说儒教认可革命，因为中国本来就是易姓革命的国家，革命屡有发生，"君德衰则天命移，可取而代之"的思想在中国很常见，在易姓革命的卦象中，据说汤武革命就是奉天命而应人事的。故而如汤武一般进行革命的人被尊为圣人。孔子也说："武王周公，达孝也"，称赞革命的武王。甚至还说："周监于二代，郁郁乎文哉，吾从周"，十分尊崇周制。周的建设者有文王、武王和周公这三个人，而武王无疑是孔子所尊崇的一位。由此可见，在儒教中，革命并非被看作一件坏事。但是，不能因此就认为所谓"忠君"一词在儒教中是被完全忽视的，事实上并非如此。所谓"忠臣不事二君，贞妇不事两夫"仍然是被看重的，忠君在儒教中也是极被重视的。此外，督促武王理政的伯夷叔齐也被孔子称赞为古之贤人。至此来看，儒教的思想本身就是二元化存在，在看重忠君的同时也并不认为进行革命有什么过错，所以并不是一元的思想。总之，革命思想也存在于儒教之中，汤武的放伐就是这一特征的明证。

然而在日本，君是君，臣是臣，君君臣臣身份分明，君臣的上下秩序是井然有序的，在代代君王的继承系统之外，身为人臣的人是绝不可能成为君主的，这一点跟中国是大为不同的。如果日本完全照搬照抄儒教的二元化的思想，其结果就是使日本在国体上陷入极为危险的境地。

因而一开始就显示出来的儒教的影响，是基于儒教对日本产生好的影响的一面，也就是前文中所提及的那些好的影响。不过受到儒教革命思想影响的人也是时有出现的。

仁贤皇帝驾崩之后，当时的大臣平群真鸟起了想去当天子的野心，并在他犹豫不决的态度中流露了出来。不过后来他很快被诛杀了，但因为在此之前从未有过造反之事，其动机如何并不明确，但可以认为这里一定有革命思想的影响。

之后到了平安朝时代，从天庆之乱中，也仍然可以看到中国革命思想的影响。天庆之乱指的是将门叛乱一事，将门以天子自称，也是受到中国所谓对天子取而代之的思想，在将门记中可以看到。将门在面对弟弟劝谏的时候说"力大者为王"，自认为自称天子没有任何不妥之处。

而到了室町时代，足利义满接受明朝的册封，非常想成为日本的国王。当时也盛行事大主义，在中国文化的影响下，很多不合规矩的事情在历史上时有发生。不过幸而代代都有智识之士出现，渐渐把儒教同日本国情融合杂糅在一起。这方面例子很多，就不一一列举了，只着重谈谈菅公。菅公是平安朝时代的儒教代表，有着和魂汉才的精神，这一点常为世人称道不已。而所谓的和魂汉才并不是菅公自己说的，在菅公所著书中也没有明确出现过"和魂汉才"一词。这个词语应该是江户时代有人创造出来的，后来被认为是菅公所说。有一种说法认为这是谷川士清的话，这绝对是无稽之谈。菅公的精神确实可以被称为和魂汉才，而且也有证可据，在《聚类国史》的卷首《神祇部》就可以见到，仅凭此也能一窥菅公之精神，菅公绝非中国崇拜者。

还有在南北朝时代，出现了北畠亲房，其著有《神皇正统记》《职原钞》等。《神皇正统记》是为明确日本国体而作，是为明确皇统的正系而付出的卓绝努力的结晶。可以说这本书是日本的大义名分论述的开山之作。亲房所修的是朱子学，主要研究朱子的《通鉴纲目》，之后习得大义名分的观念，并将其应用到日本国体上，写出了《神皇正统记》，这部著作无疑成为后来的《大日本史》的先驱。

在室町时代研究儒学并致力于明确日本国体的是一条兼良。一条兼良在将儒教与日本同化方面也做出了不少功绩。但是，菅公、亲房、兼良等人都不止学习儒学，在学习儒学的同时也学习佛教，而单纯学习儒学的人并不足以成为一名学者。儒教在日本被广泛批判、被选择，最终与日本彻底同化的时间，是江户时代。在江户时代，先是暗斋的朱子学，集为大统，给人们带来极大影响，这一派可以说在相当程度上对儒教进行了同化。此派的代表人物有山系大贰、竹内式部和梅田云滨等。由惺窝、罗山所形成的朱子学也是一大系统，特点是宽大包容，是与前者在性质上稍有不同的朱子学，并且这一派也是能够看到相当程度的同化倾向的。但是与暗斋派相比其色彩并没有那么鲜明。水户学派是以修史为中心兴起的学派，一开始集聚了很多的朱子学者，但其目的并非朱子学，而仍是以修史为中心发展国民道德，朱子学不过是一个中介和手段而已。后来到烈公的时候，朱子学的色彩逐渐淡薄，又受古学和阳明学的感化，各种观点纷繁杂乱，但唯一不变的仍是日本精神的流传，本着日本的精神把儒学与日本同化。之后单独出现的蒲生君平、赖山阳等朱子学者，身上仍然带有水户派和暗斋派的痕迹。山阳当然还是以忠孝本位的道德观念为本，著有《日本政记》《日本外史》等，著作带有很强烈的尊王精神。

之后的阳明学派，其思想的绝大部分从一开始就与日本的神道紧密相连。藤树在晚年也倾向于神道，而蕃山所秉承的则是彻彻底底的神道精神。执斋、中斋所倡导的也是有神道色彩的阳明学。由此一来，儒教中与日本不相适应的部分被强烈排斥和批判，被吸收的只有与日本相适应的部分，这大大促进了日本国民道德的发展。

并且到了维新时期,那些为国奔走并最终成就一番大业的有力之士,几乎都是有相当学识素养的人,缺乏学识素养的只是极少数。这些领导者的大部分都有着儒学素养,象山、东湖、松阴、小楠和景岳等人都曾在儒学中锤炼自己的思想。不过值得注意的是,这些人所学习的儒学都是与日本融合同化之后的儒学,这些被同化后的儒学精神又成为维新大业的原动力,并且对之后明治和大正时期的文化开拓产生了深远影响。

现在的外来思想早晚也会与日本融合同化,就像当初的儒教一样,是一种暂时的手段,与日本不相适应的部分会被果断舍弃,有益于日本社会发展的要素则被吸收并消化,最终成为真正的有活力的大精神。现如今回首再看儒教的同化作用,我们会得到很多的启示。

(原载井上哲次郎《我国国体与国民道德》,广文堂书店 1926 年)

(林同威译)

东洋哲学的异同及融合

一 哲学产生的差异

首先我想就东西洋哲学的异同即差异论试着简单地说几点。

第一,哲学产生的缘由是不同的。西洋哲学自不必说,它与古代希腊存在着的宗教毫无关系,是独立产生出来的。虽然神话是先于哲学产生的宇宙说明,但它们是不存在任何关系的。哲学家凭借自己的智力探明宇宙的根本原理,试图通过根本原理去说明一切的现象,这才是哲学的起源。然而东洋哲学却与此有很大的不同。

尽管都是东洋的哲学,但印度与中国的却未必相同。若先就印度哲学来说,就需要溯源到奥义书(Upanishad)上,或许溯源至梵书也可以。首先,一般以奥义书作为印度最古老的哲学,就其内容来看,奥义书是为了维持吠陀经的权威而进行的哲理解释,故而可以说印度正统的哲学就是这个奥义书。而跋达罗衍那等哲学家将奥义书中所包含的哲学思想进行组织后而撰写的书,就叫吠檀多经,即吠檀多哲学的结晶。而除了奥义书和吠檀多之外，还有几个异端哲学，即胜论派、数论派，这些都是异端流派。但奥义书和吠檀多哲学尽管是最主要的正统哲学，其产生并非和宗教没有关系。此外也不能忘记声论师派（Mīmāṃsā）的存在。

然而中国又是怎样的呢？中国的哲学以管子为始，也并非是在与当时的宗教对抗中出现的，而是承认了当时成立的宗教。因此东洋哲学的产生是与希腊不同的。不应断定，哲学一定是与当时的宗教完全无关，而独立产生的。

二 哲学成立的差异

如果将西洋哲学和东洋哲学对照来看，就必须要注意它们成立的差异。虽然东洋哲学中印度与中国有一些差别，但印度哲学并不是脱离宗教而独立出来的。印度固有的宗教是源于吠陀教的婆罗门教，虽然开始是单纯的宗教，其后却从其经典的解释中产生了哲学。它的哲学即是奥义书、吠檀多哲学，还有就是之前所述的叫作声论师的哲学。婆罗门教最主要的神是梵天，而奥义书的根本原理就是梵，梵意味着哲学的原理，梵天就是被人格化的宗教崇拜对象。印度教从属于婆罗门教的系统。

接下来试着分析佛教。佛教与婆罗门教也有着相同点，即哲学和宗教是一起的，从最开始就并未分离。佛教是通过佛陀之说教而产生的宗教，所以佛陀既是宗教家，又是哲学家。佛教作为宗教被信仰，但其根底却是哲学，是从哲学中构建起信仰的基础。

然而中国哲学是怎样的呢？中国哲学也不是作为单纯的哲学被

讲授的，六经之中只有《易》与哲学关系最深，但《易》并非只有哲学，也包括了宗教、道德等内容。不仅如此，甚至连占筮都包含在里面。说到底，所谓中国哲学，无法将哲学单独分离出来，而是与伦理、政治、宗教、经济等混合在一起的。在这一点上西洋哲学就是颇为清晰的，它相对纯粹，哲学就是作为哲学被讲述的。虽然有很多诸如伦理学、政治学及其他与哲学相关的学科，但它们都保持着独立的范围。尤其是精神学，虽然它和哲学并不是完全没有关系，但二者作为独立的学科被讲授。而在中国哲学中，却没有这样的区别。特别是如同宗教那样，在西洋中基督教是作为纯粹的宗教在运行的，而哲学方面，希腊哲学就作为纯粹的哲学在传承。不仅是希腊，近世欧洲的哲学也是一样的。话虽如此，西洋中世的哲学风格有些许不同，仅从与宗教合并在一起来看，就有为宗教所御用的痕迹。尽管有这样的情况，但古代希腊的哲学，以及近世欧洲的哲学，特别是德国的哲学，还是比较纯粹的。基督教作为宗教也是如此。而在东洋，哲学、伦理、心理等都是混杂的，而这严重阻碍了它的进一步发展。

三　西洋哲学的优点

西洋哲学的优点如前所述，其一是保持了比较纯粹的态度，哲学就作为哲学在被讲述。若其与宗教混在一起，宗教就会阻害它的发展。然而西洋哲学的优点不止于此，与东洋哲学相比，它还有着很强的分析的性质。为了去除思想的混乱，它分析再分析，进行精细且严密的区别，从而完成了理智的研究。

东洋哲学是什么情况呢？在分析这一方面它就比较逊色了。佛教哲学中会进行相当的分析和组织，但有时也会将之无视，而陷入广大无边的想象。而至于中国哲学，其分析和组织是最缺乏的，即便是稍微存在一些也是非常粗略的。而且其思想发表的形式也以语录体为多，如《老子》《论语》等著作，就是没有任何秩序地将部分格言集合在一起，然后影响后世的。像问答体那样的形式，《论语》里虽然有几处，但大部分都是孔子以及孔子门人的语录，而稍长一点的问答都是没有的。它与柏拉图的《对话录》相比就非常简单了，几乎没有涉及哲理。老子方面虽然涉及了哲理，但也只是碎片性地集合了格言。而《论语》也好《老子》也好，虽然有篇章名，但绝非与内容的实质有深刻的关系。但无论如何，《论语》是儒教的经典，而《老子》是道教的经典。而其思想发表形式就会影响后世，后来语录体或者随笔体就非常多了。如杨雄的《法言》、被传为王通所作的《文中子》、周濂溪的《通书》、张横渠的《正蒙》、二程子的《二程全书》、朱子的《语类》，还有朱子和吕东莱合作的《近思录》，以及后来陆象山的《语录》、王阳明的《传习录》、刘蕺山的《人谱》等，皆是如此。佛教方面，禅家的语录自不必说，还有像《法句经》（*Dhammapada*）、《释迦牟尼圣训集》（*Suttanipāta*）这样的经典，都属于相同种类。虽然读起来比较轻松愉悦，但并没有进行系统组织。在这一点上，西洋哲学虽然不能说全部都是这样，但大体上还是有着严密的组织。

四　东洋哲学的优点

东洋哲学的优点有很多，但主要有两点。一个是实践性。它不只是研究哲理，也实行其哲理。在实行这一点上，希腊的哲学家和东洋的哲学家没什么不同，但到近世，知性研究成为主流，而将之实行与否几乎已经成为另一个问题了。而在东洋则一直以来都注重实行，甚至到了以实行为主、以实行为先的程度。例如《论语》，虽然从伦理学的立场来看它并不被认为是什么重要的著作，但因为记录讲授了孔子这位人格高尚的伟大学者实行过的事，故而非常珍贵。在这一点上，曾子、子思、孟子自不必说，二程、朱子、陆象山、王阳明都是如此。

而就佛教而言，佛陀是实行家，而且进行了多年非常严格的修行，因此他的影响也是非同寻常的。其后印度、中国、日本等国家中有了佛教徒，他们之中也有非常杰出的人物，虽不及佛陀，但也进行了严格的修行。而要注意的一个地方是，其在修行的同时也在努力地进行体验。所谓体验是哲学的体验，而且是开悟。不至其开悟就不可言完全。如不体验地到达绝对的境界，就不能说了解东洋的哲学，在这方面禅就具有代表性。西洋哲学不用到达那样的境界，而东洋哲学则无论如何都要努力到达彼处，如果没有到达就被认为没有达到目的。在这一点上柏拉图也好亚里士多德也好，康德也好黑格尔也好，都可以说是远远不及的。

五　东洋经济的特长

东洋哲学的优点除前述之外还有很多，其中就东洋经济谈一谈我认为还是有必要的。说起东洋经济，虽然佛教之中几乎没有这方面的思想，但儒教中却存在着杰出的经济思想。因此儒者之中也有非常擅长经济的人。虽然儒教的经济中有很多值得考量的真理，但在这里我只列出一个，即在《礼记》的《大学篇》中说的："德者，本也；财者，末也。"这是儒教经济的原则。儒教经济是以道德为基础的经济，无论是朱子还是王阳明，抑或是我国的熊泽蕃山、贝原益轩等人的经济，都是儒教经济。

西洋的经济学几乎都是阐说功利主义的经济。虽然其中也有与道德思想存在少许关系的，但这也是极少数，几乎大部分所阐述的经济都是与道德无关的，所以相对于儒教经济，西洋经济可以说是"财本德末"。共产主义的经济仅仅是财的经济，虽然其辩证法以黑格尔的哲学为根本，但其经济却成立于唯物主义之上，并不把道德作为探讨的问题。这样的结果，就如同今日的俄国那般，变成令人不悦的情况。而且不仅是令人不悦，其有害的结果甚至还会波及其他国家，所以就出现了防共协定这样的东西。

在我们国家，幕末以经济展现了非常有益的效果的，是二宫尊德的报德教，这就是道德的经济。而它不仅和儒教经济属于同一性质，也是二宫氏逐步深入阅读儒教的书籍，以《礼记》中所述的经济思想为根据，从而将之创立的。东洋经济绝不可被轻视。因为有二宫尊德这样的人，他们与其说是研究经济，毋宁说是将之实行而留下了杰出的成绩，所以也应注意到东洋经济的长处就在其中。

六 阻碍东洋哲学发展的诸原因

从历史的考察来看，阻碍东洋哲学发展有种种原因，但在此就不遑将之一一阐述了，只能举出其显著之处进行论述。

在东洋，自然科学的发展是非常不顺利的。而在西洋，希腊时代就已经出现了自然科学，而至近世又突然取得了长足的进步，因此给了哲学家很大的刺激，使哲学实现了发展。虽然与自然科学相伴出现的经验主义、怀疑主义、唯物主义等理念，作为哲学是低级的存在，却给了哲学家反省，是使哲学家进行更为深远的思索的原因。而东洋哲学中却几乎没有经验主义的哲学。在唯物论方面，只有印度的顺世外道（Lokayata），后来的胜论派也非常接近唯物论。而在中国哲学中只有王充的立场到了稍微与之接近的程度。

在西洋，希腊时代就已经开始倡导唯物论了，至近世十七世纪的英国，十八世纪的法兰西，十九世纪的德国，极端彻底的唯物论更是被倡导，受其思想的影响，共产主义就诞生了。而怀疑派的哲学家，在希腊时代出现了皮浪，在近世法兰西出现了皮埃尔·贝尔，英国则出现了大卫·休谟。特别是休谟，他给了康德很大的影响。

然而在东洋哲学中，怀疑派并无这般有力。在东洋此类种种强烈之刺激是非常少的，从而人们就非常尊信教权，继承的观念更为被注重，终是变成宗教、德教之类的形式，因此哲学的发展就不尽如人意了。

七　东西洋哲学的融合

若进行历史的考察，东西洋的哲学是完全不同的系统，因此就必须将之区分。但对于今后的哲学来说，就没有区分东西洋的必要了，而是要超越东西洋的区别，从日本人的角度从日本精神的立场去探索哲学。一言以蔽之，就是康德的《实践理性批判》的中心问题——设定一个普遍妥当的道德律。这就是康德曾说的"绝对命令"（Categorical Imperatives）。而虽然不是用那样的形式表达，但同样的主旨在儒教中也经常出现。《中庸》中有说：

> 君子动而世为天下道，行而世为天下法，言而世为天下则。

这并不只是说时间的普遍妥当，而同样意味着空间的普遍妥当。

接下来陆象山、王阳明以及其他中国的哲学家，都以别的词语来阐述同一的普遍妥当的道德律。这是后世之人不断阐说并一以贯之的。理即是理性，故而它的主旨仍然和无上命法相同。而这样的理念在佛教中，以及《曾德—阿维斯陀》里也可以看到。

我认为今后无论是西洋还是东洋，凡思索哲学家的宇宙人生之事时，都要在考虑之中加入参考之物，从而持有一个海阔天空的立场，开拓新的思考方式，而绝不应该止步于单纯的融合上。在此笔者不揣谫陋，略陈平素所思之一端，以供同道学者参考。（昭和十四年九月十三日）（《理想》第一〇二号）

（原载《井上哲次郎选集》，潮文阁1942年）

（林同威译）

第四辑

古今人物论

林罗山的学问与功绩

林罗山是藤原惺窝的门人中最优秀的。虽然惺窝的门人有石川丈山、那波活所、三宅寄斋、菅得庵、堀杏庵、松永尺五等人，但罗山是其中最杰出的，并且作为学者的水平甚至超越了惺窝。但惺窝比罗山更博大，更有包容性，有清浊并吞的广大气度。惺窝虽然是相国寺的沙门、临济宗的僧人，但后来舍弃了佛教转为儒者。所以他虽然对佛教很冷淡，但也并不特别排斥佛教，还试图调和神儒二教。并且他本人虽然属于朱子学派，却也并不特别排斥陆、王一门。但是林罗山排斥陆象山，排斥王阳明，排斥道教，排斥佛教，排斥耶稣教，一心推广朱子学。惺窝作为创业之人，总给人十分伟大的感觉，而罗山则十分俊敏，以才气胜之。虽然以人物论惺窝或在罗山之上，但作为学者罗山则远胜于惺窝。虽然惺窝作为朱子学者是京学之祖，但他并未极力推广朱子学，于此最为用力的是罗山。

因此，朱子学因罗山的努力而大大兴盛起来。朱子学的这种兴盛不能完全说是儒教的"复活"。奈良、平安时期的儒教虽然说是

"儒教",但实际上不如说是训诂学,于精神方面未能十分发挥。虽然当时在京师有大学,在地方有国学,但均为官吏养成所,并且只教授汉魏的古注,作为精神教育远不及佛教。朱子学虽然自镰仓时代就已经传入,但是真正由儒者所倡导还是在德川时代。朱子学是富有活力的、精神性的儒教,与过去盛行的训诂学有云泥之别。因此,因罗山而骤然得势的朱子学是新兴的儒教。也就是说,罗山为振兴朱子学这一富有生机的新儒教做出了巨大的贡献。

虽说罗山排斥耶稣教,但是罗山曾与弟子永喜一同拜访过当时的传教士,做过问答交流。此次会面是经由当时的歌人松永贞德的介绍达成的。问答内容载于《罗山文集》卷五十六,但因为实在很有趣,所以想在这里介绍一下。其中的宣教师叫不干氏。此不干氏为何许人也尚不清楚。向村上直次郎博士请教时,说可能是葡萄牙人弗洛伊斯。但是一个叫默多克[1]的人给笔者写信称,不干氏并非弗洛伊斯。所以此人究竟是谁还不清楚。总之罗山与这位不干氏进行了问答。罗山首先如此问道:

> 利玛窦天地鬼神及人灵魂有始无终,吾不信焉。有始则有终。无始无终可也,有始无终不可也。然又殊有可证者乎?

对此不干氏不能答。接着罗山又问:

> 天主造天地万物云云,造天主者谁耶?

---

[1] 此人名正体不明,也未找到对应的西文原名和中文译名,原文是ムルドッグ,推测是夏目漱石的恩师詹姆斯·默多克,此人在明治四十三年九月十日写给井上一封信,现藏于东京大学文书馆。——译者注

这是十分深入的问题。但是不于氏回答说：

　　天主无始无终。

这时罗山虽然可以继续追问无始无终的东西是怎么存在的，但是他并没有向前追问。总之罗山将不于氏的回答视为遁词，进一步如此问道：

　　理与天主有前后乎？

不于氏回答说：

　　天主者，体也。理者，用也。体者前而用者后也。

不于氏的这种回答实际上非常奇怪。"理者，用也"是无论如何说不通的。然而罗山指着眼前的器皿说：

　　器者，体也。所以作器者，理也。然则理者前而天主者后也。

如此一来，不于氏就再次举例：

　　灯者体也，光者理也。

对此，罗山说道：

　　所以火为灯者，理也。光者，非理也，唯云之光而已。

此处罗山所谓"光者云云"的回答也非常奇怪，但是不于氏如此回应道：

> 作器之一念起处为理。一念不起以前元无想无念而有体。然则体前理后也。

罗山反驳说：

> 不可也。不谓无想无念，唯言理与天主而已。无想无念之时有理而存。

就在问答已入佳境的时候，罗山因为有事一时离席。此时外面暴雨疾雷大作。不于氏好像情绪很被破坏似的说：

> 儒者所谓太极者不及天主。天主非卿曹弱年之所知。我能知太极。

似乎多少流露出了侮蔑罗山等人的口气。林罗山的弟弟永喜对此无法忍受，骂道：

> 汝狂谩也。太极者非汝之所可知矣。

如此一来，不于氏便愤怒地保持了沉默。这时林罗山回来了，说道：

> 凡言义理，则不有益于彼，必有益于此。若争胜，则忿怒之色、嫉妒之气见于面。是害心术一端也，慎之哉。

由此可见，无论是在议论的水平上还是在人物格调上，罗山均胜不于氏一筹。

前文已经说过，罗山不仅信奉朱子学，还为朱子学排斥异端邪说。然而在理气之说这个问题上，林罗山的观点与王阳明相同。虽然朱子认为"理气决是二物"，无疑是在倡导理气二元论，但是王阳明认为"理者，气之条理；气者，理之运用"，倡导理气一元论。因为罗山赞成此说，所以他在排斥阳明的同时在这重要的一点上与阳明产生共鸣。（请参看《日本朱子学派之哲学》）

另外，笔者还想就罗山的学说再举出一两点进行论述。《文集》第三十六卷以"孔子浮海"为题有如下内容：

孔子浮海

> 闻，孔子曰，乘桴浮海，又"欲居九夷"，"君子居之，何陋之有？"范史云，东方有君子之国，三善相公以为日本国是也。仲尼浮海居夷，焉不可知其来于本邦哉？以世考之，则丁懿德帝之驭宇也。所谓君子者，指懿德欤？我朝儒者之所宜称者也。卿曹盍言诸。

在明治初年，重野成斋、根本通明曾宣扬过将《论语》中"子欲居九夷"中的"九夷"视为日本的观点，但是这种观点在伊藤仁斋的《论语古义》里就已经出现了。然而罗山在《论语古义》之前就已经提出了这种观点，这是非常值得注意的。即：

> 仲尼浮海居夷，焉不可知其来于本邦哉？

由此可见，在仁斋之前罗山就已经提出了此种观点。而这里的"三善相公"指的应该是三善清行，如此则在平安时代就已经有了将"九夷"视为日本国的看法。但既然是"欲居九夷"，那就是实际上并没有去。而且九夷是否真的就是指日本本来也说不清楚。也可能是指朝鲜。但是一般认为比起朝鲜更可能是指日本。总之这些都不过是推测。但是以下内容是可以确定的。尊崇孔子，比起其肉体，更应当尊崇其精神。虽然孔子的肉体在中国，但孔子的精神今天在哪里呢？孔子一生所致力于推广的道德之教现在真的在中国实行了吗？孔子的教导今日并没有行于中国，这应该没有人会否认。那么，要说究竟在哪里实行了，那无论如何也只能说，在日本。既然孔子的教导在日本被贯彻，那也就可以说，孔子的精神已经不知何时来到了日本。孔子不说去南方，不说去北方，也不说去西方，无论何时只要一提到渡海去外国，就一定会说去东方的九夷。既然今天孔子的精神确实在日本落地生根，那么"子欲居九夷"反而在精神上最能解释得通。总之，林罗山将"九夷"解释为日本比其他的德川时代儒者都要早，不得不说对此他有优先权。

接下来，关于罗山的《吴泰伯说》，笔者想说说自己的看法。有一种说法认为，罗山认为神武天皇是吴泰伯的子孙。据传，罗山把这种观点写在了《本朝通鉴》的序言或《东国通鉴》的序言中，但由于引起了争议，所以最后并没有刊出。虽然确切的结论还无法得出，但是在《文集》第二十五卷中有《神武天皇论》一篇，其中论述了神武天皇为吴泰伯子孙一事。这种说法源自镰仓时代至南北朝时代的禅僧中严圆月所著的《史记抄》，虽然此书因为激起了争议今已无存，但看来罗山继承了其"吴泰伯说"。但是在《文集》第三十六卷中有《太伯》一篇如下：

太伯

闻，太伯"可谓至德"，则仲尼之语也。后世执简者以本邦为其苗裔，俗所称东海姬氏国之类，何其诞哉。本邦元是灵

> 神之国也，何故妄取彼而为祖乎？尝有一沙门修日本纪以太伯为我祖神者，时天子怒其背朝议，遂火其书。实乎？否乎？至若伊势内宫揭"三让"以为额，亦是谁所为欤？

据其文而试考之，则罗山绝不可能以吴泰伯为我皇室之祖先。也许一开始他受中严圆月的影响有过这样的观点，但是后来他发现了这种说法的错误之处，就改正了过来。总之可以确定，以往因其"吴泰伯说"而非难罗山是不恰当的。

罗山与德川时代的大多数儒者不同，他还努力研究日本的古典，阐明历史。虽然这可能是迫于时局的需要，但是应当看到，他在这方面有一定的见识。虽然山鹿素行、伊藤东涯、贝原益轩，以及之后的山崎暗斋和水户学派，这些人都对我日本的国典、国史付以了大量的关注，另外像新井白石也十分精通日本的国史、国典和其他故实，但即便是甚为一代所重的鸿儒硕学，明于中国典籍却暗于我日本史实的也不在少数。然而罗山却相当注重日本的典籍，这是十分可喜的。但由于在罗山时代这些方面的研究尚未展开，其研究也就不免还有相当的不成熟之处。

罗山涉足神道研究是十分有意义的。《本朝神社考》《神社考详节》等，都已经为世人所知。在《本朝神社考》的序中有这样的文字：

> 夫本朝者，神国也。神武帝继天建极已来，相续相承，皇绪不绝，王道惟弘，是我天神之所授道也。云云。庶几世人之崇我神而排彼佛也。

此外，还有《钦明天王辩》《十七条宪章辩》及《苏我马子辩》

等篇。据此考之，自奈良朝起经平安朝、镰仓时代到室町时代末为止，佛教一直十分兴盛，而神道也一直为佛教所掩盖，即所谓神佛混淆十分严重的时代。因此罗山在写作《神社考》的序时一开始就强调"夫本朝者，神国也"。这可能是沿袭自此前北畠亲房《神皇正统记》开头的"大日本者神国也"。虽然亲房并不排斥佛教，但是罗山就开始排斥佛教而大倡神道。所以他才宣称："庶几世人之崇我神而排彼佛也。"此外罗山还另著有《神道传受》一书以说明自己的神道学说。《神道传受》至今仍保存在罗山的子孙家中，一直被珍藏着，现存于第二林家的子孙林晔（筑地林医院院长）医学博士家中。世间流传的《神道传授》是用"授"字，但是林家后裔收藏的《神道传受》是用"受"字。此书保存在两重箱函内，在外一重的右边写着：

　　我家子孙之外虽为亲族门弟不许一览

左边写着：

　　林家嫡传秘藏

内一重箱子的右侧写着：

　　极秘家传

左侧写着：

　　禁他见他借

由此可见此书被珍藏到什么程度。虽然此书长年以写本形式流传，但因明治末年山本信哉博士将其收入《神道丛说》并附异版，所以今天无论是谁都可以借由活字本对其进行研究。另外在活字版中一共有十五章的补充内容。但是在林罗山的自笔本中也是如此。《神道传受》本就是儒家神道的最初著作，又为罗山所作，所以十分值得一读。书中以神道、人道为一理，又提出神道即王道说。不过其中也有很多幼稚的思想，又在排斥佛教的同时混入了不少佛教的说法，其次混入儒教思想的地方也不在少数。

另外，罗山还有一部关于神道的著作，《神道秘传折中俗解》。此书没有在林家的子孙后代家中流传。此书以一章为一卷，共分二十一卷。虽然书中一开头就列举了《旧事纪》《古事记》《日本纪》三书，却仍然以《旧事纪》为"圣德太子、苏我马子两人所撰"。但《旧事纪》绝不可能是圣德太子和苏我马子两人撰写的。虽然《旧事纪》有各种各样的错误，但也确实是古典。有可能是出自物部氏。罗山一直将《日本纪》称为《日本纪》，而非《日本书纪》。原本《日本纪》才是正确的。在《日本纪》完成、献给朝廷时，有"先是，一品舍人亲王奉敕修《日本纪》，至是功成，奏上纪三十卷、系图一卷"的记载（《续日本纪》养老四年五月）。但从很早开始，《日本纪》就被人们惯称为《日本书纪》，所以称《日本书纪》也不能算错。但是罗山一直称之为《日本纪》，并且认为《日本纪》胜于《古事记》，因而也更强调之。罗山以后，山鹿素行、山崎暗斋等皆以《日本书纪》为主。

罗山将国常立尊视为一神，认为一神即八百万神，八百万神即一神，而国常立尊与天御中主尊为相同的神。虽然后来渡边重石丸作《天御中主神考》，也将天御中主尊作为唯一根本之神，分而为八百万神，但是罗山早已将此说明了。虽然罗山在《本朝神社考》中极力贬低卜部兼俱，但是将神道分为"唯一宗源神道""两部习合神道""本迹缘起神道"三类加以讨论的思路完全是依据卜部的神道理论，所以罗山应该受到了卜部不少影响。

其次，关于"本地垂迹说"还有一些值得注意的问题。关于本地垂迹说的出现时间，罗山认为起自传教、弘法二人，而实际上也确实是从奈良朝开始的。虽然当时还没有"本地垂迹"的表述方式，但事实上已经出现。总之，本地垂迹就是佛教徒所主张的、以印度的佛为"本地"、以日本的众神为其"垂迹"，以此将佛与神联系起来而以佛为主的观点。这就是所谓的"本地垂迹神道"。卜部兼俱在《名法要集》中，主张"本地"是日本的众神，以此与垂迹说对抗。《名法要集》据称是兼俱的祖先兼延的作品，但其实应该就是兼俱自己所作。然而罗山在《神道秘传折中俗解》的卷十七中，关于本地垂迹有以下叙述：

> 天神、地祇为本地，其宫、其社为垂迹。以人为譬，则应神天皇为本地，八幡宫为垂迹；舍人亲王为本地，藤森为垂迹；日本武尊为本地，热田宫为垂迹；橘氏之祖为本地，梅宫为垂迹；衣通姬为本地，玉津岛社为垂迹；仲哀天皇为本地，气比社为垂迹；菅丞相为本地，北野为垂迹。

这是罗山自己的观点，与卜部的说法相异。树立此说，便得以从佛教徒的本地垂迹说中彻底地解脱了出来。

其他还有一些可以经常作为参考的观点，在这里就暂不赘述，但是罗山的学说不只对其他的儒者产生了相当的影响，还对吉川惟足产生了很大的影响。吉川惟足在接触暗斋之前就已经具备了相当程度的朱子学素养，恐怕他也有受益于罗山思想的地方。这固然只是推测，但也并非无稽之谈。

另外，罗山还剃发出家，并受了"法印"的僧位。他因此而受到学界的非难是众所周知的事。中江藤树作有《林氏剃发受位辨》一文，山崎暗斋作有《世儒剃发辨》一文，均对罗山大加非难。但是罗山死时似乎并没有举行佛教的葬礼，而是进行了儒葬。他可能是儒葬的先驱者。相反，中江藤树虽然严厉地批判了达摩，死后却葬于天台宗的玉林寺；暗斋虽然写了《辟异》一书排斥佛教，死后也葬在净土宗金戒光明寺境内的黑谷：两人均无疑举行了佛教式的葬礼。而罗山及其子孙的墓地均不在寺庙内。至今仍以幕府赐给的土地为墓所。并且罗山的墓石上刻的是"文敏先生罗山林君之墓"。因此罗山的儒葬要早于葬于大塚先儒墓地的儒者们。虽然罗山之子鹅峰也剃发为僧，但罗山的孙子凤冈就蓄发脱离了僧人的形象。

罗山的子孙在德川二百六十五年间代代掌握海内文教之权，这是非常少见的，不仅在我日本国内亘古未有，即便是在世界范围内也找不到类似的例子。罗山与其后继者鹅峰、凤冈，祖孙三代均为出色的大学者，自凤冈起十代均为大学头。虽然到自罗山算起的第八代血统都没有中断，但第九代时从岩村藩过继了养子林述斋，所以血统至此断绝。述斋的继承人是他的第三子柽宇，柽宇之后是述斋的第六子复斋，复斋的继承人是其子学斋，学斋是最后的大学头，死于明治三十九年。虽然从述斋开始血统就已经中断，但是家系依然存在，所以作为学阀是结束于学斋。自罗山至学斋共传十二代，其中最杰出的就是罗山、鹅峰、凤冈三人，其次是作为养子入继的述斋。其余人虽稍逊于此四人，但仍然手握文教之权，所以其家系在德川政权存续期间一直存续，共历二百六十五年。由于罗山信奉朱子学，所以林家代代也就都信奉朱子学，未曾改变。虽然宽政年间昌平黌曾选拔民间朱子学者作为教授，但是仍然在林家的主宰之下。林家的学风即幕府的学风，而林家的教育主义就是幕府的教育主义。各藩的教育虽然有少许例外，但大都效仿幕府信奉朱子学。因此在德川时代几乎全国的教育均以朱子学为本，其效果也很显著。虽然多少有些陷于单调、流于形式主义的弊病，但也在很大程度上普及了常识，促进了修养，在造就忠良之民上有很好的效果，这是林家的成果，追根到底也是罗山的学风所使然。由于罗山出现于德川时代创始之际，其在内政、外交等方面的功绩无可置疑。即便将这些先放在一边，其在文教方面的伟大成果也是无可置疑的。所以，除了广博的学问，罗山非比寻常的功绩也使人追怀，令人敬慕。

（原载《斯文》1933 年 12 月第十五编第十二号；译自《井上哲次郎选集》，潮文阁 1942 年）

（涂任驰译）

山鹿素行的事迹、学问及影响

　　山鹿素行是德川时代群儒中超然杰出的一代伟人。东条琴台在《先哲丛谈后编》中"素行资性英迈，卓绝古今"的评价可以说深中肯綮。素行元和八年八月十六日生于奥州会津，比山崎暗斋小四岁，比木下顺庵和雨森芳洲小一岁，与安东省庵同年。山鹿素行六岁时跟随父亲贞以（后来的修玄庵）来到江户，住在牛込榎町济松寺附近。九岁时进入林罗山门下习读"四书"、"五经"、《山谷集》等，才气英发，名声很高。所以在素行十一岁时，堀尾山城守曾开出二百石的俸禄意图招致素行，但是被素行的父亲贞以回绝。后来享保年间徂徕门下的人才菅麟屿在十三岁时被幕府以二百石的俸禄招为儒员，引起了世间的惊异，但此后麟屿并没有飞黄腾达，二十四岁时就夭折了，不免有虎头蛇尾之感。而素行则与之相反，后来有了更加显著的发展。十五岁时，素行跟随小蟠勘兵卫和北条氏长学习兵学。十七岁时跟随广田坦斋学习忌部流神道。十八岁时跟随光宥法印学习两部神道。此外在十六岁到十八岁间，素行还著有《四书谚解》。不惑之年时，素行完成了数部关于儒教与兵学的著作。在兵书方面，素行在二十一岁时著有《兵法神武雄备集》五十三卷，此外还有数种著述。到三十七岁时，素行完成了其兵书中最重要的《武教全书》，被后世兵学者视为金科玉律加以研究，出现了数种注释。

四十二岁时，素行开始编纂《山鹿语类》，到四十四岁时完成，凡四十三卷（全五十册），卷帙浩繁。四十五岁时，历史上著名的《圣教要录》三卷出版。此书可视为《山鹿语类·圣学编》要点的总结。《圣学编》共十册，全部以汉文写成。将其中的要点简单总结后，即为《圣教要录》。以往人们大都错误地以为《山鹿语类》是《圣教要录》刊刻后据其内容敷衍而成的著作，这是不对的。《圣教要录》是在《山鹿语类》后完成的。由于《圣教要录》后来偶然间为素行自己招来了意想不到的大祸，所以其出版是素行一生中的重大事件。因为写作《圣教要录》，素行被幕府以著"不通之书"为由横加不意之罪，谪迁至播州赤穗。但如果我们今天重读《圣教要录》就会发现，此书很好地总结了素行的观点，没有任何不通之处，只是大肆抨击了当时作为官学的朱子学。毕竟朱子学在当时广行于世，并且作为官学，权威更甚。加之当时朱子学为四代将军家纲的辅臣保科正之所尊信，山鹿素行便甚为此人所忌，因而被交付给播州赤穗藩主浅野长友，不得不在数日内离开江户前往赤穗。

素行在播州赤穗待了大概十年，但在此十年中，赤穗藩主和藩臣都很善待素行，尊他为严师，又待如宾客。所以虽然说是谪迁，但实际上素行并未遭受什么痛苦，反而完成了不少优秀的著作。所以这虽说是不幸，但对素行来说倒不如说是大幸。其关于国体的著名著作《中朝事实》就作于其停留赤穗期间。其他如《谪居童问》《谪居随笔》《配所残笔》等重要著作也都作于谪居期间。然而虽然素行在赤穗待了大概十年，以致他自己都觉得自己会死于这样失意的境遇中，留下了带有遗言性质的《配所残笔》，但他却在第十年被赦免，再次返回江户。素行到赤穗后，他的妻子和儿子以及矶谷十介等学生后来也来到了赤穗，所以他并非没有家庭的陪伴，遗憾的是只有母亲留在江户。素行回到江户至其去世总共约十一年。此间虽然多少要受到幕府的管束，但仍然可以授课著述，对素行来说也没有非常不自由。总之比起熊泽蕃山、平田笃胤的晚年还是要好一点的。素行贞享二年九月二十六日死于黄疸，葬于牛达辨天町云居山宗参寺（曹洞宗）。素行的父亲贞以和其他亲人均葬于此。素行卒年六十四岁，相传与素行同样从学于北条氏长的宫本武藏亦享年六十四岁，此外非常尊信素行的乃木大将死时也是六十四岁。

  虽然德川时代有许多硕学鸿儒，但素行在其中确实十分出色。大多数的儒者主要讲习的是中国的学问，比起日本更推崇中国，于中国的学问之外几无所知的也为数不少。虽然也有人多少研究一些日本的学问，但真正以日本主义式的精神立世、有中流砥柱态度的人很少。在当时，素行是古学的先驱。首先提出古学主张的确实是素行。古学，也就是新学的相对者；而所谓新学，也就是宋儒的学问。因为宋学在很多地方无法满足日本人的需求，所以产生了名为古学的日本式的学术，即虽然同为儒教，但回归到原本古时孔子的思想和精神，强调具有强烈活动主义色彩的儒教，以反对宋儒的寂静主义。素行不仅对儒教采取此种态度，还将其古学的精神进一步应用到日本，研究日本的古典，研读日本的典籍，进而阐发武士道，明征国体，贯彻日本主义的精神。素行的著作很多，共约六十部六百卷，但其中刊刻发行过的仅有三分之一，其余皆以写本流传。

素行致力于开拓其学问研究的范围，使其广跨海内外，以此巩固其学问的基础。所以经学自不必言，对诸子百家素行也潜心进行了研究。此外对日本的神典、历史，特别是武家的历史，素行也有涉猎，其水平作为国史家也足称一家。此外，其对神道也如前所述有一定程度的研究，似乎还多少研究过佛教。总之可以肯定，在当时那个时代，素行对日本内外的知识学术都尽可能广地进行了研究。特别是素行在兵法、战术、武士道方面有特别的见解，开创了山鹿流一派，因而成为后世学者大加研究的对象。在国体方面，由前面提到的《中朝事实》一书可以看出素行的见识非比寻常。关于这些素行学问方面的内容，笔者曾在《日本古学派之哲学》中有所论及，在这里就不再详述。但鉴于每个人都不应忽视素行在内外之别上的见解，所以接下来就将其见解的要点做一介绍。首先，在《中朝事实》的序中素行提道：

> 生中华文明之土，未知其美，专嗜外朝之经典，嘐嘐慕其人物，何其放心乎？何其丧志乎？抑好奇乎？将尚异乎？夫中国之水土卓尔于万邦，而人物精秀于八纮，故神明之洋洋，圣治之绵绵，焕乎人物，赫乎武德，以可比天壤也。

这里素行所谓"中华文明之土""中国之水土"均指我日本国。《中朝事实》的"中朝"也是指日本。当时学界的巨头木下顺庵、熊泽蕃山等皆自称"东夷"。稍晚于素行的徂徕自称"东夷"

也是众所周知的。其他的儒教徒也大都将中国仰为"中华""中国",而将日本仅视为被其余光的边陲之地。在当时那个受中国影响强烈的时代,素行将日本称为"中华""中国"或"中朝",着实可说是打破了世间滔滔群儒的迷梦。此外在《谪居童问》中又说:

> 文字学者以异国为师。大唐、日本虽为一天下,但国有大小,人品、万物的情况有所不同。如此一来,因为是要强行实行异国风俗、以大唐之事评价本朝、居于本朝而追求异国,所以就更加不适合日本的风俗。

虽然素行在这里不用"中国"而用"大唐"并不合适,但是道理是对的。此外又有人问"异朝的政道与本朝的政治也有不同之处吗",对此素行在《谪居童问》中详细论证了"自然有不同之处"。因为内容过长,所以在这里就不再引用了,但其中有一处笔者想引用在这里:

> 异朝有异朝之政。本朝有本朝之政。异朝之制虽善,其可用于异朝,用于本朝则多难处。

此外,在《武家事记》的序中素行说:

> 记诵之俗学,文墨之腐儒,或学屠龙之手,或待遗契之富,远谙外国之虚文,近不知本朝事实。作力矗贔异域之俗,更不审吾中朝之灵妙超过于万邦;鸣舌空谈汤武之兵,聊不通吾武德之要谟胥参于天地。所谓白面书生,事终不济也,是予慨然所以深叹长息也。

如果不是像素行这样仔细研究过日本的史实，是发不出这样的议论的。总之，素行此言对当时埋头研究汉籍、不关心我日本之事的很多学者无异于当头棒喝。

此外，素行又屡屡力陈文武两道不可偏废的道理。在《武教全书》的后序中素行说：

> 崇文者轻武，专武者轻文。夫文武者，不容有所偏废，唯因其人之量而有先后而已。于文而示武，教武而以文，是王者之所师也，武教之所全也。

此外在《谪居童问》中又说：

> 文武两全而后可得其道。故修文德而全武备，圣人之教也。

另外在《谪居随笔》中，素行也屡屡论及不可不合文武两道而全之。今天与武家时代不同，文与武已经变成了社会分工，在个人层面上很难做到两者皆全，但是在国家层面，无论如何也必须同时保全文武两道，即既不偏文，又不偏武，否则就会导致严重的后果：偏文则软弱，偏武则杀伐。孝谦帝诏曰：

> 治国大纲，在文与武，废一不可。

《武家诸法度》中也说：

> 左文右武，古之法也。不可不兼备矣。

都很有道理，所以我们今天在国家层面自然也就应当既不偏文，也不偏武，必须两者并重。不仅如此，作为个人也应当注意要兼备文武两道的精神。这正是素行所屡屡宣扬强调的。素行还有很多其他应当介绍的教导，但因为篇幅所限，所以在这里就先直接说明一下其学生的情况。

素行直传的学生中有很多有影响力的人。毕竟其门人总数据说多达四五千人，所以可以推断其中优秀者应当也不在少数。首先，以大名之身受教于素行的绝不在少数，其中津轻越中守信政、松浦肥前守镇信、浅野内匠头长友、浅野内匠头长矩均为大名，另外浅野长矩的弟弟浅野大学也是素行的学生。另外还有大石良雄、《武道初心集》的作者大道寺友山、事迹载于《先哲丛谈后编》的味木立轩。此外还有有泽永贞和佐佐木秀乘，此二人是加州藩的兵学家，著有有关兵学的著作。伊东重孝，他的事迹在《伊达骚动实录》中出现过，是事迹壮烈的仙台藩英杰。此外还有被素行收为养子的山鹿高恒，以及素行的儿子山鹿高基——吉田松阴的祖先重矩曾从学此人。此外还有加州藩兵学者有泽永贞的老师关屋政春。校尉政广——即津轻藩家老津轻盐物政广，《武治提要》的作者耕道轩是他的儿子。此外还有原田周作，他本是素行的学仆，但后来因故在二十九岁时壮烈去世。以上均为直接从学于素行的学生，他们各自都有很多事迹流传，但是在这里限于篇幅就不再详述。其中最为世间所知的就是浅野长矩和大石良雄——元禄年间在殿中砍伤吉良上野介的就是浅野长矩。浅野长矩与浅野大学一起拜入素行门下，其入门状一直保存到今天。虽然素行去赤穗时大石良雄还只有八岁，但到素行回江户时他已经十七岁了，因此可以认为他确实受到了素行的熏陶。总体上可以说，赤穗的藩臣中几乎没有人没受到素行的影响。素行到赤穗的时候，赤穗的藩主为浅野长友，即引起殿中事件的浅野长矩的父亲。素行对浅野长友说的话载于《先哲丛谈后编》，主旨如下：

> 我虽受浅野家厚恩，却无以为报，但如果以后出现什么非常之事，我的教导一定会产生效果。我以此聊以自慰。

果然，此后浅野家发生了非常剧烈的变故，也就是后来因浅野长短而在社会中引起轰动的殿中事件。殿中事件的后果，就是引起了赤穗四十七士的义举。虽然说是四十七士，但最早是七十四人，后来逐渐有人叛离，最后剩下了四十七人。到最后袭击的时候寺坂吉右卫门又去了别的地方，真正攻入吉良邸的只有四十六人。当时正是元禄十五年十二月十四日，德川政权建立已历百年，没有战争，士气颓废，社会耽于骄奢之风，因而义士们的快举给当时的社会造成了强烈的震撼。虽然赤穗义士们一直以来广为社会所知，但与之相比，却很少有人知道这实际上是素行训育的结果。笔者非常希望能够让社会大众了解素行的训育与义士快举之间的关系。

接下来笔者想稍微叙述一下素行的影响。素行的学问影响很大。特别是山鹿流的兵学流传得很广，几乎在全国都有研究，在这里只要举一些可以确证的例子就可以想见其规模。江户与播州赤穗自不必言，其他如金泽、平户、津轻、长州、水户、大垣、尾张、肥后、越前、三原等地也有影响，但其中最值得注意的是长州，原因就在于幕末在松下村塾教养了许多学生的吉田松阴。虽然他直接的老师是佐久间象山，但他也深深私淑于山鹿素行，因此松阴在著作中称佐久间象山为"吾师"，称山鹿素行为"先师"，以区别两者。原本松阴是过继给吉田家的养子，但他在成为养子前似乎就已经在研究素行的兵学。而吉田家自吉田重矩以来代代均以山鹿流兵学立世，所以松阴过继给吉田家后更热心于素行的兵学。由于松阴是山鹿流的兵学者，所以松阴门下的学生无疑也都受素行的影响。虽然出身于松下村塾的人很多，但其中最卓越的还是久坂玄瑞、高杉东行、木户孝允、伊藤博文、山县有朋、野村靖、品川弥二郎、宍户玑、山田显义等人。由这样的阵容可以想见松下村塾的人们为明治的文化发展做出了何等样的贡献。

此外，虽然在这里没有篇幅一一列举所有值得注意的人，但其中特别需要注意的是乃木大将、东乡元帅和谷将军等人。乃木大将虽然与松下村塾有关系，但并非松阴的学生，而是被松阴的叔父玉木文之进所养育。玉木文之进虽然在汉学领域属于朱子学派，但其兵学却属山鹿流。不过乃木大将的父亲希次本身修习的也是山鹿流兵学。所以乃木大将与山鹿流兵学因缘颇深。并且他也确实尊崇吉田松阴，以至于将松阴的《士规七则》奉为金科玉律带在身边。总之，乃木大将自幼尊崇山鹿素行，不仅修习山鹿流的兵学，还平素服膺素行的国体论和武士道论。当初对山鹿素行赠位时，还曾在素行的墓前举行奉告祭。当时是乃木大将宣读了祭文，祭文内容如下：

祭山鹿素行先生文

明治四十年十二月二十九日，陆军大将乃木希典谨谨致诚，祭赠正四位素行山鹿先生之灵。先生德高一世，识逾古今，学问该博，议论卓拔，夙阐发国体之精华，明中外之别，正名分，说士道，志存经纶，才兼文武，而不幸不遇于世，辗轲困顿，终未能施伟大之抱负于实用而逝，惜哉。然先生之学德笼罩当世，受业请益者前后上数千人之多。且先生既殁，其兵学盛行，遗著长存，闻风兴起者亦不在少。曩先生之遗著畏达乙夜之览，今又特赠给正四位。呜呼，圣虑宏大，知其学德有裨益于世道人心。

天子叡感，优恩及于先哲，洵可称昭代之盛事。希典幼时从师父之教，读先生之遗著，窃钦高风，期仰以为武士之典型。不肖，残躯遭遇于圣明，无涓埃之劳，叨荷宠眷，实不可不谓为服膺先生遗训所赐。俯仰今昔，感慨殊切。于兹奠花一朵、香一炷，祭先生之灵。尚飨之。

据此即可大概了解乃木大将有多么尊信素行。乃木大将确实是继承并实行了素行精神的值得注意的伟大人物。

东乡元帅小时一开始是跟随伊东潜龙学习阳明学，但后来开始尊崇素行。大正十五年，在素行的家乡奥州会津立了石碑，碑文"山鹿素行先生诞生地"即为东乡元帅所书。在揭幕式时，寺垣中将代读了东乡元帅的祝文，其文如下：

祝辞

山鹿素行先生的纪念碑落成了，今天为其举行揭幕式。我对此不胜欣庆。

先生夙通兵学，成一家之见，开创一流，声望冠绝当世。

但先生的本领在于，不屈于幕府的隆隆权势，毅然陈说我国体之尊严，将之运用于外，主张皇道为世界正义之根元，运用于内，明亿兆所仰。呜呼伟哉。平八郎所感如斯，以为祝辞。

　　　大正十五年五月二十九日

　　　　　　　　　　　伯爵　东乡平八郎

　　由此祝文可知东乡元帅十分尊崇仰慕素行。

　　乃木大将也好，东乡元帅也好，试考察这些伟大人物的思想方面，就会发现其确实有所渊源。世人只知乃木大将和东乡元帅是伟大的人物，但对于其思想渊源却大都不闻不问，几乎不抱关心，这不能不说是一种遗憾。

　　此外，在十年西南战争时面对西乡军据熊本城坚守不屈的谷将军修习的也是山鹿流的兵学。此外继承山鹿流的思想和精神成就伟业留下功绩的人还有很多。最近广濑大佐寄给了笔者一本题为《宫部鼎藏先生与吉田松阴先生》的小册子，笔者阅读后发现，肥后的幕末伟杰宫部鼎藏也是山鹿流的学者。如此综合各方面的史实就能发现，素行的影响非比寻常。

　　最后还有一件事需要学者注意。维新以来，欧美思想进入我国，我国因此而获得了长足的进步，这是众所周知的事实。但是，由于欧美思想的输入过于急剧，以至于影响过甚，使我国几乎失去了自主性的精神，以致今天弊害百出，这是无法掩蔽的事实。有人模仿美国，有人效法英国，有人喜好法国，有人拘泥于德国，更有甚者欢迎俄罗斯诡异过激的思想，而忘却了我国本来的立场。出现这种状况是十分令人遗憾的，实在可以说错误至极，比之山鹿素行时代我国压倒性地偏向汉学——也就是中国崇拜——要严重几倍。当今正应有如同山鹿素行那样的人站出来大声疾呼，敦促世间反省。然而时至今日，靠山鹿素行那样的学问和知识，无论如何也不能一扫这种横流的思想毒气，因为今天我们所面对的，不只是中国崇拜思想，还有西洋各国的思想。因此除了通晓英、法、德、意等国的语言文章外，还需要精通以西洋哲学为首的各种精神科学。虽然如此，但如果对东洋的学问认识不足，其主张也没有意义。因此与德川时代学者们所作的事情相比，今天学者的事业要困难几倍。但虽然困难，也不能因此就放置不管，必须尽全部的力量尽学者的本分，而精神则与山鹿素行当时有大体一致之处。也就是必须要有阐明国体、保持自主、以日本主义的精神打破社会上滔滔弊风的气概。笔者认为，这就是学者今天于我国所应尽的义务。接下来是为素行研究者列举的主要素行著作和关于素行的参考书。

素行著作：

《武教本论》《武教小学》《配所残笔》《山鹿语类》《武教全书》《圣教要录》《素行日记》《孙子谚解》《四书句读大全》《武家事记》《谪居童问》《谪居随笔》《修身受用抄》《中朝事实》《兵法或问》《师弟问答》《兵法问答》《兵法辨惑论》《自得奥仪》《原源发机》《同谚解》《大星三重传书》，等等。

关于素行的参考书：

《山鹿子由来记》（稻叶则通著），《兵学传统录》（写本），《素行先生实传》（斋藤时良著），《山鹿志》（津轻政方著），《异说种种》（乌江正路志），《明良洪范》（真田增誉述），《事实文编》（五弓久文著），《山鹿系图》（写），《素行子山鹿甚五左卫门》（松浦厚著），《津轻信政公》（外崎觉著）、《日本古学派之哲学》（井上哲次郎著）、《教育与修养》（同上）、《安斋随笔前编》（伊势贞丈著）、《先哲丛谈后编》（东条琴台著）、《近世丛语》（角田九华著）、《武士道丛书》（井上哲次郎、有马祐政共编）、《国民道德丛书》（有马祐政、黑川真道共编）、《千载之松》（大河原长八著）、《鸠巢小说》（室鸠巢著）、《武艺小传》（日夏繁高著）、《武教讲录》（吉田松阴著）、《武术系谱略》（志贺义言著）、《武术流祖录》（羽岛辉清①著）、《武术丛书》、《盈筐录》、《津轻旧记》、《江户文学志略》（内藤耻叟著）、《山鹿素行与津轻信政》（森林助著）、《山鹿兵藤次秀远》（秋山光清著）、《宫部鼎藏先生与吉田松阴先生》（广濑丰著）、《素行会纪要》（素行会编辑）、《吉田松阴全集》（广濑丰编），等等。

（昭和十一年三月二十七日）

（原载《斯文》1936年4月第十八编第四号；译自《井上哲次郎选集》，潮文阁1942年）

（涂任驰译）

---

① "羽岛辉清"之辉疑为"耀"误，日本国立国会图书馆有羽岛耀清著《新撰武术流祖录》。——译者注

朱舜水的学说

一　舜水属于哪一学派？

　　笔者在这里想稍微说明一下舜水属于哪一个学问系统。虽然笔者尚未阅读过舜水的外集，但已经阅读过《朱舜水全集》，对朱舜水的学说有过一定的研究，所以想简单地总结一下。

　　虽然说是"学说"，但舜水实际上并没有十分完整地阐述过自己的学说，只是在全集中零散出现了可视为学说的内容，所以笔者在此就是将其加以搜集整理后而言之。舜水的学说往往散见于他写给别人的信件、对别人提问的回答中，再加以至今几乎无人对其学说做一清晰的总结，所以对其学说的批评评价也一直众说纷纭。

　　有人至今力论舜水是阳明学者。有一部杂志叫《阳明学》，其中就有一个人——具体是谁笔者记不清了——详细地论证了舜水属于阳明学派。还有人认为舜水属于古学派。在笔者昨天拿到的《朱舜水》一书中，就有人论证舜水的学问属于古学。此论起源甚早，安积澹泊就已提出过这一观点，在《舜水文集》书末的跋文中称舜水的学问为古学，文章是古文。可见，必须以舜水的学说为基础才能论断舜水属于朱子学派。

并且，学说归根结底是舜水一切的根本，抛开学说论述舜水的其他方面，总是有点欠缺。无论如何，学说是舜水出处进退的根本。其学说如何，是论及舜水时不能不首先斟酌考虑的。但此事此次又无暇详述，所以在此只能论其大概，另待他日有机会时再加以详述。

二　舜水与阳明学的关系

提到舜水是否属于阳明学派时，首先必须承认舜水与阳明确实是有关系的。第一，此二人故乡均为姚江。阳明学派又名姚江学派，即以河流姚江为名。舜水也是姚江人，与阳明出于同一个地方。在舜水的文章中也详细提到过，他自己的家乡与阳明先生出生的地方非常近。但是同乡不意味着两人的学派也一定相同，那么舜水如何呢？纵览舜水的文集，里面有很多称赞阳明的地方。陆象山和王阳明属同一学统，舜水对此二人都一直大加赞赏。虽然对陆象山的评论不多，但对阳明，舜水曾多次加以评论，评价甚高，也提出过阳明的一些缺点，评论中优劣互见。比如，舜水曾称赞阳明说："王文成即有高才。"又说："若王阳明先事之谋，使国家危而复安。至其先时击刘瑾，堪为直臣。惜其后多坐讲学一节，使天下多无限饶舌。"其学说的出现引起了学界的激烈争论。此外还有

"王文成亦有病处,然好处极多",说阳明既有病处又有好处。还曾称赞王阳明"英雄也"。整体上,陆象山、王阳明与舜水在学问的基本观点上有非常相近之处。舜水认为精神是主要的,对于注脚等细节不甚苛求,不拘泥于注脚细节。舜水重视自己的精神、以精神立世的态度整体上与陆象山、王阳明非常相似。

但舜水绝不属于阳明学派。他曾明言,自己"非仆宗阳明也",就等于说自己并非阳明学派的人。此外,舜水在致安东省庵的信(此信未收入《舜水文集》)中说"阳明先生为不佞之比邻",这里的"比邻"不只是说故乡、出生地离得很近,也有学问上相互为邻的意思。当时安东省庵对自己的学说定位感到了迷惘。省庵是舜水的学生,属于朱子学派,但他当时感觉迄今为止的学问有错误,一时间倾向于阳明学派,于是将此事写信告知舜水。舜水则回信给省庵,明确地告诉他绝不可迷茫,不能同时尊信朱子学、阳明学等不同的学派。所以,虽然舜水有与阳明非常相近的地方,但并不属于阳明学派。但也可以确定,舜水对阳明抱有相当的同情。

三 舜水与朱子学派的关系

接下来,关于舜水是否属于朱子学派,也是需要稍加考辨才能弄清楚的。整体上,舜水可以被视作属于朱子学派。从整体上说,他是朱子学派的人,但这还不是全貌。在宋儒中,他还同时尊崇周濂溪、程明道两人。舜水没有列举过两人的长处和缺点,认为他们都是很杰出的人,没有可以批评的地方。但对程伊川和朱子,舜水虽然崇敬，但态度与他对陆象山、王阳明的态度差别不大，认为他们也有缺点。不过舜水认为陆象山不及朱子。舜水明确地说过，二人相比，朱子比陆象山更伟大。舜水认为程伊川、朱子也有缺点，所以说过"宋儒之学可为也，宋儒之习气不可师也"，认为宋儒有一种习性，这种习性不能学。舜水还说，伊川先生、"晦庵先生唯欲自明己志，未免有吹毛求疵之病"，认为程伊川、朱子都多少有些缺点。所以，舜水向上尊崇汉代的董仲舒，认为董仲舒十分伟大，是唯一可以尊崇之人。于明代的朱子学者中，舜水赞赏薛瑄。由此看来，综合舜水的以上观点，他本人归根到底应属于朱子学派。所以曾有人问，像"四书"等经典的注解谁的最好，朱舜水回答说，"朱子之注不可废"，首先必须采信朱子的注，其余可为参考。由此可见舜水虽然不拘泥于朱子，但主要还是尊崇朱子。所以，笔者在此举出五点以证明舜水属于朱子学派，列举如下。

四　舜水属于朱子学派的五个证据

首先，舜水尊崇周濂溪、程明道等宋儒，也尊崇朱子。他曾说过："朱子道问学，格物致知，于圣人未有所戾。"

其次，舜水曾说过"朱子之注不可废"，由此可以看出他属于朱子学派。

其三，舜水用宋儒所用之德目，而不用阳明学所用之德目。如果是阳明学者，那一定会出现"良知""知行合一"等的说法，此皆为阳明学者平生所惯用的术语，但舜水没有用过。并且舜水的全集中出现的是宋儒的术语，其中"诚敬"出现最多。"诚敬"二字作为宋儒德目是很重要的，而舜水袭用之，并且特重"敬"字，再三力说。

接下来第四点，舜水的门人属于朱子学派，安东省庵即属于朱子学派。试读省庵的文集，其中毫无阳明学的内容。安东省庵到最后都是纯粹的朱子学者。并且舜水在致安东省庵的书信中曾大赞省庵"此孔孟程朱之灵之所钟"。说"孔孟程朱之灵"而不说"孔孟陆王之灵"，由此可见舜水总体上无疑属于朱子学派。

最后第五点，舜水推崇大义名分，这是阳明学派所无的。阳明学派在这个问题上有别的说法。推崇大义名分是朱子学派最重要的特点。

五 在朱子学中带有古学色彩的舜水

以上五点证明舜水属于朱子学派。但舜水绝不是拘泥死板的朱子学派。他没有被朱子所限，对朱子也有这样那样的批评。虽然舜水在整体上属于朱子学派，但他不是狭隘的朱子学派。他虽然读朱子的注解，但并不为之所困，而是采取了更加自由的态度。其自由的态度可见于他对理气心性说的厌恶：每当有人问他宋儒的理气心性说时，他都很少回答。宋儒对理气心性的问题有过详细的讨论，但舜水对此甚不喜欢。

与之相对，舜水更喜好经世实用之学，而且非常尊重历史，重视历史研究。历史研究并不一定与朱子学派有关。朱子著有《纲目》，朱子学派也很重视历史。舜水力图回复到孔子活动于社会时的状态，即致力于使原始儒教再度体现在自己身上。明代中期，有很多朱子学、阳明学的争论，舜水对此非常反感。鉴于此，舜水掉过头来不再执着于朱子学、阳明学的教条，而是重新立足于过去孔子的社会，实际去践行经世实用之学。所以，舜水有很强的实践倾向。这就很有古学的色彩，也是为什么有人称舜水为古学派：不满足于朱子学和阳明学，回归原始儒教，效仿孔子，这就类似于素行、仁斋的古学。

仁斋倡导的古学和舜水所设想的儒教有很多相近之处，几乎有左右逢源之感。但舜水并非纯粹的古学派。纯粹的古学派攻击宋明的学问，认为这些都是后世之学，不得儒教正统，必须回归原始儒教。但舜水对宋明儒学也有所采，特别是对于宋学所采甚多，所以在这点上与仁斋等人不同。仁斋将这些均视为后世的错误儒教，认为它们与原始儒教完全不同，所以他反对宋明的学问，回归原始儒教。而舜水采撷宋明之学，由此可见其折衷的态度。由于他出于宋明儒学之后，所以此种倾向非常明显。因此舜水既不是纯粹的朱子学派，也不是纯粹的古学派，其思想大体上以朱子学的倾向为主，同时稍带古学的色彩，如此断定应该最得其当。

六 《通鉴》—大义名分—舜水—水户学派

接下来，在概述其学问之后，最后不能不附带提及的就是舜水学问中极端重视历史的特点。这里的历史并不只是单纯的历史。舜水经常劝人研究《资治通鉴》，每当有志于学的人来求教时，他总会让对方去研读《资治通鉴》。在全集中，《资治通鉴》多次出现，一直在让人要精通《资治通鉴》。

舜水一方面如此强调研究《资治通鉴》的重要性，另一方面又对金履祥所作的《资治通鉴前编》大加讥讽。由此可见，舜水无疑看过朱子的《资治通鉴纲目》。朱子的《纲目》是朱子学派的重要著作，所以舜水必定看过。因此其"大义名分"之思想无疑来自《资治通鉴》。也可能是从朱子的学问中来的。基于大义名分的观念，舜水才来到日本，而且在受聘于水户义公后，这一观念也十分坚定地保留在了舜水的思想中。

大义名分思想最早可能自儒教进入日本后就已经存在了，但开始变得有力恐怕是在后醍醐天皇时期。北畠亲房从朱子学获得了大义名分的观念。最早非议僧侣而习朱子学的就是北畠亲房，特别是他阅读了《尺素往来》和《资治通鉴》。可见，北畠亲房是由学习朱子学而从之获得了大义名分的观念。并且，北畠亲房所处的时代正是一个难解的局面。由于时代所致，当时亟须证明南朝的天子才是正统的天子。在这样的历史背景下，北畠亲房依据朱子学的精神写作了《神皇正统记》。《神皇正统记》不只是单纯的历史著作，也是为了说明神武天皇以来的正闰，证明后醍醐天皇才是正统的天皇。其后到了德川时代，暗斋、水户等学派的大义名分观皆出于朱子学的影响。

水户学派虽然整体上属于朱子学派，但并不是纯粹的朱子学，而是以日本的精神为骨干，吸收朱子学"大义名分"的思想，将二者结合，发展出了水户学自己的特色。舜水是带着大义名分的观念进入的水户藩，所以水户学派与舜水之间的联系相当密切。并且，此时受聘于水户的栗山潜锋、三宅观澜等学者均属暗斋学派，均为从暗斋学派转入水户学派。所以二者结合，形成了水户学派的思想。

七　舜水与我国的精神教育

　　以上大体对学派问题进行了说明，但关于舜水这个人物，还有一些需要说明的地方。舜水力图恢复原始儒教，而孔子素来重"礼"。这似乎从孔子幼时就开始了："嬉戏常陈俎豆、设礼容。"孔子从小好礼，长大后开始治学，"适周问礼于老子"，向老子询问有关礼制的问题。在后来孔子教育学生的科目中，礼也占有非常重要的地位。所以舜水也同样重礼。"礼"广义上包括制度文物，不仅包括《礼记》中的内容，还包括《仪礼》《周礼》《大戴礼》，范围非常广泛。舜水精通礼制，到日本后将这些知识也都带到了日本，不能不说对日本有很大的功绩。

　　说起舜水就会有各种各样的感想。舜水陷于明末的各种逆境中，最后到了日本，死在日本。他带着宋明文物的精华来到日本，可以说是这些知识传入日本的契机。而这些学问在中国却日渐凋零。舜水虽然带有古学派的色彩，但他传播的是宋明学问的精华，并将其运用在了实践上。他所强调的"大义名分"是宋学以来的思想。当然，如果要向上追溯也可以追到《春秋》，但主要还是从宋学开始的。舜水在他自己的境遇中生动地诠释了其精神，并因此来到了日本。所以，说他为日本带来了宋明的文明并不为过。

　　有人苛求舜水，说他没有死在中国而死在了日本，如果他在郑成功图谋复国时与其共谋大事、一起死于战场，那才是真正全了臣节。但如果舜水就那样死了，对后世也没有什么影响。反而是舜水来到日本，给日本带来了中国文明的精华，留下了远比死于战场更大的功绩。舜水带到日本的知识给了日本实际的影响，被日本人吸收、活用，并且对水户的精神教育也确实有所助力。

《大日本史》的编纂并不是因朱舜水开始的。《大日本史》不可能由一个外国人提议编纂。归根到底还是义公的提案。虽然舜水到水户藩是在《大日本史》开始编纂之后，但舜水为其提供了帮助，这是不可否认的。并且由于舜水在很多事业中都起了作用，所以其对水户精神领域的影响也是不可否认的。不仅如此，他还间接对日本学界广泛产生了不小的影响，总之就是在精神教育方面产生了效果。但此种精神教育并不能直接看到其影响。因为精神教育是无形的，所以即便想迅速看到其效果也是不可能的。精神教育能够产生深远的影响，当有变故时，就能明显看到其效果。所以首先明末能出现朱舜水这样的人物，就是有明一代精神教育的结果：因为此前大力地宣传了道义的观念，所以道义才会体现在舜水的身上。宋亡时也出现了像文天祥这样的人，这也是宋代学术的影响，也就是精神教育的结果。

八　像文天祥这样的人在清朝灭亡时一个都没有出现

文天祥的《正气歌》中有"哲人日已远，典刑在夙昔"之句，可见其与前代哲人思想之间的关系。文天祥确有精神上的传承。如果没有精神教育，绝不会出现文天祥这样的人。没有播下的种子是无法发芽的。明代也有精神教育。宋学复活于明代，当时的精神界十分活跃，其结果就是明朝灭亡时出现了各种各样的节义之士。在水户藩也是一样——虽然不是完全因为舜水，但也有舜水的原因——义公以修史事业为中心，培养国民精神，于是国民精神在水户藩旺盛发展。维新之际，义公播下的种子经过二百余年的培养，终于生根发芽，与外来的刺激互相结合，产生了结果。水户的志士在幕末开始活跃并非偶然，正是以前播下的种子的成果。所以在没有播下这些种子的地方，维新之际就没有出现任何节义之士。节义之士的出现必有其原因，而这就是精神教育的结果。

对此最好的例证，就是清朝灭亡时没有出现任何节义之士。虽然早年甲午战争时出过丁汝昌这样的人，但那只是例外。最后清廷灭亡时，没有出现一个文天祥、一个朱舜水。究其原因，就在于清朝三百年间几乎没有实行过精神教育。清朝的学问是考证学和文字学。虽然不能说完全没有精神教育，但几乎没有，转而变成了考证学、文字学这些纯为穿凿的学问。虽然这些学问也可以有，但必须与精神教育相配合。所以，由于只有考证、文字之学，清朝灭亡时就几乎没有出现志士，这就是它最终不幸灭亡的原因。

九　楠公像赞与舜水其人

舜水虽然也并非无可挑剔之人，但他也确实尽可能地做到了最好。所以他写下了"精忠贯日"这样的楠公像赞。舜水为楠公像写的赞是很出名的文章。在舜水的文集中，有三篇楠公像赞，写得都很好。其中刻于凑川碑上的一篇是最好的。即便像佐藤直方那样对舜水到处刁难的人，也写不出那样的文章。三宅尚斋、浅见䌹斋、暗斋也都写不出来。那样堂堂的文章可能只有像徂徕那样的人才能写出来。徂徕的文风一向威严庄重。但佐藤直方是绝写不出来的。那篇文章是非常壮烈的名文。

所以在笔者看来，那篇应该并不是在水户义公的拜托下完成的文章。在凑川树碑刻文时，舜水应该已经去世了。应该是正好有那样的名作，所以就刻了上去。虽然动机不明，但文章确实相称。文章写得很好，只有那样的文章才足以刻在碑阴。这种文章别处是没有的。在楠公像赞中，这篇是最好的。虽然笔者一直觉得如果是义公自己亲撰就更好了，但那样的文章无论是怎样的能文之士都不一定能写出来。即便想仿照它再写一篇水平不在其下的，估计也只能是东施效颦。只有像舜水那样历经磨难的人，才能在为楠公所写的碑文里体现出如此壮烈的气性。其文字生机勃勃，实为名文。但笔者希望能将义公自己的文章刻在碑阴。虽然要是说义公之赞已尽于"呜呼，忠臣楠子之墓"一句中也有道理，但比起"亡命舜水之赞"，碑阴更应该刻益轩的文章。不过舜水的赞确实是杰出的文章，这是不能否认的。

十　明末名节之杰士

舜水虽然是伟杰，但并非完人。虽然他存钱的事情被议论得很多，但中国人都很善于储蓄。不过舜水存钱真的就是像普通中国人那样吗？具体情况并不是很清楚。也有人说这应该是军费，但作为军费未免也太少了点。舜水的储蓄最终也不过三千两，要是打仗的话，三千两根本不够。不过，舜水是重义之人，不会浪费从义公那里得到的东西。从舜水很重的诚敬之心来看，他很可能有很强的"不能浪费、不能妄用、不能奢靡"的想法，以至于到了吝啬的程度。这种解释足以使舜水的人格高大起来。况且对于古人应当尽量从善意的角度去揣测，因为活人还有辩解的机会，但古人就没有了。所以我们还是从善意的角度去解释为好。

所以，舜水的思想总体上是好的。如果他与这样的思想一起就那么死于中国就太浪费了，像这样到日本以名节教训士人，才真正充分发挥了他的价值。他的知识又很丰富，从释奠到建筑都很精通。如果有人问我们房子的建筑方法，我们也不能像他那样回答得那么好。比如说，即便我们现在每天看着这高等学校，如果在西洋有人问起日本的高等学校的建筑是什么样的，我们也不会记得有几个房间、分别是什么，至于详细的情况就更不知道了。但朱舜水就非常精细。舜水来日本后，在没有任何参考的情况下凭空默制出了圣堂的模型，可见其记忆力惊人。只有非常详细研究过的人才能做到这种程度。 他一定详细地研究过。舜水教了日本人很多这样的事，这是很少见的。明末有很多节义之士，但舜水在其中也是很少见的，确实为日本的文明做出了贡献。特别是舜水与精神教育有密切的关系。从这一点说，舜水很有研究的价值。

（译自井上哲次郎《人格与修养》，广文堂书店 1915 年）

（涂任驰译）

关于贝原益轩

一 贝原益轩的事迹

贝原益轩先生无论是事迹还是学问都已甚为世间所知,所以在这里仅就其大体生平说一下笔者的感想。

益轩先生是笔者同乡的先儒,所以笔者从很小的时候就读过益轩的著作。虽然至今笔者也偶尔会阅读益轩的著作,但因为数量甚多,所以笔者并没有全部读完——应该也不存在"读完"这种事情。虽然也并不是读不了,但因为其中有各种各样的著作,也有笔者不太感兴趣的方面,所以笔者所论不能全面地涉及其所有方面——并不只是因为时间不够。出于以上原因,笔者也只能说一些极其粗略的事情。

益轩先生生于公元 1630 年,卒于 1714 年,至今已去世二百余年。

益轩与教育社会有相当大的关系。虽然关于此事将在后面详述，但在这里笔者想就其事迹谈一个感想。益轩兄弟共四人，上面有三位兄长，换言之益轩是排名第四的幼子。其中，长兄是何许人也并不清楚。此人可能并不杰出，也没有著作，事迹也不清楚，所以一般认为应当不是什么了不起的人物。长兄似乎并不是很了不起。其后的二哥叫存斋，也有著述。在诗歌上有一定成就，其遗稿保存到了今天。再次的三哥叫乐轩，学问上有一定成就。益轩似乎曾跟随二哥存斋读书学习。因为此人有些学问，所以就先从学于他。益轩的父亲宽斋是藩中的医生，应该也有一些学问。但是因为是医生，所以应该很忙，益轩也就只能主要跟随哥哥存斋读书。如此，正因为益轩是幼子，所以才有了充分研究学问的机会。

从这点说，益轩是幼子这件事成了他达成自己志向的好机会。长子往往没有建树，贝原家确实也是长子没有什么建树。于是越到幼子越成功。总之，在兄弟四人中，益轩是最有建树的。

二　益轩与医学

益轩出身医学之家，所以他本人也涉猎医学。其中——如益轩自己所言——也有他小时候身体羸弱的原因。由于体弱，所以立志于卫生事业，逐渐开始阅读医书，注意卫生方面。最早还有成为医生的想法。可见，虽然益轩一直在读有关卫生方面的著作，但真正使他对卫生抱有兴趣的，还是他自己的身体状况：他为了自己的卫生而读更多的医书，努力对自己有所裨益。

益轩后来一直在说这些事，自己为什么这么长寿之类的。不过这应该完全是因为他自己注意卫生。益轩享年八十五岁，所以确实十分长寿。因此从益轩的事迹也可看出卫生的重要性。即便是身体很差的人如果注意卫生的话也可以很健康，笔者对此十分赞同。重野博士恰好与益轩一样，享年八十五岁。笔者曾经亲耳听他说过，他学生时代身体也很弱，但是后来逐渐通过养生强壮了起来。这可以说和益轩完全相同。并且益轩的人生经历非常丰富，又经常旅行。这可以从其各种纪行类著作中看出来。益轩作有《扶桑纪胜》一书，要写出这种著作，必须遍游日本才行。益轩虽然是筑前人，但他经常到京都江户等地旅行，所以很熟悉世道人情。与其他儒者相比，益轩的经历更加丰富，也更通世道人心。

三　益轩的师传

　　益轩的学问主要是朱子学，但益轩在求学时并非长时间地跟随同一位老师。最早是跟随松永尺五。然而松永尺五不久就过世了。于是益轩就开始与同样出自松永尺五门下的木下顺庵交往，不久后便尊之为师友。益轩虽然并未拜入顺庵门下，但与顺庵大概是师兄弟一样的关系。益轩也去听过山崎暗斋讲课，但似乎并未拜入其门下成为弟子。所以益轩在学问上与暗斋派有很大区别。但益轩在京都时曾经去听过几次暗斋授课。从学问的性质看，暗斋派的学问十分严格，说其已近宗教也不为过。实际上已有近于清教徒之处，非常严格。而且，暗斋派很少自己著述，主要是摘录朱子著作，将其作为教科书进行讲授。在这点上也很接近宗教的形式。但是益轩并非如此。当时也有不同于暗斋派的朱子学派，就是藤原惺窝系统的朱子学。与暗斋派不同，藤原惺窝系统很宽大，对他人的学说也大多有所容纳。但是暗斋派与其他的学派不产生关系，其传授方式是记录老师的讲义并流传下去，非常严格地保持着学说的原型，是朱子学派中的强硬派。温和派的朱子学就是藤原惺窝的系统。至于益轩属于哪一派，虽然他确实去听过几次暗斋的授课，但并非暗斋学派的风格，倒带有惺窝系统朱子学宽大的特征。所以将其视为惺窝系统更为合适。益轩原本就从学于松永尺五，又与木下顺庵结为师友，所以无可置疑地属于惺窝系统的宽大朱子学派。不过益轩在小时候也喜爱过阳明学，但是后来就放弃了，全从朱子学派。对阳明的学问益轩后来也一直在严厉地批判。追根究底，益轩并不能满足于阳明学。因为益轩是学问领域相当广博的人，所以他与阳明学的修行方法并不一致。益轩后来也是渐次广泛地求取知识，于是就转为了朱子学的立场。

四 益轩与著作

益轩享年八十五岁，越到晚年越出佳作，让人非常感慨。虽然活到八十五岁的学者很多，但大都由于步向老耄，很少有能越到晚年越出佳作的。但益轩到晚年时，几乎每年都有著述。如此到八十五岁时，完成了其最重要的两部著作。《大疑录》和《慎思录》成书于其八十五岁时。晚年时，益轩几乎每年都会完成些什么，读年谱时真的很让人震惊。他不仅仅只是活到了八十五岁高龄，而且还很勤奋，实在是老当益壮。他如果七十岁左右就去世，那我们今天很可能就注意不到益轩。对学者来说，如果不能长寿的话就会有很大的损失。五十多岁就去世和到八十五岁依然在努力著述有很大的差别，真的很大。这只要读读益轩的年谱就能明白。他如果六七十岁就去世，很可能就不会很起眼，但因为他一直勤奋工作到了八十五岁，写出了那些大作，所以就很伟大。这是其多年研究最终结出的果实。晚年正好似秋收，因为种子很多，所以最后收获了大量的著作。

而这些又都是可以供后学参考的十分有益的著作。我们今天回望益轩一生的事迹，会感觉他的生活很繁忙。学习了很多，励精刻苦不已地在努力。这点只要看看益轩的成绩就可以明白。虽然益轩的生活事迹如此丰富，但从整体上说还是很平和的生活。益轩去世时有辞世诗一首。虽然这首诗大家都知道，但笔者认为这首诗很生动地总结了益轩的一生：

　　来路仿佛仅一夜，
　　八十余年梦一场。

大意是说，自己虽然活了八十五岁，但是过去就好像一场梦一样。当然并不是真的只是一场梦，只是因为是诗歌所以只能这么说，但由此可见益轩的一生十分平和。确实很平稳——虽然事迹很多，但是极其平和的一生。所以这场"梦"应该也是很平稳的一场"梦"。虽然世间也有人的梦不是很平稳。碰巧做噩梦时，感觉要死了、被恶魔袭击，这样的人也是有的。但益轩的一生不是这样，是很平稳的一场梦。

益轩的著述有很多。近年出版了《益轩全集》，共八大册，但其中还是有漏收的。益轩的日记至今尚存，是很珍贵的亲笔日记，就没有编入《益轩全集》中。像这样被漏收的还有很多，所以如果全部集中起来的话应该能多编出一到两册。《益轩全集》虽然有八册，但如果把漏收的著作悉数编入的话，一共可能有十册左右。其著作之多，大抵如此。如果不是十分努力的话，益轩自己是写不出这么多著作的。益轩的著作涉及很多方面，其中有关于伦理道德的，有关于教育的，有关于文学、历史、地理的，还有关于本草学——也就是今天的植物学——的，真可以说多种多样。虽然我们不能做出专业的评判，但这也确实是研究了很多事物之后完成的著作。其中固然有不少汉文著作，但假名著作也为数不少。当时的儒者多以汉文写作。比如伊藤仁斋的著作就全为汉文，没有一部假名著作。伊藤东涯虽然多少写了一些假名著作，但汉文的还是很多。不过益轩的假名著作就很多，文体也与东涯等人不同。东涯等人确实有假名文章，但文体十分晦涩。益轩的文章则很平顺，谁都可以读懂。其实江户时代擅长和文的人还有很多。室鸠巢、新井白石、雨森芳洲等皆兼擅和文。但很多儒者都以汉文写作。因为有这么一种感觉：如果不是汉文的话，就不是什么了不起的东西——所以有很多人都用汉文写作。但是益轩用汉文完成的著作纵然不少，假名著作也很多，而且十分易懂。应当可以说，益轩在这个问题上很有先见之明。在大正时代的今天，人们仍然在阅读益轩的著作。在今天的年轻人当中，应该也有不少人读过《益轩十训》之类的书。仁斋的著作今天的年轻人就不太读得了，因为太难了。像仁斋著作这么晦涩的书，可能看都不会看吧。只听过仁斋的名字，但没怎么看过他的书。但是益轩就不同。不仅《益轩十训》等均以假名写成，此外还有以假名写就的著作，而且都很有益。在这一点上就与熊泽蕃山类似。蕃山没有汉文著作。益轩汉文的著作也有不少。因此蕃山不仅仅只是人格伟大，伟大之余其著作也很重要。而且他的著作谁都可以读懂。著作不能别人都读不懂。像徂徕也有很多著作。虽然也有假名，但主要还是汉文，今天的青年就很难读懂。因为徂徕的著作用的是比仁斋还难的汉文，所以今天的青年没有去读徂徕集的。徂徕集已经被青年所遗忘。就算是没忘也不会读。所以像徂徕集就不太好找，而像蕃山和益轩这样的，因为很易读，所以不管是在明治还是在大正，就算不怎么修补编辑，也可以出成活字版以供阅读。其文体易读到即便是女性和小孩也可以读懂。这就是益轩胜过其同时代千万群儒的地方。其见识确实与他人不同。

五　益轩与社会教育

所以，益轩作为德川时代的教育者有十分伟大之处。虽然没有学校教育，但益轩一直在进行社会教育。说益轩是最伟大的社会教育者也不为过。而之所以能这样，是借助于益轩的著作。益轩自己并没有开办私塾。虽然多少也有人到家里来，但那无论如何都是少数。所以益轩门下的学生很少，只有竹田春庵、香月牛山等。毕竟益轩是到处游历十分忙碌的人，不能开设私塾广收学生，他本人也没有这么做的热情，所以门生不多。徂徕、仁斋、东涯等人都有很多学生，但益轩很少。但是益轩有很多著作，而且都是谁都能读懂的有益的著作，借此教育了社会。因此益轩可能是最伟大的社会教育家。虽然林道春等人也有很多著作，但却多为汉文，其中能让所有人读过就能立即得到适当教训的又不多。总之，在德川时代的诸多学者中，很少有像益轩这样的人。著有大量简明易懂的教化著作的学者，首推益轩。

六　益轩与教育学

除此之外，益轩也并不是只进行社会教育，他还是第一个思考了教育上的各种问题并进行著述的人。这可称之为教育学。可以说，益轩致力于当时的教育学。在益轩之前几乎没有这样的人。虽然也有人提到教育，像中江藤树、熊泽蕃山等，但益轩是最早详细论述教育的人。比如按照年龄进行教育，虽然熊泽蕃山也说过，但益轩对此进行了更细致的论述。有很多人在教育时不区分年龄，一开始就让学生读《大学》《论语》之类的书，顺序很奇怪。而益轩则主张"随年数法"，从几岁到几岁教这些，从几岁到几岁教那些，强调根据年龄教授不同科目的必要性，并且根据男女又有所不同。关于女子教育，虽然中江藤树、中村惕斋、熊泽蕃山等人已有著述，但益轩制定了最适当的女子教育法。益轩论述女子教育的著作就是《和俗童子训》。

此书最后是有关女子教育的内容。在《教女子法》一篇中，益轩对女子教育进行了详细论述。将当时由和汉知识中可以总结出的关于女子教育的内容消化提炼，这便是《和俗童子训》最后一章《教女子法》的内容。《女大学》一书就是取《教女子法》一篇的内容另外成书的。此书可能是大阪的书店拜托什么人编辑出来的，不是益轩自己编辑的。虽然不是益轩所作，但应该是大阪的书店拜托什么人，以《教女子法》一篇的内容为基础，将其加工成适合普通女子的样子，加上《女大学》的书名进行贩卖。益轩应该不会起

"女大学"这种名字。他不是会给自己的著作起"大学"这种名字的人。益轩是非常谦逊的人。所以"女大学"这种名字肯定是别人起的。《女大学》与《教女子法》相比,主要内容完全相同,所以称其为益轩的著作也没问题。但是加上"女大学"的标题作为贝原益轩著作出售,那已经是益轩死后六十多年的事情了。

后来福泽谕吉著有《新女大学》,频频对《女大学》进行批判。虽然其中内容很多,但在这里笔者只想分辨一件事,就是所谓益轩只对女性教育十分严苛、只对女性有要求,而对男性则没有。福泽谕吉认为,《女大学》中只对女性有要求,只对女性频频说教"要这样做""不能那么做""必须这么做",但从根本上说,有错的是男性,是男性败坏了女性的风俗,所以必须对男性大加训诫,然而《女大学》却不训诫男性反而只苛求女性。福泽谕吉虽然如此批评,但这种批评是不适当的。原因就在于,《和俗童子训》中的其他部分均为对男性的说教,只是在最后有《教女子法》一章,除此之外对象均为男性。对男性的说教有很多,不只是《和俗童子训》,《益轩十训》也全部都是以男性为对象,所以很明显对男性的说教是很多的。因此福泽谕吉的批评在这一点上是不甚精当的。

如上所述,益轩是最早详细论述教育的人,所以应可将其视为日本教育学的始祖。明治以后,西洋的教育学传入日本,对教育的研究也一直在进步,但如果考虑到在此之前益轩就已经在以和汉两学为基础首先钻研教育、将其组织为著作,那么称益轩为日本教育学的始祖也没有问题。此前谷本君曾从教育学角度将贝原益轩与赫尔巴特进行过对比,两人有很多相似的地方。而且很巧,贝原益轩与赫尔巴特在教育的目的上看法完全一致。赫尔巴特认为教育的目的在于涵养德性，而益轩也认为教育的目的在涵养德性。有趣的是，将贝原益轩的观点与其他的西洋学者对比，也有很多相同的地方。不过在日本多以菅公为教育家的始祖。菅公在王朝时代就第一个具备了教育家的资格。但是菅公并没有这样关于教育的著作。所以笔者认为教育学的始祖还是益轩。

益轩是德川时代很重要的儒者。而且几乎没有人像益轩那样著有这么多通俗的有益著作。在伦理、道德、教育方面，益轩为社会留下了最为丰富的遗产。所以笔者认为在祝典大会上祭祀益轩是理所应当的。虽然关于益轩笔者还有很多内容想详述，但他日应当还有机会，所以在此就先说这么多。

（译自井上哲次郎《人格与修养》，广文堂书店1915年）

（涂任驰译）

吉田松阴殁后八十年所感

　　吉田松阴于安政六年十月被处以死刑，今年正好是其殁后八十年整。虽然笔者觉得从松阴人格、性行、言论、事业对后世的伟大影响来说，举行一些殁后八十年纪念演讲之类的活动也很合宜，但现在并没有听说有类似的计划。所以笔者在这里想就自己想到的，稍微说一些与松阴有关的感想。笔者现在在东洋大学、上智大学、智山专门学校等处教授指导学生，不仅经常会对学生说一些松阴的事情，还会问有没有人去过松下村塾、去看过的人请举手，但是没人举手，完全没有，偶尔会有一个人。此外问有没有人去参拜过世田谷的松阴神社，去过的也很少，但还有那么两三人左右。虽然不满意，但两三人左右勉强还说得过去，所以就鼓励大家一定都要去参拜。说起吉田松阴，因为他是以远见卓识而卓越于一世的伟大学者，所以总给人一种长者的感觉，但实际上他只有三十岁。严格地说还不到三十岁，正是研究生院学生的年纪。虽然很年轻，但因为他是少有匹敌的精神家，于当时极端复杂的困局中坚定地贯彻了自己的信仰，所以其影响非常之大。

因为在松阴殁后五十年的时候我们举办了五十年纪念演讲会，所以首先有必要先说一下这个事情。明治四十年末还是明治四十一年初的时候，长州岩国出身的江木千之先生找到笔者商量说，明治四十一年是吉田松阴殁后五十年，想举办一个纪念会，但是如果只是长州人来做，就好像把松阴限定在长州范围内一样，"所以，请务必在您主持的东亚协会举办"。江木先生虽然后来担任了文部大臣、贵族院议员，最后官至枢密顾问，但从很早以前就与笔者相识，所以这绝不是什么唐突的要求。虽然江木先生的想法很好，但是笔者考虑到在东亚协会举办纪念会有各种各样的情况，很难实行，所以不如通过帝国教育会举办更好。这样一说，江木先生就同意了。后来好像是笔者去请求与时任帝国教育会长辻新次先生会面并征得了同意。如此一来，在明治四十一年七月十七日，松阴先生五十年纪念大会在当时的高等商业学校讲堂举行。首先辻新次先生宣读了祭文，时任文部大臣小松原英太郎先生致祝词，接下来乃木大将就《士规七则》进行了演讲，接着是东京高等师范学校校长嘉纳治五郎先生的演说，之后插入了预先没有计划的三岛中洲先生的追怀讲话。因为中洲先生曾在斋藤拙堂的私塾里与松阴相识，所以希望能让他说一下自己的感受，于是大会便请他为参加者进行了追忆讲话。当时，因为中洲先生说自己还这么年轻、青春焕发，还引起了听众的哄堂大笑：当时先生已经是八十岁高龄了。接下来德富猪一郎先生讲述了《作为学徒的吉田松阴》，最后笔者以《作为教育家的吉田松阴》为题进行了演讲。这篇演讲收录在拙作《教育与修养》中。除此之外，当天的祭文、祝词、演讲等均于次年被帝国教育会以《吉田松阴》为题结集出版。此次大会还邀请了松阴的遗族，向与会者展览了松阴的遗墨等，非常盛大。大会上辻新次先生宣读完祭文后，小川小学校的学生们还合唱了由笔者所作的歌曲《吉田松阴》，歌词如下：

　　一、一身许国　　不顾生死
　　　　精忠至诚热烈之情谁可敌
　　二、守夜下田港　　欲渡船虽回
　　　　二十一次的勇猛气势　　与其名共扬
　　三、常盘松下　　多导子弟
　　　　树伟才之功亦为尊师祝词
　　四、身朽野边　　盛名永传
　　　　思亲赤子心的赤诚之声也仍在回响

　　因为有这样的先例，所以就算是有人提出要纪念吉田松阴殁后八十周年也没有什么不便。如果有其他提议这么做的人，那笔者不妨静观其成，但是没有任何相关活动，就总有欠缺之感。特别是从时局考虑也是不应当的。今后正是需要许多像松阴那样熊熊燃烧的精神家来跨越许多难关、为东洋带来和平的时代。要想在青年学生间唤起这种炽烈的精神，纪念像松阴这样的时代伟人是最有力的方法。从松阴研究者的需求来看，关于松阴的著作很少。其中松阴的养孙吉田库三先生参与编纂的《松阴先生遗书》（民友社发行）二册，以及后来岩波书店出版的《吉田松阴全集》（山口县教育会发行）十册，都是最重要的松阴相关著作，青年学生阅读时也必然会感动奋起吧。最近德国的学者和学生都很热心于松阴研究。可见即便是外国人都认为松阴的人格很伟大，因而抱有浓厚的兴趣。而我国学生却懈于松阴研究，这难道不是我日本之耻吗？所以，作为松阴研究的准备，笔者鼓励大家接触一下这些著作。

说到吉田松阴是什么样的人物，每个人的见解可能都大不相同。有人会说是学者，有人会认为是政治家，还有人可能会觉得他兼为学者和政治家。可能还有一些人会说他是狂热的志士。虽然这些看法都不能说是错误的，但是据我所见，松阴归根结底是一位学者。只不过他不是仅仅钻研学问。这一方面是因为松阴家代代以山鹿流兵学仕于毛利家，另一方面还有局势的原因：当时英、美、法、俄各国军舰出没于日本附近，特别是像美国还强行要求幕府通商贸易。而当时的日本国内则因此物议鼎沸。因为遭逢这样的时势，也因为松阴原本即承兵学之家为毛利家臣，所以他绝不能无所作为。因此，松阴不能采取只是埋头书斋研究学理的态度。特别是值此国家危急存亡之际，不能对其袖手旁观。虽然松阴在伊势与斋藤拙堂接触过，在江户与安积艮斋见过面，但是他不能与这些学者共同行动。他与当时愤慨于时势而大为君国出谋划策的志士相交，采取一切手段断行自己的见解。因此，松阴虽为学者，但又不只是学者。作为学者，他看到了当时形势的弊端，同时又为此大为经营，所以将其视为政治家也不为错。但如果将松阴视为政治家，其学者色彩又过于浓厚，并且以至诚贯穿一生。他并没有作为政治家所必需的绵密周到的策略。虽然不是完全无谋，但如果一定要说的话，他更多地是以超越策略的至诚精神一门心思地干下去。所以，虽然他不仅能感化周围的人，而且影响甚至波及后世，却因为没有周到的策略而数次失败，直到死前都因为与自己想的不一样而心中不快。因此，虽然可以从多个角度解读吉田松阴，但他归根到底还是至诚贯穿天地的学者,同时也是一位实干家。松阴被监禁在野山狱时影响感化了监狱里的人,最后监狱里变得像家塾一样。出狱后,松阴在松下村塾教育学生的时间只有两年左右。而到松下村塾求学的具体人数虽然还不明确,但大概有二十人左右。松阴对这些人的感化影响非常深刻,培养出了很多符合当时时势要求的人才。在其中最为世间所知的有伊藤公爵、山县元帅、野村子爵、品川子爵,还有木户孝允、山田显义、宍户玑等很多类似的明治显官巨卿。然而松阴的学生中最受青睐的还是久坂玄瑞和高杉东行。此外还有很多人物,但在这里无暇一一列举,仅就乃木大将稍做介绍。乃木大将也是松下村塾出身。但松下村塾并非只是松阴的私塾。松阴的叔父玉木文之进的私塾也是松下村塾。乃木大将自幼即受玉木文之进的熏陶,并且常从玉木文之进处听闻松阴的人物性行,平日一直十分尊崇松阴。乃木大将一直将松阴手书的《士规七则》贴身携带,但不幸在西南战争时丢失了,此后便将其抄本像护身符一样贴身携带。因此,乃木大将也间接受到了松阴深刻的影响,但他并非松阴的学生。

  此外,笔者还想稍微介绍一下松阴的学问。松阴的学问以山鹿素行的学问为主。松阴出生在杉家,但六岁时过继给吉田家为养子。吉田家的祖先是吉田重矩。重矩是山鹿素行的亲生儿子山鹿藤助的学生。而从那之后的第七代叫吉田贤良。虽然松阴就是过继给这位吉田贤良做养子,但是吉田贤良本身也是从杉家过继来的养子,他实际上是松阴的叔叔。但是松阴既然也过继给了吉田家做养子,那么从重矩的角度看他就是从重矩算起的第八代,并且在户籍上是贤良的继承人。

除了山鹿流之外，松阴还研究长沼流的兵学；汉学方面，虽然还不清楚松阴到底属于朱子学还是阳明学，但松阴自称其学问近于阳明学，所以笔者将松阴写入了《日本阳明学派之哲学》一书。但松阴绝不是严格意义上的阳明学派。如果从各方面关注考察松阴所论，就会发现其受朱子学影响也不为小。朱子创立了理气二元说，松阴也受此理气说影响颇深。但如果就此将松阴视为朱子学者，其旗帜又没有那么鲜明。总之松阴投身于时势问题中，没有那么多的精力研究世界人生的根本原理。虽然山鹿流兵学因为是其家学所以到最后也一直在讲下去，但也不是能完全按照以往按部就班地来。毕竟当时已经是需要大炮、军舰和其他所有西洋武器的时代，因而不能拘泥于以前的山鹿流兵学。为了解决这些问题，就要修习兰学，研究西洋流的兵学。因此松阴在江户时虽然遇到过各种各样的学者，但其中他最推崇的还是佐久间象山。佐久间象山是佐藤一斋的学生，主要遵奉朱子学，但他又十分精通兰学，很清楚西洋的情况。总之象山的见识学识在当时的学者中卓然独秀，因而也就成为松阴最合适的指导者。因此松阴在著作中一直称山鹿素行为"先师"，称佐久间象山为"吾师"。

象山和松阴之间的关系虽然非常深厚，却是非常不同的两种人。象山严修边幅，待人时有所防范，并且包藏深智，不可轻视。松阴则与之大不相同，就像前面提到的那样，是一个正直过头、没有什么策略的人。但这样的两个人却有意气相投之处。松阴在下田尝试登上美国军舰去欧美考察，最后却失败了，而且他也因此触犯国禁而被处下狱，象山也受连坐被命在信州松代谪居。象山也不是在所有方面都与松阴见解一致。首先象山主张公武合体，并且是开国论者。松阴则将尊王攘夷的精神贯彻到了最后，绝非开国论者。但是，孙子曰："知己知彼，百战不殆。"虽然英、美、法、俄的军舰出没于日本附近，频繁侦察我国的情况，但我国却没有人想去西洋、了解西洋诸国的情况。这是不可以的，也就是说不仅要知己，更必须知彼。正是出于这样的考虑，松阴才会努力想乘美国军舰到西洋去。松阴末年时，因为想了解象山对于最近时局的意见，就派学生高杉东行去信州松代咨询象山。虽然这次会面并不容易，但最后也还是见到了。当时，象山写给东行一首五言律诗：

> 神州皇极崇，民德古今同。
> 借问权谋杂，何如信义隆。
> 深修辞令待，莫恤梯航通。
> 切愿明王道，远传荡荡风。

但是高杉东行见到象山时已经是安政七年，松阴已在前一年被处死。象山这首诗的头两句叙述了日本国体的优秀之处，结尾两句点出了要点：要让国外了解这一国体。至于中间两联，前一联主张的是道德外交，后一联则有开国主义之意。鉴于象山的此种想法是透露给了高杉东行这样的杰出人物，所以其影响应当非比寻常。后来伊藤公爵和井上侯爵一起到伦敦留学，这正符合象山的希望，并且达成了松阴痛切追求的愿望。松阴虽然也多少懂些兰学，但并没有到以兰学独成一家的程度。

就像前面提到的，松阴死时只有三十岁。严格来说都不到三十岁。三岛中洲先生虽然是与松阴有过交集的人，但一直活到了九十岁。松阴在其三分之一的人生中绽放出了永不磨灭的精神光彩。

在这里笔者还想说一下自己亲自去松下村塾访问的经历。笔者曾受山口县教育会的委托在讲习会上进行演讲。借此机会笔者就提出希望可以参观一下松下村塾，于是组织方就领笔者去了。当时是明治四十年，从七月末到八月初笔者在山口县的很多地方进行了授课或者演讲，访问松下村塾是在七月三十一日。当时杉民治先生挂着拐杖与吉田库三、揖取公弼两先生一同到松阴神社鸟居迎接。杉民治先生当时正好八十岁，但三年后就去世了。杉民治先生是吉田松阴的哥哥，吉田库三先生是吉田松阴的养曾孙。但实际上吉田库三先生是松阴的妹妹儿玉芳子的儿子，所以实际上是松阴的外甥。吉田库三先生曾长期担任横须贺中学校长，现在早已去世（大正十一年殁）。实际上在日俄战争前，乃木大将就已经带着吉田库三先生拜访过舍下，寒暄过后在笔者的书斋里介绍说，这位就是松阴的后人库三。所以笔者访问松下村塾时与吉田库三先生已是旧识。参拜过松阴神社后，笔者问杉先生松下村塾在哪里，杉先生指着左边正对的一处小平房说，就是这里。进去参观之后发现，里面只有两间房间，一间八张榻榻米大，一间十张半大。于是就再问松阴生前住在哪里。回答说没有定处，和学生们一起在两间房里都住过。之后又问，松阴有时会上二楼写字作文，二楼在哪里。回答说没有二楼，但是在阁楼处有一处明亮的地方，一些重要的机密书信是在那里写的。另外笔者在此还想说一件事。在松下村塾的柱子上有几道刀痕，向杉先生问了之后才知道，这是当初松阴被解送江户时，学生们心中不甘而砍上去的，因此留下了留存至今的历历刀痕。另外，今天东京世田谷松阴神社境内埋葬着松阴的遗骨，所以笔者就问这里有什么。回答说，现在这里是以松阴生前使用的砚石作为御神体——这是松阴生前所希望的，或者说是遗言也未尝不可。同年，松阴神社成为县社。江户时代在教育上留下伟大成绩的地方另外还有几处，但松下村塾是其中最重要的。其他比如冈山县闲谷黉、水户弘道馆、近江藤树书院，都是作为学者、教育家必须要去一次的地方，但是像松下村塾是今后应当进一步加以研究的地方。所以，值此松阴殁后八十周年之际，笔者聊述所感，希望能与有所同感的诸君一同更加奋发努力，为国家尽绵薄之力。

另外关于松阴的思想笔者还想再追记一二。松阴最后被解送江户时，命学生松浦松洞绘制了自己的画像，并题写了自赞。赞曰：

  身许家国兮，死生吾久齐。
  至诚不动兮，自古未之有。

对此稍加说明的话，就好像字面所写的那样，松阴为君国献出了生命。松阴对死生的问题考虑了很多，得出了自成一家的见解。关于松阴的生死观——或者广言之曰人生观，笔者将在以后再找机会谈谈自己的见解，在这里只能不得已先省略之。只是有一点想提醒大家注意，就是松阴已经超越了生死。松阴主张以义立、以义生、以义死。松阴抱有这样的强烈信念：既然义就是理，那么即便死了也仍然有不死之理存在。在《留魂录》的开头，松阴写道：

  肉躯纵曝武藏野，白骨犹唱大和魂。

也就是说，松阴打算即便被处以死刑精神也不消失，而是长存于日本，为日本鞠躬尽瘁。据此精神，松阴著有《七生说》。《七生说》附于《照颜录》书尾。当初楠公在凑川与弟弟正季互相了结时，楠公回头问正季："你死后想化为什么？"正季回答说："愿七度化生人间以灭国贼。"楠公听了之后很高兴，说"正合我心"，随后二人互相将彼此刺杀。松阴认为，楠公一开始就没有死，也没有七度转生，因为闻楠公之风而起者不绝，所以楠公的灵魂正长存于其中。其长存不灭者，即为古今一贯不变之"理"。因为"理"也本来就存在于我们之中，所以只要依此"理"而行，即与楠公无异。在《七生说》中，松阴叙述了这样的观点，但实际上七度转生这样的想法是因佛教"轮回转生"说而来，在日本却以相当日本式的思维来解释佛教，认为比起转生到地狱或者极乐之类的异界，不如死后将灵魂留在日本的土地上，永远为日本鞠躬尽瘁。由此才产生了楠公兄弟"七生灭贼"的想法，而松阴的《七生说》也是进一步结合日本的现实得出的观点。藤田东湖在《正气歌》的最后写道：

死为忠义鬼，极天护皇基。

这同样是日本式的思维，而绝不是只要自己死后往生极乐就好的利己观点。无论死生，都要为日本全尽忠报国之义。"死为护国鬼"等说法与东湖的观点是一样的。

原本，《正气歌》就是朱子学的影响。东湖和松阴均作有《正气歌》，而这些又均为文天祥《正气歌》影响下的产物。文天祥属于朱子学系统。"正气"主要是基于朱子的学说。朱子主张"气有清浊邪正"。《正气歌》之"正气"即源自朱子的哲学。因此松阴也很大程度上受到朱子学的影响,这是不能忽视的。虽然山鹿素行是古学的主张者,大大贬损朱子,但松阴并没有这样的倾向。虽然松阴很大程度上继承了素行的兵学、武士道等思想,但在思想上没有十分明显的古学倾向。这是需要提起注意的。

另外,前文提到的肖像自赞中有"至诚不动兮,自古未之有"的字句。松阴虽然深信孟子所说的"至诚而不动者,未之有也",但因为有很多事情都不如意,所以就想亲身验证是不是所有事情都如孟子所说。也就是说,他虽然有以贯穿天地的至诚精神直面所有艰难的决心,但这种至诚精神是否真的能感动周围的人,他意图以死来验证。带着这样的想法,松阴走上了刑场。在松阴受审时,他那大胆剖白自己光明正大精神的陈词,令人不能不想起苏格拉底受审时的态度。在最终下达死刑判决时,松阴高声吟咏了这样的诗句:

吾今为国死,死不负君亲。
悠悠天地事,鉴照在明神。

之后在临刑前,松阴作有一首短歌。虽然这首短歌已经脍炙人口,人尽皆知,但笔者还是将其引录在此:

父母思儿心,胜儿思父母。
今日闻噩讯,何念生心腑。

松阴以其至诚之精神写下的这些诗歌,时至今日仍让社会大众感动不已。由此可见,松阴确实以其壮烈无比的言行证明了"至诚而不动者，未之有也"。

（昭和十四年八月五日）

（原载《丁酉伦理演讲集》1939年第443辑；译自《井上哲次郎选集》，潮文阁1942年）

（涂任驰译）

作为教育家的中村正直博士

一 明治初年的四位教育家

如果要纪念明治初期的教育家，那么首先就不能不提到福泽谕吉、加藤弘之、中村正直、西村茂树四人。然而，在此四人中，福泽谕吉先生与加藤弘之博士虽然有很多不同，但也有不能忽视的共通点。不同在于，福泽先生崇拜英美文化，终其一生没有出来做官，一直在民间教育学生，有很强的民主主义倾向；而加藤博士在政坛多有事迹，与福泽先生相反，有很强的贵族主义倾向。而其学问主采德国文献，努力不失其学者的态度。然而福泽先生在学说上虽然没有主张功利主义，但从他讴歌英美的物质文化、对经济付以极大注意来看，其思想确实有功利主义的倾向。反对者批评其为拜金主义也是因为如此。幕府时代以来，针对儒者的迂腐态度，功利主义可能确实切合时势。此外，福泽先生虽然没有在哲学上主张唯物主义，但从其欢迎物质文化、重经济功利的观点来看，其唯物主义的倾向十分明显。加藤博士力主进化论，同时提倡唯物主义、功利主义，进而鼓吹极端的利己主义。因此，福泽先生与加藤博士在功利主义、唯物主义倾向上的一致性是谁也无法否认的。

然而，与此倾向相对地，如果没有主张理想主义、精神主义的一派，在思想上就无法取得平衡。恰好，中村正直博士与西村茂树博士就代表了理想主义、精神主义的一派。但是中村博士与西村博士之间又有很多差异。西村博士虽然重道德，但主要以哲学为主。虽然西村博士将儒教与哲学几乎对等而视，但由于儒教也是东洋哲学的一派，所以也不妨说西村的立场终究仍在哲学。而且西村在讨论宗教时认为宗教应该也可归于哲学。也就是说，虽然宗教是依迷信而成立的，但如果教育进步、知识拓展，迷信终会消失，所以哲学终究会取代宗教。中村博士不涉足哲学、逻辑这类课题，甚至可以说是对此怀有厌恶。但是，中村博士是理想主义者、精神主义者，虽然以上四人皆为教育家，但中村博士作为理想主义、精神主义的教育家，确实在其中大有特色。

虽然同样是教育家，但也有不同的种类。有人建立学校，又在其学校中亲自执教，教育万千学生；也有人虽然没有亲自建立学校，但受聘为学校的总长或校长，在职位上充分发挥了自己的事务性才能，从而显出教育家的形象。还有人虽然没有教过任何学生，却建立了有力的教育机关（比如教育会和与教育有关的组织），为教育界广为经营，由此留下了教育家的功绩。但还有一种人，以自己无法形容的卓越人格，使学生们深受影响与熏陶，并因此而被尊为优秀的教育家。中村正直博士正是这种人格型的教育家。但他自己也开办了名为同人社的家塾教育学生，又曾经亲自任教于东京大学。像西村博士，他虽然创立了修身学舍（也就是后来的日本弘道会），却没怎么在学校亲身教育学生。但西村博士在道德上特别倡导日本道德，在社会上形成了广泛的影响。也就是说，他在社会教育方面特别引人注意。当然，以上不管是谁都有资格被称为教育家，但也不应忽视其在事迹、性格上有各自的特点。

二　父亲中村武兵卫

中村博士以国定教科书为首的主要事迹，已收录于《大日本人名辞典》等处，在此没有必要重复。在《东京学士会院杂志》（第十二篇之五）中也刊载了中村博士传记的梗概。据此，"正直"应读作"Seityoku"，而不是"Masanao"。中村博士的父亲为中村武兵卫，应该是幕臣，但因为地位低，所以一直在汤岛的昌平黉看门。但当时昌平黉的教授佐藤一斋、安积艮斋等都很受人尊敬。所以武兵卫出于想让自己的孩子也成为那样出色的人物的愿望，从很早就注重对儿子的教育，结果中村博士当时在学业上进步很快，不到三十岁就已经成为昌平黉的老师。由此可见，中村博士有很深厚的汉学修养。由于汉学修养深厚，中村博士的中国崇拜也伴其一生，与福泽先生的中国轻蔑正成对比。中村博士的老师是佐藤一斋先生。因此中村博士对一斋先生非常尊崇，其详状可参见《续爱日楼文诗序》（《文集》卷九）。文中有"嗟夫，先生道德文章为一世泰斗"之语。此外还可见长诗《哭一斋老师》（《诗集》卷一），其尊崇之心可证无疑。其中有"一代称尊宿，先生实杰魁""微生霑训诲，师事自孩童"之语。其尊师精神诚可钦敬。因为中村博士在学生时代十分刻苦勤勉,所以佐藤一斋经常在训谕学生时提到此事:"中村是学生的模范,汝等宜当效仿。"中村博士自己作有"誓词",刻苦不怠,其誓词如下:

一、不忘忠孝。

二、行住坐卧,不背礼法。

三、不为伪行伪言,不苟言伪事。但自然也不可失言。

四、断淫欲。少壮之人尤要。

五、百事用功,不可怠惰。

六、兰书之业,不可半途而废。

七、凡事责己不责人。

八、截断妄念,不可为其所夺。

九、于心诚实,不苟为轻薄之举。

十、常念太平之恩泽而感激之,思父母之恩,思农夫之艰苦,不可懈怠片刻。

如上各条,感铭心间,要在时刻注意不为醉生梦死之辈。

若有违如上各条,当蒙神之冥罚于现世。

嘉永癸丑八月十七日夜五时誓词。

中村钏太郎(血押)

这是在中村博士二十二岁的时候。由此可见中村博士人格之伟大。除了格外用功于研究修身、伦理之学外,博士自己也是德行之人,令人想起古之君子。中村博士名为"正直",正可谓人如其名。其号"敬宇",而这一"敬"字又与中村博士之性格十分相合。中村博士从不在背后对人说长道短,无论对谁都表以敬意。即便是对大学的杂工，应答时也是客客气气地说"知道了"①。中村博士曾与大槻磐溪先生作诗唱和，其作品被集结编辑为《爱敬唱和》。其中有题为《爱敬歌》的长诗，在此照录如下。诗曰：

> 致爱敬，尽爱敬。顺境何足言，逆境可炼性。使亲非顽嚚，何见舜德盛。使君非殷纣，何见三仁行。西圣琐刺底，其妻性顽硬。拂意动辄怒，百事悖命令。他人娶若妇，其必谋再娉。琐谓此乃福，幸受此暴横。理学根脚坚，试验要风劲。妻气百变动，琐性一泰定。妻躁情如火，琐静心如镜。只因爱敬深，后世称为圣。吁嗟此二字，势力存全胜。愈铁舰巨炮，超千军万乘。况且似链锁，操执合一柄。能怀柔携贰，能驯化枭獍。构兵息秦楚，交恶和周郑。四海可一家，六合可同姓。嗟嗟今世人，子弟缺温情。夫妇相反目，朋友互诟病。至邦国交际，尚以兵力竞。妖气满神州，何时得洗净。爱敬尽事亲，德教四海亘。千年口徒诵，今日未见应。学爱敬，行爱敬。一人德，兆民庆。小家法，大国政。勿怠忽，宜敬听。此二字，神攸命。

此诗颇有教育性，无论是谁都应将之作为座右铭。中村博士的精神即在于此。

相传，中村博士住在静冈时曾偶然从某书店前经过，发现店头放着淫猥的画。于是，博士就把它买走了。过了几天，博士又从同一家书店前路过的时候，发现又摆上了。于是博士又买走了。之后

---

① 原文中这里中村正直对大学杂工的回应用语是"ヘイ"，是日本旧时商人对客人、仆人对主人表示"知道了"的用语。——译者注

博士再到这个书店的时候发现又摆上了。于是中村博士就诚恳地劝告书店主人说，自己把这样的画买走是因为这种画实在是有伤社会风化，请以后不要再把这种画放在店头了。由此便可明白中村博士的动机。他并不是出于对色情的兴趣购买春宫图，而是为了社会风化。类似关于修养动机的轶事还有很多。但从上文所举一例即可窥知，中村博士是精神性的教育家。

三　宗教性的信仰

前举明治初年的四位教育家对宗教都有自己各自的态度。首先福泽是鼓励佛教和基督教的。虽然他痛陈过僧侣的弊害，却没有攻击过佛教本身。虽然福泽先生本身没有任何宗教性的信念，但出于将宗教作为教化工具的考虑，他对其持鼓励态度。加藤博士完全不信宗教。不仅不信，他还认为宗教是没有必要的，迟早会消失。这是其唯物主义立场的必然结果。加藤博士特别崇拜恩斯特·海克尔，所以对宗教的态度也与海克尔相同。西村博士认为对国家有害的宗教不可取。这应该主要指的就是基督教。但因为佛教中也有迷信，所以对这类迷信自然不应取之。可是西村博士对佛教却没有采取排斥的态度。但西村博士认为，宗教终究会一变转为哲学。换言之，就是"宗教终究会归于哲学"的观点。不过，中村博士虽然本生于日莲宗之家，却长期研究儒教，水平高到曾做过昌平黉的老师，对儒教造诣颇深，但庆应二年幕府派遣十二名留学生到英国时，中村博士被命作为监督同往英国，在英国期间寄住在一位名叫劳埃德的宗教家家中，学习甚多。因此中村博士在伦敦时似乎对基督教的效果深有感触。

　　据中村博士的观点，西洋文明的渊源即在基督教。西洋以基督教为本才有今日这样的文化发展。并且他认为，基督教的"神"与儒教的"天"没有任何差别。换言之，儒教与基督教本自一致。儒教之"天"即基督教之"神"，基督教之"神"即儒教之"天"，出于此种观点，在中村博士的思想中儒教与基督教没有任何矛盾，所以轻易即可调和。此外，明治元年六月末回国后，中村博士对中国译的《圣经》加以训点进行翻刻，又翻刻介绍了一些其他中国翻译的基督教主义书籍，如《天道溯源》等。不仅如此，中村博士甚至在明治七年圣诞节接受了加拿大卫理公会派传教士科克伦的洗礼，可见其当时对基督教的热衷。另外，在明治四年中村博士还以《拟泰西人上书》为题作了一篇汉文，其大体内容如下："日本输入西洋文化，进步日新月异，着实醒目，为其他东洋诸国所不及。然而，在输入西洋文化时还应考虑输入其渊源。西洋文化的渊源就是基督教。可基督教却被当作异教禁止。如此则终归不能真正地输入西洋文化。请解禁基督教，输入西洋文化的渊源精神。"大概就是以此为主旨的一篇文章。其中有这样的字句：

　　　　西国以教法为精神，以此为治化之源。匪独此也，至于绝妙之技艺、精巧之器械，有创造者，有修改者，其勤勉忍耐之大势力，莫一不根于教法之信、望、爱三德者。云云。

　　虽然有夸大基督教与自然科学之间的因果关系之嫌，但首先应观其精神所在。此外，文中还提道：

　　　　教法各种之宗门，任人民自择，而国王不与焉。理学家、诗人、文士、工艺之人，鲜不有法教之信心者；农夫、兵卒、妇人、小儿，莫不行礼拜之仪者。昔者，法教为国王之器具；今者，法教为人人家家之精神。仁人忘身，多行善事；勇士舍生，以捍邦国。今日之开化日新，谁谓非法教之与有力耶？善树结善果，恶树结恶果。今日之开化日新者，果也；教法者，树也。

这里所谓"教法"即指宗教。虽然对基督教效果的过度相信使这段论述不能不大打折扣，但无论如何，中村博士当时确实是如此坚信的。另外，博士还将宗教视为信仰的食粮（《西教无无君之弊》）。中村博士还写过《我相信造物主的存在》论证上帝的存在。此文曾在东京学士会院演讲过，后收录在《敬宇中村先生演说集》中。另有《勿误杞忧》一文曰：

我无意于与耶稣教一起排斥佛教，也无意于帮助佛教排斥耶稣教。不只无意，甚至可说是反感。为什么呢？因为我从局外的角度看，佛耶二教都是治疗众生心病的医生。流派仪式虽然不同，但施行治疗的心却是相同的，都是消灭众生罪恶的道具。云云。

基于此种观点，在中村博士看来，不只儒教与基督教之间没有任何矛盾，基督教与佛教之间也没有格格不入的地方。可称之为"诸宗教本质一致"的观点。所以，在明治的教育家中固然有创立同志社的新岛襄等人那样热心的基督教信众，但像中村博士这样本来是儒者、一转而热衷信仰基督教、努力将其移植到我国的教育家也很有特色。也有人受中村博士感化而转信基督教。姑举一例的话如平岩愃保先生，在大学时受中村博士感化而入信基督教，后来成为中央会堂的牧师，最后还成为卫理公会的监督。他自称是因中村博士的感化而信仰基督教的。

但是中村博士似乎也逐渐在信仰上产生了变化。简言之好像是多少有些动摇。中村博士晚年购入了《一切经》研究佛典，特别是对《法华经》怀有兴趣（与其生于日莲宗之家也有关系），又从南条博士学习梵语。不仅如此，他好像还因佛教而相当程度地开悟了。有诗为证，诗曰：

圣不暇他求，佛只在自心。
我有一宝珠，难换亿万金。

而且最后好像又回归了儒教的信仰。晚年有诗如下，曰：

易言太极即真神，此外元来莫有神。
若论追远慎终意，神亦是人人亦神。

此诗大意是说，《易》中的太极就是真的神，此神为天地万物之元。也就是在研究了种种宗教之后，中村博士又返回到了儒教，以太极将万物联结起来。在《文集》第三卷有《敬天爱神说》两篇[1]，很好地说明了中村博士对天的信仰。其中说：

天者，生我者，乃吾父也；人者，与吾同为天所生者，乃

---

[1] 查《敬宇文集》（全六册，吉川弘文馆，1903年）全书无题为《敬天爱神说》的文章，仅第二册（卷三）有《敬天爱人说》两篇。以下引文皆据《敬宇文集》第二册《敬天爱人说下》直录汉文原文。井上文中所引为训读后之日文，两相对照无误，确为同文。日语"人""神"可同音，或为此误。——编者按

吾兄弟也。天，其可不敬乎？

又说：

敬天者，德行之根基也。国多敬天之民，则其国必盛。国少敬天之民，则其国必衰。

又有：

敬、爱不可相离。天者，尊乎人也，故敬为主，而爱在其中。人者，与我同等也，故爱为主，而敬在其中。

由此可见，中村博士的敬天之念非常虔诚，已带有宗教色彩。像贝原益轩、二宫尊德均宗教式地敬天，中村博士与这些人没有区别。但于中村博士，他相信这与基督教是一致的，并无相悖。这可以说是他与前人不同的地方，而这种不同是时势导致的。中村博士如此有宗教式的信仰，由于宗教亦有多种，就总是表现出一种试图统一、调和各种宗教的倾向，但这并不容易。博士六十岁去世时，其葬礼是神道式的。虽然博士几乎与所有宗教都有关系，但最终也未能将其彻底消化、统一起来。但从前举明治初期的四位教育家中只有中村博士有宗教式的信仰来看，其特色也十分鲜明。

四　主义主张

于中村博士的主义主张，尚有两三点值得注意的地方。首先，中村博士在还没有和平会议、裁军会议、国际联盟、非战公约的时代，就已经提出应当实现世界万国的永久和平，认为对破坏和平的国家应当共同加以惩罚。比如，在《万国公法蠡管序》中，博士提道：

> 余窃愿，五洲之中有一豪杰出焉，大倡止私战之议，定约万国之王，不得妄与交兵，若爽约则万国据律，惩治其罪。

另外，中村博士还痛陈设立民选议院之必要（《民选议院论纲序》），还强调男女同权、男女同学的必要（《论培养善良的母亲》）。虽然最呼吁解放女性压迫、主张男女同权的是福泽先生，但也不应忘记中村博士也抱有女子地位必须提高的观点。特别是在其《情死论》（《文集》卷十五）中可见其甚为开明的近代激进观点。对此即便是福泽先生也不敢涉及。

此外，中村博士还曾发表《德福合一说》，文中说：

> 以树比之，则德为本根，福为枝叶花果。既具君子之本根，则必有人士、财用之枝叶花果。既具大德之本根，则有位、禄、名、寿之枝叶花果。无本根而有枝叶花果者，未之有也。无道德而立一身者，未之有也。无道德而统天下者，未之有也。

可见，博士抱有坚定的信念，认为德福间必有因果关系确凿无疑。此说曾在弘道会进行过演讲。中村博士所论虽然广涉各种方面，但均以道德为根本。无论从哪个角度看，都是无可置疑的理想主义者、精神主义者，乃至和平主义者、博爱主义者。

五 感化

中村博士作为宗教家又有何种程度的感化力呢？博士作为德行家秀于一代，此为世所公认，已不须在此更加絮说。信夫恕轩先生在《祭中村敬宇文》中也说："道德之清高、品行之方正，真为一世大宗师。"但仅以此可能还不甚明了，所以在此不妨稍作停留，举实例以论之。其实我们在大学学习时，虽然当时大学的老师也有好几位，但在哲学方面我们受费诺罗萨的影响，而在道德方面则受中村博士感化最多。比起用道理说教学生，中村博士更多地还是以言行在不知不觉间对学生进行熏陶。简单说，中村博士无论何时都是德行之人，绝不与人相争，还自号无所争斋。感情激动难耐时也都是自己默默忍受。博士还译有《西国立志编》，是翻译自塞缪尔·斯迈尔斯（Samuel Smiles）的《自助论》（*Self-Help*）。此书也在世间的青年学生中畅行一时，其对世道人心的影响自不在小。《敬宇诗集》第四卷有这样的诗题：

大仓喜八郎氏读吾所译《西国立志编》，感激勉励，遂为巨商，赠余以白檀火炉，以表谢意，因作此诗而赠之。

后载长诗。所以笔者有一次见到大仓男爵时就问："中村博士的《诗集》中记有此事，这是真的吗？"大仓男爵回答说：

是真的。我正是因《西国立志编》而发奋努力、以有今日的。所以有一次，我招待中村老师在向岛的别墅吃饭，就把这个事情告诉了老师，表达了我的谢意。而且最后作为谢意的象征献上了礼品。这礼品不是别的，正是白檀火炉。其实当时我虽然把火炉给老师看了，但实际上是说事后送到府上，但是老师很高兴，就把火炉装在马车上回去了。

之后大仓男爵又问笔者："您提到的《诗集》出版了吗？"当时《诗集》尚未出版，所以笔者回答说："还没，还是写本，置于家中。"几天后，大仓男爵派人到笔者家中说："前日提到的《诗集》，如果出版的话请允许在下资助少少。"但后来因为各种情况，《诗集》还是未能出版。只有平山成信先生主持出版的活字版，但未经订正，所以谬误甚多。总之，巨商大仓喜八郎男爵正是因中村博士的《西国立志编》而立身成功的。因此笔者曾向大仓男爵赠诗如下：

人羡荣华萃一门，不知君业有渊源。
曾披立志编奋起，牢记勿忘先哲恩。

后来某次笔者又问大仓男爵："之前曾聊过赠给中村博士白檀火炉一事，您是怎么得到这些火炉的呢？"大仓男爵回答说：

其实在下曾经从有关方面获得谅解，与榎本武扬等人登上郁陵岛，想暗中将其据为我有。但到大院君时，物议沸腾。因此我们只能采伐了一些当地成林的白檀带了回来。但别无他用，所以就用其做了很多火炉。赠给中村先生的即为其中之一。

由此其白檀火炉的来历便可尽知。此外，最近去世的马越恭平也是读《西国立志编》而成功于实业界的。中村博士的感化广及社会，由此一两例即可略知。

六 著作、译述

最后，要想了解中村博士的事迹和学问，首先要依靠的材料就是中村博士自己的著作翻译等。著作主要就是《敬宇文集》六册和《敬宇诗集》四册，这是必须要参考的。《敬宇文集》是笔者多方斡旋后得以出版的。担当编纂校订之任的是中村博士的学生涩谷启藏先生（号床山）。但以今日之眼光看，其编纂工作甚不完善。毕竟一文复见者有之，分类也不完善。因此，信夫恕轩先生对此提出了严厉的批评。恕轩先生写给启藏先生的论文载于《恕轩遗稿》上卷。至于《敬宇诗集》，希望能有机会详加订正后出版。此外还有学生编纂的《敬宇中村先生演说集》一卷。由此可知中村先生的主要思想观点。此外，中村博士的译作有《西国立志编》《西洋品行论》，译自穆勒《论自由》的《自由之理》，以及《西稗杂纂》二卷。《西稗杂纂》似乎还有第三卷，但怎么找也没找到，在博士子孙家中也没有。以上为主要材料。但是关于博士的事迹，石井研堂先生曾发行有《中村正直传》。此书足可为参考。然而中村博士自己曾作有《自叙千字文》述其自传之大要。此外《东京学士会院杂志》第十二篇第五号载有中村博士的传记。虽然极为简略，但内容正确，可为参考。另外竹林贯一先生编纂的《汉学者传记集成》中也有简略的传记，还应当参酌博文馆发行的《博士全传》等。另外拙作《日本朱子学派之哲学》和《明治哲学界回顾》中也介绍了中村博士学说的主要内容。

接下来笔者还想简单介绍一下中村博士的学生。中村博士汉学领域的学生有很多已经故去了，主要有涩谷床山、冈本韦庵、大野云潭等人。不过床山曾就学于安井息轩，韦庵曾就学于盐谷宕阴，但后来都蒙中村博士照顾，师事于中村博士，所以称其为博士的学生也无妨。信夫恕轩虽然原本从学于大槻磐溪，但后来以中村博士为师友，算是半个学生。另外还有像安藤胜任、常年在北京我公使馆工作的中岛雄等学生。中岛先生甚为中村博士所器重，可惜早早故去。还有安藤先生也已夭折。但是在精神方面，从某种意义上说笔者等人与中村博士也绝不是没有关系的。中村博士去世已经四十二年（昭和八年）了，所以很遗憾，虽然已可为中村博士编纂全集，但此事尚无音信。

（译自井上哲次郎《怀旧录》，春秋社松柏馆1943年）

（涂任驰译）

涩泽荣一子爵与归一协会及儒教

一 关于归一协会的回忆

笔者与涩泽子爵的关系不仅限于归一协会，关于儒教也还有很多不为外人所知的事情，所以在这里不妨就从归一协会和儒教两方面聊一聊。

关于归一协会，因为有当时出版的印刷品，所以只要看看这些就可以了解当时的情况。而关于没有写入印刷品的一些事情，也就是当时的背景，就有必要说一说了。

从宗教界的状况说，基督教于明治中叶就已经在日本国内逐渐取得了一定的势力，引起了社会的注意。虽然这也不完全是坏事，在救济、教化等方面有一些正面的作用，对纠正当时的歪风邪气有很大的正面影响，但也有一些对我国体不利的言论行动，很多外国传教士来到我国，在我国的精神思想界营造了仿佛治外法权般的东西，时常有与我国体相矛盾的言论行动。由此也出现了明治二十五六年教育与宗教冲突事件等。其结果,大部分基督教徒改变了态度,开始日本化。明治末期,基督教徒、佛教徒、儒教徒、教育家等开始试图彼此融汇调和,多次试图举办集会。虽然一开始很困难,但后来逐渐改善。

在这样的社会背景下,出现了成立归一协会的计划。在此有必要简单说明一下作为实业家的涩泽子爵、作为教育家的成濑仁藏先生和作为学者的笔者当时对此事的态度。众所周知,涩泽子爵虽然也致力于日本与中国间的融汇调和,但当时正暂时把这方面的事情放在一边,努力在美日间营造不会发生任何意外的祥和气氛。因此,为了美日间的融合,日本方面在很多时候就不太方便排斥基督教。而且,流入日本的基督教大都是来自美国。虽然涩泽子爵自己并不信教,却鼓励其家人做牧师传教。但子爵的家人都不信教,甚至聊起圣经时反而会笑出声来。但他们也不特别反对基督教,态度很宽容。

另外,归一协会的建立还与成濑仁藏有很深的关系。此人是新潟县出身的基督教徒。众所周知,他与涩泽子爵的关系相当密切,并且保持到了最后。成濑仁藏先生也曾多次到笔者家中拜访,关于归一协会笔者也参加过讨论。据成濑先生说,他在组建日本女子大学时,学生中既有来自佛教家庭的,也有来自基督教家庭的,此外还有来自神道家庭和无宗教家庭的,各种各样。所以,若是仅以基督教主义教育学生,则范围狭隘,非常不切实际,成濑先生对此有痛切的感受。也就是说,必须实行对所有学生都有成效的宗教教育。

因此,有必要说明一下作为学者的笔者的立场。笔者虽然经常批评基督教徒做有违我国国体的事、说有违我国国体的话,认为这样不好，但绝非认为基督教一无是处。特别是其在道德教育上甚有意义。可见，所有的宗教都是源自人类的本性要求，其彼此间的区别只是由于发展的环境情况不同。现今的宗教各有特色。既有好的地方，也有坏的地方。这并不只限于基督教而言。在将来，应该会出现完美的宗教，可称之为理想的宗教，又可简称之为理想教。

笔者的想法与成濑先生的要求一拍即合，于是成濑先生就希望务必按笔者所说的意思行动起来。鉴于现有宗教的不足，成濑先生借助日本女子大学与涩泽子爵的关系与其就宗教问题深入交换了意见。虽然涩泽子爵作为实业巨头有很多这些方面的关系，但对于精神领域的问题也一直抱有兴趣。于是就想召集很多学界、教育界的人，以推动宗教的归一。

第一次在飞鸟山涩泽邸碰头交流的人们的名字都有记录，首先是涩泽子爵，其次是成濑仁藏先生，笔者也是与会之一员，其他还有姊崎正治博士、中岛力造博士、早稻田大学的浮田和民博士。以上几位在爱莲堂中的碰头交流就是归一协会的第一次集会，最终确定了建立归一协会、交流思想的方针。

第一次集会时，在开幕词后笔者对宗教归一做了详细的阐述，没有人提出反对意见。涩泽子爵认为，如果成立协会的话，就很可能从中诞生新的宗教。后来归一协会的会员逐渐增加，在同志社大学任教的西德尼·古立克（Sidney Lewis Gulick）也加入了。此人每次集会都会提出很多意见，有时也会提出很有意思的问题。其中有一个问题应该每个人都会感兴趣所以在此再提及一下，就是妻子和母亲谁更重要。当时，古立克先生从美国人的角度提出了如下观点：妻子更重要。母亲作为女人的任务已经完成了，但妻子将来还要生产、养育子女,所以妻子更重要。因为妻子关系着未来。他并没有考虑到不再生养的老妻。当时笔者从东洋思想的角度指出,妻子可以再娶,但母亲只有一个,是世界上独一无二的重要女性,仅凭此就无可替代。像这样关于女性的意想不到的问题,也因为有美国人而提了出来。

随着归一协会集会次数的增加,可供参考的观点也有很多。但仅仅只靠大家轮番陈述自己的意见,宗教反而呈现出了不归一的倾向,所以从宗教信念上说,似乎向当初所预想的方向之外发展了。可以确定的是,讨论失去了初衷里的真精神,变得碎片化了。

但是,涩泽子爵将宗教归一视为课题这一点,是其他实业家所不能的。

今天这个时代比起当时已经大不相同,日本精神方兴未艾,佛教、基督教、回教均只能统一于日本精神之下。所谓"归一"云者,大概只有将所有思想统一于日本精神,才能开创精神界的新体制。总之,归一协会诞生的时代与现在有很大差别。但宗教的归一越来越必要了。

现在想起来,笔者曾应成濑校长之邀,在日本女子大学对学生们就宗教问题做过非常详尽的演讲。当时大隈侯爵、涩泽子爵和成濑先生都非常认真地听到了最后。大概大隈侯爵、涩泽子爵和成濑仁藏先生早就已经为宗教问题煞费苦心了吧。

二　关于儒教的回忆

涩泽子爵是我国横跨明治、大正、昭和三个时代的实业界巨头,这已毋庸赘言。但他与其他实业家不同,贯穿其一生事业的儒家思想是他的一大特点。虽然可能也有其他多少带有儒家思想色彩的人,但子爵确实是出类拔萃的。其"《论语》与算盘"之语广为人所传诵。不仅是在我日本国内,子爵在到中国进行演说时也在强调"《论语》与算盘"。可以说子爵一生都贯穿着"《论语》与算盘"的思想。《论语》中确实有涉及经济的内容,但都是以道德为基础的。孔子正如他自己所说,"君子喻于义,小人喻于利",决非功利主义之人。换言之就是理想主义之人。而儒家正统曾子、子思、孟子一系也都认为孔子是理想主义的人,但旁系主张功利主义。旁系就是子夏至荀子一系。我国接受这一旁系学统的是荻生徂徕、太宰春台等人。但是到明治年间,有三岛中洲主张"义利合一论"。这是一种认为义与利本为一致的思想,不一定是功利主义,但要因此说是理想主义则也并非如此。"人之仁义,为利欲中之条理,义利合一,不可相离。"三岛中洲的《义利合一论》刊载于《东京学士会院杂志》第八编第五号。

  涩泽子爵"《论语》与算盘"的思想正是"义利合一论"。因为此二人的观点自发式地一致,所以他们彼此间皆喜于想法不谋而合。不是子爵根据三岛中洲的观点提出的"《论语》与算盘",也不是三岛中洲从子爵那里得出的"义利合一论",二人的观点是自发式的一致。子爵著有《论语讲义》一书,分为两册,由二松学舍出版。而二松学舍正是三岛中洲的私塾。此外子爵所著《处世大道》一书也可说是广义的《论语》解译,应该是面向大众的读本。子爵就是这样地对儒家学说深感兴趣,尤其是喜欢《论语》。而且还曾拜托穗积陈重博士搜集与《论语》有关的书籍。后来搜集到了很多《论语》的异本注释之类的书,但在大正十二年九月一日的地震中烧毁了,实在是可惜。子爵曾拜托林泰辅博士编纂《论语年谱》。虽然题目可能有些奇怪,但是是很有价值的文献。此外子爵还曾建立阳明学会,邀请当时的阳明学者东敬治讲授阳明学。此等事迹皆为其他实业家所不及。由子爵对《论语》的喜爱,可以推知子爵很尊敬孔子。所以子爵对汤岛圣堂有很多精神上物质上的赞助。在汤岛圣堂设有斯文会,一直以皇族为总裁,皇族总裁下设会长,当时的会长是德川公爵。会长下设副会长,有一段时间由笔者和子爵两人担任。汤岛圣堂于大震灾时被烧毁,子爵负责再建工作,付出了很大努力,这是我们不应忘记的。

三 对子爵人格的回忆

关于涩泽子爵实业方面的成就,无疑有很多人比笔者更为了解。在这里,笔者只想就自己所见的子爵人格直率地聊一下自己的感想,也许能作为参考。

子爵虽然涉足实业,但并不仅仅只是实业家。虽然我国自古以来就有无数的杰出人才,但如果要在这些人才之中举出投身实业、为国家和社会鞠躬尽瘁的一人,那就非子爵莫属。子爵并不仅仅只是想成为有钱人。如果想成为有钱人,那应该直接成为了不起的富翁。子爵本身是第一流的富豪,这自不必说。子爵的思想可能确实使其获得了巨大的财富。但是子爵的目的不在于此。

子爵的教养水平要远远高于"仅仅当个有钱人"的程度。"《论语》和算盘"这一深刻的思想贯穿了子爵的一生。这也正是子爵杰出的原因。笔者曾经参加过文部省教科书会议，任第三部长。当时笔者就感觉，虽然在农业领域有二宫尊德这样的模范人物，但在实业界特别是商业界，几乎没有人可与二宫尊德相比。虽然成功前的表现可为后世模范的人也不是没有，但他们在成功后大都极尽骄奢，不遵常规，很让人蹙眉。子爵与他们不同，到了晚年愈发德高望重，给实业界做出了杰出的榜样。遍观子爵逝后的实业界，再也找不到像子爵这样人格高尚的人物，有这种感觉的应该不是只有笔者自己。所以，笔者只希望在此之际能尽快如实地完成子爵的传记。

在此，笔者想说一下自己对子爵的感想。子爵不只是我国屈指可数的资产家，更是活到九十二岁高龄少见的健康者。子爵很喜欢拉普索恩·史密斯《百岁不老》（A. Lapthorn Smith, *How to be Useful and Happy from Sixty to Ninety*）中的长寿法。他曾经在斯文会主办的尚齿会上提到拉普索恩·史密斯的"劳动、节制、满足"三纲领并分享了感想。大概子爵平时也是照此践行。

子爵《尚书·洪范》中的五福俱全。明治年间，笔者曾很惊奇于自己现实认识的人中刚好有如七福神①一样的七个人。笔者从未将此事付诸笔端，现在在这里说一下应该也不为无益。子爵不管怎么看都可以比作七福神中的惠比须。而与子爵晚年关系很好的男爵森村市左卫门则长得像毗沙门一样。男爵大仓喜八郎可以比作大黑天。森村先生享年八十一岁，而子爵和大仓先生都活到了九十二岁

---

① 七福神，指在日本被认为可带来福气的七位神仙，包括下面提到的惠比须、大黑天（原文中作"大黑"）、福禄寿、毗沙门天、布袋（布袋和尚）、寿老人（寿星，南极仙翁）、辩才天（原文中作"辨天""辩天"）。——译者注

高龄。可比作福禄寿的是松方正义公爵，享龄九十岁。清浦奎吾伯爵的大额头就好像寿星佬一样，享年九十三岁。高桥是清男爵总给人一种布袋和尚的感觉。最后可以比作辨天（正确的写法是"辩天"）的是下田歌子。以上几人中不幸未能寿终正寝的只有高桥先生。但高桥先生也活到了八十三岁高龄。其余六人皆为五福俱全。其中，不管怎么想都觉得涩泽子爵会让人想起惠比须的应该不仅只有笔者吧。笔者将此七人私拟为明治的新七福神。想到可能也有其他人与笔者有所同感，所以在这里笔者也就不揣鄙陋，将自己真实的想法说出来，以为对涩泽子爵追忆之小补。

（译自井上哲次郎《怀旧录》，春秋社松柏馆 1943 年）

（涂任驰译）

第五辑

序跋与行履

《宋学概论》序

哲学者，思想之学也。思想发达乎，哲学必兴，思想衰退乎，哲学必废。哲学之兴废，可以卜国民思想之如何也。考之中国史，哲学兴者，前后二回。当周之末，百家之学，郁然竞起，与希腊之文化，东西颉颃。而有孔孟卓出其间，立言正大，行道端严，始开东洋几千岁之道统，是第一回也。自汉至唐，哲学萎微不振，降至赵宋，周濂溪著《太极图说》，凿天人之秘，哲学于是乎复兴。张横渠及二程子绍往圣启来哲，斯道粲然复明于世。朱子出于其后，学问淹博，总合先辈所说，而成一家之学，犹商羯罗阿阇梨于印度，是第二回也。我邦近来哲学勃兴，将取各种思想，集而大成焉，实可悦之政也。然而好新厌旧，浮动轻举，流行之逐，取舍之误，则邦人之通弊，可不矫乎。西洋哲学，虽则英之苏边萨独之哈特曼，无人不耳之。如东洋古书，舍而不顾，或至用以为贴壁之纸，甚哉汉学之衰也。读孔孟之书者，则尚或有之，至修宋学者，则寥寥如晓天之星。然以余观之，宋学亦一种之哲学也。虽时有不合于真理者，而又非无所西人未道破。苟有志于哲学者，岂不讲穷焉而可乎哉。属者小柳司气太君著《宋学概论》，以示于余，余读之，凡关哲学者，蒐猎综叙，简而得要，备而不烦，历历可以征宋代思想之发达也。及印刷成，书所思于卷端，以为序。

明治甲午之夏竹醉日巽轩井上哲撰

（译自小柳司气太《宋学概论》，哲学书院1903年）

（付慧琴译）

《陆象山》序

圣人之学,唯在明此心而已。此心为私欲所蔽,则去圣人远。苟明此心乎,此心即是圣人之心,而我与圣人为一,乃知圣人之学,可由内而达也,非可由外而达也。然而俗士不知之,涉猎群书,稽查众说,洽闻殚见,至头白尽,而遂不能窥圣人之学者,因不知其可由内而达焉耳。孔子曰:"仁远乎哉?我欲仁,斯仁至矣。"孟子曰:"学问之道无他,求其放心而已矣。"由此观之,其学可由内而达也无疑矣。又思之,是不独止于孔孟,凡到圣域者,皆无不然。佛陀以为人各有佛性,耶稣以为天国在胸矣,苏格拉底戒人曰:"知己。"而老聃亦曰:"不出户,知天下,不窥牖,见天道,其出弥远,其知弥少。"是岂不可由内而达之意耶?陆象山早有见于此,尝曰:"东海有圣人出焉,此心同也,此理同也;西海有圣人出焉,此心同也,此理同也;南海北海,有圣人出焉,此心同也,此理同也;千百世之上,有圣人出焉,此心同也,此理同也;千百世之下,有圣人出焉,此心同也,此理同也。"乃讲其学也,以此心为本,一切之理,不待外求,反求诸己。寻念绎思，憬然分晓，有所自得于内，而与圣人之心合，故曰："我不注六经，六经皆我注脚。"是可不谓真活学乎？今也各种之学，竞起于我邦，而文物之盛，前古所未闻也。然而异说百出，徒争是非，将无所底止，是以多岐亡羊，人不知其所适从。殊如伦理之学，无其所宗，支离灭裂，全为死学。于是乎风教颓而廉耻灭，可叹哉！当是之时，中流砥柱，欲矫此蔽，则莫若修可由内而达之学也。识者或忧之，唱王阳明之学，极力发挥其旨，以使人知明此心之要。于是乎世之学者翕然呼应，欲就正路者渐多，将喂之气，磅礴复起，是为甚可喜之征。虽然阳明之学出于象山，象山者，本源也，阳明者，末流也，岂可舍本源而独逐末流乎哉？顷者文学士建部遁吾君著书一卷，题曰《陆象山》，来属序于余，余披而见之，叙述象山之学，委曲周到，而附以阳明学派之梗概。其事历历如指掌而示之。余曰：有是哉，世之学者，由此而学之，收散漫而归简约，唯明此心之务，则圣人之学，庶乎可得而达矣！乃书所见，以为之序。

明治三十年六月十七日　井上哲次郎撰

（译自建部遁吾《陆象山》，哲学书院1897年）

（付慧琴译）

《日本伦理汇编》叙

当今佛教废弛，儒教衰微，武士道不振，我国以往的道德主义逐渐衰颓，这种状况不啻千钧一发，反之，西洋的道德主义不断输入我国，几乎呈现出席卷我国精神界的趋势。然而，西洋的道德主义实际上多种多样，并不单一，如功利主义、直觉主义、利己主义、利他主义、快乐主义、克己主义、乐天主义、厌世主义，各自依其所见，形成一家之主张，因此多歧亡羊，后进之徒不知适从，深感愈学愈惑。于是，我国道德界到了几乎可以混沌二字来形容的过渡时代，这岂不是令人担心的道德危机吗？在此之际，无疑我们在隐约之间能揣测到我国将来的道德。虽然我们对舶来的各种道德主义的研究一日也不能懈怠，但我们亲自践行道德，必须要有所选择，因为一个人无法实行所有的道德主义，若必须选择的话，该如何选择主义呢？第一是改正过的，第二是适合的。一定要选择这样的。依我所见，基于康德、黑格尔诸氏兴起的道德主义大体上是改正过且适合的。暂且不论其为何是改正了的，认为它适合，就应与我国以往的道德主义调和统一。国民的道德非一朝而灭亡，也不应使之消亡，不论我国以前的道德主义如何衰微，但它仅作为教、学而衰微，绝不能轻视其隐隐潜伏于我国精神界的势力。在其他事情上，尽管标新立异，但在道德上必须采取最谨慎的态度。将我国以前的道德主义与基于康德、黑格尔诸氏兴起的道德主义进行对照来考察的话，此中所有者，彼中亦有；彼中所有者，此中亦有；舍弃此，亦必舍弃彼，采用彼，亦必采用此，二者在根本上左右逢源，具有完全共通之处。即便舶来的道德主义适合我国，在我国也难以扶植，它必须与我国以前的道德主义调和统一，才会奏效。因为我国以往的道德主义因时势变化，本身已毫无活气，必须与舶来的道德主义调和统一才能发挥效用。要而言之，将东西两洋的道德主义融合为一体，以此作为今后道德主义之根本，这是不容置疑的。然而，如今求购西洋的伦理书籍并不困难，但求购日本的伦理书籍，却不容易。有志于世间德育之人窃以为遗憾，因此，我与文学士蟹江义丸氏将日本的伦理书籍依据各学派进行分类，陆续发行，想弥补教育界的一些缺陷。我在卷首写了其中缘由，以此来劝告有志于世间德育之人。

明治三十四年一月三十日　井上哲次郎识

（译自井上哲次郎、蟹江义丸编《日本伦理汇编》第一卷，东京育成会1901年）

（付慧琴译）

《武士道丛书》序

  我国自维新以来发展显著，这主要由于我国引进了西洋文明，并对其加以理解、同化。对于这一点，应该无人存在异议。然而想来，我国实际上具有二千五百余年的历史，有一种特殊的长处，武士道即为其中一种长处。我国先前在与中国的战争中，获得胜利，现在与俄国作战又取得胜利，虽然一是因为我国采用了文明的利器，但又不得不承认武士道精神发挥了很大的作用。特别是对日俄战争进行考察的话，此事非常明了，无论如何诡辩，也无法掩盖武士道精神。若问文明利器如何，我国未必优于俄国，反而俄国要优于我国。然而，我国士兵断然制胜，俄国士兵多次战败，毫无胜算，这到底是为什么呢？大概是因为我国存在壮烈的武士道精神。俄国的文明利器不论积累多少，若没有运用的精神，文明利器最终有何用呢？然而，我国存在运用文明利器的壮烈的武士道精神，这便是我国士兵在与俄国士兵作战时得以制胜的原因。由此可知，自古以来武士道就是我国一种特殊的长处，在今后的发展进步中，武士道也是必不可少的要素。虽然应越发努力引进西洋文明，但也不能懈怠修养武士道精神。倒不如说，应以我民族之特长——如武士道精神为根本，以西洋文明为裨辅。如此，研究武士道的发展，通过教育来培养武士道精神，以此来谋求我民族的自卫发展，这难道不是学者平常该努力的地方吗？我与文学士有马祐政氏收集了武士道有关的书籍，整理成三卷，命名为《武士道丛书》。书店博文馆的主人认为此书有助于教化，便请求将之印刷，公之于世。我原本就希望武士道精神磅礴宇内，所以就爽快地答应了，并将原稿给了他。因此，我又一想，虽然武士道精神贯通古今，毫无变化，但其形式或方法不免随着时势与境遇而千变万化。若不取其精神，只拘泥于其形式，其弊害着实严重。学者必须懂得变通，不可胶柱鼓瑟，通过《武士道丛书》收获的是其精神，并非武士道之形式，这应当成为学者致思之处。

明治三十八年三月
文学博士　井上哲次郎识

（译自井上哲次郎、有马祐政编《武士道丛书》上卷，东京博文馆1906年）

（付慧琴译）

《国民道德丛书》序

从道德的本源来说，道德贯通古今，横跨东西，只有唯一。岂能因时代与地点而发生变化？然而，道德的践行必须适应其特殊的境遇。换言之，虽然道德本身相同，但为之采取的手段与方法根据其境遇不同，会有很大的差异。由此观之，可知道德必有两个方面，这两个方面是什么呢？一个是平等的方面，另一个是差别的方面，差别与平等二者为同一事物的两个方面，常相即而存，彼此未曾分离。若只看到道德的平等方面，丝毫不顾差别的方面，在道德的践行上，一定会枘凿不相容吧！然而，若只拘泥于道德的差别方面，对平等的方面视而不见的话，不得不说这也非常偏颇。道德在人生中须臾不可无，因此关于道德，需要有正确全面且如实彻底的观念。然而，近来我国有不少人专攻伦理学说或社会问题等，他们只看到道德的平等方面，无视差别方面，更有甚者忘却历史之别、境遇之差、恩义之大，其头脑完全被外国的思想占据，以致最终结成党徒、企图不轨、想要破坏国家之基础。这便是如今必须大力研究国民道德的原因。此时，文学士有马祐政与黑川真道两人收集了有关国民道德的先哲著书,分成三卷,命名为《国民道德丛书》,将公之于世。我极力赞成此举,亲自进行校阅,最终完成两人的志向。想来,此书不正符合时势的要求吗?但是不要忘记,先哲的言论有时并不适合如今的境遇。因为维新前后几乎形成了另一番天地,境遇发生了如此大的变化,所以先哲的言论有时不符合当今的境遇,不足为怪。然而,国民道德本身贯通古今,秩序井然,在世界万国之间大放异彩,此乃我国之特色。因此,先哲著书中亦有不少地方可供当今学者参考。这便是《国民道德丛书》在世间必不可缺的原因。然而,从当今的研究来看,这只供参考,不用说,它还不足以满足人们对国民道德的求知欲。而且,国民道德乃道德的差别方面,还未统括道德之全体。若一味地执着于国民道德,而忘记道德的平等方面——如博爱人道,就会产生冥顽固陋的弊端,反而阻碍国民的发展。要而言之,只希望国民道德以归于大中公正为目的,不严重偏于一方,这便是当今学者在实践中必须注意的地方。及印刷已成,偶述所感以之为序。

明治四十四年七月十六日

文学博士　井上哲次郎识

（译自有马祐政、黑川真道编《国民道德丛书》第一篇,东京博文馆 1911 年）

（付慧琴译）

《井上哲次郎选集》序

去年潮文阁社长高岛政卫氏屡次来访，希望我创作《选集》公之于世。但是，我业务繁忙，没有时间亲自创作《选集》。因此，便委托某门人，让他创作《选集》。之后，大约过了两个月，他基本上完成了《选集》，于是我进一步进行取舍修补，慎重整理，终于将之交于潮文阁主人刊行出来。

因此，首先说一下我在学界的立场。明治年间以来，关于以哲学为中心的伦理学、宗教学、教育学等诸问题，我很少在杂志、著述、演讲上发表我持有的观点。在哲学方面，我早就发表了《现象即实在论》，但关于此问题，今后我还想找机会进一步论述。"现象即实在"的"即"字的意思很难简单说明，绝不能解释为"等于"的意思，用西洋的词汇也不可能准确翻译。如果解释为现象直接意味着实在，会造成很大的误解吧！失之毫厘，谬之千里便是如此。

关于伦理，我想说一句，明治年间，由于急于引进西洋伦理，便倾向将西洋学者著述的伦理学原封不动地现学现卖，这是出于引进西洋思想的必要。但应注意的是，西洋伦理学者的伦理学说是在西洋的经验基础上形成的，若直接将之在日本实行，会陷入严重的错误中。像使用约翰·亨利·莫海德（John Henry Muirhead）的《伦理学》作为教科书，一时引发了问题，由于国情不同，才会产生这样的问题。康德在《实践理性批判》中，这样论说"无上命法"：

> 你的意志格律，常常同时作为普遍的立法原理，进行妥当的行为。

这在儒教中也有论述，只是换成了另一种语言，表达方式有所不同。我并非对康德的论说存有异议，"无上命法"确实是不错的道德律，但我认为这种道德律作为少数学者的实行法则是合适的，而作为一般民众的实行法则并无效力。在我们日本，自古以来重视君臣之大义，最崇尚忠孝之德，并实行忠孝之德。其结果是，忠孝之德作为普遍妥当性的道德，在世界上仍具有价值，在精神上无疑与康德的"无上命法"一致。从实践的层面来看，在我国没有比实行忠孝之德更合适的道德了，因此，我讲述日本伦理，主张国民道德。在明治年间，学者主要尊崇西洋伦理，许多人论说功利主义、利己主义、个人主义、自由主义伦理。而且，也有不少人鼓吹基督教伦理。其间西村泊翁倡导日本道德，但尚未广泛推动于社会。到明治末年，我主张国民道德，著述《国民道德概论》。虽然对此也有不少人反对，但如今国民道德风靡一世。不过，我所主张的国民道德并不狭隘，而是以大我·小我的关系为基础论说道德，并且我认为道德终究要应对各种特殊的境遇，应以形成理想的人格为目的来发展道德，所以这是一种理想主义，而倡导实现八纮一宇的社会也是一种理想主义。然而在明治年间，有不少学者主张唯物主义，而且是极端的唯物主义，而这种唯物主义的主张者大都是功利主义者，更有甚者标榜利己主义。但如今主张功利主义的人在哪儿呢？几乎毫无痕迹。更何况是主张利己主义的人？更不可能找到。还有个人主义、自由主义几乎风靡一世，但主张这种主义的人都隐藏了踪影，完全不存在了。明治年间有位水户学派的人周游欧美，回来后著书主张个人主义。这位水户学者忘记了水户学与个人主义绝不相容，而热衷于欧美的个人主义，主张极端的个人主义，如今却屏息不言，应该说实际上他并没有觉悟到自相矛盾。与理想主义相对，也有人鼓吹现实主义、自然主义、本能主义，但都名登鬼籍，少数残存者也泄气了。本来功利主义、唯物主义、自由主义乃英美的立场，若观察这些主义的实行会带来何种结果，便可知是非曲直到底在哪儿。

也有人主张心理学应离开哲学，进行科学研究。当然，在达到某种程度前，应进行科学研究，但到最后，必须依赖哲学。冯特在生理心理学中引入统觉来解释基础性的问题，具有深远的意义。如果不引进像统觉这样的哲学问题进行解释，心理学也就无法成立。

然后关于教育学，我说两句不会无用吧！明治以来，随着西洋主张各种教育，我国的教育也不断变化，如此随着外国流行的教育学说而突然改变，这绝不是有独自见解之人该做的事。换言之，这是极其缺乏见识的做法。个人主义的教育、国家主义的教育，若不然，社会的教育或社会主义的教育，还有人格主义的教育或进化主义的教育，如果西洋学者主张上述各种教育主义，我国的教育则每次紧随其后，不断变化。即是说，由于我国教育紧随潮流，无限地进行改变，所以没有自身坚定的立场，非常随波逐流。因此，我明确主张进行日本主义的教育，在日本教育子弟，必须依靠日本主义。而且，西洋的各种教育主义应作为参考，西洋的教育主义既有优点，也有缺点，觉得不错的教育主义，也可以供日本主义教育参考。不过，在日本教育日本的子弟时，必须始终采用日本主义教育。

接着关于宗教我想说两句，在日本除了既有的神道以外，有儒教、佛教、基督教、回教等。这次在新获得的领土上，又有许多回教徒、天主教徒，还有印度教徒。但皇道必须包含全部宗教，在皇道的统治下，存在佛教徒、基督教徒、印度教徒等各种宗教徒，但在思想上完全不能四分五裂，即必须由皇道来统率所有宗教。不然，国民思想恐怕不统一，无法得人和。日本的诸宗教必须为日本而存在，不允许危害日本宗教的存在。皇道的性质比任何既成宗教都要优秀，皇道并非宗教，却具有超越宗教的道德性。我是如此认为的。

同时，在哲学方面，西洋哲学并非完整的哲学，也有东洋哲学。儒教哲学就相当不错，尤其在道德、政治、经济等方面，值得大力研究。佛教中也存在许多方面值得大力研究，而且佛教无论作为宗教，还是作为哲学，都存在着绝不能忽视的长处。我初次听原坦山《大乘起信论》的讲义，了解到大乘佛教哲学中确实具有与德国哲学非常相似的理论，所以，我并不热衷于当时流行的唯物等主义。早在明治十六年，我就在帝国大学开设东洋哲学史的课程，不过，虽说讲授东洋哲学史，但并不意味着不讲西洋哲学。因为我认为东洋西洋都有哲学，应该同时研究两者，站在公平的立场上讲授哲学。只偏于东洋哲学不好，同时只偏于西洋哲学也不好。我认为今后讲授哲学，必须讲授东西洋的哲学，消除其差别，而且要超越东西洋哲学。

固然，此《选集》并不包括我全部的思想。然而通过此书，的确能对我思想中重要的观点与我的思想倾向做一了解。若能为世间从事教育之人以及世上青年学生诸君提供参考，我深感荣幸。潮文阁社长急于印刷此书，值此之际，偶述所感，以之为序。

昭和十六年五月吉旦
文学博士　井上哲次郎识

（原载《井上哲次郎选集》，潮文阁 1942 年）

（付慧琴译）

明治哲学界的回顾

《明治哲学界的回顾》于一九三二年作为岩波讲座《哲学》的一册公开发行。这是笔者作为日本讲坛哲学先驱之一的回忆录。在此收录了对明治哲学作以概观的序论与论述自己立场的结论。

序 论

一

我国自古以来实行神道、儒教、佛教哲学，但在引进西洋文明的同时，另一系统的哲学思想在明治年间新兴起来，即我国的思想受到西洋哲学思想的刺激，促进我国进行各种哲学的思索。结果自然产生了与传统的东洋思想不同的哲学思想潮流。最先引入的西洋思想是宗教思想（即基督教），接着引入了医学、化学、物理学、植物学、兵学等，但到了明治初年，哲学、逻辑学、心理学等成了先觉者最先关注的地方，从而在思想界唤起了清新之气运。

若列举明治初年的思想家,并且是与哲学及其他精神科学有关的主要人物,西周则位居首位,还有西村茂树、加藤弘之、外山正一、中江笃介等。而且在此期间,我也发行了哲学、伦理学、心理学等相关的著述或翻译成果,还对宗教的其他思想问题发表了种种意见。然后是在我之后的晚生,三宅雄二郎、井上圆了、有贺长雄、大西祝、清泽满之、高山林次郎等人也与哲学思想的兴隆有很大关系。另外,福泽谕吉、中村正直(号敬宇)也绝不能说与之无关。虽然福泽并没有哲学性的著书,无法证明他进行哲学思索的迹象,但他作为西洋文明的引入者,又作为当时社会的先觉者,为思想界带来了很大的影响,所以,即便从哲学史的层面来看,他也是一位绝不能忽视的人物。尤其是福泽谕吉与加藤弘之是当时值得注意的对立学者。在此只能说个大概,加藤相当具有学究气质,到最后都在研究哲学问题,他始终希望自己是个哲学者,因此,在回想明治时代的哲学时,加藤是一个无论如何都不能无视的人物。但对于福泽氏,不是从这种专业意义上来看,而是从广泛的立场来看的,无论如何都不能忽视他。尤其是福泽率先引进英美的文明思想,努力破坏与之相反的儒教东洋思想。换言之,他努力从根本上全部推翻在当时尚有相当势力的中国文明,以英美的新文明取而代之。时势亦是时势,正好人们认清了不可攘夷的情势,想早日学会西洋的长处,在这一迫切的社会要求下,福泽的苦心也没白费,其效果意外洪大。过去说"虽有智慧,不如乘势",可以说福泽顺应时势,完成了志向。总之,与哲学有关的方面我会按顺序另作论述,关于中村正直这个人,我想说两句。此人作为敬宇先生广为人知,但他本来对哲学、逻辑学等并不留意,又不喜欢,尤其是他最讨厌逻辑学。不过，我认为他也不理解。但是，毋宁说此人乃情义之人，他具有以道德为主、尊崇宗教的性格，所以，与其说他与哲学直接相关，倒不如对他这一方面多加注意。不过，其翻译成果被世人广泛传阅，因此，无论从社会教育的方面来看，还是从引进西洋思想的立场来看，他都对明治的文运做出了很大贡献，在明治思想史上，他是绝不能忽视的人物。

归根结底，明治初年新兴的哲学也是时势变化促进的结果。德川幕府垮台，到明治维新，越发急剧地引进西洋思想，在此之际，社会全体在发生大变化、大革新的同时，哲学也兴盛起来，所以，这并非只依靠了两三个人或四五个人的力量。但是，若列举其中的主要人物，首先浮现于脑海中的就是刚才列举的人物，自不用说，这些人的努力与苦心经营又进一步为社会带来了很大的影响。

明治初年，佛教、儒教这些传统的哲学思想也具有相当的势力。佛教既为宗教，又是哲学。不过，佛教在维新之际，受到废佛毁寺的影响，遭受了严重的打击，即便如此，有势力的人仍分别活跃在其范围内。例如，福田行诚、原坦山、岛地默雷、南条文雄、村上专精、森田悟由、释云照、胜峰大彻、织田得能等，这些人在辇毂之下（天子身边）拥有势力。在地方上有今北洪川、西有穆山、由利滴水、桥本峨山、新井日萨、七里恒顺等人。还有作为居士的岛田蕃根、大内青峦、鸟尾得庵，都是佛教方面的人。尤其是佛教方面的人，若研究西洋哲学，则关系更加密切。其次，如今儒教相当衰微，其代表者极少，但在明治初年，还有相当的硕学。有安井息轩、元田东野、重野成斋、川田瓮江、大槻磐溪、鹫津毅堂、冈松瓮谷、阪谷朗庐、根本通明、竹添井井、岛田篁村、三岛中洲等人，另外还存在相当多的儒者，因此，他们直接间接地与种种思想问题相关。其间也有像川合清丸这样的人，从神儒佛三教一致的立场进行立论，思想界并不如此单纯。但是，之后由于时势逐渐发生变化，研究的方法、考究的方式必须发生变化，一切随时间变化，面目焕然一新。但明治初年是这样的状况，所以必须考虑到它与如今的境遇有很大不同。

然后，这里还有一点值得注意的是外国人与哲学的关系。明治十年（一八七七年）在东京大学创办之际，出现了哲学学科，不久便从欧美招聘专业学者，委托他们讲授哲学。于是，明治十一年八月从美国招聘哈佛大学出身的费诺罗萨（Fenollosa）作为哲学教师，紧接着，从英国招聘库珀（Cooper），接着又从德国招聘布塞（Busse），还招聘了布塞的后任者凯比尔（Koeber），所以这些因素都必须加以考虑。除了这些哲学专业的教师外，世间还有外来的基督教宣教师与基督教信徒的教师以及受到这些人熏陶的内地牧师们，他们的刺激与哲学思想的产生也不无关系。

二

回顾明治的哲学，广义上来说，回顾明治的思想潮流，我觉得至少分为三个阶段考虑比较便利。第一期从明治初年到明治二十三年（一八九〇年），第二期从明治二十三年到日俄战争结束，即到明治三十八年，然后从明治三十八年以后到明治四十五年为第三期。不过，不用说，第三期的思想潮流波及大正年间（即到世界大战）。从明治初年到明治二十三年第一期的哲学，以之为中心的思想潮流基本上是启蒙时代（Aufklärungszeit），英美法的思想占优势。不单占优势，还像洪水般汹涌侵入我国，即英美的自由独立思想、法国的自由民权思想纵横交错，这些思想在我国被加以介绍、主张、倡导、宣传，呈现出广泛将社会卷入漩涡的状态。英美的学者主要有边沁、穆勒、斯宾塞、西奇威克、刘易斯（John Lewis）、沃尔特·白芝浩（Walter Bagehot）、巴克尔、卢伯克，法国的学者主要有卢梭、孟德斯鸠、基佐、孔德、托克维尔，这些人的思想被引进我国。在自然科学方面，达尔文、赫胥黎、丁达尔的思想颇受称赞，给社会的形势也带来了广泛的变化。

因此，知识、学问、教育、美术、文学都取得了急速的进步。然而，传统的道德、宗教受到了严重的破坏，没有替代之物，在善恶正邪的世间，出现了许多迷茫之人，社会上也存在不少缺陷。明治二十三年二月十一日，在纪元节上颁布了宪法，终于确立了立宪政体，翌年，也召开了帝国议会，充分满足了国民多年的要求，但由于在国民的道德风习这一点上，有颇多遗憾之处，所以在明治二十三年十月三十日颁布了《教育敕语》。我正好在《教育敕语》颁布之际，时隔六七年从德国回国，不久得以荣幸解释《教育敕语》，并题为《敕语衍义》公之于世。而且正好在《教育敕语》颁布之际，我成为东京大学的教授，持续执教三十三年，其间关于宗教，我以佛教为中心，讲授比较宗教，在哲学方面，讲授东洋哲学史与西洋哲学史，特别讲述了康德与叔本华。如此，在西洋哲学方面，我主要介绍德国的哲学，并且将之教于学生。而且，我主要劝说为研究哲学及其他精神科学而被派遣到西洋的留学生去德国。在我国，德国哲学逐渐受到重视，很大程度上得益于我的努力。不过，于明治二十年来到日本的布塞等人也不能说与之无关。与之前以英美哲学为本位相比，形势发生了非常大的变化，尤其在大学及其他讲坛上都是如此。因此，我认为从各种方面来看，明治二十三年都在哲学史上开创了一个时期。

于是，在明治哲学的第二期，研究哲学的人都以德国哲学为主进行研究。更何况担任哲学的外国教师，像布塞、凯比尔都是德国人，所以他们与哲学界倾向的关系不容忽视。如此以德国哲学为要点进行的研究，到今天都留下了很大的影响，这点谁都承认吧。只是如今往往仅研究德国哲学，生活完全被其吞没，怎么也无法摆脱其界限。换言之，呈现出极端拘泥并醉心于德国哲学的状态。这是非常遗憾的。为了避免如此，我从一开始就不断讲授东洋哲学，努力保持平衡，但遗憾的是极少有人体察到这种精神。不过我相信人们早晚会觉悟的。

明治三十八年日俄战争结束以后，形势变化很大。在此之前发生了甲午中日战争，但与之相比，日俄战争的影响更大，其结果甚至给思想界带来了变化，我觉得不足为怪。不过，进入大正年间，发生了世界大战，这又带来了非常大的变动，但在世界大战之前，日俄战争给我们日本留下了长久且深刻的印象，给我国思想界带来了非常大的影响。因此，日俄战争后，个人自觉变得显著，人们从狭隘的爱国心中突然觉醒，世界的宏大精神忽然盛行，某些人对社会问题尤其表现出极大的关注。因此，我认为以明治三十八年为界在思想界划分时期，这也是一种看法。从广义上来看，这样小的区分可能并不重要，但暂且为了方便，我划分三个时期来论述明治的哲学。

三

　　明治的哲学思想、紧随其后的大正的哲学思想，我认为其中存在着两种很大的不同系统。固然，这两种系统存在于任何国家，但明治以前几乎没有，明治以后这两种系统有迹可循。一种思想系统具有物质性、经济性、客观性、实际性、功利性，是詹姆斯所谓的讲究实际（tough-minded）的思想。这一方面在社会上经常占据优势，以走向极端为常态。另一种思想系统具有唯心性、超绝性、主观性、道德性、宗教性。这一方面与前者相比，变得深远、微妙、幽奥，往往有着与世间相脱离的倾向，变得迂远、微弱。这是詹姆斯所谓的不切实际（tender-minded）的思想。这两种系统的相互关系如何、利害得失如何、将来的趋势如何，论述这样的问题乃是本论的意图。总之，过去大约五六十年的历史能够从历史事实的层面明确证实这两种系统的思想潮流。即便如此，也不能忽视这两种思想系统之间存在着各种不同程度的思想。在本论文中，不可能对这些内容面面俱到，但明确其中的概要又并非不可能，因此，在此我想试着对其进行论述。

结　论
——自己的立场

一　作为理想主义者

　　接下来，我想稍微说一下明治年间我的立场，我基本站在理想主义的立场上，不断与唯物主义、功利主义、机械主义等主张者进行斗争。斗争最激烈的对手是加藤弘之博士。元良勇次郎是我的朋友，但在学说上屡次引起冲突。明治十四年（一八八一年）初，我在大学以"伦理之大本"为题发表了伦理相关的见解，接着将之题为《伦理新说》，作为一部书在明治十六年发行。我在伦理学上的理想主义应该以这本书为开端。明治十三年我大学毕业，所以毕业后不到一年，我就对"伦理之大本"发表了自己的见解。然后，明治十五年我摘译了贝恩（Bain）的《心理科学》，将之题为《心理新说》，于明治十五年发行。这是继西周翻译的海文（Haven）的《心理学》之后的第二本心理学的书。明治十六年我刊行了《西洋哲学讲义》，这是古代希腊哲学的讲义，然后理应继续涉及近世哲学，但翌年我去了德国留学，因此以三册告终。但之后，有贺长雄添加了中世哲学，所以成了五册。在我国，这些完全是最早的有关西洋哲学的著书。

我在东京大学除了德国哲学以外，早就受到了进化论与佛教哲学的影响，但进化论者往往倾向于唯物方面。尤其是加藤博士，他是一个极端的唯物论者。我与加藤博士相同，也是进化论者，但我怎么也无法倾向唯物主义。即便看斯宾塞的进化哲学，考虑到他开头论说的不可知性，就觉得连斯宾塞都绝不是一个彻底的唯物主义者。而且，进化论不应该只满足于物质方面的进化，必须考虑精神进化的方面。许多进化论者满足于自然科学的进化论，往往倾向于物质主义，但我总有一种不满意之感，我认为若不接受从哲学方面来说的精神进化主义，就会成为极为偏颇、不完全的进化论。因此，我反对流行的唯物主义、机械主义、功利主义等，站在理想主义的立场上不断战斗。

二 现象即实在论

在哲学方面,我早就倡导"现象即实在论",经常在《哲学杂志》上进行论述。实在论的种类自古以来有很多,但这些暂且不论,关于作为本体的实在的见解,大体上经过三个阶段不断发展。我觉得第一阶段可以命名为一元的表面的实在论,其立场是将现象直接看作实在,朴素的实在论便属于这种。这是实在论中最低级的立场,由于不满足于此,不久便将现象与实在分割开来,认为现象是表面的,实在是里面的,形成了实在存在于现象的彼岸的观点。正好像舞台与后台一样,考虑到了表面、里面两个方面。现象是舞台的话,实在是后台。我认为可以称之为二元的实在论。这一观点与前述的一元的表面的实在论相比,在分析上进步了很多,但从空间上考虑实在存在着很大的错误,从空间上考虑现象是可以的,但将超越现象的实在与现象放在同样的空间内进行考虑,是极其矛盾的。但是,很多思想家往往不知不觉地陷入这一错误中,德国哲学家说"现象的背后"(hinter den Erscheinungen),英国哲学家说"现象背后"(behind the phenomena)。

与这种实在论相对,我采取融合的实在论立场,将之命名为"现象即实在论"。"现象即实在论"与将现象直接看作实在的第一阶段的实在论有很大不同,所以绝不能混淆两者。"现象即实在论"是融合的实在论。既然如此,那么融合的实在论是何种实在论呢?若对现象与实在进行分析,就出现了两种不同的概念,但事实上,二者在空间上绝不能分离。避免将从概念上进行的分析与从事实上看到的"事实的统一"相混淆，这在理解世界的真相上是非常重要的，但通常被世间的思想家完全忽视。有时他们会意识到这点，但从整体上来说并非如此，他们往往混淆两者。然而，现象与实在的关系，换言之，则是差别与平等的关系。世界的差别方面称为现象，世界的平等方面称为实在，所以差别即实在就是现象即实在的想法。简单来说，现象由差别成立，若有差别，则始终有差别，世界的所有现象各自具有特殊性，不存在完全相同的两个现象。首先，现象在空间上或时间上有所差别，而且现象具有各种特殊性，通过认识来明确这种差别，这为认识带来一种重大的效果。但在世界的所有现象中，还有平等的方面。任何现象都有特殊性，但并非与其他现象完全不同。换言之，现象不可能在所有地方都存在根本的差别。现象包括一切事物，即便从这点来看，不仅预想到一切现象具有共通性，而且在现象中存在许多共通性。将现象进行分类统一，便能产生特殊的科学组织。一切现象具有共通性即是平等方面。从一方面来看，现象千差万别，但从另一方面来看，一切现象都有共通的平等方面。不论任何事物，若其为物质的东西，则必由元素组成，元素由原子构成，原子由电子构成。物质的东西呈现出复杂的现象，但没有一个事物不由元素构成，没有一个事物不由原子构成，没有一个事物不由电子构成。扩展到精神现象来看，仍具有平等的方面。一切现象都是活动的。这么看来，现象在具有复杂的差别方面的同时，不能否定其单纯的平等方面。现象与实在乃同一物的两个方面，事实上两者绝不分离，现象与实在同在，实在透过现象而存在，现象离不开实在，有现象的地方就有实在，有实在的地方就有现象。正因如此，主张实在存在于现象彼岸的论说使人对世界的真相产生误解。而不承认实在，以现象为实在，认为现象以外不存在实在，这种观点实乃俗见，从哲学的见地来看，非常幼稚。因此，第三种实在论的立场超越了现象与实在二者的对立，即通过扬弃达到真实一元观，可称之为圆融相即的见解。

我们也将科学的进化论看作真理，但由此不能掩盖哲学全体。之所以这样说，是因为科学的进化论仅止于现象界。本来进化的学说首先预想了活动的状态，而哲学必须追溯到进化以上的根本原理。第三种融合的实在论乃最终的实在论，实在论最终必须达到这种地步。但是，连康德也认为现象存在于实在的彼岸，将只应用于现象界的空间图式应用到现象界的彼岸，视实在为多数，将分量的范畴应用于此，不得不说这确实矛盾。现象是活动的，但活动的事物不只活动，还必须按照法则活动。除了按法则活动以外，不可能进行活动。法则这一方面永久不变，即常住不朽，这里存在着贯通古今东西的固定方面。这便是根本原理，可谓之绝对。这一根本原理是静止的，即为实在。实在是静态的，现象是动态的。动态的方面为现象，静态的方面为实在，所以动静不二，两者只不过是同一物体的两个方面，但有的思想家只主张动态的方面。克罗齐认为世界是绝对运动的，这种观点可能受到了黑格尔的影响，黑格尔也同样认为绝对理性永久发展，但作为绝对，不可能有发展的余地。而且，若有动态的方面，则必有静态的方面。概念上只存在一方，不能否定与之相对的一方。这种一般法则的状态被命名为"逻各斯"（logos），从世界的经营上来看，可谓之"睿智"，从目的行动这一方面来说，可谓之"当为"（sollen），这可以说是人类的终极理想。

认识只形成于现象中，但这是经验的认识。超越的认识是关于实在的认识。毕竟认识必须成为超认识的认识，即睿智。经验的认识始终离不开差别性，因此，以认识现象的方式来看待实在时，就会不知不觉地差别看待实在。实在超越了经验的认识，具有不可知性。世界的真相在于超越现象与实在的差别观。真正的认识即睿智与这一超越界限有关，从而达到觉悟的境地。

三 人生哲学

接着从人生哲学的方面进行考察，进化论者确立了两种根本欲望，这两种根本欲望是生存欲与生殖欲。这两种根本欲望被应用于动植物中，固然，人类也在这一范围内。但在这一观点上，我持有不同的看法。进化论者在这种观点中并未说明人之所以为人的原因，即并未明确人与其他动物不同的特色。进化论者的这种学说对学界的影响相当广泛，而且形成了物质主义、功利主义、机械主义、本能主义的主张。我认为一定还存在一种与之不同的根本欲望。因此，我将生存欲与生殖欲命名为自然欲，在此之外，确立了另一种根本欲望——知能欲。它是与自然欲相对的精神欲。暂且将这种精神欲命名为知能欲，也可以命名为发展欲或完成欲。即人类具有一种实现精神发展的本能。但人具有知情意三方面的精神作用，所以，在知的方面发展时，一切学术兴盛起来，包括自然科学、哲学、一切学术。学术以明确真理为目的，理想在于阐明全部真理。情的满足乃表现全部美，若达不到至美即绝对美，则无论如何也得不到满足，由此艺术兴起，艺术的目的在于实现美的理想。意以善的实行为目的，所以，在有关道德的行为上，最高善或至善乃终极目的。知情意三方面都有理想、目的。知以真为理想，情以美为理想，意以善为理想。但真善美的理想最终乃一个理想，即为人生终极的理想，"当为"（Sollen）由此产生。不将实在看作说明原理，而将实在放到人类前途上，作为人类行动的目标时，最终目的——大理想才得以形成，所以彼此最终应视作同一物。关于这一观点，我曾在《哲学杂志》上论述到了某种程度。

四 道德论

　　道德产生于前述的知能欲，道德的本源是天生的。不过，道德通过各种经验教养促进其发展，这是理所当然的。不用说，由知能欲产生的道德要求终究在于人格的培养，但通过体现道，才得以塑造人格。道是"逻各斯"。道乃无形之物，是形而上的，道永远无穷，而且道是绝对的。是否体现永远无穷之道，由此产生圣人、凡人的差异。圣人的人格之所以没有丧失永久价值，是因为圣人体现着永远不灭之道。道即理想。人通过实现理想而进步，但完全实现理想相当不易，虽然人格高尚者极其稀少，但他们基本上完全实现了理想，达到了一种绝对无限的意识状态。孔子、佛陀、耶稣、苏格拉底这些垂范后世的古今圣人便是如此。虽为圣人，但他们的人格是否绝对完美，尚有研究的余地。但可以说他们较好地体现了道，形成了完美的人格，并永久垂范于后世。从这一观点来看，孔子、佛陀、耶稣、苏格拉底作为人格修养上最好的实例，值得仰慕。

　　伦理一定有普遍的一般的方面与特殊的差别的方面。明治以来，讲授伦理的人往往只着眼于一般的普遍的方面，而无视特殊的差别的方面，从实践道德层面来看，这种倾向非常不妥。因此，我极力主张国民道德。明治初年就有人论述国民道德，但将国民道德当作一门学问来讲，始于明治末年。而且，我与国民道德关系密切，将其要旨归纳于《国民道德概论》。特别是中岛力造，他翻译介绍西洋伦理，完全只讲一般的普遍的伦理，毫不论说东洋伦理，尤其是不论述我国日本的国民道德，他这种做法非常不合实际，而我认为必须将东西洋的伦理融合一体来实行，所以我极力主张国民道德，努力弥补学界缺陷，使伦理更加切合实际。那么，若说国民道德是理想主义还是功利主义，则在利用厚生的程度上，国民道德与功利主义并不矛盾，但它不止于此，而又进一步突破功利主义，不断改善，所以国民道德当然是理想主义。

五　宗教观

关于宗教，我的论文常发表在《哲学杂志》及《东亚之光》上，现在虽没工夫详细论述，但我最终主张理想的伦理的宗教是最进步的宗教。宗教的发展过程可以分为三个阶段进行考虑。第一阶段的宗教是原始幼稚的宗教，非常缺乏道德观念，从伦理上来看，可以说毫无价值。倒不如说与伦理道德相反，有很多残酷的地方。其进一步发展，成为民族的宗教，增添了许多伦理道德的要素。但与伦理道德无关的内容还占大部分。伦理道德的要素大约占十分之三四。然而，宗教再进一步发展，进入第三阶段，成为世界的宗教，伦理道德的要素发展到十分之七八左右。宗教的进化发展主要在于伦理道德的要素增加与否，所以，如今作为文明教最有势力的佛教、基督教是第三阶段的宗教，有人也称之为伦理教。然而，即便是佛教、基督教，还伴有许多迷信，所以从哲学上来看，其作为如今乃至今后的宗教，还有很多地方令人不满意。因此，从历史上考察时，宗教有三个阶段，而在考察将来的宗教时，必须兴起纯然的普遍的世界的理想教或伦理教。虽然有人称佛教、基督教为伦理教，但将来的宗教必须是去除一切迷信的纯然伦理教。换言之，它要求的是纯然的普遍的世界的理想教。康德在宗教哲学上也确立三个阶段。第一阶段是根本恶的时代，其中虽有倾向善的性质，但恶占优势。接着是善恶混战的时代，再接着善战胜恶，成了纯然善的时代，可以命名为纯善的时代。康德的纯善的时代即为理想教或伦理教的时代。我对佛教也有很大的兴趣，又受到了佛教不少影响。我对基督教的道德思想也抱有崇敬之情。正因如此，无论是对佛教，还是对基督教，我并非反对所有的观点。但是，从整体上来说，我既不是纯粹的佛教徒，又不是纯粹的基督教徒。从哲学上来看，我站在一般的普遍的宗教立场上。因此，不论是佛教，还是基督教，还是其他任何宗教，一切符合作为理想教的伦理教趣旨的观点，我都相信，但伴随而来的许多迷信的过去的遗物，我全部排斥。神道固然是我国的民族教，但一方面使之纯粹化、深刻化、广大化，最后使之成为伦理的理想教，这难道不行吗？这个问题有待今后研究。

本来伦理与宗教这两种约束人的思想并立，是过渡时代的变态，这两者最终应在作为理想教的伦理教中得到统一，即是说使今天的伦理宗教化，使今天的宗教伦理化，若最终归于比如今的伦理及宗教更进步的立场，其自然就成为作为理想教的伦理教。如今的伦理令人不满意之处在于过于欠缺宗教情操。即便伦理相关的知识成立，但在情意方面，极其没有势力，这是由于宗教色彩极其贫乏。

六　教育论

接着关于教育我想说两句，教育的目的在于培育道德上的人格高尚者，但它绝非与国家的民族的要求无关。人格的培养无法脱离其特殊的国家的民族的关系，必须采用适应特殊境遇的培育方法。正因如此，所以虽然说教育在于培育道德的人格高尚者，但这绝不是个人主义的意思，教育必须与国家、民族有关，从广义上来说，教育必须与社会有关。

教育与宗教的关系在教育上是相当重大的问题。当今的教育往往形式化，没有感动人的力量，这是由于缺乏宗教情操。既然如此，那么应将佛教、基督教这样的宗教应用于教育吗？特殊关系的学校暂且不论，在普通学校加入特殊的历史宗教，必失于偏颇，招致混乱。因为所有学生不限于佛教徒，也不限于基督教徒，既有神道方面的人，也有无宗教人士，如此复杂。因此，必须利用超越特殊宗教的一般的普遍的宗教。这样的宗教只有伦理教，教育在这一点上，还有大加改造的余地。

教育是陶冶人格的方法，但为了陶冶人格，有必要适应被教育者所处的特殊的境遇状况。因此，为教育我国子弟，不能直接利用与我国境遇状况不同的欧美的方法。在我国，必须始终以传统的日本精神为指导原理施行教育，但欧美的方法应慎重取舍，以期为己所用。

七　艺术论

接着关于艺术我说两句，艺术毕竟在于人为实现美的理想。所以，与自然美相对，艺术的进步要迅速得多。不论是艺术美，还是自然美，一切美都是主观的，绝不是客观的。但美只止于主观的话，艺术就无法成立。在借用各种材料，客观表现美时，艺术才会成立，但艺术不只是快感的客观化，艺术一定存在超越快感的要素。固然，艺术必须具有崇高、深远、幽邃、壮大、雅丽等各种性质，又有能感受到超快感的气韵情调的必要，即艺术必须要有吸引人到彼岸理想境界的潜在魅力。然而，有一学派功利看待艺术的原理，依据其学说，艺术无论如何都受功利的限制。艺术受到社会要求、经济状况的限制，艺术家也表现出响应其要求的态度，艺术在所要求之处取得发展。如此，艺术终究受功利限制，其性质被客观规定，不论主观上有多么高尚的理想，都无法取得发展，有如此认识的人并不理解真正的艺术，只被功利限制、规定的艺术绝不是真正的崇高艺术。必须在主观上追求艺术的原理，上乘的艺术超越了快乐主义、功利主义。

八　法理论

关于法理我想说两句，法理仍应通过哲学的根本原理进行解释，只进行经验性、归纳性的解释，无法得到满意的解释。有人认为应从进化论的角度来解释法理，但这只是探究法理变迁、推移的迹象而已，并不是法理的根本解释。若追溯法理的根本原理，必须依据逻各斯这样的哲理。世界的所有方面都显现出法则态，但在整顿、统御人类社会时，需要法律制度的各种规定，随着时世境遇的变化，有必要修改法律制度，但不应在法律制度中寻求其原理。无论如何都要基于法律制度所依据的根本原理。法理的根本原理不单是社会现象表现出来的，一定是通过广泛的哲理性思索，才能达到的根本原理。换言之，绝不是派生的细枝末节的解释就能够满足的。必须追溯到最终的根本原理，才能得到彻底的法理概念，所以像进化论这种早已预测到运动的现象界的科学理法是不能解释法理的。若认为只通过进化论就能解释法理的话，那么，不得不说这种法理只存在于运动的现象界中。

九　哲学方法论

最后关于哲学的方法论，我想补充两句，在西洋专攻哲学时，头脑中习惯只考察希腊以来的哲学，但在我国日本，明治以来引进了西洋哲学，说到采用了哪种研究方法，我国往往按照西洋的方式进行考察。说到哲学，从希腊历经中世，到近世欧洲特别是德国，人们以此期间的哲学作为哲学进行研究，还对西洋哲学的延长或继续进行钻研，人们认为与西洋哲学无关的便不是哲学。我认为此处的方法论有很大的错误。西洋的哲学家只将希腊以来的哲学作为哲学，这种想法本来就是错误的，也必须考虑到印度、中国的哲学。像叔本华、哈特曼、尼采、多伊森都考虑到了东洋哲学，尤其是多伊森主要钻研东洋哲学，努力发挥东洋哲学的价值。然而，我国日本乃东洋之国，而且深受中国与印度哲学的影响，尽管如此，却无视中国与印度的哲学，佯装不知，认为自身作为西洋哲学的延长，只属于西洋哲学的系统，难道这是身为东洋人的公平立场吗？作为方法论，得当吗？我绝不认为这种方法论得当。

有的人不认真研究东洋哲学，认为东洋哲学只有考古学、文献学的价值，而不反省，这要归咎于他们不认真研究东洋哲学的结果。我认为研究东洋哲学，并与西洋哲学比较对照，进而构成更进步的哲学思想，这是作为东洋人最应使用的方法。尤其是印度哲学，其中在中国、日本发展的佛教哲学中存在许多应从哲学方面进行思考的思想。同时，我认为不应该疏远我国的传统精神即惟神之道。然而，有的人不领会东洋哲学，只对西洋哲学现学现卖，翻译介绍并进行烦琐的罗列，鹦鹉似的不断反复，这般状态极其缺乏活跃的哲学精神，实在令人惊讶。特别是在宗教、伦理的范围内，更要考虑东西洋哲学的史实，对其进行咀嚼消化，而且必须要有在未来发展的抱负。因此，我在专攻西洋哲学的同时，也不懈怠东洋哲学的研究，企图两者融合统一，努力以此为己任。这一方法论是我在思想界最着力主张的观点，所以一并在此论述了其概要。

（原载《岩波讲座哲学》第 11 卷，岩波书店 1932 年）

（付慧琴译）

八十八年的回顾

一　成长历程

首先叙述一下我的成长状况吧。

我的故乡在筑前的太宰府。说起太宰府，大多数人都知道吧！町是一个小町，在町的寂静之处，我于安政二年十二月二十五日呱呱坠地。我家贫苦，房屋是在普通农村都能看到的稍微大点的农家。我的父亲是个医生，但我家有着非常错综复杂的关系，在此没有余裕详细论说，我的母亲在我六岁时病死，数年后，我的父亲因故去了甘木。于是，我由叔父养育，留在太宰府。叔父是个兽医，而且在家召集町上的儿童，教人写字，用今天的话来说，就是习字的老师。因此，我六七岁时，在家与町上的儿童一起练习写字，但我不满足于此。当时近邻有位町上的宿儒，称为中村德山先生。我八岁时，拜入先生门下，先生首先教我四书中的《大学》。我认为先生的教学方法确实适合我这样的年幼者，当然由于是那个时候，所以是素读。我清楚地记得先生声音响亮清晰，用细棒逐一指着文字教我，即便到现在我还清楚地记得。后来我客居在柏林时，先生委托我为他写"寿碑"，我便写了"寿碑"，其碑文刻在石头上，现在太宰府。全文如下：

中村德山先生寿碑

灶山之麓，思水之涘，有古村，曰太宰府。多产英才异能之士，而学问深邃，能通古圣贤之道者，则独推德山中村先生。先生名全鄞，字子龙，德山其号也。以文政戊寅岁生，父安恒武右卫门，母田中氏，幼为中村观尊所养，后为里正藤田次市嗣。无几中村氏家道沦落，因使他人袭藤田氏，而复还中村氏，拮据兴家，遂挽回旧状。于是乎使观尊孙宗吾为之嗣，退而别居。天保年间官命为里正，赈荒甚力，乃赏为准大里正。维新之始为副户长，后为小学训导，阅二年而辞职，开都成塾，以教子弟。后又为中学助教谕，阅三年而复辞职，教子弟如故。先生龆龀受句读于大岛先生省吾，后入赘笪塾，研磨五年，业成与中岛棕隐、梅辻春樵等缔交，故文学亦与之相高。娶鸟居家臣中村氏女，生一男一女，男谱九郎，能守父业，女早夭。哲甫八岁学于先生，先生端坐指字而教，眉目清扬，音吐朗然，童心窃知其为伟人。迨哲历游欧洲，淹留德之伯林，违先生之言笑久矣。顷得家兄书云，先生今年七十有一，不幸婴疾，自恐难复起，欲生前刻石而后瞑，命以其文委汝。呜呼先生之门多成就才德之士，能文者不乏其人，而从数万里外，独委文于哲。岂以哲从游最久，而深知先生之德行耶？果然则哲何敢辞，然哲文字荒陋，不能扬先生之德行于万一，尤愿先生见此文，霍然而起，亲为裁定也，乃作铭曰：

灶岳之西，思水之北。灵秀毓钟，厥生巨德。探赜钩玄，贤圣是式。

循循诱人，培之学殖。大道未沦，二竖敢逼。千古芳声，垂此石刻。

德山先生当时教我汉文，即便到了后来，也给我留下了很深的印象。在《大学》之后，还教我《中庸》《论语》《孟子》等。但我九岁时，由于叔父病故，然后我便去了甘木，待在父亲的身边。直到十三岁，我一直客居在甘木，但总觉得在甘木这样的地方有种不满足之感。我有一种还想多学点的迫切要求，因此我进行了种种考虑，觉得还是跟着太宰府的中村德山先生扎实研究比较好，于是，十三岁时，我再次回到太宰府，进了德山先生的私塾，研究经学、历史等，还很有热情地作诗等。起初是我一人到先生家学习，但慢慢拜入先生门下的人增多了，比我年长许多的人也前来学习，因此成立了私塾。虽说是个私塾，但大约汇集了二十个人，于是我成了学监。在这里大约学习了两年，大大造就了我的汉学素养。然后我去了博多，接着去了长崎、东京、外国，经历了种种变迁，但说到故乡，太宰府留给我的印象始终强烈、深刻。无论是去西洋，还是来东京，我仍经常梦见太宰府的景色。或是太宰府的山、或是太宰府的街道、或是其他光景出现在梦中，这样的事情很多，甘木虽说是我的第二个故乡，但与太宰府相比，在梦中出现的情况要少得多，根本无法与之比较。回顾太宰府，首先是我出生的家，然后是神社即菅公的庙，还有周围的山、川、观世音寺，这些事物唤起我对故乡的许多感想。我家是农家那样的房子，所以每年燕子来我家筑巢。房屋毕竟简陋，蛇沿着家里的房梁想要吞食燕子的幼雏，这样的事经常发生，我想到了各种这样的事。由于是农村，我经常去山、川、原野这样的地方外出游玩。摘笔头菜、摘草、采蘑菇等普通儿童做的事情，没有一件我不做的。那时我经常爬树，或吃槠叶树的果实，或吃朴树的果实，也捡麻栎的果实，又去山上摘栗子，还去挖山药。而且我家附近有一条河流，夏天在镜渊处与其他儿童一起游泳。 然而，印象最深的还是菅公的庙即现在的太宰府神社。就像说到太宰府，就会联想到菅公一样，那个町呈现出以菅公为中心而存在的状况。这样一来，从幼小时菅公就给我带来了并非单方面的感化，我感觉崇拜菅公，即敬慕菅公之情是在町中整体的氛围中养成的。因此，虽然我特别研究哲学，但我始终未停止对菅公的研究，菅公的著书自不必说，我还收集菅公文献多年，多少继承了菅公的精神。我逐渐喜欢上了汉籍与国典，起初是德山先生为我开拓了道路，但那只是汉籍，因此从整体上来说，我感觉可以说是我景仰菅公的结果。还有一个观世音寺给我留下的印象，我永远都无法拂去。观世音寺离我家仅十余町左右远，所以我常去那里玩。不愧是九州的名刹，观世音寺是一个相当让人愉悦的地方。安置在本堂的佛像，尤其是如今大都成了国宝的佛像（许多是各种观音），在儿童时期，我看这些观音像并没有很深的想法，但不知何时起仍成了我与佛教结缘的开端，我渐渐广泛专研佛典，尤其对大乘佛教的哲学抱有很深的兴趣，我依然觉得观世音寺当时的印象逐渐挑起了我的兴趣，以致走到这一步。观世音寺与太宰府中间有个横狱，横狱在佛教史上也是值得注意的地方。我也常去那里玩。但不管怎么说，在当时儿童的头脑里，观世音寺留下的印象更强烈些。最后，附载上自己青年时代作的诗，补充一下上述的感想：

归太宰府有感赋七律二首

满目风光似旧不，晚来萧寂使人愁。
千虫啼断萱关雨，一雁飞迷灶岳秋。
枫叶飘风红没寺，荻花摆雪白埋流。
故园今日荒芜甚，欲度板桥问野鸥。

思川堤上曳枯筇，徙倚东西无定踪。
地僻不知今世事，村幽犹有旧时容。
草埋都府楼残瓦，风送观音寺晚钟。
尘梦醒来秋若水，月升荒野一株松。

二 修业时代

接着我想叙述一下我青少年时代修学的概要。

我少年时代还没有小学，如前所述，我六七岁时在家里开始读书、习字。由于是万延元年到文久元年，所以不可能有小学。然后八岁（文久二年）时，我开始跟着故乡的宿儒中村德山先生学习，先生主要自学，学识相当深湛。我学习的书籍是《大学》《中庸》及《论语》《孟子》等，先生只教授句读。虽然跟德山先生学习儒教经典，但在家读书、习字亦并未停止，还在继续。然后九岁到十三岁，即从文久三年到庆应三年我去了甘木。由于家庭状况，不得不去。既然如此，那么在甘木我努力找到合适的老师，尽可能多学习，毫不疏忽。正好那时，佐野文同、饭田俊雄在甘木，二人都是医生，但二人都到日田的咸宜园，跟着广濑淡窗学习过，汉学素养深厚。佐野氏号甘城，饭田氏号棠阴，两人的诗都刊载在《宜园百家诗》中。我跟着饭田氏学习《孝经》，跟着佐野氏主要学习《诗经》《书经》《左传》等经书。佐野氏是诗人佐野竹原的儿子。除了汉学家以外，我还跟着其他人研修算术等。我尽可能在甘木学习，但总有一种不满足之感，我想去某处，多加学习。庆应三年，十三岁时，我再次回到太宰府，跟着德山先生学习，而且那时主要研究经史，时而又作诗。那时近二十人在先生门下学习，其中也有比我年长的。于是在先生的住宅以外，成立了家塾。我基本上在家塾中进行研究，虽然年少，却成了学监。因此，我奋发学习的精神越发旺盛，通过学习《论语》的趣旨，我想在将来大加研究，这种奋勉之心不断兴起，但在这样的农村怎么也实现不了志向，这种痛切之感逐渐加重。正好那时博多有位相当于姻亲的人，是井上铁英医生，所以我时常去那里拜访，有此缘故，十四岁时即明治元年，我到博多开始跟着村上研次郎氏学习英语。而且又跟着其他先生（即岩永修斋与福井南八）研修汉学。这期间我专心致志学习，大约一年我大致学完了村上先生知道的内容，逐渐我代替先生教大部分学生。我开始觉得先生的学力不够，跟着先生慢慢学不到什么东西了，所以我深思熟虑，最后决定去长崎留学。

我十七岁时去长崎，正好是明治四年，当然那时没有火车，我只身背着柳条箱步行到长崎。到长崎不久，我便进入了国立学校广运馆。学科主要有算术、地理、历史等，教科书都是英文书。老师都是英美人，主要的老师是美国人邦纳氏。广运馆后来成了英语学校，接着改名为外国语学校。我在广运馆努力苦学，明治七年被选拔为学生主席，成为助教，而且得到了极少的薪金，也代替老师讲课。到明治七年末，经学校选拔，我与学友仓田吉嗣氏被保送到东京开成学校。于是，我离开长崎暂且回到博多，接着前往东京。

明治八年元旦我到达东京。那年二月我接受考试，进入了东京开成学校的预科。虽然入学了，我的英语是在长崎学习的，所以绝不比其他学生差，我觉得毋宁说还有些优势，但开成学校在数学等学科上相当进步，在学习上我颇费心思。开成学校的课程有数学（包括算术、代数、几何及三角法、平面几何等）、物理学、地质学、生理学、化学等相当多的学科。而且开成学校的老师大多是英美人，但其中也有少数日本人老师。规定三年毕业，但我第一年学习相当努力，所以跳过二年级，升入三年级，用了两年时间从开成学校的预科毕业。快要毕业前，我想到毕业后去哪儿，也没可去之处，为此觉得有些不安，这时当局兴起大学设置的议论，终于到明治十年，成立了东京大学。于是，我很快进入了东京大学，东京大学设置了法、理、文三个学部，文学部设置了哲学、政治、经济三门学科，于是我进了文学部。在文学部，要以三门学科中的一门学科为主，可以研修另一门学科作为选修科目。我从一开始就对哲学抱有很大的兴趣。从长崎的广运馆时代，我就不知不觉地倾心于哲学，这也许是因为我跟着中村德山先生学习经书的印象很深吧！因此，我专攻哲学，选了政治学作为选修科目。在大学，那时还在使用像教科书一样的书，老师指定某本书，每次读上多少页，做好准备在老师面前讲述其大意，或者读教科书，在课堂上与老师进行问答，有点像今天的研讨会形式。那时使用的教科书我都记不住了，但哲学上，用的是英译的施韦格勒（Friedrich Karl Albert Schwegler）的《哲学史》、刘易斯的《哲学史》、斯宾塞的《哲学原理》《伦理学》《社会学》等，贝恩的《心理学》及《伦理学》，穆勒的《逻辑学》及《对汉密尔敦哲学的审查》（Examination of Sir William Hamilton's Philosophy）等。即便是东京大学，外国人教师还占多数。在哲学上，费诺罗萨是主要的老师，他是哈佛大学毕业的秀才，来日本的时候（明治十一年）刚刚二十六岁，因此他教学生气勃勃，给我留下了不寻常的印象。英文学等是美国人教的，最亲切教导我们的是霍顿氏。还有这里稍微值得注意的是，汉学老师是中村敬宇先生，国学老师是横山由清先生。从长崎的广运馆时代到开成学校预科毕业，完全不教授汉学等。到了东京大学，才教授汉学与国学。有意思的是，原坦山禅僧作为讲师来大学讲授佛典（《大乘起信论》及其他）。因此我跟着原坦山听他的佛典讲义，才了解到大乘佛教哲学的妙趣。由于这种缘分，之后我与佛教产生了无法断绝的关系，时至今日我也在研究大乘佛教哲学，对之感到极大的兴趣。明治十三年七月我从东京大学毕业，作为文学部的第一届毕业生进入社会。

因此从进入开成学校到东京大学毕业，经历了五年半的岁月，但其中五年都是寄宿生活。现在的学士会馆所在地旁边最初是开成学校，之后成了东京大学，宿舍在其背后。开成学校后来被废除，其预科成了大学预备门，进而又改称高等学校。若将开成学校看作现在高中程度的学校，并没有太大的差别。当然，那时的开成学校与现在的高中存在各种不同之处，若看作进入大学前的预科学校，就相同了。从我们在寄宿舍生活的时候到现在，学生的风气变化很大。我们在寄宿舍生活时，各藩的士族还占多数，江户时代的武士风气在学生中多有残留，并有一种制裁力。因此不待学校干涉，寄宿舍的风纪自然得以维持。如果出现不好的家伙，直接加以制裁，加以武力制裁的事情也不少。虽然翻墙去花柳界游玩或是偷窃的人很少，但这样的人都遭受了很严重的惩罚。因此当时的寄宿舍生活有很多各种各样的逸事、奇谈等。大体上来说，学生的风气单纯、纯朴，总觉得有种刚健精神。

明治十三年七月我从东京大学毕业，同时，我听到传闻说，我与和田垣谦三氏作为留学生被派遣到海外，但到毕业时，只有和田垣氏如传闻所说，为研究经济学，被派遣到英国首都伦敦。但是，对于我出国留学，文部省内有人反对，而变得困难。明明大学内的校长、三位学部长也都赞成，却只有我不能出国留学，所以我深感不平，作了"感怀"之诗，排解郁闷，自我安慰。

到了明治十五年，我与外山正一、矢田部良吉二氏一起发行《新体诗抄》，我自己又译著《心理新说》公之于世。翌年出版《伦理新说》，接着刊行《西洋哲学讲义》。而且这一年又在东京大学开始开设"东洋哲学史"课程。到明治十七年出版《巽轩诗钞》，接受官命，终于要去德国留学。出发之际，我赋了一首七言绝句：

  迟迟惜别出都门，莲岳摩天落日昏。
  从是所期唯一事，西洋哲学欲穷源。

三　留学生时代

接下来叙述一下留学生时代的事情吧！

如前所述，明治十三年我从东京大学毕业不久，就应该下令让我去留学的，但因故延期，最终于明治十七年二月十五日我从东京出发，去德国留学。三月二十八日顺利结束航海，到达法国马赛港，途经巴黎，四月三日进入柏林，暂且逗留此处。但是，我痛切感到我的德语实在不够，虽然在日本多少学了点德语，但素养还不够，感到任何事都不自由，所以首先努力学习德语。有一首绝句叙述了那时的偶发感想，列举如下：

> 飘蓬万里客心惊，学业何时得克成。
> 日夜研钻勤不止，酸风苦雨伯林城。

这首绝句完全阐述了我那时的实际感受，绝非虚构。然后到了八月三日，我离开柏林，第二天早晨到达海德堡，不久进入海德堡大学，听当时有名的哲学史家费谢尔（Kuno Fischer）讲课。费谢尔氏是很强的辩者，讲课非常巧妙。他也讲古代哲学，但他最擅长的是近世哲学史，其中特别是在讲授康德哲学时，发挥了极大的本领。费谢尔氏讲课不看笔记，全都记下来了，一上讲台立刻开讲，滔滔不绝，持续讲解到结束，他与普通的教授讲课不同，具有可称得上一流技巧的特色。而且翌日他讲课时，一定简单叙述一下上次讲义的要点，然后继续当天的讲义，他绝不会让讲义前后失去联系，还能让听课学生明白其中的脉络，在这一点上，他的做法毫无破绽，非常周到。无论何时讲堂都坐满数百名学生，而且他的发音非常清晰明了，所以即便是像我们这种当时德语还不熟练的学生，也能较好地理解。费谢尔氏曾经听过爱尔特曼的讲课，同时文德尔班、奥托·李普曼等也都听过费谢尔氏的讲课，其他无暇一一列举。

　　费谢尔氏也讲过关于歌德《浮士德》的讲义。那时许多人前来听讲，这种场合与其说是讲课，倒不如说是演说。总之，费谢尔氏是当时海德堡大学的名人。我也去他家拜访过一两次，进行了各种问答讨论。某时我带上我编纂的五六册《东洋哲学史》原稿去拜访他，对他说我以前计划编纂《东洋哲学史》，五六册的原稿已经完成了，然后给他看，费谢尔氏接过后打开看，当然他不可能明白内容，而且颠倒着看。因此，我说看反了，但他说对我来说怎么都一样（mir einerlei），即是说我不明白，所以怎么看都一样。除了费谢尔氏的课以外，我去听了克尼斯氏的经济学史课。虽然他讲课相当热情，但他没有像费谢尔氏那样明快的口才，甚为遗憾。

　　对我来说，我感觉最愉快的是海德堡的风景。与柏林相比，有很大不同，海德堡是一个隔着内卡河，在河的两边并排建立起房子的城镇。而且山在河的两侧，夹着城镇。因此为了运动，我常爬上那座山。登上山，进入绿林中，这是一个非常舒适的运动，而且也有许多地方适合进行各种冥想。柏林是大都会，所以适应的话，也非常适宜居住，但最初四五个月我还不适应德国的风俗，尤其是德语不好，不由得感到不安，但在海德堡一年多我平静地上大学，又慢慢地学习德语，能读完许多德语书，心情变得非常好。首先对海德堡的感受，我作了一首七绝，如下所述：

　　　　万里来投涧畔庐，树荫深处俗尘虚。
　　　　征鸿鸣断千山雨，一穗青灯读古书。

　　如前所述，海德堡是一个有山有水的地方，到了翌年三月，山上盛开着各种各样的花，春天的景色相当不错。只是没有樱花，不过，不仅各种花草缤纷盛开，苹果花、野栗子花等各种花也一时争相斗艳，春天的恬静并不逊于我国。因此那时我作了下面一首诗：

  几日蒙蒙雨似麻，顽云匝匝接遥沙。
  独山到处春光遍，酥酴吹香异树花。

还有在海德堡逗留期间，来留学的人有法学博士宫崎道三郎氏等人。法学博士穗积八束氏在斯特拉斯堡大学，跟着保罗·拉班德教授学习，斯特拉斯堡离海德堡很近，所以他偶尔会来海德堡拜访我。还有菊池大麓氏也到海德堡转过。

到翌年即明治十八年九月三十日，我从海德堡出发，前往莱比锡，首先到法兰克福，访问歌德故居。这里是歌德的出生地，歌德故居是旅客经常访问之地。我在海德堡读了《浮士德》及歌德的其他作品，对歌德抱有很大的兴趣，所以来访问歌德故居。歌德故居中有歌德自己画的《浮士德》中的五朔节之夜（Walpurgisnacht）的画，实在罕见。还有他作诗的草稿，又有他平日弹奏的钢琴。住在歌德故居的老妪出来一一进行说明，而且试着弹钢琴给我们听，感觉那音调似乎非同寻常，因此我作了下面一首诗，表达那时的感想：

  今日尚存筝一张，无端试抚觉凄凉。
  何堪曲歇余音远，袅袅长于马引长。（马引水名）

墙壁上还挂着桂冠（花环），虽说是桂冠，但是用冷杉、云杉做的。据说歌德去世时戴在了他的头上。正好冷杉的果实掉了两个，我请求老媪送给我，便回去了，那两个果实现在还保存在家。叔本华晚年去了法兰克福，在这里死去，并葬在此处，但可惜的是，我没有机会去扫墓。我十月一日到达莱比锡，在此处逗留一学期，听了当时有名的冯特氏的课。

冯特氏那时上的是哲学史课。但我认为他的哲学史讲课方式非常有特色。他讲课会与各种自然科学的发展附上关系，而且津津有味，趣味无穷。冯特氏不像费谢尔氏那么善于辩论，但他讲的确实是难以言说的有趣味且新颖的内容，教室坐满了二三百名学生。我去冯特氏家拜访过一两次，询问了学问上的各种问题，当时我觉得他是位非常温柔、沉稳的人，但他站在讲坛上讲课时，相当严肃。尽管如此，他偶尔讥讽两句，引得满堂学生哄堂大笑。冯特氏后来给我寄过两次信，由此可以体察到其情意之厚，在学问上他又非常注意，尤其是在《心理学概论》（*Grundriss der Psychologie*）出版之际，他首先将其著书赠送给我。冯特氏看起来没那么结实，但他十分注意卫生，而且他运动也像康德一样立下规则，所以有许多地方值得钦佩。因此，他活到八十八岁高寿，自然老去，时至今日，我仍怀有不胜追慕之情。

在莱比锡逗留期间，有一两件我难以忘怀的事情。其一是大学教授中有位叫甲柏连孜（Gabelentz）的语言学老师。这位老师不仅教语言学，还教中国语学、日本语学等。在留学前我不仅已编纂了《东洋哲学史》，也以此为机缘，涉猎了许多中国的文献，对于德国的东洋学者，我有很强的自信，因此我想去拜访一下老师，某时我便去访问他家。但是，正好甲柏连孜氏在家会客，所以我一直进到客厅打招呼。然而，两个学生比我先到，在和老师说话，但我一进来,两个学生都沉默不语,在那里等候着。于是,我与甲柏连孜氏对话。甲柏连孜氏稍微离开去了旁处,于是我与两个学生面对面,因此我问这两个学生:"你们学的是什么?"其中一个学生说道:"我们跟着甲柏连孜氏学习汉语与日语。"于是我说:"这虽可以,但要真的为了学习日语,不去日本是不行的,而且在日本,也能阅读学习中国的书籍。你们不去日本的话,无论如何都是不行的。"然后甲柏连孜氏又回到房间,所以我与学生的话就到此为止。那天就那样回去了,我作了下面的一首诗,送给了甲柏连孜氏:

> 唐突我尝访君居,君乃延我他事挪,说来东西语言事。
> 凿凿中簌何达识,最惊君通鸟迹字,经史千卷存胸臆。
> 汉文经纬其所著,博采旁引见学力,我虽久读和汉书。
> 也闻君论有所得,他日欲再访君居,不知欣然君倒屐。

但是,后来从甲柏连孜氏的妻子处得知,甲柏连孜氏收到这首诗后,查字典什么的,大加研究。然后甲柏连孜氏到我寄宿的地方来访问。之后我也几次访问甲柏连孜氏,关系变得亲密起来,但他后来成了柏林大学的中国学教授,便去世了。他是一位杰出的人格高尚者,但听说家庭中发生了相当不幸的事。甲柏连孜氏的父亲也是一位精通东洋语言学的人。甲柏连孜的父亲也去过中国,所以是最先用法语著述满洲语语法书的人。其满洲语的语法书中有一处与日语有关。就是用力说满洲的数字,就说成了倍数,日本的数字中也有这种情况,用力说三,说成了六,用力说四,说成了八,与此相同的情况在满洲语中也有,甲柏连孜的父亲在满洲语法书中如此说道。由于这事与日本也有关,我就顺便说了。

然后，在甲柏连孜氏家见到的一个学生到我的寄宿处访问。见到那个学生，我们说了很多，学生说："您说要真的为了学日语，必须去日本，我也这么认为。实际上甲柏连孜老师似乎知道的不太多。"还有那个学生说他也研究汉语，正好我带了出发前整理出版的《巽轩诗钞》，所以我问他能不能读，他说不会读。由于他不会读，所以向他说明后，他便一一抄写。我解释了几首短诗后，在说明《孝女白菊诗》时，他依然一字一字抄写到笔记本上研究。这个学生便是后来的弗洛伦兹博士，明治二十二年他来到日本，最初成为东京帝国大学的德语讲师，后来成为德国文学的教师，前后在职二十五年，被授予四等功勋，也获得了日本的"文学博士"学位，而且他回到德国，成为汉堡大学的教授，也成为大学校长，但他似乎今年（昭和十年）七十一岁（汉堡大学满七十岁退休）隐退，我曾说的一句话相当有效，给他带来刺激，如今他作为德国最有实力的日本学专家，广为世人所知。该博士于昭和十四年二月九日去世，享年七十五岁。

我在莱比锡逗留期间，访问了两三个哲学家及其他的知名学者。第一，我访问了已经隐退的哲学家西奥多·费希纳氏（Theodor Fechner），他以前是莱比锡大学的教授。当时他住在一个叫布鲁门加塞（Blumengasse）的狭窄街道，而且当时他已经八十五岁了。完全是初次见面，但他就日本的国情进行各种询问，或者阐述自己的意见，由于毫不拘谨，所以反而是一次愉快的、有趣味的谈话。他本来是物理学专家，但由于损害了眼睛，就转而研究心理学，他用物理学的方法进行心理作用的研究，结果他公开刊行了精神物理学（psychophysics）的著书。尽管如此，他在研究上也不懈怠。我访问他时，他也在不断地研究什么，但为我匀出宝贵的时间与我畅谈，我非常感激。之后过了一年他便去世了。虽然他的身高不高，但容貌看起来很精神，所以时至今日，我仍感觉他仿佛就在眼前。

还有当时在莱比锡大学，我访问过地学教授李希霍芬。李希霍芬曾去中国研究中国的地学，刊行了与之相关的著书。他读不懂中国的书籍，可以看出他是通过他人的帮助进行研究的，很多内容参考了《书经》的《禹贡》等。流传此人当时可能接受了德国政府的命令前往中国，对中国各地方的地理、地质等进行了充分研究，而且报告说，若德国在中国占领一角的话，胶州湾是最好的。后来，德国便派遣军队到中国，占领胶州湾，都认为这是基于李希霍芬研究的结果。其他我访问了逻辑学家德罗比施（Drobish）、文学家戈特绍尔（Ruclolf Goffschall）等各种专家，但这些暂且省略，在莱比锡逗留期间，我还访问了哈雷大学、耶拿大学等，因此对此说两句吧！

我去哈雷，首先拜访了当时有名的哲学史家爱尔特曼（Eduard Erdmann）氏，谈了各种各样的东洋哲学等，然后我去大学听了他的讲义，便回去了。当时他八十二岁，他讲课非常细致入微、升堂入室。他去大学讲课时，一定穿上礼服大衣，戴上大礼帽，而且将大礼帽放在桌子上再讲课。他的著书有哲学史的《纲要》，除此以外，他写了宏大的哲学史，但即便现在也难以轻易找到这本宏大的哲学史。可以看出爱尔特曼氏因为写《哲学史纲要》，便汇总了哲学史，所以他就不想再出版以前写的宏大哲学史了。冯特氏非常赞赏这本宏大哲学史，确实宏大哲学史从以前的哲学书籍中逐一引用了重要的观点，所以对学者的研究有很大的帮助。

然后我去了耶拿，听了当时名震四海的海克尔的讲义，他当时正好五十二岁，容貌风采确实魁梧。但是，听课的学生仅有十七八人，最多也不到二十多人。我也听了莱比锡大学动物学教授鲁卡尔特（Leuckart）的讲义，但这位老师有二百多名听课者，在这点上与海克尔有非常大的差别。而且我还访问了奥托·李普曼（Otto Liebmann）、哈顿斯坦（Hartenstein）等，便回到了莱比锡。

在莱比锡逗留期间，还有一件事浮现于脑海，那便是森鸥外氏经常到我寄宿处拜访聚餐。以前就听说过森鸥外氏的大名，但这时我们才亲近熟悉，交往密切。我偶尔也会去新剧院（Neues Teatre），但鸥外氏好像每晚都预约去剧院。据说鸥外氏后来到慕尼黑，跟着佩滕科弗研究卫生学，正好我在莱比锡学习时，他也在莱比锡。虽然他的住所在别的地方，但他经常到我的住处来，我想到每次见面我们都聊些文学什么的，度过了愉快的夜晚。鸥外氏虽勤于笔耕，但非常不擅长辩论，只是笑嘻嘻的状态，我们确实没闹过矛盾，友情非常深厚。我寄宿的地方是公寓，所以晚上各种各样的人聚餐，方便练习外语。鸥外氏也多在晚上聚餐时过来。关于鸥外氏我还想论述很多，但那多是回国以后的事情了，在此不再论述。

还有一件事我想在此补充一下，众所周知，莱比锡有歌德、席勒的故址。尤其是席勒住所在莱比锡市外的高利斯（Gohlis）。那确实是一个小而脏乱的两层的房子，仅有两三个房间。想到席勒在这样脏乱的地方，成就不朽之业，我无限感慨。另外，瓦格纳故居便是瓦格纳住的地方，在莱比锡市内，正好我在此逗留期间，要拆除瓦格纳故居，所以为了看最后一眼瓦格纳故居，许多人聚集而来，其中也有人拍照，实在是一番为瓦格纳故居的结局惋惜的状况。我也在那里观看，毕竟瓦格纳故居古老、脏乱，因此没有保存之道，便决定拆除了。

我在莱比锡逗留一个学期，然后明治十九年四月从莱比锡出发去了柏林。刚开始我在柏林客居大约五个月，那时由于德语学得不充分，相当困难，但这时与以前完全不同，无论任何事也都毫无障碍了。而且直到明治二十三年夏天踏上归途，我大多客居在柏林。其间只有一学期，即只有半年在巴黎，其他时间基本上都在柏林。因此前后一算，我在柏林大约待了四年零两个月。我再次来柏林时，便进入了柏林大学，主要听策勒尔氏（Eduard Zeller）的哲学讲义。当时也有狄尔泰氏，但当时他也没什么名声，评论也不太好，所以我没听狄尔泰的课。我只到他的莫阿比特（Moabit）私宅拜访，亲切地与狄尔泰交谈过。我想听策勒尔氏的课，是因为我本来就对哲学史有不少的兴趣。在海德堡，我听了费谢尔氏的哲学史讲义，来到柏林，我听策勒尔氏的讲义。虽同为哲学史，但费谢尔氏擅长近世哲学史，策勒尔氏擅长古代哲学史，所以听二人的讲义，再读他们的著书，便于了解西洋的哲学史。当时策勒尔氏已经上了年纪（当时七十三岁），但讲课清晰明了，听讲学生好像不少于二三百人。策勒尔最初是神学部的教授，因此他也有教会史（Kirchengeschichte）的著书。但由于思想自由，他不能在神学部，便转到了哲学部。策勒尔也有《近世德国哲学史》一书，但不用说，他对学界最大的贡献仍是题为《希腊人的哲学》（*Philosophie der Griechen*）的巨著。

关于我在德国研究哲学的态度，在此有必要说两句，就是我觉得与其听许多讲义，倒不如听少数专家的讲义，之后便靠自学了。因此我听了费谢尔、冯特、策勒尔这三人的讲义，但另外听了自然科学、印度哲学及其他讲义作为参考。而且，在柏林逗留期间，我拜访了当时知名的哲学家哈特曼氏，经常与他谈论哲学。哈特曼氏没有在大学执教。他一生作为民间学者，创作了许多哲学书，作为叔本华以后的哲学大家被人推崇。哈特曼到底是个什么样的人呢？他最初是位军人，但不幸的是，伤了脚，无法继续军人生活。但他一生都是少尉。无论何时他都躺卧在长椅子上，上面盖上毛毯，就这样与人对谈。他好像稍微能站立，但无法自由行走。运动什么的想都不敢想。平常在家睡在长椅子上。他脸色稍微有点苍白，但有着非常漂亮的胡须，目光炯炯有神，所以一看其容貌风采，就能知道他是个伟人。说起他为什么伤了脚，据说是他在黑暗中不断用脚撞椅子，或许因此导致关节出现故障了吧。一只脚无法走路，另一只脚也必然变弱。于是军人生活无法继续，所以之后做什么呢，他进行了各种尝试。或许他想成为戏曲家，便匿名卡尔·罗贝尔特创作戏曲。而且他曾经也想成为音乐师。然后，又想成为画家，便画油画。我被哈特曼氏叫来做客，去了几次餐厅，餐厅的墙壁上挂着几张哈特曼氏先祖的肖像。我问："那是谁画的？"他说："是我画的。"他也画一些油画。但是他写了《无意识的哲学》后，发表于世，评价非常好，最终与叔本华并称。如刚才所说，哈特曼氏的脚无法走路，所以始终在自己家著述，著述相当多。也没有公职，又不去观光，所以他专门进行哲学的思索，创作了许多哲学书，在哲学史上，他占有无论如何也不能忽视的重要地位。

固然，哈特曼氏不能步行去什么地方，但若是近处，他会安卧在长椅子上，被人推着过去。例如他会去宗教哲学专家普夫莱德勒（Otto Pfleiderer）氏的住宅等。普夫莱德勒氏住在格吕瑙（Grunau），从哈特曼氏居住的利希特费尔德（Groß-Lichterfelde）去那里距离并不远。然而，虽然无法自由行动，他反而长寿活到六十三岁。哈特曼氏相当擅长座谈，很能辩论。我与他毫不拘谨地谈论哲学上的内容，受益不少，所以在这点上，我非常感谢他。因此在柏林逗留期间，关于哲学，我去大学听策勒尔氏的讲义，而且与哈特曼及杜森（Paul Deussen）、乔治·冯·吉兹茨基（Georg von Gizycki）诸氏交往，其他时间主要研究德国的哲学书。在德国逗留期间，我感到这是一个培育广大深厚的学问素养的最好机会。

四　访问欧洲各学界

接着，留学期间发生了一件值得纪念的事情，对此我想稍微叙述一下。本来那时文部省的留学生以三年为期限，不过，提出延期申请的话，允许继续逗留一年。当然我作为文部省的留学生被派遣出国，正好于明治二十年三月留学期限到期，所以我事先提交了延期申请，但还不知道是否会被批准。那时听说我不在家时，大学的勤杂人员来过我寄宿的地方。因此我感到有点奇怪。大学的勤杂人员为什么到我的住处来呢？我觉得相当奇怪，第二天立刻去了大学的事务室，便问："昨天大学的勤杂人员好像去了我的宿舍，有什么事吗？"事务室的人员问："您会将日语译成德语，将德语译成日语吗？"我想这要看翻译的内容了，有的内容未必不会翻译，我便问："是有什么事吗？"于是，对方说："请您到教务省，直接向阿尔托夫（Althoff）氏询问一下情况。"然后我立刻去了教务省，见到阿尔托夫氏便询问情况，阿尔托夫氏说："今年四月起德国政府要建设柏林大学附属的东洋语学校，想委托你上日语课，你看可以吗？"正好我的留学期限不久也要到期了，虽然提交了延期申请，但还未得到许可回复。而且我的想法是，虽在德国待了三年，但研究也不怎么顺利。当然我在不断地学习，但我的愿望相当远大，所以我热切希望今后继续在德国逗留数年，大力研究哲学，在此之际，这件事非常不错，像一场及时雨。我想这事能行的话，正好也满足了我的希望，所以我回答道："我的留学期限很快就要到期了，所以我可以接受。"但他说："既然如此，你看多少薪资可以呢？"我也没想过要特别过分的报酬，所以说："我能拿到我国文部省的留学费那么多的金额就可以了。"他直截了当地问："那是多少金额？"我说："一个月大约三百马克。"他说："我们一个月给你三百马克，请接受这份工作。"我说："没问题。"不一会儿就达成了约定。然后阿尔托夫氏还问我："有没有能教日语的德国人？"我立刻回答道："朗格博士最适合这份工作。"我从外面听说，本来建设东洋语学校完全出于俾斯麦东洋政策的结果。

  这次谈话发生在何时，我记不清了，但我觉得大概是明治十九年末。实际上，若留学期限延期一年的话，我想去巴黎半年，但由于东洋语学校，不得不取消，我稍微感到遗憾。但是过了许久，阿尔托夫氏通知说，东洋语学校从明年四月开学。对于我延期一学期，从九月份开始，他说如你所愿你可以去法国半年。因此那年三月末我从柏林出发去巴黎，在巴黎法兰西公学院听课，而且拜访了当时各种各样的哲学家，专门涉猎法国的哲学、文学书籍。作为那时的哲学家,有名的有依波利特·泰纳(Hippolyte Taine)、欧纳斯特·勒南(Ernest Renan)、艾蒂安·瓦切罗(Etienne Vacherot)、菲利克斯·拉维松(Felix Ravaisson)、布特鲁(Emile Boutroux)、保罗·珍妮特(Paul Janet)、里博(Ribot)这样的人。其中只有泰纳不在家,最终没能见面。但是,勒南正好是法兰西公学院的校长,所以我也能去校长室见他,询问他的意见。

我拜访了其他各种各样的哲学家,但此处都省略,只就法兰西公学院的梵语教授富可士(Foucaux)氏,我想说两句。富可士氏是布尔奴夫的弟子,当时在法兰西公学院授课,所以我也想听一下富可士氏的讲义,某时便去了那个教室。但是,比我先到的有一人,他与富可士老师在对话。我一听,那个人问老师:"您讲什么呢?"又问:"佛教是什么呢?"富可士对佛教进行说明后,那个人说:"佛教是骗人的宗教吧!也不爱他人。"最终他说:"实际上我不是来听您讲课的,这个教室有火炉,我为了取暖才进来的。"我想着只有一个听课的人,结果那个人不是真正来听课的人。那个人不久便离开教室,之后就成了我与富可士氏的问答。我对富可士氏说:"我是日本人,专攻哲学,但对印度的学问很感兴趣,所以想来听您的课。"但老师说:"其他也没有固定的听课者,那么我就讲《罗摩衍那》,所以请带上《罗摩衍那》的教材来上课。"由于我对老师说过了,所以我一学期都在听富可士氏的《罗摩衍那》讲义。我还耽读了其他许多法国的哲学及文学书,到了九月份,我再次回到柏林。那时我作了下面一首诗:

转蓬游异域,又入伯林城。
邂逅多知己,宛然故国情。

然后从那年九月开始，我在柏林大学附属的东洋语学校教授日语。而且最初招募的学生中学日语的有十五人。其中也包括弗洛伦兹氏。弗洛伦兹氏大约有一年在东洋语学校接受我的讲授，然后通过我的介绍，他与当时来柏林游览的有贺长雄氏成为熟人。但是，有贺长雄氏与弗洛伦兹氏直接商量，比我先行把他带到日本来。如前所述，弗洛伦兹氏最初成为东京帝国大学的德语讲师，之后成为教师，讲授德国文学二十五年，留下了很大的功绩。我在东洋语学校最初的一两年，不仅讲日语，还用德语讲授日本的地理、历史、宗教等。年年招募学生，第一期的学生于明治二十三年夏天毕业。由于出现了首批毕业生，所以我提交辞呈，不久便踏上归途。

关于东洋语学校的事情，我还想叙述一二。那是明治二十一年一月末，我应东洋语学校的要求，在该校的礼堂进行了一场关于神道的演讲。在那种场合，听讲者大约三百余名，是一场盛会。而且当时有名的病理学家菲尔绍氏、哲学史家策勒尔氏、人类学家巴斯蒂安氏等诸大家前来听讲，我深感荣幸。因为是日本人的演讲，所以许多报纸也刊载了介绍、评论。而且正好那时，西园寺公爵作为日本的公使在柏林任职，我与公爵也交往密切，所以公爵也访问过我的宿舍，而且罕见的是，在东洋语学校，我在用德语讲课时，公爵为了我而来听讲大约一个小时，我感到很光荣。在此我还有一件事想论述一下。就是有两名中国人作为东洋语学校的汉语讲师，从中国招聘过来。一人是北京人，叫桂林，曾到日本在外国语学校当过老师，为了教授北音（即北京音）才招聘此人的，另一人叫潘飞声，是广东人，为教授南音（即广东音）才被招聘进来。桂林实际上是东北人，虽然没什么学殖，但在教书上是个相当有经验的人。

潘飞声才三十多岁，有诗才，虽没什么学殖，但是个相当有文人风度的才子。此人后来刊行了《说剑堂集》。这两个中国人不懂德语，所以万事依赖我，住在我住宿的旁边。我不仅与这两个中国人交往来排解无聊，也学习汉语，又经常作诗应酬。

而且通过这两个中国人，我与来柏林的中国公使馆的中国人也开始交往。其中也有姚文栋、陶㮣林这样有诗才的人。后来，我比桂林、潘飞声二氏先行一步，于明治二十三年八月，从柏林出发前往意大利。以前我就想游览意大利，因此我研究意大利语，多少也读了些意大利的文学、哲学书，八月我便巡游了意大利的许多主要都市，拜访了名胜古迹，旅行非常愉悦，而且我从热那亚乘船时，正好桂林与潘飞声也乘坐了那艘船，我们长时间同乘一条船，航行于印度洋，能够排遣航海中的无聊。我从柏林出发前，桂林与潘飞声还都作了送别诗，都是作的比较好的诗。桂林的诗云：

　　西海秋风起，东瀛客路长。送君无限意，我亦欲还乡。
　　异族焰方盛，男儿志自强。亚洲正多事，好为固苞桑。

又云：

　　文章山井鼎，经学物徂徕。吾道真不负，斯游亦壮哉。
　　剑腾龙气上，书载蟹行回。竹箭蜻洲富，期君作育材。

然后我被陶㮣林在中国公使馆招待时，姚文栋作诗送给我，云：

　　我曾六载蛉洲住，不道逢君在海西。
　　此别愀然何所忆，名山富士旧留题。

又云：

> 频年兴亚纡筹策，盟约休寒托画图。
> 大息长风送君去，欧洲此夕客星孤。

而且我又在某饭馆招待了三十多个知己，表达留别之意。那时三好退藏氏朗读送别诗，陶槸林朗读长篇诗。正因如此，我从柏林出发的时候，朋友、知己的赠答诗文、和歌等也不少，所以我觉得受到了过分好的待遇。还有在归途中，到香港时，我与桂林及潘飞声分别，这时潘飞声作了下面一首诗，表达离别之意。

> 伯林曾惜别，何幸共归船。海岛开生面，云萍续胜缘。
> 行行将故国，草草又离筵。且尽杯中酒，相思满九天。

然后还有一件在欧洲逗留期间的事情，我想叙述一下。两次出席万国东洋学会对我来说都非常有益。第一次是明治十九年十月在维也纳举办的东洋学会。在那次学会上，虽然我没有演讲，但能够接触各种各样的东洋学专家，扩大见识。而且正好那时，与佛教关系很深的鸟尾得庵氏来到柏林，我劝他与我同去参加东洋学会。他也欣然出席了东洋学会，但只是出席，什么也不懂，但我觉得对他来说也有益的是，我与他一同访问了那时有名的德国的法律学家施泰因氏，进行了两三次议论。还有第二次出席万国东洋学会是明治二十三年九月在斯德哥尔摩与克里斯丁亚那（现在的奥斯陆）两个地方举办的时候。这次我带着东洋语学校的两名学生去了。而且我在斯德哥尔摩的学会上进行了一场关于中国哲学问题的演讲。后来这次的演讲内容在德国用德文刊行了出来。然后在克里斯丁亚那闭会时，我用德语进行了一场演讲。这时在东洋学会上，能够更广泛地与各国的东洋学者交往，非常有益。那时尚未举办万国哲学会，若举办万国哲学会的话，我定会出席。举办万国哲学会比这要晚许多（一九〇〇年）。

然后我还想叙述一件在欧洲逗留期间的事情。明治二十一年八月我利用暑期停课期间去了英国，访问了剑桥、牛津两所大学，尤其是在牛津大学我拜访了梵语学家马克斯·缪勒氏。不过，在翌年九月举办的东洋学会上我也得到机会与马克斯·缪斯氏亲切交谈。但在英国，我老早就想拜访哲学家斯宾塞，即便在日本我也读了很多斯宾塞的书，所以拜访斯宾塞乃是一大乐趣。但是斯宾塞当时不在伦敦。听说好像斯宾塞不能忍受伦敦街道上的喧闹，便住在了乡下。在乡下也不待在一个地方，不断地到处改变住所。但即便如此，我也想拜访他，便慢慢打听，据说斯宾塞当时在多尔金村子里。于是，一天我到多尔金去拜访他。多尔金在伦敦向南一个半小时路程的地方，东北依山，西南与荒野相对，荒野的尽头又有山，其间看不到水流，但绿树参差不齐，野花弥补其缺，夕阳西斜时，除了炊烟以外，还露出塔尖，是一个风景非常幽美的地方。我进入村内，到处搜索斯宾塞的住所时，忽然后面有两人驱赶马车而来。两人都回头凝视着我。尤其其中一人是个魁伟男子，两颊留着很长的胡须，头上戴着如簸箕大的奇帽，其相貌绝不寻常。他与以前在照片上看到的斯宾塞非常相似，所以我推测那个魁伟男子定是斯宾塞，而且另一个人可能是书记。然后我紧跟在马车后，心想他家可能就在这附近，便打听他的房屋，说是斯宾塞现在与书记一起外出兜风了，半个小时左右可能就回来了，于是我拿出名片，过半小时再来拜访时，斯宾塞氏已经回家了。这家的主人是格兰特·艾伦（Grant Allen）。然后我进入斯宾塞氏的房间，与他谈话。他的房间很大，几乎不放书籍。而且他依靠在长椅子上。艾伦氏说斯宾塞已经有衰老症了，没有力气，受不了议论，所以避开了一切哲学上的争论，但那次谈论非常有益。

谈话期间斯宾塞氏非常快活，丝毫没有表现出疲劳的神色。而且待我起身离开时，他亲自来到屋外，说今天非常愉快，取下我的帽子和伞给我。斯宾塞一生单身，没有一个亲戚。确实是天地间一个人。因此在旁人看来，他的生活状态相当寂寞。当时斯宾塞暂且寄居在友人艾伦氏的家中，停止一切读书，只不过是为了著述《自传》，偶尔向书记口授，让他记下来。

想想我通过留学得到的收获，大体如下：

我在出国前主要通过英文书籍研究哲学。德语能力还极其不够，但在德国留学时，我努力学习德语，并且德国的哲学书自不用说，我还广泛涉猎其他文学、科学等相关的德国书籍，因此对我来说，感觉完全开拓了一个新领域。不仅如此，在德国逗留期间，我也学习法语、意大利语、其他的现代语，又学习梵语、希腊语及拉丁语，为将来的研究奠定广阔的基础。西班牙、荷兰、丹麦等国的书籍如果有必要的话，通过辞典能够阅读，但几乎没有这样的必要。但每天必要的是英、德两国的语言，紧接着是法语，我几乎不读意大利的书籍，有必要的话也能阅读，我开辟了这样的研究之道。还有直接拜访哲学家、科学家、其他当时的专家，询问其意见，有的时候阐述自己的意见，交换知识的机会很多，我觉得这是非常有益的。

五　作为东京帝大及其他学校的教授及讲师

我于明治二十三年十月十三日从德国回国，月末就照预定被任命为东京帝国大学文科大学的教授，然后任教指导学生，到大正十二年三月最后一天退休，那时我六十九岁，早就过了退休年龄六十岁。大学的退休制度不由法律制定，而在大学内部，通过协议决定满六十岁为退休年龄。既然如此规定，当然我并非硬要反对，但在精神上，出于各种理由，我未必同意。这不是我一人的事，从大学整体来看，广义上说，从学界全体来看，都是如此。尤其对照外国的例子，并且从日本学者的立场来看，我相信这种制度并非上策。但是，若设置退休制度，我觉得六十五岁或七十岁，这样的年纪才合适。不过，学科不同，多少存在些差异，但文科、法学科等学科，我觉得应以七十岁为退休年龄。当时我对此也发表过自己的意见，所以不一一重复，但非常遗憾的是，当时被人误解成我在为自己辩护，或许也有人故意那样猜疑、责难我，但是，我完全是为了日本的大学，广义上说又为了学界，即便到今天，我也坚信以六十岁为退休年龄绝非上策。我六十九岁辞去大学职务，所以从我自身来说，毫无不足之处可言。因此我作为教授在大学供职，是从明治二十三年十月到大正十二年三月末，虽不满三十三年，但前后大约三十三年。出国前我作为副教授也讲过课，所以加起来算的话，稍微超过三十三年。基本上持续了三十三年的漫长岁月，我与大学有着深厚的关系，其间或成为评议员，或成为校长，自不用说我为大学做了种种努力。

而且在学科上，我主要讲授哲学、宗教，还有东洋哲学史。尤其是东洋哲学史，在出国前我已经开始讲授了，回国后我始终讲授东洋哲学史。而且我最感兴趣的是指导学生的研究，培养有实力的人物。之后除了东京帝国大学以外，在京都、仙台、福冈及其他地方到处新设帝国大学，私立大学也逐渐增加，到这些大学担任精神科学有关学科的大多数人都是我曾经提撕熏陶的人，这是广为人知的事实。文科大学的学科也分为各种，所以不能一概而论，但其中特别是哲学、伦理学、心理学、美学、宗教学、教育学、社会学、国文学、中国哲学、印度哲学、英文学、德国文学的学生中有许多都是我曾亲切培养的人，这是事实。

大正十二年我辞掉大学的职务，虽不再授课，但仍作为名誉教授，与大学有着无法割断的深厚关系，所以大学这个地方可以说是我身为学者的故乡。除了东京帝国大学以外，我执教的学校还有四五所。但是大体上来说，我不怎么想去私立大学。经常某某私立大学恳切邀请我去讲课，但我都谢绝了。不过有两三次例外，我承诺在哲学馆（后来的东洋大学）当教授，指导学生。这是曾听我的讲义，还是我培育的井上圆了博士恳切要求，我才去教导的。因此，有几人是哲学馆时代的学生，后来成为知名的学者。从帝国大学退休后，我又成为东洋大学的教授，时至今日，我还在讲授日本伦理史与东洋哲学史。然后从昭和六年我去了上智大学，讲授东洋哲学史及其他。还有作为国立学校的东京高等师范学校，我也去执教过，又在学习院作为讲师担任二十多年修身科。在学习院女学部也教过十年修身课。而且我在大东文化学院当教授，也当过校长，又去东京高等工艺学校进行修身讲话。这是大学以外我在教育上的主要事业。

　　在帝国大学，直接听我讲义的人约三千人，但另外加上上过我的课的人，人数几乎达到一万人。在大学任职期间，我成为文部省的中等教员修身科的检定委员。最初成为检定委员是在明治二十四年，可以说几乎持续到大正十五年。其间去过西洋两次，但前后三十多年，都从事着修身科中等教员检定委员的工作。明治二十八年我被选为东京学士会院会员，东京学士会院是如今帝国学士院的前身。初次出席学士会院活动时，老先生非常多。七十多岁的人自不必说，也有八十多岁、九十多岁的人。那时栗本锄云氏跟我说："你很年轻啊，三十岁吗？"我那时四十一岁。学士会院后来改称帝国学士院，组织也变更很多，总之帝国学士院是学士会院的继续，是其后身。我因故于大正十五年从帝国学士院辞任，但从开始成为学士会院会员到辞去帝国学士院的工作，实际上持续长达三十二年。另外，国语调查委员，还有神社调查会委员、教科书调查委员，我与这样的事业都有种种关系。然后，又经帝国学士院选拔，我成为贵族院议员，也做过文政审议会委员，又两次被派遣到欧洲，具有各种官方事迹，但这些不再一一列举。

　　关于发行杂志《东亚之光》，建设东亚协会，这里我想说两句。发行杂志《东亚之光》是在明治三十九年五月，应门人们的恳切要求策划的，也可以说是响应当时社会的要求吧！之后不久创设东亚协会，而且将《东亚之光》杂志社作为东亚协会的机关，相互保持联络积极活动。东亚协会每年春秋二季举办公开演讲，而且暑期放假期间也举办过几次讲习会，除了暑期，每月或隔月召开例会（日本学会），主要研究与精神科学、东洋的哲学、宗教等有关的内容，而且持续到昭和四年四月。因此前后推算的话，持续二十四年之久。之后，东亚协会由文学博士远藤隆吉氏承接，继续这份事业，又发行了杂志《大东》，但作为我的事业，到昭和四月四日告一段落。

大正十五年秋，有人举出我的《我国国体与国民道德》著书中关于"三种神器"的观点，进行责难。对此我很想辩论，但由于是关于"三种神器"，若进行种种议论，反而会意外连累周围的人，出于这种担心，倒不如保持沉默。因此，无论受到什么样的责难攻击，我对此毫不予以回复，即像德国谚语中所说"沉默黄金也"。然而，固然我毫无不敬之情，但事关"三种神器"招致误解，是我有责任，所以我果断承担责任，辞去一切公职而闭锁门户，不与外界接触。暂且回避详述那时的情况，读者可另外读一下当时刊载在《东亚之光》第二十二卷第六号（昭和二年六月）的《笔祸事件杂感》。

当时责难我的杂志、报纸仅限于某一部分，尤其是在学术、教育等真正的杂志上似乎对我没一点误解之处，报纸包括大报纸，也丝毫没有发出责难之声，连短评也没有，我想这或许是因为它们很体会我的心事，毫不怀疑我。当时知名的学者、有识之士、教育家等寄来的表达深厚同情的书信也不少，这些都汇总后保存起来了。事件发生以来，也经历了一些岁月，当时的误解也逐渐消除，怀疑我的人似乎也没有了。若我心中有内疚，绝无法表现出明朗的态度，但由于我内省自己毫无内疚之处，一切不过是误解，所以过了谨慎时期以后，我一点也不忌讳，为完成今后作为学者的事业，除了勇猛前进以外别无其他，我这样想着并努力着。不过，以我最近创作的一首诗来替代详述这种心情吧！

> 迫害及身何足忧，平生志愿在千秋。
> 非逢否塞凌穷厄，争见男儿真骨头。

六　教育事业及教育意见

接着叙述一下我的教育事业及教育意见。

我从德国留学回来是明治二十三年十月，正好那个月的三十日颁布《教育敕语》，不久大概在天长节，当时的校长加藤弘之博士在东京帝国大学开始捧读《教育敕语》。那时我也出席了，之后，我受到当时的文部大臣芳川显正氏的委托，解释《教育敕语》。我对此也有各种考虑，《教育敕语》对我国的教育界来说，也是非常重要的敕语，在道德上的观念极其不统一的时候，确定了德育方针，这是非常可贵的敕语。所以，本人不肖，是否真的能做出合适的解释，我略微踌躇，但务必要做，因此最终试着解释，大约经过一年完成，将之题为《敕语衍义》公刊于世。正因如此，我回国以来，与教育有着很大的关系。当然我在大学担任的学科是哲学。文科大学设置讲座制度时，我担任哲学第一讲座，讲授东洋哲学与西洋哲学，前后大约持续三十三年（包括副教授时期）。不过，哲学方面的事情我另外叙述，在此稍微叙述一下教育方面的事情。

在大学，如前面第四节所述[①]，我不仅是教授，也是校长，又

[①] 作者所指有误，应为前面第五节。——译者注

成为评议员,为大学效力,但在大学内部设置退休制度时,我离开了大学,那是大正十二年三月最后一天。说离开大学并不准确,只是退休了,之后我作为名誉教授,与大学继续保持着关系,只是不上课了。那么,要说我离开大学,有没有去其他学校授课,那当然有了。虽然我在帝大辞职了,但之后,其他学校请我务必去授课,所以应其请求我便去授课了。第一个便是东洋大学,我在东洋大学担任两门学科,"东洋哲学史"与"日本伦理史",所以我每周各讲两小时,直至今天。从大正末年,我受到委托,在东京高等工艺学校一周进行一次"修身讲话",做了数年。还有之后我在上智大学,被委托讲授"东洋哲学"及其他,每周讲两小时。智山专业学校请求我讲授"哲学概论",这也是每周一次讲两小时。还有立正大学恳切邀请我讲授"日本哲学",说是"日本哲学"是必须要有的学科,所以我一周讲两小时。正因如此,除了星期天,我每天都讲两小时的课。这样的工作无论何时辞去也都无妨,但是他们愿意让我讲授这么好的学科,所以我主动接受,乐意授课。

即便到今天,我不但享受哲学及其他精神科学的研究,也以教导人为乐。我没打算成为教育家,但感觉不知从何时起我还是成了教育家。总之,我坚信并公开断言,我曾经教过的、指导过的,还有鼓励过的人如今在日本学界各方面占据着最重要的地位。因此在此关于教育,我想稍微叙述一下自己的意见。

第一,说起教育的目的是什么,德国的哲学家赫尔巴特认为:"教育的目的在于涵养德性。"这在他的著书《教育学讲授纲要》(*Aphorismen zur Padagogik*)中非常明确。本来教育学由赫尔巴特开始建立。在此以后教育学的研究相当兴盛,其结果也波及日本,这是广为人知的事实。但现在是赫尔巴特去世后第九十四年，还不到百年。不过在日本，早在这之前，我的同乡贝原益轩论述了同样的学说。《大和俗训》中论述教育的目的在于涵养德性，又在《初学训》《慎思录》中也论述了与之相同的趣旨，而且《自娱集》中如是说：

> 凡学，欲为君子之道也。

这一趣旨也与赫尔巴特所论述的完全一致。但是，今年（昭和十年）是益轩去世第二百二十二年，所以益轩比赫尔巴特早在百数十年前道破教育的目的在于涵养德性。但是，赫尔巴特的教育学以个人教育为目的。只以个人人格的形成为目的还不够。因此，之后有人提倡国家教育或社会教育，在此作为教育的目的，又必须将其他方面考虑在内。教育的目的单将各个人作为个人进行培育的话，是不够的，仍必须将个人作为国家或社会的一员进行培育。那么，是选择个人教育呢？还是选择国家教育或社会教育呢？哪个好呢？哪个都有其道理，但在我国日本，逐渐将两者完美统一。依据《教育敕语》的精神实施教育的话，被教育者无论是作为个人，还是作为国家或社会的一员，都很出色，其间就没有必要进行两者的区别。作为国家或社会的一员而出色的人，作为个人也很出色。我对教育的立场在于统一两者，这两者未必矛盾。我认为通过《教育敕语》的精神，完美地统一两者是可能的。益轩尚未有国家的或社会的想法，所以如今必须以国家的及社会的观念来弥补这点。

接着需要注意的是，日本的教育必须始终是日本主义的教育。在我国，某时代实施佛教教育，某时代又实行儒教教育，明治时代又实行颇具西洋风的教育。而且西洋教育的方式发生变化，我国见状也发生变化。若西洋新兴一种与众不同的教育学说，我国则立刻引进并应用，这种状况呈现出一种始终被他国牵引着、毫无止境的状态。这种没有自主独立的精神是不行的。作为日本的教育，必须培养出优秀的日本人，所以要实行日本主义的教育，在精神上培养出下一个时代的优秀的日本人。但是狭隘的日本主义或日本精神是不行的。可以加入佛教思想、儒教思想，也可以加入西洋思想，将之总括起来，进行日本式的运用，必须是这样的日本精神。这便是日本主义的教育。然而，像欧美诸国的教育，无论从实际上，还是从学理上，都必须始终加以注意。若有好的地方，就加以参考。凡是外国的事物，不限于教育，不论任何事，都加以参考，舍短补长，这是永久不变的。教育是实际的，所以在日本的教育必须是日本人的教育。教育日本人使用外国的教育方法是完全错误的。这么浅显易懂的事情，仍有相当多的人不明白，因此今后必须避免发生错误。近来万国教育学会又在欧美召开，后年将在我国日本举办。实际上这是为了介绍日本，固然可以作为参考，但不是在万国教育学会上确定我国日本的教育，日本的教育必须在我国日本确定，而且已经确定了。只要永久奉戴《教育敕语》的精神，实行国民教育，就不会错。

在此还有一件需要论述的是教育与宗教的关系。近来频繁有人说应将宗教归入教育。现在对此没有时间详细论述，只论述其要点。教育本身有其本来的特性，绝不能与宗教混同。因此不应将既成宗教，例如佛教、基督教归入教育中。不过，宗教的专业学校除外，在实行国民教育的各种学校中加入特殊的既成宗教，这是使教育混乱的原因。在佛教方面，为了倡导佛教，有寺院及其他各种机关。基督教各派又分别设有教堂作为其机关。若宗教不拘泥于此，进入学校内部，或倡导佛教，或倡导基督教，使学校成为各宗教宣传竞争的场合，这是极其不好的。然而，在教育中，尤其是修身、伦理是最重要的学科，但这种学科往往流于形式，容易陷入枯燥无味中。正因如此，总觉得学校教育没有感化力，缺乏精神，而引起各种非难。因此需要有血有泪的人使学生感动。教育与宗教的关系不是将既成宗教列入教育范围内，而是使教育者具有宗教热情。说到如何才能培养这种宗教热情，有各种各样的方法。第一，教员也必须了解宗教。因此在师范学校这样的地方，设置"佛教史概说"或"基督教概说"这样的学科，了解佛教、基督教是什么，作为个人又可以读《圣经》，佛典的话，读《法句经》《法华经》《涅槃经》《大乘起信论》，通过阅读这样的书籍，来培养宗教情操。而且日本的高僧，例如传教、弘法、日莲、法然、亲鸾、道元、明惠、泽庵、白隐等，我认为了解这些人的传记、教说等，也是培养宗教情操的一部分。要而言之，将既成宗教归入普通教育中有害无益，但承担德育之任的人必须兼备涵养宗教情操，并留意在精神上充分熔铸陶冶学生。

我对教育的感想大体如上所述。

最后列出我七十七岁时作的五首诗，表明一下当时的感想：

　　几度蹉跎免坠颠，喜龄赢得我身全。教人无倦学无厌，此事宁言效古贤。

　　世运本因人物开，文华多自育英来。白头仍在菁莪任，喜见后生成异才。

故友真如木叶零，乾坤独自寓吾形。长生元识多惭辱，碌碌迎来喜字龄。

龄越古贤无寸功，当年素愿总成空。胸中剩得凌霄志，犹在人间气吐虹。

久远风尘双眼明，静观今古一心平。老年滋感天恩厚，乐道悠悠送此生。

我今年八十一岁，在新年叙述我的感想，作了如下十首和歌：

即便八十一岁，学习之心仍未改变。

时间宝贵，怎能虚度光阴呢？

时至今日，深感学海无涯。

心无挂念，神清气爽，乃吾之幸。

过去毫无功绩，梦一场，仍对来年寄予希望。

只要吾命存，则为道为国效力。

吾才八十一，离期颐之年尚远。

吾来说明天壤无穷之道。

不单于我，我们整个民族得以安稳生活，皆是天皇之恩泽。

吾之诚心如月亮普照般纯洁，神是知道的吧！

七　从八十一岁到八十八岁

以上所述是我八十一岁前的概况，我今年（昭和十七年）八十八岁，所以从过去七年的事情中，挑要点叙述一下。

说到过去七年我是如何度过的，我不断忙于学问上的事情，不免感到七年几乎是一瞬间，总之正月也好，盂兰盆节也好，对我来说没有一天停止工作的，我总是宅在书斋进行研究。

其间的著述有《菅原道真》《东洋文化与中国的将来》等，我又与中山久四郎博士一起发行《战阵训本义》。而且修正增补以前发行的《日本精神的本质》，进行再版，又在《不动全集》中著述了《不动精神与国民理想》并刊行，还有今年又著述了《武士道的本质》，由八光社刊行。其他像《武士道全书》《现代哲学丛书》，都是我作为监修发行的，以前我与上田万年氏共同监修的《大日本文库》仍继续刊行。我又创作了《大日本国体曼陀罗》，还未公之于世，但在昭和十六年六月二日的巽轩会上，我说明了其要旨。随后，附上说明书，或许有机会作为一部著书发行。

哲学方面的学术论文经常刊载在《哲学杂志》上。伦理有关的论文主要刊载在《丁酉伦理会伦理讲演集》上，其他论文登载在《弘道》《斯文》《一德》《帝国教育》等上。

近来，际遇我国发展非常迅速，越发促进我不断研究发表，所以我要更加努力。昔孟子曰：虽有智慧，不如乘势。现在若错过这样的好机会，则是千年的遗恨，我努力不错过时机。

回顾过去七八年，学界的知名人士去世的不少。总之，在我知道的范围内，几乎没有发现比我年长的学者。我想再重申一次，正因如此，我才要更加珍惜光阴，努力归纳研究并进行发表。而且最后我想将四首《八十八所感之诗》列举于此：

八十八所感

巽轩　井上哲次郎

平生豁达养精神，由此保来康健身。
马齿今迎八十八，又逢东亚勃兴春。

老境光阴冉冉迁，回思往事独茫然。
从今奋起何言晚，百岁犹余十二年。

吾生好学志逾坚，究理深探玄又玄。
毕竟为开泰平道，孜孜研蠡送残年。

何幸康宁跻米寿，儿孙环膝笑相亲。
长生秘诀人如问，蔼蔼一家和乐春。

（原载井上哲次郎《怀旧录》，春秋社松柏馆 1943 年）

（付慧琴译）

巽轩年谱

安政二年乙卯（西历一八五五年）一岁

十二月二十五日（一说十五日）生于筑前国太宰府，为医师船越俊达的三男，母亲是船越良志。

（是年，西周二十六岁，福泽谕吉二十二岁，加藤弘之二十岁）

安政三年丙辰（西历一八五六年）二岁

安政四年丁巳（西历一八五七年）三岁

安政五年戊午（西历一八五八年）四岁

安政六年己未（西历一八五九年）五岁

万延元年庚申（西历一八六〇年）六岁

十二月二十五日母亲去世，享年三十九岁，母亲名良志。

基督教传来。

文久元年辛酉（西历一八六一年）七岁

文久二年壬戌（西历一八六二年）八岁

开始跟中村德山学习汉籍。

（是年，西周、津田真道、榎本武扬等留学荷兰。）

文久三年癸亥（西历一八六三年）九岁

元治元年甲子（西历一八六四年）十岁

庆应元年乙丑（西历一八六五年）十一岁

六月二十七日叔父船越芳哉去世，享年四十九岁。

庆应二年丙寅（西历一八六六年）十二岁

庆应三年丁卯（西历一八六七年）十三岁

明治元年戊辰（西历一八六八年）十四岁

（到博多跟随村上研次郎学习英语。）

明治二年乙巳（西历一八六九年）十五岁

明治三年庚午（西历一八七〇年）十六岁

（是年，西田几多郎出生。）

明治四年辛未（西历一八七一年）十七岁

十月，前往长崎，进入广运馆学习。

（是年，中江兆民（二十五岁）作为留学生前往法国。）

明治五年壬申（西历一八七二年）十八岁

明治六年癸酉（西历一八七三年）十九岁

明治七年甲戌（西历一八七四年）二十岁

七月五日，船越亮明逝世，享年二十六岁。

（是年，桑木严翼出生。）

明治八年乙亥（西历一八七五年）二十一岁

一月来到东京，二月进入东京开成学校学习。

（是年，元良勇次郎进入京都同志社学习。）

明治九年丙子（西历一八七六年）二十二岁

明治十年丁丑（西历一八七七年）二十三岁

九月进入东京大学，专攻哲学，兼修政治学。

七月从开成学校毕业。

明治十一年戊寅（西历一八七八年）二十四岁

八月费诺罗萨氏作为担任哲学的教师，来到东京大学。

五月成为井上铁英的养子。

明治十二年乙卯（西历一八七九年）二十五岁

明治十三年庚辰（西历一八八〇年）二十六岁

七月，从东京大学哲学、政治学毕业，成为文学士。

十月二十三日，就职于文部省，在编辑局兼官立学务局供职。

八月，与缝子结婚。

明治十四年辛巳（西历一八八一年）二十七岁

十二月三十一日，父亲富田俊达去世，享年五十九岁。

十月，与杉浦重刚、福富孝季、千头清臣等发行东洋学艺杂志，发行《哲学字汇》。

十月二十五日，兼任专门学务局。

明治十五年壬午（西历一八八二年）二十八岁

七月，与外山正一及矢田部良吉共同发行《新体诗抄》。

三月，成为东京大学副教授，在文学部工作。

九月至十一月，发行《心理新说》。

六月十一日，雪子出生。

（《孝女白菊》完成。）

明治十六年癸未（西历一八八三年）二十九岁

九月，开始进行东洋哲学史的讲义。听讲者有井上圆了、三宅雄二郎、日高真实、棚桥一郎、松本源太郎等数十名。

三月，发行《伦理新说》。

四月，发行《西洋哲学讲义》。

明治十七年甲申（西历一八八四年）三十岁

二月，为学习哲学，奉命去德国留学三年。

二月，发行《巽轩诗钞》。

（是年，井上圆了提倡在东京大学创立哲学会。）

明治十八年乙酉（西历一八八五年）三十一岁

明治十九年丙戌（西历一八八六年）三十二岁

明治二十年丁亥（西历一八八七年）三十三岁

十月被委托为柏林东洋语学校讲师。

明治二十一年戊子（西历一八八八年）三十四岁

明治二十二年己丑（西历一八八九年）三十五岁

明治二十三年庚寅（西历一八九〇年）三十六岁

十二月五日，中村德山逝世，享年七十四岁。

十月十三日，回国。

十月二十三日，被任命为文科大学教授。

十月三十日，颁布《教育敕语》。

明治二十四年辛卯（西历一八九一年）三十七岁

六月七日，文学博士中村正直逝世，享年六十岁。

八月二十日，成为文学博士。

九月，发行《敕语衍义》。

明治二十五年壬辰（西历一八九二年）三十八岁

七月十九日，养父井上铁英逝世，享年六十七岁。

九月二十九日，清子出生。

明治二十六年癸巳（西历一八九三年）三十九岁

明治二十七年甲午（西历一八九四年）四十岁

七月，门人佐村八郎发行《井上博士讲论集》。

五月二十一日，西周逝世，享年六十九岁。

明治二十八年乙未（西历一八九五年）四十一岁

五月十二日，成为东京学士会院会员。

十一月，发行《井上博士讲论集》第二编。

明治二十九年丙申（西历一八九六年）四十二岁

明治三十年丁酉（西历一八九七年）四十三岁

五月，被派遣参加法国巴黎举办的万国东洋学会。（十二月，回国。）

十一月，被任命为东京帝国大学文科大学校长。

四月二十二日，井上弘太郎逝世。

明治三十一年戊戌（西历一八九八年）四十四岁

二月十二日，春枝出生。

明治三十二年己亥（西历一八九九年）四十五岁

十二月，发行《巽轩论文初集》。

明治三十三年庚子（西历一九〇〇年）四十六岁

三月八日，文学博士外山正一逝世，享年五十三岁。

十月，发行《日本阳明学派之哲学》。

七月，发行《菅公小传》。

八月二十四日，正胜出生。

（十月，发行《哲学丛书》。）

明治三十四年辛丑（西历一九〇一年）四十七岁

四月，发行《巽轩论文二集》。

二月三日，福泽谕吉逝世，享年六十八岁。

（一月，与蟹江义丸共同著述《日本伦理汇编》。）

明治三十五年壬寅（西历一九〇二年）四十八岁

一月十五日，开始在学习院讲授伦理，以后继续担任修身科。

九月，发行《日本古学派之哲学》。

九月，发行《伦理与宗教的关系》。

十一月，发行《释迦牟尼传》。

八月十八日，西村茂树逝世，享年七十五岁。

十二月二十四日，高山林次郎逝世，享年三十二岁。

明治三十六年（西历一九〇三年）四十九岁

明治三十七年（西历一九〇四年）五十岁

九月二十六日，小泉八云（Lafcadio Hearn）逝世，享年五十五岁。

三月三十一日，辞任文科大学校长。

明治三十八年（西历一九〇五年）五十一岁

这一年与有马祐政共同发行《武士道丛书》。

明治三十九年（西历一九〇六年）五十二岁

九月九日，井上侃斋逝世，享年六十二岁。

五月一日，发行《东亚之光》。

七月，建设东亚协会。

一月，发行《日本朱子学派之哲学》。

十一月二十一日，高子出生。

明治四十年（西历一九〇七年）五十三岁

四月十三日，养母和佳逝世，享年七十三岁。

明治四十一年（西历一九〇八年）五十四岁

五月，发行《伦理与教育》。

五月二十五日，成为临时假名用法调查委员会委员。

十月十三日，颁布戊申诏书。

九月二十一日，费诺罗萨逝世，享年五十六岁。

明治四十二年（西历一九〇九年）五十五岁

明治四十三年（西历一九一〇年）五十六岁

七月，发行《教育与修养》。

明治四十四年（西历一九一一年）五十七岁

四月，与堀谦德共同发行《增订释迦牟尼传》。

明治四十五年（大正元年）（西历一九一二年）五十八岁

二月二十七日，男爵高崎正风逝世，享年七十七岁。

一月，与元良勇次郎、中岛力造共同发行《英德法和哲学字汇》。

六月二十七日，被授予二等功勋及瑞宝章。

七月三十日，明治天皇驾崩，享年六十一岁。

嘉仁亲王践祚，改元大正。

《国民道德概论》完成。

九月十三日，去青山参加大丧仪。当天，乃木希典夫妻自杀殉死，希典享年六十四岁。

十二月十二日，文学博士元良勇次郎逝世，享年五十三岁。

十二月十五日，在日比谷大神宫举行二女儿清子与押田三郎的结婚仪式，晚上，在筑地精养轩举行披露宴。

大正二年（西历一九一三年）五十九岁

大正三年（西历一九一四年）六十岁

四月九日，皇太后驾崩。

大正四年（西历一九一五年）六十一岁

四月二十四日，在植物园举行在职二十五年纪念祝贺会（因大丧延期一年）。

五月，发行《人格与修养》。

二月，发行《哲学与宗教》。

大正五年（西历一九一六年）六十二岁

二月九日，加藤弘之逝世，享年八十一岁。

九月十四日，长男宣光病故，享年二十二岁。

十二月九日，夏目漱石通称金之助逝世，享年五十岁。

大正六年（西历一九一七年）六十三岁

九月十日，妻子缝子逝世，享年五十七岁。

大正七年（西历一九一八年）六十四岁

十二月二十一日，中岛力造逝世，享年五十九岁。

大正八年（西历一九一九年）六十五岁

大正九年（西历一九二〇年）六十六岁

六月二十日，娶井上末为后妻，在西川洋食部举行结婚披露宴。

七月二十七日，蒙赐二等功勋旭日重光章。

大正十年（西历一九二一年）六十七岁

大正十一年（西历一九二二年）六十八岁

一月，《关于道、法与逻各斯》刊载在《哲学杂志》上。

一月十日，侯爵大隈重信逝世，享年八十五岁。

二月一日，侯爵山县有朋逝世，享年八十五岁。

十月三十日，在学制颁布五十年纪念祝典上被表彰。其文云：

> 多年担任教育之事，其功劳不少，值此学制颁布五十年纪念祝典之际，特兹表彰。（文部省）

七月二十六日，蒙赐一等功勋瑞宝章。

七月九日，森林太郎（鸥外）逝世，享年六十三岁。

一月二十一日，坪井九马三去世，享年七十九岁。

（三月，前往参加布鲁塞尔府举办的万国学士院会议，九月回国。）

大正十二年（西历一九二三年）六十九岁

一月，《论述道的真正意义，谈及伦理的根本原理》刊载在《哲学杂志》上。

三月三十一日，辞掉大学教授的职务。

四月三十日，奉特旨晋升一级官位，叙正三位。

十月一日，成为大东文化学院教授，又成为教授会长。

九月一日，大震灾。

七月四日，成为神社调查会委员。

六月十四日，一说六月二十日，凯比尔逝世，享年七十六岁。

（七月，成为东京帝国大学的名誉教授。）

大正十三年（西历一九二四年）七十岁

三月二十五日，高子从迹见女子学校毕业。

四月，益之进进入八高学习。

四月十五日，成为文政审议会委员。

七月一日美国实施移民法，禁止日本人移居。

二月十三日，杉浦重刚逝世，享年七十岁。

十一月五日，门人知己在华族会馆举办古稀贺宴，与会者大约二百名。

大正十四年（西历一九二五年）七十一岁

二月二十一日，举行四女儿高子与法学士石田寿的结婚仪式，其披露宴在帝国饭店举行。

三月十六日，成为大东文化学院校长。

三月二十四日，正胜从东京美术学校毕业。

四月，在东洋大学开始讲授日本伦理史。

四月二十五日，举行正胜与弥吉绫子的结婚仪式，其披露宴在帝国饭店举行。

五月一日，委托明治图书会社发行《东亚之光》。

五月三十日，被选举为哲学会长。

十月二十八日，义弟井上成美病逝，享年五十三岁。

九月二十五日，子爵滨尾新逝世，享年七十七岁。

十月十日，被任命为贵族院议员。

大正十五年（西历一九二六年）七十二岁

四月八日，法学博士男爵穗积陈重逝世，享年七十二岁。

十月，辞任大东文化学院校长。

十一月十三日，辞任文政审议会委员。

十一月十七日，辞任贵族院议员。

十一月十八日，辞任帝国学士院会员。

九月末，关于《我国国体与国民道德》，有人散布匿名信，发生笔祸事件。

一月三日，弥吉玉逝世，享年八十八岁。

昭和二年（西历一九二七年）七十三岁

昭和三年（西历一九二八年）七十四岁

六月九日，在哲学会评议员会上第五次被选为会长，从大正五年五月以来，当了十二年会长。

十月十五日，发行《新修国民道德概论》。

十月十九日，在学习院功劳者表彰仪式上，被表彰为功劳者，赠予银杯三个。

十二月十五日，当选为圣德太子奉赞会评议员。

六月五日，前往青山会馆参加日本宗教大会，讲演《宗教的新倾向与其意义》。

十一月十日，在京都举行即位仪式，赐敕语。

十月，《关于人生目的的考察》刊载在《哲学杂志》纪念号上。

昭和四年（西历一九二九年）七十五岁

二月十三日，前往仁髓楼参加梅窗会，偶然遭遇暴徒袭击，身负重伤。特别是右眼出血严重，痊愈无望。

十一月五日，在区法院，内山判事进行判决，宣判暴徒大统社社长吉田三郎有期徒刑八个月，长岛武雄有期徒刑六个月。

十月三十一日，文学博士村上专精逝世，享年七十九岁。

昭和五年（西历一九三〇年）七十六岁

二月二十七日，三男益之进逝世，享年二十七岁。

四月二十九日，前田慧云逝世，享年七十四岁。

昭和六年（西历一九三一年）七十七岁

一月二十三日，关于梅窗会暴行事件，事先在大审院进行审理，吉田三郎、长岛武雄两人都被驳回上告，按照之前的审理，宣判吉田有期徒刑八个月，长岛有期徒刑六个月的判决。

二月十四日，石田雅子出生。

三月三日，前往上智大学，讲授东洋哲学史。

从四月末到五月初，题为《现代宗教思想的潮流》的论文在《读卖新闻》上连载六次。

五月三十日，在哲学会评议员会上，第六次被选举为会长。大正五年以来当了十五年会长。

六月二十六日，理学博士男爵山川健次郎逝世，享年七十八岁。

七月十七日，田边康子出生。

（十二月，发行《井上先生喜寿纪念文集》。）

昭和七年（西历一九三二年）七十八岁

二月，上海激战。

三月一日，建设满洲国。

五月五日，在学士会馆招待知己门人百十一名，首先拍照，之后举行宴会。

十月一日，东京市成为大东京。

十一月十八日，《明治哲学界的回顾》完成。

十二月，《日本主义的教育》刊载在《教育学术界》一月号上。

十一月十一日，境野哲（号黄洋）逝世，享年六十三岁。

昭和八年（西历一九三三年）七十九岁

三月二十七日，颁布脱离国际联盟的诏书。

三月二十九日，在德国大使馆被授予歌德纪念章。

八月十三日，法学博士金井延逝世，享年六十九岁。

八月十四日，美国的人类学家弗雷德里克·斯塔尔（Frederick Starr）在筑地圣路加医院逝世，享年七十七岁。

九月十八日，野田礼雄的妻子日纱去世。

同日，从柏林传来鲁道夫·朗格（Rudolf Lange）的讣报，享年八十四岁。

十月九日，岩桥遵成逝世，享年五十一岁。

（七月，发行《青桐集》。）

昭和九年（西历一九三四年）八十岁

三月十三日，废除杂司谷的旧墓地，改葬新墓地。

三月二十一日，前往放送局，演讲并播放《佛教界的伟人弘法大师》。

三月二十二日，为弘法大师纪念会前往朝日讲堂，演讲《思想界的伟人弘法大师》。

四月二十四日，《作为思想家的弘法大师》刊载在智山学报上。

五月二日，《关于我国精神界的伟人弘法大师》刊载在《丁酉伦理讲演集》上。

五月二十六日，第七次被选举为哲学会会长。

五月三十日，元帅侯爵东乡平八郎逝世，享年八十八岁。

六月十九日，成为国际佛教协会会长。

七月一日，《大日本国体曼陀罗》完成。

七月四日，《与康德的无上命法相对的东洋思想》刊载在《哲学杂志》上。

昭和十年（西历一九三五年）八十一岁

八月一日，东敬治逝世，享年七十六岁。

九月九日，高桥五郎去世，享年八十岁。

十二月二十九日，春山作树逝世，享年六十岁。

九月十四日，法学博士男爵富井政章逝世，享年七十八岁。

二月二十八日，文学博士坪内雄藏（号逍遥）在热海的双柿舍去世，享年七十七岁。

昭和十一年（西历一九三六年）八十二岁

（九月，发行《菅原道真》。）

昭和十二年（西历一九三七年）八十三岁

五月七日，被推选为素行会长。

五月十三日，成为日伊学会的评议员。

五月二十二日，海老名弹正逝世，享年八十二岁。

六月一日，金子马治逝世，享年六十八岁。

七月，在中国北部，爆发了七七事变。

三月二十五日，牧野谦次郎（号藻洲）逝世，享年七十六岁。

八月二十日，文学博士和田英松逝世，享年七十三岁。

十月二十六日，上田万年逝世，享年七十岁。

十一月十六日，石田吉子去世，享年八十三岁。

十二月八日，植物学家汉斯·莫里施逝世，享年八十一岁。

昭和十三年（西历一九三八年）八十四岁

五月五日，嘉纳治五郎逝世，享年七十九岁。

四月二日，安井小太郎（号朴堂）逝世，享年八十一岁。

六月四日，法学博士广池千九郎去世，享年七十二岁。

四月二十六日，埃德蒙德·胡塞尔逝世，享年七十八岁。

十月一日，枢密顾问官元田肇逝世，享年八十一岁。

昭和十四年（西历一九三九年）八十五岁

二月九日，弗洛伦兹去世，享年七十五岁。

一月二十九日，理学博士樱井锭二逝世，享年八十二岁。

三月二日，文学博士青木昌吉逝世，享年六十八岁。

六月七日，文学博士三上参次逝世，享年七十五岁。

七月十一日，文学博士服部宇之吉逝世，享年七十三岁。

八月十四日，黑田长成侯逝世，享年七十三岁。

九月二十一日，棚桥绚子逝世，享年百一岁。

十一月十七日，田中智学逝世，享年七十九岁。

十一月二十九日，松村介石逝世，享年八十一岁。

十月二十七日，井上成美逝世。

昭和十五年（西历一九四〇年）八十六岁

十月七日，伯爵松平直亮逝世，享年七十六岁。

十月二十九日，三井良逝世，享年七十六岁。

五月三十一日，中岛德藏逝世，享年七十七岁。

昭和十六年（西历一九四一年）八十七岁

六月二日，下午五点半，在学士会馆举办巽轩会，与会者约一百人，对此进行了《大日本国体曼陀罗》的说明。聚餐后，建部遁吾、斋藤阿具、芝田彻心等进行席间致辞，饭前与大家共同拍照，干事为纪平正美、长井真琴及斯波义慧。

六月十日，发行与中山久四郎博士合著的《战阵训本义》。

七月二十日，发行《修正增补 日本精神的本质》。

八月二十日，《不动精神与国民理想》完成。

八月十五日，医学博士井上通泰逝世，享年七十六岁。

八月十六日，医学博士男爵长与又郎逝世，享年六十四岁。

八月二十八日，加藤弘之博士的妻子寿寿子逝世，享年九十六岁。

一月二十日，乡诚之助去世，享年七十八岁。

一月二十日，理学博士横山又次郎逝世，享年八十三岁。

一月二十七日，医学博士荒木寅三郎逝世，享年七十七岁。

金杉英五郎亦逝世，享年七十八岁。

二月十八日，伯爵德川达孝逝世，享年七十七岁。

五月十三日，美国的神道学家约瑟夫·沃伦·蒂茨·梅森（Joseph Warren Teets Mason）在纽约市逝世，享年六十三岁。

五月七日，九鬼周造去世，享年五十八岁。

昭和十七年（西历一九四二年）八十八岁

四月十六日，伯爵金子坚太郎逝世，享年九十岁。

十一月十七日，潮文阁发行《井上哲次郎选集》一万五千部。

十二月二十二日，文学博士狩野亨吉逝世，享年七十八岁。

一月八日，清水龙山逝世，享年七十四岁。

四月一日，白鸟库吉去世，享年七十八岁。

四月二十六日，斋藤基次郎逝世，享年六十八岁。

一月六日，井上健儿逝世，享年六十八岁。

八月四日，井上淳逝世，享年七十一岁。

从十月三日至十二月末,《学界回顾录》(奥田宏云笔记)被刊载在《中外日报》上。

十月二十三日,在帝国饭店举行押田勇雄与园田多希的结婚仪式。

昭和十八年(西历一九四三年)八十九岁

八月五日,春秋社发行的《怀旧录》完成,首先发行三千五百部。

二月四日,陆军大将林铣十郎逝世,享年六十八岁。

五月二十七日,早稻田大学教授西村真次逝世,享年六十五岁。

十一月七日,石田高子逝世,享年三十八岁。

十二月二十四日,文学博士松本亦太郎逝世,享年七十九岁。

十一月十三日,文学博士西晋一郎逝世,享年七十一岁。

十一月三十日,在帝国饭店举行吉田升与吉国秋子的结婚仪式。

十一月五日,押田多希生个男孩,起名为健雄。

昭和十九年(西历一九四四年)九十岁

(原载井上哲次郎《井上哲次郎自传》,富山房1973年)

(付慧琴译)

编译后记

关于这一卷的编辑宗旨和思想上需要说明的事，已经在前面为这套书所写的《编者的话》第五部分说过，就不再多说了。

2019年6月底，那时我正在忙着"百年南开日本研究文库"的事。在中国社会科学出版社工作的小师妹韩国茹博士知道我研究日本儒学，和我商量编一套"日本儒学丛书"的事，我觉得很有意义，便向魏长宝总编辑推荐此事，得到了长宝兄的肯定和支持。9月18日，魏总编、冯春凤主任和国茹三人来南开日研院讨论相关事宜。出版社经过商讨，国茹告诉我先规模不要太大，可以出四本。到10月份，我们决定出井上哲次郎的儒学研究选集，除了井上的儒学研究三部曲之外，第四卷出一本他的论著选集。

2019年10月，我请在日本国学院大学留学的博士生唐小立同学帮我收集一些井上哲次郎的相关资料，2020年5月10日第四卷的目录经过三次修改，基本上定下来。几天后就给在学的硕士生和博士生"分配了"翻译任务。这本书的书名定为《儒教中国与日本》，是听取了国茹5月14日的提议。

我手头的《井上哲次郎选集》复印本，很多地方不清晰，影响了翻译。疫情期间，去北京也不太方便，我就拜托国茹师妹在中国国家图书馆的网上预约此书，帮我把不清楚的部分拍照下来。到5月26日，她连续预约了四天都没有约上，说是从上午九点开放预约，外文第一阅览室只有31个名额。后来终于约到5月30日可以去借阅，帮我们解决了这个资料上的问题。

本书的译者如下：

薛雅婷：《释明教育敕语衍义》的序·绪言部分

唐小立：《释明教育敕语衍义》的《敕语衍义》部分

付慧琴：《释明教育敕语衍义》的释明·附录部分、第五辑序跋与行履

姚睿麟：第二辑中国哲学与文化

林同威：第三辑儒教与日本

涂任驰：第四辑古今人物论

唐小立对薛雅婷、林同威、涂任驰、付慧琴的译文进行了校阅，涂任驰对姚睿麟的译文进行了校阅，付慧琴校阅了唐小立的译文。

井上哲次郎学贯东西，文章中出现了不少西洋文句和人名，我们为此向（日本）国际日本文化研究中心的宋琦博士、矶前顺一教授、泷井一博教授、早稻田大学的真边将之教授、东北大学的片冈龙教授、香港城市大学的林少阳教授等请教过，资料方面还求助过东京大学的陈捷教授，得到了无私的帮助。南开大学的刘雨珍教授，书法家、艺术评论家、《深圳商报》文化新闻部的芥堂苏海强

先生，对我们的请教总是有求必应。青年篆刻家毓慧女史为我们刻了一方"善美原典日本研究文库"印章并用在了本文库的封面，还为"南开大学梅田善美日本文化研究基金"的 LOGO 设计刻制了两枚"善美基金"印章，南开大学文学院刘运峰教授精心书写了基金的全称，在此一并表示衷心的感谢！

经过一年多时间的翻译、校阅，终于快要出版了。虽然付出了不少努力，译文中肯定还存在许多问题，那是因为我读得不细，水平有限，是我的责任。请读者批评指正。

刘岳兵
2021 年 7 月 19 日